# 形如莊子、心如莊子、大情學莊子

## 從生手到專家之路

蔡璧名　著

# 目次

## 第四章 「槁木」與「輕身」：《莊子》注疏、詩人具身認知、醫家辨證的跨界討論 277

附錄 莊子「乘天地之正而御六氣之辯」新詮 381

導論

# 《莊子》書中專家的「身體感」：

## 一個道家新研究視域的開展*

* 本文初稿刊登於，《漢學研究》第三三卷第四期，二〇一五年十二月，頁七三—一〇八。初稿之撰作，承蒙中央研究院院內主題計畫（總計畫名稱：「感同『身』受：日常生活與身體感的文化研究〔Why body matters? Cultural categories of body experience in daily life〕」）項下子計畫之經費贊助，謹此申謝。初稿曾宣讀於韓國「第二十九屆全國學術研討會：中國語文學中的身體與自然」（首爾：崇實大學、韓國中語中文學會、中國語文論譯學會主辦，二〇〇七．五．一九）。大幅修改後，宣讀於「臺灣人類學與民族學學會二〇一三年會暨國科會研究成果發表：田野就在你身邊」（新竹：臺灣人類學與民族學學會、國立交通大學客家文化學院人文社會學系、行政院國家科學委員會主辦，二〇一三．一〇．一二—一三）。特別感謝余舜德先生、鍾蔚文老師暨中央研究院民族學研究所「身體經驗研究群」顏學誠等研究夥伴，對開展身體感暨專家與生手研究視域的啟發，誌之不忘。還要感謝《漢學研究》兩位審閱先生的寶貴意見，謹誌謝忱。

# 前言、伏流與潮流的交會：尋找中國學術的「方法」

梁漱溟曾以「玄學的方法」一詞來描述傳統中國一切學術的方法：

> 中國學術所有的錯誤，就是由於方法的不謹，往往拿這抽象玄學的推理應用到屬經驗知識的具體問題；如中國醫學上講病理藥性，其方法殆多不合。並且除掉認清這些地方之外，還有我們更根本重要應做的事，就是去弄清楚了這種玄學的方法……不過我們一定可以知道這個方法如果弄不出來，則中國一切學術之得失利弊，就看不分明而終於無法講求。我們又相信，除非中國文明無一絲一毫之價值則已，苟猶能於西洋印度之外自成一派，多少有其價值，則為此一派文明之命根的方法必然是有的，祇待有心人去弄出來罷了。此非常之大業，國人不可不勉！[1]

梁氏強調學術方法的探尋，攸關「中國一切學術之得失利弊」，且是建立中國文明價值之必要條件。所謂「玄學的方法」，意指「不謹」的「抽象玄學推理」。梁漱溟在「如何是東方化如何是西方化」的討論中，曾舉中、西醫學為例，作出類型判比：認為中醫是「手藝」，具「藝術的精神」；西醫是「科學」，具「科學的精神」。所持判別類型的理由為：中醫「只憑主觀的病情觀測」、「全然蔑視客觀準程規矩」，西醫則「有客觀的憑準」、「一定要求一個客觀共認的確實知識」。[2]梁氏並辨析中、西醫學所持「方法」：中醫是「從外表望著像是如此」、近似一種「猜想」、一種「直觀」的「玄學的方法」，西醫則是訴諸「檢查實驗」的「科學的方法」。而梁氏所論中、西醫「方法」的殊異，復與中、西醫根本「態度」之殊異具密切關聯，他說：中醫「只就著那個現狀看」、「拿他當整個人，不可分的人看」；西醫則「變更現狀打開來看看」、「不拿他當整個人，不可分的人看」。[3]

值得注意的是，梁氏在分判中、西學術方法的同時，對中、西學術性格的差異多所著墨，氏舉中國的植物學、病理學、生理學為例：「離開園藝沒有植物學，離開治病的方書沒有病理學，更沒有什麼生理學解剖學」，而裁定中國一切學術「是術非學」、「學術不分」，迥異於西方之「有學有術」，並把「學」全然獨立於「術」之外。梁氏進而斷言：「直接說中國全然沒有學問這樣東西亦無不可，因為唯有有方法的乃可為學」。[4]然則，中國學術果真「沒有方法」、「不是學問」，抑是「別有方法」的學問？

無可否認，十九世紀末葉以來，諸子學說重獲學界正視之日，正值東西文化交鋒際會之時。儘管吾人或無需從權力分配知識的角度，追索學術研究所以不分學門悉為西方籠罩與規範的根本緣

---

1　梁漱溟：《東西文化及其哲學》（臺北：臺灣商務，二〇〇二年），頁一四七—八。

2　梁漱溟：《東西文化及其哲學》，頁三四。

3　梁漱溟：《東西文化及其哲學》，頁三七。

4　梁漱溟：《東西文化及其哲學》，頁三六。

由；然僅回顧民國以來傳統思想研究，無論研究領域或視域、形式與方法，率奉西方為圭臬，已是不爭的事實。是以西方哲學聚焦之所在，如宇宙論、本體論、認識論等，自然也成為傳統思想研究者所熱中討論的議題。

西方心物二元論、[5]經驗論、主智論及科學實驗方法的態度，[6]長期主導西方的學術研究及認知方法。笛卡兒（René Descartes）以降的西方近代哲學思潮，莫不在心、物二元之框架下演繹、發展：「心」為隔絕、封閉的自我，「物」是世界之在其自己。主客對立，心物概念間存在難以逾越的鴻溝。科學觀點同時也預設了一個如實而客觀存在的世界（objective world），一個可以絲毫不被意識污染的世界；並以為符合此客觀世界的觀察與知識，纔是客觀知識（objective thought）。認為科學描述為唯一客觀的描述，也只有科學描述的身體，具有普世的意義，而視當代西方醫學以外的身體論述，為主觀玄想或者文化建構的產物。

而梅洛龐蒂（Merleau-Ponty）知覺現象學（A.D.1945）的提出，正是針對上述西方哲學傳統理論，乖違日常生活經驗現象之典範革命。他批判經驗主義與理智主義對知覺活動的理解。認為知覺並非全被動地接受刺激，也非全主動地建構對象，他不認同「可將被感知的對象獨立於意識之外，不受意識污染」的想法，而認為藉由身體，人始得投身於知覺場域中進行積極具體的溝通交流。梅洛龐蒂解消主客體的對立關係，認為人唯有投身於世界之中，才能如實地認識自己。[7]

梁氏於西方心物二元論、經驗論、主智論、科學實驗方法等思想潮流影響下，以當時西方典範理論的視野檢視、批判中國傳統學術；而梁氏似具批判意味的「學術不分」一語，竟隱然為揭露中國學術性格埋下伏筆。這股即「術」即「學」（不離「術」之「學」）、或說與「實作」不可須臾捨離的特質，其伏流汨汨湧現之日，竟適與「默會之知」（tacit knowledge）、「具身認知」（embodied cognition）等新來搏岸的當代西方思潮黯合。[8]則令人不禁要問的是，對《莊子》書中知覺體驗與

---

5 笛卡兒的心物二元論主要見於其《沉思錄》（*Meditations on First Philosophy*, 1641）。不過，西方的心物二元論傳統，最早可以溯及柏拉圖《對話錄》的*Phaedo*篇。關於心物二元論的深入探討，詳參René Descartes, *Meditations on first philosophy*, trans. J. Cottingham (Cambridge; New York: Cambridge University Press), 1987.

6 客觀主義的經驗論者（empiricists），強調世界之在其自己與本來面目（brute reality），主張人的主體並未與世界實體直接接觸，意識乃是完全被動地接受與件所加諸的刺激，而由個別知覺（perception）堆砌出整體意義。如洛克（John Locke, 1632-1704）認為人乃先攝取一堆零碎與件，再運用聯想律（the law of association）以相似性（similarity）、時空的相近性（contiguity in space and time）與因果關係（causality），來鉤連一堆與件，從而將與件組合成整體，以解釋對象事物的整體意義；貝克萊（George Berkeley, 1685-1753）也引用了相似、鄰近、因果等原理；休謨（David Hume, 1711-1776）亦謂聯想律含相近（resemblance）、時空鄰近與因果（cause and effect）等。此說源於科學經驗對感官經驗（sensation）存在著原子論構想（atomistic conception），因而以微小與件為單位著眼點，卻不見經驗論者進一步說明主體認知活動與對象間的內在關聯。採取主體性進路（approach of subjectivity）的主觀主義、主智論者（intellectualists），則回溯主體的認知結構。著重分析意識，重視純粹理性（solipsist）與絕對心靈（absolute spirit），主客對立，以為意識主動地建構對象，認知結構賦義予對象，纔能產生認知經驗。如此則主體理性彷彿封閉的獨我，對象則是完全被動，難辨二者得以溝通之由。經驗論者與主智論者並以為：事物的基本內涵在被把握之初即當被確定與範限。因此其所認知似無開放進展、無窮朗現（indeterminate world）的可能。參見Maurice Merleau-Ponty, *Phenomenology of Perception*, trans. Colin Smith, London: Routledge & Kegan Paul, 1962, pp. 13-51.

7 Maurice Merleau-Ponty, *Phenomenology of Perception*, trans. Colin Smith, pp. xi, xi.

8 關於「默會之知」與「具身認知」，將於本章「一、從『工夫論』到『專家與生手』專題」、「三、操作技術之有、無：

身體感研究視域的開啟，[9]是否亦是為了呼應當代知覺現象學、默會之知、具身認知等新一波西方思想典範潮流而發？

重省梁氏所論，筆者以為，中、西醫學為植基於迥異的認知主體（如：意識主體與身體主體）、認知對象（如：抽離時空條件之物與重視特殊時空條件之物）與認知結構（如定性分析與非定性分析）的「認知活動」，由於立場迥異，乃各具不同義界、不同表述內容、不同檢證方式的「客觀」與「主觀」。因此，若以「主觀觀測」與「客觀共認」來區別中、西醫學，以至中、西文化，不免粗疏之嫌。檢索傳統醫家的辨證施治將會發現：中醫所以不具「科學」方法——或說不用「科學」方法，沒有「客觀」準的——或說不採「客觀」準的，主要是因為它呈現、觀察自己的身體或他人身體的方式、所操持的方法，皆迥異於將物體安置以「科學」的對待。它並不像科學研究，為了觀察物體而與之保持主、客對立的立場與一定的距離，而是選擇和認識的對象「在一起」。

究其實，「不離開」正如一匕雙刃：中國學問在西方學術研究與認知方法長期為心物二元論、經驗論、主智論及科學實驗方法所主導的年代，既因此招致「是術非學」、「學術不分」與「全然蔑視客觀準程規矩」的負面批判，[10]同時卻也彰顯了另一種不離棄、切割認識對象，憑藉知覺體驗的認識進路。傳統醫家辨證論治的完成，無一是在「意識」之中、或主客對立的認識取徑中形成，而皆是通過「身體」——包括自己的身體（如患者罹病時所感的自體）、他人的身體（如醫者具知覺能力的主體），在共同處境、相同場域中，共「感」（知覺體驗）同「情」（情境、場域）。易言之，醫家對於所有疾病的「理解」，均不屬於意識、知性範疇，而是在知覺體驗中進行。

那麼，與其說本研究對《莊子》知覺體驗層面或身體感研究視域的考掘，乃隨西方知覺現象學、默會之知、具身認知而發，毋寧說此一相契固有文化特色、向昔卻因迥異西方而鮮為學界重視的傳統思想文化之研究視域，早已在伏流中湧動經年，蓄勢待發。

## 一、從「工夫論」到「專家與生手」專題

### （一）從「思索」到「實修」

生手怎樣鍛鍊成專家？「專家與生手」的命題，在過去《莊》學的「工夫論」研究中，頂多只能算是「隱性」的存在。如赤塚忠所謂，要達到世上「唯一的道」，必須通過「思索」的修鍊形式：

> 如前所述，天籟寓言中通向「唯一的道」，是要經由與世上事物惡鬥苦戰的思索到達的。這

擁有『專家』身體感的可能性」中述其旨。

9 余舜德先生於〈從田野經驗到身體感的研究〉（收入余舜德主編，《體物入微：物與身體感的研究》，新竹：清華大學出版社，二〇〇八年，頁一五）一文中定義「身體感」為：「身體作為經驗的主體以感知體內與體外世界的知覺項目（categories），是人們於進行感知的行動（enact perception）中關注的焦點。」

10 梁漱溟：《東西文化及其哲學》，頁三四—三六。

種苦鬥，在人生問題與技藝上雖有領域寬窄的不同，但自我修鍊、養成的思索則是共通的。[11]他並認為《莊子》書中過多「究竟境地」的描述，容易使人漏看其「思索過程」：

> 大鵬鳥圖南寓言中的「以遊無窮」境界也是如此達成的。然而，《莊子》書中強調此特色雖也無可厚非，但顯示究竟境地的論說與寓言一多，也就稍嫌過度重視其到達究竟境地的絕對自由與快樂，而具漏看其思索過程的傾向。[12]

問題是聖人、神人、至人、真人等「《莊子》專家」的養成，是否確如赤塚忠所言，是一種「思索」的訓練？而其體道過程，又是否適用「思索的過程」來理解？

次如湯浅泰雄曾藉「主體」、「客體」這組概念，詮釋東洋心身論中「心身一如」的「訓練」：

> 「心身一如」這句話的意思，亦大約可依前述的觀點來理解。就主體、客體的雙義性而言，「訓練」之義即是「身體」此一客體邁向主體化的蛻變過程，意即心的作用遍及身體的每一角落，以至於主體的「心」能夠自由自在掌控客體的「身」的階段，此即「心身一如」的狀態。然而，這個過程，同時也是「心」這個主體邁向客體化的過程。[13]

湯浅透過「主體的客體化」、「客體的主體化」所詮解的「身心一如」，就理論思辨的層次而言，可謂精準、精彩；但就「訓練」的專題研究而言，讀者倘試圖憑藉此等「概念」上的詮釋，從而自「生手」晉升為「專家」，則不免無所適從。

再如坂出祥伸認為《莊子》對「坐忘」的說明，是非常觀念而抽象的；同時卻又認定莊子活動的戰國時代，確實存在這種「為了養心而作的實際修行」：

由於這（指《莊子》一書對「坐忘」的說明）是非常觀念性、抽象性的說明，因此顯得更加難以理解。雖然難以理解，但仍可以確定的是：《莊子》這部作品，或是莊子其人活動的戰國時代，大約在公元前二、三世紀到前一世紀左右，這種為了養心而作的實際修行是存在的。[14]

「知道是什麼」（knowing that）與「知道怎樣作」（knowing how）之間，有某種類似，也有某種區別。[15]《莊子．人間世》有云：

11　譯自（日）赤塚忠，《莊子　上（全釈漢文大系16）》（東京：集英社，一九七八年），頁一四四。
12　譯自（日）赤塚忠，《莊子　上（全釈漢文大系16）》，頁一四四。
13　譯自（日）湯浅泰雄，〈身体論　東洋的心身論と現代〉，《湯浅泰雄全集第十四巻．心身論》（東京：白亞書房，一九九九年），頁九八。
14　譯自（日）坂出祥伸，《「気」と養生　道教の養生術と呪術》（京都：人文書院，一九九三年），頁九一。
15　Gilbert Ryle, *The Concept of Mind*, New York: Barnes & Noble, 1949, pp. 28, 32.

顏回曰：「回之未始得使，實自回也，得使之也，未始有回也，可謂虛乎？」夫子曰：「盡矣。吾語若，若能入遊其樊而无感其名，入則鳴，不入則止，无門无毒，一宅而寓於不得已，則幾矣。」[16]

王叔岷《莊子校詮》注「入遊其樊而无感其名」，強調莊子所述「心齋」等境界乃「實際體驗工夫」：

案顏回所言，已盡得心齋之妙。然心齋乃實際體驗工夫，非止於言談。故孔子告以能入遊於心齋藩籬之內，非僅觸及心齋之名而已。[17]

又於〈齊物論〉「是以無有為有。無有為有，雖有神禹且不能知，吾獨且奈何哉！」條下注云：「讀此數語，知莊子非空談者。」[18]足見莊學的知識類型，乃需「入遊於心齋藩籬之內」的「實際體驗」，非僅「觸及心齋之名」的「止於言談」，[19]旨在「知道怎樣作」（knowing how：「入遊其樊」、「入則鳴」），而非「知道是什麼」（knowing that：「感其名」、「不入則止」）。

在知道《莊子》的「工夫論」是什麼，與知道如何完成所論工夫之間，有某種類似，也有某種區別。本研究聚焦於「專家與生手」專題的考察，意在復原戰國時代莊子之徒的實際修行（坂出祥伸所謂「戰國時代的實修」、王叔岷所謂「實際體驗工夫」），尋找複製、「訓練」（湯淺泰雄所謂「訓練」）《莊子》專家的可能途徑。

如同英國當代哲學家吉爾伯特・萊爾（Gilbert Ryle）在其名著 *The Concept of Mind*（1949）書中所言：理論家一直熱中於探討人們所應用的理論性質、起源和背景，而幾乎忽略了「怎麼完成各種任務」的問題。相反地，在日常生活以及特殊的教育活動中，我們更關注的是人的能力、活動，而不僅僅是認識、掌握了多少真理。在知道怎樣作（knowing how）與知道是什麼（knowing that）之間有某種相似，也有某種區別。所謂「知道怎樣作」，並不單指知道該符合那些規範判準，而是能去活用、主動以那些規範判準來形成自己的行為；而「思考我所做之事」也不意指「既思考做什麼，又真正去做它」這兩件事。當我們「思考」所做之事時，其實只是在做一件事而不是兩件事；我們的「行為」有特殊的方法或方式，而不是有一個特殊的、獨立於行動之前的純粹思考活動。[20]

本研究進路於是針對傳統中國哲學特重修習、實踐之特色，正視認識理論與完成任務間的巨大

---

16 王叔岷：《莊子校詮》（臺北：中央研究院歷史語言研究所，一九八八年），頁一三〇。本書所引《莊子》原典，俱存王叔岷《莊子校詮》之舊，倘有異文，以方框標示。異文出義較佳者，以【】括引於後；可備一說者，則以（）括引於後。

17 王叔岷，《莊子校詮》，頁一三三。

18 王叔岷，《莊子校詮》，頁五七。

19 王叔岷注「入則鳴，不入則止」：「案此謂能入則與心齋之妙相應，不能入則不能與心齋之妙相應。」（《莊子校詮》，頁一三三）。

20 Gilbert Ryle, *The Concept of Mind*, pp. 28, 32.

差異，極力將過去研究著重於「知道是什麼」的向度，亦即對思想性質、起源和背景的關注，移轉為對「知道怎樣作」的探討。試圖凸顯《莊子》特重工夫論的學術進路，同時讓工夫論的研究突破既有「論」（純粹「理論思辨」）的藩籬，尋求在日常生活中體現、落實的可能性。此一詮釋觀點的轉移，將有助於了解「道」的身體性、人間性及物性，為《莊子》研究帶來嶄新的風貌。

## （二）可指導任何專家的「專家」特質

宏觀近年中西學界，舉凡：醫學、科技、企管、會計、新聞、大眾傳播、教育、心理、設計等領域，均不乏「專家與生手」的專題研討，探究各自專業成長的可複製性，包括比較思考層次、認知信念、知識基礎的差異，試圖掌握專家所以成為專家的重要關鍵。[21]關於專家與生手的差別，安德森（J. R. Anderson）認為專家之所以能夠成功解決問題，是因為經過密集且持續的練習後，已將某些描述性知識轉換成程序性知識。而經驗愈豐富的專家，愈能以有效率的程序來取得、利用資訊。[22]魯姆哈特（Rumelhart）與諾曼（Norman）發現，人對於資訊的記憶與處理，有一套編碼、儲存與提取的過程。一般在人的記憶中，相關的資訊單元會環環相扣儲存在一起，是為基模（schemata）。基模是個組織有序的資料結構，有助於我們解讀外來的資訊，指導資訊的處理與篩選，從而推論、評估類似的外在狀況。[23]這種資料結構規模的大小，會影響資訊處理的難易度；基模結構愈龐大、綿密，處理資訊會愈有效率。[24]而這也正是一般專家與生手的差別所在。[25]

弔詭的是，對於《莊子》「專家」命題的探討，相較前文所提到的專家研究，具有既相容又背反的特質。此殆因《莊子》書中臻至究極境界的「專家」（如「聖人」、「神人」、「至人」、「真人」等），既非意在成就任何專業，亦不隸屬任何專業，故云：「孰弊弊焉以天下為事」、「無所用天下為」、「孰肯以物為事」、「無所可用」（〈逍遙遊〉）、「為是不用而寓諸庸」（〈齊物論〉）；一方面卻又具備超越任何專業、可指導任何專業的能耐，如「子立而天下治」、「治天下之民，平海內之政」，或僅「其神凝」便得以「使物不疵癘而年穀熟」，雖不求「用」，卻有「大用」，係屬「拙於

---

21 如教育學之D. C. Berliner（1986, 1987, 1988, 1989）、G. Leinhardt（1983, 1986, 1987, 1989）、C. Livingston, & H. Borko（1990）；新聞學、大眾傳播學之S. H. Stocking and P. H. Gross（1989）、W.-w. Chung, K.-j. Tsang, P.-l. Chen, & S.-h. Chen（1998）；企管、會計學之S. E. Bonner（1990, 1991）、N. Dopuch（1992）；心理學之W. G. Chase and H. A. Simon（1973）、D. A. Kolb（1984）；醫學之A. Lesgold, H. Rubinson, P. Feltovich, R. Glaser, D. Klopfer, & Y. Wang（1988）、V. L. Patel, D. R. Kaufman, & S. A. Magdar（1996），乃至科技、科學之E. M. Craig（1987）、D. E. Black and J. Solomon（1987）、Y. C. Hsu（2004, 2005）；設計學之O. Akin（1988）等，如雨後春筍，無暇備舉。

22 J. R. Anderson, *The Architecture of Cognition*, Cambridge, MA: Harvard University Press, 1983.

23 D. E. Rumelhart and D. A. Norman, "Accretion, Tuning and Restructuring: Three Modes of Learning," In J. W. Cotton and R. L. Klatzky (eds.), *Semantic Factors in Cognition*, Hillsdale, NJ: Lawrence Erlbaum, 1978, pp. 40-41; D. E. Rumelhart and D. A. Norman, "Representation in Memory," In R. C. Atkinson, R. C. Herrnstein, G. Lindzey & R. D. Luce (eds.), *Stevens' Handbook of Experimental Psychology*, 2nd ed., vol. 2, *Learning and Cognition* , New York: John Wiley and Sons, 1988, pp. 511-587.

24 A. Lesgold, H. Rubinson, P. Feltovich, R. Glaser, D. Klopfer and Y. Wang, "Expertise in a Complex Skill: Diagnosing X-ray Pictures," in M. Chi, R. Glaser and M. J. Farr, eds., *The Nature of Expertise* (Hillsdale, NJ: Lawrence Erlbaum, 1988), pp. 311-342.

25 有關「專家與生手」研究命題暨相關理論，筆者深受國立政治大學新聞學系鍾蔚文教授之啟發，謹此誌謝。

用大」的對反（〈逍遙遊〉）。似乎意味著不論投身任何行業、操持何種技藝，其成就均植基於一種共通的身心能力，一旦致力於身心提升而擁有如是能力後，便能輔成各種專業、使臻於絕技。[26]

換言之，《莊子》書中的「專家」雖意不在成就任何一項技藝，然一旦知道怎樣鍊就如是身體感、身體技術與身體經驗，一旦具備如是知覺與行動，便可助長任何一項技藝，使之臻乎絕技。如：由「所見无非牛者」，其次「未嘗見全牛」，進而「以神遇而不以目視」，終得「遊刃有餘」的「庖丁」（〈養生主〉）；或自「五六月累丸二而不墜」，其次「累三而不墜」，再者「累五而不墜」，終至「（承蜩）何為而不得」、「猶掇之也」的「痀瘻丈人」（〈達生〉）；再如初「齋三日，而不敢懷慶賞爵祿」，其次「齋五日，不敢懷非譽巧拙」，進而「齋七日，輒然忘吾有四肢形體」，遂能「削木為鐻」教見者「驚猶鬼神」的「梓慶」（〈達生〉）；以及「假不用者也以長得其用」，年屆八十始得「不失毫芒」的「捶鉤者」（〈知北遊〉）、「得之於手而應於心」的「輪扁」（〈天道〉）、「操舟若神」的「津人」（〈達生〉）等。

倘我們視莊學為一門知識，則它顯然代表著一般透過耳、目等感官聞、見所獲取的知識無法完全涵括的知識類型：其感官不再一味追求精確縝密地接收、享用外在世界的豐富訊息，卻求收斂、內返，所謂「以有涯隨无涯，殆已」、「不以目視」、「官知止」、「視為止」（〈養生主〉），「无聽之以耳」、「徇耳目內通」（〈人間世〉）、「不知耳目之所宜」（〈德充符〉）、「黜聰明」（〈大宗師〉）等。不但不主張記憶，反而致力於忘記，[27]如「回忘禮樂」、「回忘仁義」、「回坐忘矣」、「忘其肝膽，遺其耳目」（〈大宗師〉）、「形有所忘」（〈德充符〉）等。唯在歷經注意力內返、「忘」的工夫進程後，這種知識的力量方得豁顯。以此對照上文Anderson所謂「技術高下與基模結構大小疏密適

26　方萬全於〈莊子論技與道〉（劉笑敢主編，《中國哲學與文化》第六輯，桂林：廣西師範大學，二〇〇九，頁二五九—二八六）一文從事莊子「體現」（embodiment）現象的研究，指出莊子乃是以「技藝的自然」來說明「聖人之自然」，兩者都涉及修養與自然，且都具有不可言傳的一面，但方氏認為「技藝所循的自然比不上聖人（作為所契合）的自然」（頁二七一）、「道近乎技的一個意思就是說：成為有道的人所需要的修養，遠比只是想習得技藝的人所需的修養要來得更為複雜與嚴苛。」（頁二七一）、「庖丁所談的天理是解牛的動作的指引，而聖人的天理則是（廣義的）道德行為的指引。」（頁二七八），主張職人、聖人間，僅止於比擬的關係。但楊儒賓在〈技藝與道——道家的思考〉（收入《王叔岷先生學術成就與薪傳研討會論文集》，臺北：國立臺灣大學中國文學系，二〇〇一，頁一六五—一九一）一文中則指出唯有全身精神化以後，技藝才可以有質的飛躍，此時技藝的身體主體能「深入事物實相，與之合一」，並指出這樣的概念乃是奠定在道家的身心性命之學上，更強調道家的身心性命之學乃是建立在某種特殊的形氣神身體觀基礎上。畢來德（Jean François Billeter）同樣打破過去《莊子》研究者偏重心靈工夫，忽略身體參與的傾向，認為《莊子》書中專家逐漸精熟技藝的過程，是由「人」的機制向「天」的機制過渡上升，「莊子特別關注這種向高級機制的過渡，因為在這一轉折的時刻，原來有意識地控制並調節活動的意識，忽然被一種渾整許多的『事物之運作取代』，而這一運作則解除了意識一大部分的負累……」（畢來德著，宋剛譯：《莊子四講》〔臺北：聯經出版事業公司，二〇一一年〕，頁三八—三九、四七）、「意識將行動的責任交給身體以後，便脫身出來，有些像是居於其上了。這樣，我所謂的身體便能夠完成許多的活動……當意識這樣信任身體，它自己便獲得了一種自由，可以轉向別處，而行動卻不會因此中斷。」（頁四七），當身體的技藝推到極致，意識亦得以自由，且能靈活應對現實中種種事物情境。由上述當代學者於《莊子》書中專家技藝與工夫論的討論，可知莊子之心靈修養，始終是不離於「身」、不離於「物」的，「心」與「身」、「物」，並非二元對立的兩端。本研究即是基於職人體現道家身心性命之學、植基形氣神身體觀的研究基礎，試圖作更進一步的探討。

27　《莊子》書中對「忘」、「喪」、「遺」的論述俯拾即是，考諸內、外、雜篇，「忘」凡四十見，「喪」十四見，「遺」十三見。以其中最具代表性的「坐忘」（〈大宗師〉）為例，考察歷代注家詮釋，當可一窺全豹。晉・郭象：「夫坐忘者，奚成正比」的知識類型，適凸顯莊學知識類型的特質。

近半世紀以來，「人如何認知？」一直是學術研究的中心課題之一（認知科學〔cognitive science〕在這方面的投注尤其鉅大）。[28]然而，對於人解決問題（problem solving）的過程，以及解決問題所需要的知識為何，我們所知仍然有限。[29]瓦雷拉（Francisco J. Varela）、湯普森（Evan Thompson）與羅施（Eleanor Rosch）提出「具身認知」（embodied cognition）的當代觀點，試圖強調認知過程的複雜性，以修正傳統的認知觀：過去的認知主義，傾向於將「心智」視為一部操作符號的機器，並將「認知」視作一種處理訊息符號的功能。但Varela等人主張，認知乃自「身體」與「環境」的交互作用中產生，主體具有在各種情境下隨機應變、自我調整，以求處理問題的能力。認知的過程必然牽涉到「具身」，因為認知主體會利用個人獨特的身體與感官、身體感覺運動能力、記憶、情感等系統，與當下所處的特殊情境直接交互作用，以達成認知行為。[30]

乍看之下，莊學所追求、體現的知識類型，與立基於感官聞見、記憶堆疊的知識類型為矛盾、背反的兩極，但事實上，兩者實為一偏／全、淺／深之對照關係。《莊子》書中專家的技術，為一超越尋常知識、由致力提升身心、不斷錘鍊後方得湧現的全體之知，此全體之知乃由感官外逐、記憶堆疊之知歷經「徇耳目內通」、「忘」之工夫進行轉化，由知而神。《莊子》書中所揭示專家技藝漸入於神的模式，顯示體現此知是歷程性的，需經過一番轉化感官、內返自身的工夫歷程；體現此知亦是及物性的，「心齋」、「坐忘」固有其自身之理可說，但在真實的生活中卻是「乘物以遊心」（〈人間世〉），「心」需透過具體、有限、僅是存在而不能擴充的「物」，了解物理而後始能加以乘御、真正體現此全體之知。因此實可將僅立基於感官、記憶的知識視為莊子反身內斂之知的工夫初所不忘哉。既忘其迹，又忘其所以迹者，內不覺其一身，外不識有天地，然後曠然與變化為體，而無不通也。」（《南華真經註》，收入嚴靈峯編，《無求備齋莊子集成初編》〔後簡稱《初編》，臺北：藝文印書館，一九七二年〕，冊一，頁一六二）由郭注可見歷代注家對莊學「忘」工夫之所忘，可概分為「忘其迹」與「忘其所以迹」二類。「迹」涵括「天地」（郭象）、「物」（清．王夫之，《莊子解》，收入《初編》，冊一九，頁一七九）、「萬物」（清．周拱辰，《南華真經影史》，收入《初編》，冊二二，頁二四九—二五〇）、「萬象」（清．劉鳳苞，《南華雪心篇》，收入《初編》，冊二四，頁二九〇），乃至「一身」（郭象）、「形骸」（明．朱得之，《莊子通義》，收入嚴靈峯編，《無求備齋莊子集成續編》〔後簡稱《續編》，臺北：藝文印書館，一九七四年〕，冊三，頁二三三）、「我」（宋．王元澤，《南華真經新傳》，收入《初編》，冊六，頁二一六—二一七；清．劉鳳苞，《南華雪心篇》，頁二九〇）、「吾」（清．王夫之，《莊子解》，頁一七九）。「所以迹」則涵括「知」（明．朱得之，《莊子通義》頁二三三）、「仁」、「義」、「禮」、「樂」（明．焦竑，《莊子翼》，收入《續編》，冊一一，頁二四三）等內在的知識、德性。而就能「忘」言之，注家以「心普萬物而無心，情順萬物而無情」（明．郭良翰，《南華真經薈解》，收入《初編》，冊一三，頁三八三—三八四）、「無心順應」（明．吳伯與，《南華經因然》，收入《續編》，冊二二，頁一八〇）、「虛心無著」（清．郭慶藩，《莊子集釋》，收入《續編》，冊三八，頁三一三），勾勒莊子之「忘」虛心無執、淡然視之的內涵。可知莊子之「忘」的工夫與境界，非當今通用意義的「忘記」，而有致力於：對天地、萬象、萬物、一身，乃至知識、智識、德行條目等，盡皆不復執著、淡然如忘般，深刻而豐富的工夫意涵。

28 如張春興，〈知之歷程與教之歷程：認知心理學的發展及其在教育上的應用〉，《教育心理學報》二一期（一九八八年六月），頁一七—三八；Marvin Minsky, "A Framework for Representing Knowledge," In John Haugeland (ed.), *Mind Design: Philosophy, Psychology, Artificial Intelligence*, Cambridge, MA: MIT Press, 1981; Allen Newell, "The Knowledge Level," *Artificial Intelligence*, 18, 1982. 1, pp. 87-127.

29 詳鍾蔚文、臧國仁、陳百齡，〈傳播教育應該教些什麼？——幾個極端的想法〉，《新聞學研究》五三期（一九九六年七月），頁一〇七—一二九。

30 F. J. Varela, E. Thompson, & E. Rosch, *The Embodied Mind*. Cambridge, MA: MIT Press, 1991.

階。[31]

本此觀念，則對富於「體會之知」特質的《莊》學進行深度考察，當有益於對另類知識觀的理解，而這種理解，許是不同知識觀進行對話的重要基石。

《莊子．齊物論》屢言：

> 其形化，其心與之然，可不謂大哀乎？人之生也，固若是芒乎？其我獨芒，而人亦有不芒者乎？
>
> 是以無有為有。無有為有，雖有神禹且不能知，吾獨且奈何哉！
>
> 今且有言於此，不知其與是類乎？其與是不類乎？類與不類，相與為類，則與彼無以異矣。
>
> 丘也與女，皆夢也；予謂女夢，亦夢也。

儘管莊周從未以大覺或體道者——聖人、神人、至人、真人、「无用」而「大用」者，即本研究所謂「《莊子》『專家』」——的形象自居，而僅自謙為「芒（昧）」者（即本研究所謂「生手」），但遍覽全書，莫不見這位廁身「生手」之列的芒昧者信手開出無待逍遙、喪我齊物、養生之主、「安時處順」（〈人間世〉）、「安之若命」（〈德充符〉）、「大情」（〈大宗師〉）、「无情」（〈德充符〉）等諸多良方，安然地將自我（還是讀者？）從危如「羿之彀中」（〈德充符〉）的人間世引渡。

我們或將發現：不僅思考《莊子》，且真正去實踐，不僅服膺《莊子》所述規範判準，且更活用它。也只有著眼於「知道怎樣作」，探索如何由生手臻至專家之路，掌握《莊子》書中專家行為特殊的方法與方式，赤塚忠所謂的「思索」，湯浅泰雄所謂「訓練」，坂出祥伸所謂「實修」，王叔岷先生所謂「實際體驗工夫」的複製與探討，方得以真正完成。

## 二、從「心性論」到「體會之知」

南郭子綦隱几而坐，仰天而噓，嗒焉似喪其耦。顏成子游立侍乎前，曰：「何居乎？形固可使如槁木，而心固可使如死灰乎？今之隱几者，非昔之隱几者也。」子綦曰：「偃，不亦善乎，而問之也！今者吾喪我，汝知之乎？」（《莊子‧齊物論》）

「我是誰？我們是誰？」向來是人文科學共同面對的課題。在傳統中國學術裡，《莊子》對於「主體」也頗有論述，譬如：喪「我」（〈齊物論〉）、離「形」（〈大宗師〉）、「視喪其足，猶遺土也」、「直寓六骸，象耳目」、「非愛其形也，愛使其形者也」（〈德充符〉）。《莊子》主張，主體的建立有待一番工夫純化的過程，但是工夫是在心、抑或也在身上實踐？是崇本（指心）、舉末（謂身）抑或工夫雙軌？——是單用「心」就能忘卻自己的身體，抑或猶待身體本身的積極參與？倘身體在工夫過程中確實不可或缺，其角色扮演究竟如何？

31　關於《莊》學知識類型與一般知識類型關係之探討，承蒙國立清華大學中國文學系楊儒賓教授提點，謹此申謝。

十九世紀末葉以降，國人對子學的研究大多聚焦於心性論，且部分學者似視心性論為一套理性思辨的產物。換言之，是重視純然心靈與思想層面，而忽略傳統子學在身體層面的深厚基礎。[32]

我國近代的子學研究偏重於心性論，其未盡之處，似正暗合笛卡兒心物二元論（dualism）所面臨的難題。笛卡兒主張，世界由兩大實體組成：一是物質實體，其主要特徵是占空間的擴延性（extension），另一是思想實體，其本質在於思考，思考在時間中發生，但不占空間（non-extension）。此二實體性質迥異，且於存在上彼此獨立。以此觀點來看「人」，笛卡兒認為，人是由物質的身體和非物質的靈魂所組成，而每一有意識的個人便是一個獨特的思想實體。[33]然而，此二元論形上學導致一個難題：如果說心靈是主動的、不具空間擴延性的思想，而身體則是被動的、無法思想卻具空間擴延性的物質實體，那麼，兩種本質完全不同而又獨立存在的實體，如何產生因果關聯？人的心靈活動如何能與身體彼此影響？笛卡兒沒有對此提出令人滿意的解答。

回到傳統中國子學（包括《莊子》）對於建立主體的主張，及其心性之說。對心靈、心性的探討，能否只範限在「心」（心靈、意識等）的界域中？

英國傳播科技學家多羅希（Paul Dourish）曾區別「行動」（action）在電腦世界裡與日常生活中的差異。儘管在電腦遊戲裡，真實世界的隱喻（metaphors）可被用來提議（suggest）、指示行動；且這些隱喻有助於我們了解、以及如何使用資訊系統。然而，使用者即便沉浸於虛擬實境中，依舊是個截然位居電腦世界之外的觀察者，而虛擬實境中的遊戲角色都是按照他的心意與指令來行動的。但這顯然與日常生活的經驗大相逕庭，因為我們的腦袋中並沒有一個迷你人坐在裡面，透過我們的眼睛注視外面的世界、透過我們的手去操作計畫，並小心確認我們端起咖啡杯的動作是否執行過當。我們居住在真實世界之中，而不似電腦遊戲的角色那般，受控於虛擬世界之外的心意與指令。[34]對真實世界的人而言，其意識、心性的位階無法等同電腦遊戲角色的情況，可見對人的探討若過度集中於心性層面，勢將錯過日常生活中許多值得重視的橋段。

認知科學家Varela、Thompson、Rosch解釋何謂「體現行動」（embodied action），認為「體現」一詞具有兩個要點：其一，身體具有各種感覺動作能力，使人們產生各類經驗，造成所謂的認知。其二，個體的感覺動作能力，乃是體現於一涵蓋面更廣，兼具生物、心理與文化層面的脈絡之中。至於「行動」一詞，則是為了再次強調：在日常生活的認知當中，感覺與動作的過程，亦即知覺與

---

32 以《莊子．人間世》：「无聽之以耳，而聽之以心；无聽之以心，而聽之以氣」的當代詮釋為例，東洋學界率以「氣」詮釋「聽之以氣」之知覺主體（坂井喚三，一九三〇；黑田亮，一九三三；栗田直躬，一九四九；大濱皓，一九六六；赤塚忠，一九七八；福永光司，一九七八；楠山春樹，一九九二）；英美學界雖未全面聚焦於身體之氣，或以「靈魂（soul）」（Giles, 1889）、「靈（spirit）」（Fung, 1964; Merton, 1965），或以「能量（energies）」、「氣（*ch'i*）」（Graham, 1981; Hamill & Seaton, 1998）詮釋「聽之以氣」之知覺主體；但相較之下，華人學界近年雖亦有學者以「氣」（楊儒賓，二〇〇八；賴錫三，二〇〇八）、「身心合一的身體」（林文琪，二〇〇三）詮釋「聽之以氣」之知覺主體，但絕大多數的學者皆扣緊「心」（錢穆，一九五七；唐君毅，一九七三；任繼愈，一九八三；馮友蘭，一九九一；王博，二〇〇四）、「心靈活動」（陳鼓應，一九九〇）、「心境」（王叔岷，一九九二）、「心體」（張亨，一九九七）、「思惟知慮」（劉笑敢，一九八八）、「意識」（蔡振豐，一九九六）作詮解，明顯範囿於心性範疇。然只從「思想活動」這一角度來理解傳統所謂的「心」，恐怕不足以全面掌握先秦諸子之要旨。

33 René Descartes, *Meditations on First Philosophy*, trans. John Cottingham, Cambridge, UK: Cambridge University Press, 1987.

34 Paul Dourish, *Where the Action Is: The Foundations of Embodied Interaction*, Cambridge, MA: MIT Press, 2001, pp. 101-2.

行動，兩者基本上是分不開的。[35]

此等對日常生活中「體現行動」的闡釋，正凸顯了偏重心性論的子學研究者嚴重忽視的課題。事實上，《莊子》內七篇中可見許多論及身體感、身體技術的章節，而這些身體感、身體技術的相關論述，既有別於純粹理性思辨的思考活動，也迥異於將討論焦點範限在「心」（心靈、意識）的心性論探討之中，係一在知覺體驗中論述方法與工夫的學問。這些過去不被注目的身體感層面，在《莊子》文本中俯拾即是，例如〈齊物論〉之「嗒焉似喪其耦」、「形如槁木」，〈大宗師〉之「墮枝體」。論及身體技術如〈養生主〉之「視為止」、「官知止而神欲行」、「以神遇而不以目視」，〈人間世〉之「徇耳目內通」，〈大宗師〉之「息以踵」，〈應帝王〉之「機發於踵」等。論及身體經驗者，如〈大宗師〉之「其寢不夢」、「色若孺子」、「其息深深」與〈應帝王〉之「其臥徐徐，其覺于于」等。此外，動作與感覺、行動與知覺的連帶關係，乃至「人」與「物」之間相勝相乘、牽扯拉鋸的現象描述，如〈逍遙遊〉之「生物之以息相吹」，〈齊物論〉之「與物相刃相靡」，〈人間世〉之「奈何哉其相物也」、「乘物以遊心」，〈德充符〉之「使日夜无郤，而與物為春」，〈大宗師〉之「與物有宜」、「外物」，〈應帝王〉之「勝物而不傷」等，於《莊子》中也所在多有。由此觀之，就上文所述的「體現行動」一義上，《莊子》似能給我們若干啟發。當我們了然心理情緒、感官經驗、體現行動、認知活動、社會文化情境等各層面間宛如齒輪緊密扣合的關聯，勢將拓展研究關照的視域。

由上可知，研究《莊子》，自不可輕忽「腦」（心靈、意識、心性、心神）以外「身體」與「行動」的參與。本研究進路試圖重返庖丁的刀口、南郭子綦的座上，去察看心靈的「位置」。尋繹

《莊子》書中的描述細節，於一舉一動、進退顧盼之間，打破心／身、認知／情感、人／物等二分關係，深入考掘過去未曾受到注意的感官經驗、體現行動等面向，試圖尋找莊學的深層結構，期能支援、補充固有研究課題，更冀盼能藉由原本被忽略的細節，而建立更完整的理論。

## 三、操作技術之有、無：擁有「專家」身體感的可能性

儘管我們普遍相信《論語》：「我欲仁，斯仁至矣」（〈述而〉）或《孟子》：「舜何人也，禹何人也，有為者，亦若是」（〈滕文公上〉），肯定凡人可經由努力而臻至「聖人」境界；然而，我們似乎鮮少以同等態度來對待道家。甚或連鑽研道家思想的學者，也有主張：任何人為的努力都違背道家所論「自然」的立場。[36]然而，倘使否定「任何人為的努力」，則老、莊以降所有企慕道家境界的人士，遂徒能仰止高山、望洋興歎，而該及早放棄由「生手」臻至「專家」的奇想。

問題是，「散人」能否藉由修鍊、陶養以成為莊子所義界的聖人、神人、至人、真人？生手是否可能透過日常生活中的人為努力而變成《莊子》書中的專家？便成為本課題能否成立的首要關

35 詳參F. J. Varela, E. Thompson, & E. Rosch, *The Embodied Mind*, p. 173.

36 易杰雄，〈堅持「真」與「善」的統一，重構現代東方哲學〉，收入卞崇道主編，《東方文化的現代承諾》（瀋陽：瀋陽出版社，一九九七年），頁一五二—三。

鍵。

森舸瀾（Edward Gilman Slingerland）曾用「悖論（paradox）」一語描述老莊之「無為」思想，同時也說明道家思想易遭誤解為「應該放棄任何人為的努力」的緣由：

這種內在的緊張來自於：「為」的最高境界「無為」，是一種毋須勉力的狀態，然而這樣必然會衍生出以下問題：我們如何去努力做到不去努力？[37]

「無為」與「自然」這兩個字辭的表面意涵，看似否定人為努力的必要性，但實質上，此等道家義界下的最高境界，卻是亟需努力纔可臻至的。

我們只要正視《老》《莊》明言一以貫之的「勤行」態度，如《老子．四十一章》：

上士聞道，勤而行之。

又如《莊子．大宗師》：

以德為循者，言其與有足者至於丘也，而人真以為勤行者也。[38]

並對勘《莊子》書中那些「道」進於「技」的職人描述，及其由生手臻至專家的勉力過程，[39]以經解經，自能清楚了解：道家所謂「無為」與「自然」，確實大不同於「放棄任何人為的努力」的「無為」，或不習而得、天生而能的「自然」。

唯有上述由「散人」臻至「真人」的可能性在道家文本中得以確立，乃可繼而展開「操作技術」為何的課題——我們究竟要如何經年累月地「盡乎人為」，方能鍊就「為」「無為」的工夫，使此「身」得以鍊就（或說「歸返」）所謂「自然」的身體？終臻至現實生活裡鮮人臻至的「朴」（〈應帝王〉）、「天」（〈齊物論〉、〈養生主〉、〈德充符〉）、「自然」（〈德充符〉）、「聞道」（〈大宗師〉）、「得道」（〈應帝王〉）等境地？

倘試圖探究一位生手（novice）如何成為《莊子》書中的「聖人」、「神人」、「至人」、「真人」等，且對譯以當代通行語彙「專家（expert）」，自當了解該書所談的一切訓練與模仿的方式（all the modes of training and imitation），簡括曰「身體技術」（body techniques）。

技藝（techne）在希臘文中，指「技術」、「手藝」，是一種基於普遍原則且能授予他人的技

37 詳參Edward Gilman Slingerland, *Effortless Action: Wu-wei as a Spiritual Ideal in Early China* (New York: Oxford University Press), 2003, p. 6.

38 儘管王叔岷於此條下注云：「真人動合乎德，豈復勤行邪！」（王叔岷，《莊子校詮》，頁二二二）然筆者以為，行住坐臥、時時刻刻，無時無刻，有意無意，皆堪稱「勤行」。

39 王叔岷先生詮釋〈養生主〉：「道也，進乎技矣」，對於無為與自然有很好的解說：「道是自然，技乃人為。盡乎人為，則合乎自然矣。」（王叔岷，《莊子校詮》，頁一〇五）既云「盡乎人為」，則勤勉自在其中。

巧。馬瑟・牟斯（Marcel Mauss）則視技術為一種有效的傳統行為（不同於巫術的、宗教的、象徵的行為），它必須是傳統的與有效的，如果沒有傳統，就不會有技術與傳播。Mauss並強調：身體向來是人最自然、首要的工具與技術訓練的對象。而所有技術的訓練與形成都各有其道，身體習慣的建立亦然。從身體的習慣中（例如走路時手臂如何擺動、座席中手臂與胴體的相對位置、姿勢等），可以看出每個文化群體或社會的特異處。這些身體習慣並非天生具足，而是來自後天的學習，它們會隨著個人及可能的模仿而改變，也會受到社會、教育背景與權威的價值系統種種因素的影響。[40]

事實上，莊子所揭櫫的身體技術，並非僅一純以語言文字格義的知識，而是經由心領神會始能掌握的「默會之知」，[41]更是一需要透過含括身體的具體實踐方能體現的「具身認知」知識類型。[42]基於此，我們需探問如何才能切實操作《莊子》書中所揭露的身體技術，以便能擁有《莊子》書中聖人、神人、至人、真人（即所謂「專家」，以下以「專家」名之）的身體感？[43]

在探究《莊子》「專家」所體現的身體感為何之前，首需了解先秦古籍所論述的身體究竟為何？在當今的生活情境中，「身體」與「靈魂」、「健身」與「修心」似乎是鮮少交集的命題，換言之，現代意義的「身體」乃局限於具體形貌，是可以透過解剖、掃描來觀照的血肉之軀。

反觀在先秦古籍中，「身體」一詞，從來不僅限於具象、可觸的形軀。中國古代講「身體」，實包含「心」，更且以心為「大體」（《孟子・告子上》），也就是在身體、十二體、百體的組成中，扮演著類似一國之君的主導性角色。

倘若「身體」不僅僅是可見可察的血肉形軀，而是含括了「心」（含括知覺、感覺、感觸、情緒）的「身體」，則「專家」的「身體感」究竟為何？

以下將透過《莊子》書中鍊就其所義界的聖人、神人、至人、真人身體感的工夫歷程，探討「專家」陶養成就其身體感的必要環節與充要條件：

---

40 Marcel Mauss, *Sociology and Psychology: Essays*, trans. Ben Brewster, London; Boston: Routledge & Kegan Paul, 1979, pp. 98-119.

41 哲學家博蘭尼（Michael Polanyi）與心理學家瑞伯（Arthur Reber）等，研究人經由訓練而獲得知識的過程，並將此認知過程稱為「默會認知」（tacit knowing）或「默致學習」（implicit learning），而由此獲得的知識是為「默會之知」（tacit knowledge）。（Michael Polanyi, *The Tacit Dimension*, New York, NY: Doubleday, 1966; Arthur Reber, *Implicit Learning and Tacit Knowledge*, New York, NY: Oxford University Press, 1993.）

42 F. J. Varela, E. Thompson, & E. Rosch, *The Embodied Mind*.

43 「身體感」之研究不同於「身體觀」，「身體觀」屬於認識論，係針對「具體」的存在物——身體——作一抽象的理解，意即把原初的「經驗」加以「觀念化」，將「具體身體」暫作抽象的描述。如果說「身體觀」是一種理論性、概括性的「認識」，則「身體感」所指涉的是「現象」，是以具體時空中的身體為認識、感知世界的主體。這種身體主體所追求的不是抽象與概念式的認識，而是直接的感官經驗、是有關世界的具體現象。（節引自拙作〈疾病場域與知覺現象：《傷寒論》中「煩」證的身體感〉，收入余舜德主編《體物入微：物與身體感的研究》，頁一六六—一六八）。余舜德於〈從田野經驗到身體感的研究〉一文中定義「身體感」為：「身體作為經驗的主體以感知體內與體外世界的知覺項目（categories），是人們於進行感知的行動（enact perception）中關注的焦點。」（《體物入微：物與身體感的研究》，頁一五）。

## （一）「視為止」、「徇耳目內通」：感官外逐的中止與內返

> 南海之帝為儵，北海之帝為忽，中央之地為渾沌。儵與忽時相與遇於渾沌之地，渾沌待之甚善。儵與忽謀報渾沌之德，曰：「人皆有七竅以視聽食息，此獨无有，嘗試鑿之。」日鑿一竅，七日而渾沌死。（《莊子．應帝王》）

〈應帝王〉中原本不具五官七竅的「渾沌」，卻在鑿啟人人賴以觀看、聆聽、飲食、呼吸的七竅後死亡，不禁令人好奇莊子這則寓言在經驗現象中實際指涉的工夫意涵究竟為何？在印度瑜珈修鍊傳統中，有關閉五感一說，藉由有意識地切斷五感與外在的連結，以達到全然的專注。[44]但莊子之學所致力的並非感官的中斷、關閉或與外在感官世界徹底隔絕，[45]而是要將感官維持在一種即使與外物交接相應卻不為所動（「厲風濟則眾竅為虛」〔〈齊物論〉〕、「攖寧」〔〈大宗師〉〕），或在與外物際會的過程中雖有意識情感活動，心身卻不為其所傷（「不以好惡內傷其身」〔〈德充符〉〕、「故能勝物而不傷」〔〈應帝王〉〕）的狀態。

莊子揭示工夫歷程的第一步：感官的內返。所謂「徇耳目內通」（〈人間世〉）對外而言是「不以目視」（〈養生主〉）、「視為止」（〈養生主〉），也就是不再著意於用眼睛觀看探查；[46]「无聽之以耳」（〈人間世〉）不再受耳朵所聞起伏思緒、不去追逐聆聽外在世界的聲音；[47]「立不教，坐不議」（〈德充符〉）不主動開口施教、議論批判。[48]是眼、耳、口舌等官能感知或表現等外逐動作的無為中止，不再執著於感官所交接的外在世界，「不從事於務」（〈齊物論〉）不把世俗工作的成就

當成生命中最重要的目標和追求、「何肯以物為事」（〈德充符〉）不將外在的事物當作生命中最重要的目標，而將注意力收回、內返自身。做到「官知止」（〈養生主〉），止「官」的同時致力於「去知」、「黜聰明」（〈大宗師〉），就此脫離原本未經轉化、提升的身心情狀，步上《莊》學工夫次第的初階，這便是人生選擇由「芒」走向「不芒」（〈齊物論〉）的肇始。

44 Paramahansa Yogananda, *Self-Realization Fellowship Lesson* (Los Angeles: Self-Realization Fellowship, 1956), S-1, P-20, p. 2.

45 簡・吉尼（Jane Geaney）考察早期中國認識論指出：「對《莊子》而言，感官就像會導致危難的孔竅一樣。特別是，眼睛與耳朵會導致『出知』的危險。《莊子》屏棄知識，然而它並不如《老子》般建議將感官關閉。《莊子》似乎偏好將感官開著，而使用『神』與『氣』來感知，雖然並不知道其與耳朵和眼睛間的區別為何。從某種程度上來說，莊子似乎把耳朵與眼睛更當作是鼻子——一種氣息可以進出的孔洞一般。如此做，言說與行動都可以漫入無垠而逍遙了。」詳參 Jane Geaney, *On the Epistemology of the Senses in Early Chinese Thought*, Honolulu: University of Hawaii Press, 2002, p. 173.

46 唐・成玄英注「徇耳目內通」：「夫能令根竅內通，不緣於物境，精神安靜，志（忘）外於心知者，斯則外遣於形，內忘於智。」（《南華真經注疏》，收入《初編》，冊三，頁一八三），注「不以目視」：「率精神以會理，豈假目以看之？亦猶學道之人妙契至極，推心靈以虛照，豈用眼以取塵也。」（《南華真經注疏》，頁一四八），注「視為止」：「不得輕染根塵，動傷於寂也。」（《南華真經注疏》，頁一五一）

47 唐・成玄英：「不著聲塵，止於聽。」（《南華真經注疏》，頁一七八）清・阮毓崧：「耳根多感，最宜寂靜，反聽無聲，照以心靈。」（《莊子集註》，收入《續編》，冊四一，頁八一）

48 唐・陸德明：「司馬云：立不教授，坐不議論。」（《莊子音義》，收入《初編》，冊二，頁三三）明・釋性通：「不設言教，以心契心。」（《南華發覆》，收入《續編》，冊五，頁一一四）

## （二）「安之若命」、「得其環中」：轉化心思想法與看待世界的眼光

將看待世界的眼光轉變為「得其環中」、「照之於天」（〈齊物論〉），藉由轉變立場角度、心思想法來導正一己：抽離曾經「將執而不化」（〈人間世〉）所固守的成見，從原本對立的人我兩端抽離而出，轉移立場，居於車輪或門戶的軸心，如此便與輪框、門戶上原先的「彼」、「此」皆成等距——遠離了「此」的堅持而不再固執於原先自己「是」的立場；靠近「彼」的一端，於是能體諒對方的想法與行為。[49]用如天空般超越的眼光明照一切，跳脫一己立場等距地看待、體諒人我和所有人間世的異議與紛爭，對萬事萬物皆能設身處地進入不同的處境。[50]將人間世原本令人平添紛擾、痛苦不堪的「司是非」，轉變為「無物不然，無物不可」、「和之以是非」的「兩行」（〈齊物論〉），甚至將儒者對仁行義舉非如何不可、非如何才是的執著轉化為「忘禮樂」、「忘仁義」（〈大宗師〉）、「忘年、忘義」（〈齊物論〉），外在世界的陰晴順逆皆能「知其不可奈何而安之若命」（〈人間世〉、〈德充符〉），種種無可奈何之事即可視為命定般的自然。

## （三）「哀樂不能入」與「心齋」：對治情緒攪擾、掃除念慮盡淨

轉化心思想法與看待世界的眼光的同時，要依循「不以好惡內傷其身」（〈德充符〉）的用情原則，做到「安時而處順，哀樂不能入也」（〈養生主〉、〈大宗師〉），順應每個生命的處境，安然面對每個當下的自然，這麼一來，因執著而生的哀樂情緒便不會進擾內心。學習讓心靈不再有種種負

面情緒，時刻做到「心如死灰」（〈齊物論〉），像是不再燃燒的灰燼般寂靜寧定；[51]與他人互動時則能「用心若鏡」（〈應帝王〉），時刻關注、持守一己之心靈，不為外物牽動起伏，[52]最終將能慣習對治情緒攪擾、臻於念慮掃除盡淨的「心齋」（〈人間世〉）境界，這也正是「氣也者，虛而待物」（〈人間世〉）所含括的境界。[53]

49 宋．羅勉道：「樞者，門牡也。樞處於環中，圓轉不碍，而開闔無窮。聖人執道之樞，而一聽是非之無窮猶是也。」（《南華真經循本》，收入《續編》，冊二，頁七三—七四）民國．曹受坤：「今人所用機翦畫圓，蓋即古規之演進者，試用機翦向平面之任何一點豎一軸心，旋轉其機，不論左行右行，周而復始，即成圓綫，此圓綫之任何一點，距離軸心均相等，故圓綫之任何一點，皆可謂圓綫之中，而軸心與圓綫之任何一點，亦同等距離，故亦可謂之中……莊子立說與一般學者各執直綫之一端以爭是非者為全然不同路徑耳。」（《莊子哲學》，收入《初編》，冊三〇，頁一八—一九）

50 宋．呂惠卿：「因是因非，因非因是，更相為用而已。聖人不由而照之於天，則以明之謂也。」（《莊子義》，收入《初編》，冊五，頁二七）明．沈一貫：「是以聖人不自由而照之以天，以天眼視萬物則不偏，亦因其所是而是之也。」（《莊子通》，收入《無求備齋莊子集成續編》，冊九，頁五八—五九）

51 晉．郭象：「死灰槁木，取其寂寞无情耳。」（《南華真經注》，收入《初編》，冊一，頁三一）明．程以寧：「內無火性，猶死灰之無烟焰也。」（《南華真經注疏》，收入《續編》，冊二八，頁三一）

52 晉．郭象：「鑑物而无情。」、「物來即鑑，鑑不以心，故雖天下之廣，而無勞神之累。」（《南華真經注》，收入《初編》，冊一，頁一七四）清．劉鳳苞：「惟虛故明，用心仍無心也，無心而自明……明鏡無物在中，故能屢照不疲。」（《南華雪心篇》，頁三二一—三二二）

53 晉．郭象：「遺耳目，去心意而符氣性之自得，此虛以待物者也……虛其心，則至道集於懷也。」（《南華真經注》，收入《初編》，冊一，頁六九—七〇）唐．成玄英：「如氣柔弱，虛空其心，寂泊志懷，方能應物……唯此真道集在虛所以說「含括」而非「等同」，蓋因「哀樂不能入」與「心齋」固然為攸關用心、用情的課題；但「氣也者，虛而待物」（〈人間世〉）的理境，既須做到「哀樂不能入」與「心齋」，對治情緒攪擾、掃除念慮盡淨，又與身體的「其息深深」、「息以踵」（〈大宗師〉）、「聽之以氣」（〈人間世〉）有密切的關聯。依稀得見在莊子所揭示的工夫歷程中，心靈與身體實為同座工夫階梯不同側面的描摹。

### （四）「形如槁木」與「墮枝體」、「離形」的身體感陶養

相應於心靈側面所呈現的工夫階級，身體同時也首先要做到「緣督以為經」（〈養生主〉），垂直人人與生俱來的「身體中心線」，也就是以背部沿著脊椎上行的「督脈」，作為日常行、住、坐、臥的準繩。[54]更進一步做到「墮枝體」（〈大宗師〉）、「形如槁木」（〈齊物論〉），讓四肢彷彿墮喪、形軀有如枯木一般，可以徹底放鬆、舉止輕靈，[55]如此一來始能臻於「坐忘」（〈大宗師〉）、「嗒焉似喪其耦」（〈齊物論〉）、「離形」（〈大宗師〉）的「喪我」（〈齊物論〉）之境，使真實的我忘卻那隨著死生流轉、俗世浮沈的形軀，[56]擁有形與神解體一般的身體感。[57]而與心靈層面的「哀樂不能入」與「心齋」共構完成「聽之以氣」的境界，能夠透過氣去聽、去接收感應、互動交流周遭的世界。[58]

相契於此，〈大宗師〉中的聞道者女偊所揭示的得道階梯和前述身心工夫相應，並呈顯出鍊就《莊子》書中「專家」身體感的必要環節與充要條件，其渾然一體、密不可分的特性：首先能夠

「外天下」與「外物」，同於前述「何肯以物為事」、「不從事於務」；其次「外生」，則含括了「眾竅為虛」、「心如死灰」、「用心若鏡」與「緣督以為經」、「形如槁木」等人生中種種心身執著、緊張的解消；更進一步的「朝徹」，體現清明澄澈的心靈，即相應於「哀樂不能入」與「心齋」；且

---

心，故如虛心者，心齋妙道也。」（《南華真經注疏》，頁一七九）

54 詳拙作〈「守靜督」與「緣督以為經」：一條體現《老》、《莊》之學的身體技術〉，收入本書第三章。

55 關於何謂與如何作到「形如槁木」，筆者另闢〈「槁木」與「輕身」：《莊子》注疏、詩人具身認知、醫家辨證的跨界討論〉專文深入討論，收入本書第四章。關於〈養生主〉中「天之生是使獨也」的身體技術和實際操作，與《莊子》書中形塑的至人如王駘、申徒嘉、叔山无趾皆為獨足「兀者」形象的關聯，筆者亦將另闢專文探討。

56 宋．王元澤注「坐忘」：「坐忘者，無我而無所不忘，而前所謂未始有回也。」（《南華真經新傳》，頁二一六—二一七）唐．成玄英注「離形」：「外則離析於形體，一一虛假，此解隳肢體也。」（《南華真經注疏》，頁三四二）宋．林希逸注「吾喪我」：「喪我，無我也，無我則無物矣……吾即我也。不曰我喪我，而曰吾喪我，言人身中纔有一毫私心未化，則吾我之間，亦有分別矣。」（《南華真經口義》，收入《初編》，冊七，頁四〇—四一）明．釋德清則指出：「吾自指真我。喪我，謂喪忘其血肉之軀也。」（《莊子內篇注》，收入《續編》，冊二五，頁四一）

57 〈齊物論〉：「南郭子綦隱几而坐，仰天而噓，嗒焉似喪其耦。」唐．陸德明：「司馬云：耦，身也。身與神為耦。」（《莊子音義》，頁三三）唐．成玄英：「嗒焉，解釋貌。偶，匹也。為身與神為匹，物與我耦也。子綦憑几坐忘，凝神遐想，仰天而歎，妙悟自然，離形去智，嗒焉隳體，身心俱遣，物我無忘，故若喪其匹耦也。」（《南華真經注疏》，頁五六）明．陳榮選：「嗒焉，解體之貌。喪耦，即喪我，謂忘形也。」（《南華全經分章句解》，收入《續編》，冊二五，頁二五）

58 關於「聽之以氣」之境界與工夫，筆者將另闢〈莊子「渾沌」意象的語意實踐〉專文深入討論。

唯有能夠「坐忘」、「喪其耦」、「離形」地忘喪偽我才能「見獨」體證到那真正主宰一己生命的「真宰」、「真君」；終得進入「无古今」、「入於不死不生」的與道合一之境。

由上可見，莊子所揭示感官內返、轉化立場觀念、心靈工夫、身體技術各層面的工夫階級，事實上都需整合成同座階梯。我們或許可在概念上分就感官、信念、心理、生理繪製階梯的某一側面，但於實際踐履時，則須依循這渾然一體、密不可分的階梯整體層層上攀。[59]

## （五）「勝物」與「乘物」：身心修鍊與身體主體性

在探討上述莊子所義界的「專家」之身體感的工夫歷程時，會觸及人的主體性——即俗言「自覺」——的課題，也就是什麼是「我」、何為真「吾」的課題。莊子於〈齊物論〉中以「吾喪我」點出「吾」不等同於「我」。對莊子而言，「我」是世俗價值中「役人之役」、「適人之適」（〈大宗師〉）、「奈何哉其相物也」（〈人間世〉）的「物」，「吾」才是真正挺立生命主體性的「人」。[60]透過辨析「我」／「吾」與「物」／「人」，人可自由選擇（「咸其自取」、「使其自己」（〈齊物論〉））是否要陶養一己，致力於心靈境界、身體感的不斷升進，而由身、心「生手」修鍊成為「專家」，使自身得以從役人之役、適人之適的「物」翻轉成具有主體性的「人」，從為「物」所傷的處境，轉而能「勝物」（〈應帝王〉）、「乘物」（〈人間世〉），[61]從「芒昧」走向「不芒」。

於是，我們發現莊子心性論與身體感等不同研究視域的關係，不僅是殊途同歸的踐履工夫，更有如相依互動的齒輪群組。僅透過心性／心靈工夫的實踐，尚不足以使心性／心靈的齒輪順利運

59 筆者雖主張莊子所謂的「真宰」、「真君」即人之心神、靈魂，但僅是標舉心、身於生命中的主從先後，並非主張以心控身的精神修養論述，而否定形軀參與「養生」之「主」工夫的可能（詳本書第三章，頁二三六—二四一）。在《莊子》的生命觀裡，心靈與身體的位階雖有著本末、主從的區別，卻不表示心靈是唯一工夫所在，而身體僅是虛設的邊陲論述。〈齊物論〉中莊子筆下的南郭子綦以「忘」、「喪」之工夫，解消對身體、對此世之「我」（而非「真正的我」）的執著。南郭子綦所達到的「吾喪我」生命境界，既含括「形如」與「心如」，乃心、身兼備，故顏成子游扣緊工夫途徑所提之問，亦是分從心、身兩造而發。若從所謂「知道是什麼」（knowing that）的立場來檢視《莊》學當中心學與身體之學兩者的重要性，或許有核心與邊陲之分；然一旦從「知道怎樣作」（knowing how）的研究向度出發，試圖將《莊子》的核心價值落實於生活，則「形如槁木」與「心如死灰」即成一次到位的實踐工夫，是從來一體的日常修行，更是有朝一日將同時朗現的生命境界。倘使在《莊》學中不存在與身體相涉的工夫，如何能僅藉由標立心性工夫之「竿」，即得見一併升進的身、心境界之「影」？（詳本書第三章，頁二四二—二四四）可見在《莊》學中，心靈與身體工夫從來一體、綰合難分。而本書之所以將莊子的身、心技術分別論述，則是基於從生手到專家的研究進路，為求授受之便，所採取的權宜之法（詳本書第四章，頁二八六—二八七），並不等同笛卡兒的心物二元論，乃因本書所指涉的身體是兼有精神性與物質性的存在，而後者理論中的身體則是被動的、無法思想的物質實體。由此可知，本書研究進路與現象學研究進路並不相悖，更截然不同於本質性地分殊「精神性的心靈」與「物質性的身體」的傳統心性論詮釋進路。

60 此說為多數治《莊》學者所持之見解，如陳靜〈「吾喪我」——《莊子．齊物論》解讀〉：「真正的我，莊子稱為『真君』、『真宰』。」（《哲學研究》二〇〇一年第五期，頁五一）。

61 莊子在〈人間世〉中藉孔子之口指出「王公必將乘人」，以「乘」描述仕途中居下位者受上位者壓迫、操控與駕御的無奈感受。如能夠乘在風上、四處遨遊的列子（「列子御風而行」（〈逍遙遊〉）），凌壓臣屬的衛君「乘人而鬬其捷」（〈人間世〉），位在高位者處於優勢，而地位較卑下之人處於劣勢，皆凸顯了「高位是上，低位是下」與「操控是上，被操控是下」的概念。喬治．萊考夫（George Lakoff）和馬克．強生（Mark Johnson）中言如是概念乃建立在地位與社會權勢相互關聯，而身體的力是向上的（physical power is up）二重基礎。George Lakoff and Mark Johnson, *Metaphors we live by*

轉，仍有賴身體感齒輪的共同帶動；相對的，身體感的齒輪亦需要心性／心靈工夫的推進始能順利輪轉。一旦整組齒輪持續運轉，將難再辨析主導帶動身體感升進的，究竟是哪枚齒輪的哪處部件。只見齒輪彼此帶動，共構運轉，通往不斷提升身心境界的終極鵠的。[62]

## （六）身體感的定義、組成與必要條件

莊子將其所知覺體驗的身體感形諸文字，藉此使其知覺體驗重生於讀者心中，且能據以複製、體現莊子的身心境界。[63]在實際朝《莊子》書中理想身心典範靠近的過程中，身體感作為其技術的說明與意向的鵠的，實為授受傳遞過程間的重要媒介與關鍵。

當我們從經驗現象的工夫歷程中，探討鍊就《莊子》書中「專家」身體感的必要環節與充要條件，不禁要問：倘若缺乏如是修養鵠的、心靈工夫、身體技術、想法眼光或主體自覺，是否還能成就這樣的身體感？若答案是缺一不可，那是否可說是修養鵠的、心靈工夫、身體技術、想法眼光與主體自覺等必要環節交相輔成，造就了這樣的身體感？倘若不可缺少其中任何一個面向的參與，那麼是否可據以推論《莊子》書中身體感的定義，實含括了心靈工夫、身體技術、想法眼光與主體自覺等元素？

人類學者戈伊茨（Kathryn Linn Geurts）考察西非迦納 Anlo-Ewe 文化中走路、說話等生活型態時發現，當地文化中的一種身體感“seselelame”（feeling in the body）與傳統西方文化著重五官感受的身體描述不同，而是結合身體感覺與心靈感受。Geurts 指出：在西方認識論傳統中，感覺（或感

（London: University of Chicago Press, 2003）, pp. 15-16. 因而若能陶養一己身、心，由「生手」成為修鍊專家，使自身從「被乘」的處境轉為「乘」，始能「勝物而不傷」（〈應帝王〉）。

62 莊子論技藝、心物關係，最玄妙處在身體氣感與物之間的遊化，這種具體、精緻的、與時共化的模式超出了齒輪的比喻。然據George Lakoff與Mark Jonhson所言：「一個譬喻概念中總有一部分與此不合，並且不可能全合。」（詳參George Lakoff and Mark Johnson, *Metaphors we live by*, p. 13.）筆者藉由齒輪之喻，乃欲彰顯莊學身體感鍾鍊與心性修養等，係屬指向同一修鍊鵠的之共構連動整體。

63 承蒙審查先生指正，「複製」一詞確實預設一「原本」之存在，然此處筆者所謂「複製」所根據的「原本」並非單一、固定化、典範式的「原本」，乃指眾人皆具的潛質，並非得道者所獨有，而是凡人透過修鍊皆能體現的心身境界。儘管於體道之初，將一己潛質發展至究竟前，無從得知自身「原本」的可能模樣，但我們仍可從《莊子》書中諸多體道者的形象窺見自身未來「原本」的可能。筆者是以指出：「莊子將其所知覺體驗的身體感形諸文字，藉此使其知覺體驗重生於讀者心中，且能據以複製、體現莊子的身心境界。」希冀讀者能藉由掌握《莊子》書中體道者的知覺體驗，複製、體現莊子的心身境界，並完成自己「反本全真」（《莊子．盜跖》）後可能歸返、臻至的「原本」。因此「複製」的目的不是為了製作出一仿效特定形式的「複本」，而是讀者可由書中兼從心、身二向度摹寫體道境況的論述，通往至人、神人、聖人、真人等的體道境界，充分完成一己心身境界的「原本」。內七篇體道者如〈逍遙遊〉之至人、神人、聖人、許由、姑射神人，〈齊物論〉之南郭子綦、王倪，〈養生主〉之庖丁、老聃，〈人間世〉之支離疏，〈德充符〉之王駘、申徒嘉、叔山無趾、哀駘它、闉跂支離无脤、甕㼜大癭，〈大宗師〉之真人、聞道者女偊，〈應帝王〉之泰氏、无名人、老聃與壺子等。由上舉《莊子》書中形象豐富的體道者可知，《莊子》書中並未預設一典範式的單一「原本」，而是以不同面向的心身狀態揭示體道後可能體現的心身境界。這些體道者即為筆者所謂的「專家」，而生手則可透過《莊子》書中專家的實例由「知道是什麼」（knowing that）轉向「知道怎樣作」（knowing how），或無待逍遙（〈逍遙遊〉）、或喪我齊物（〈齊物論〉）、或養生之主（〈養生主〉）、或「安時處順」（〈人間世〉）、或「安之若命」（〈德充符〉）、或「大情」（〈大宗師〉）、「无情」（〈德充符〉）。由此可知，筆者所謂「複製」的意義，乃是透過「複製」達到此等境界的工夫和方式，來完成自己的「原本」。

觸、情緒）與知覺（指身體受外界刺激產生反應）間是有區別的；但在Anlo-Ewe文化中，外在刺激所造成的感受，於認識論上是與內在的感覺、感觸、情緒狀態相關，而感覺也可能與性情狀態或者自我本質、個人天賦有關。換言之，Anlo-Ewe文化傳統中似乎沒有西方文化定義下關於知覺的理論，但他們確實有一個具一致性，而且相當複雜的、關於內在狀態的理論，將感覺、情緒和性情、性格取向，與身體感相連結。

“Seselelame”代表一種將身體感覺視為重要資訊的文化意義系統，其不重視感官與情緒的分野，而將兩者都融入同一種“seselelame”的範疇中。西方文化傳統的思維與感知模式將身體與心靈、感覺與思想作出堅固的區分，但“seselelame”卻鮮有這樣的二分。由此亦可見西方傳統中，五官知覺模式作為一種文化上的分類並不具普世性。[64]

值得注意的是，日常生活中的身體習慣，並不是一種概念性知識；習慣的養成、獲得不是靠心智的理解力，而是身體在「理解」（understand），而這就是「體驗」。換言之，就是「意向」中我們想要獲致的身體感、感官經驗、情緒狀況等，與「實際」呈現出的身體感、感官經驗、以及情緒狀況，兩者逐漸取得一致。[65]當生活日漸被一種新的意義滲透，當身體日益同化成一個新意義的核心時，身體就能日益「理解」，習慣就能養成、獲得。[66]

## 四、操作技術的意義與身體感研究的必要性：探究《莊子》書中專家訓練過程的理由

### （一）效法「不近人情」與「畸於人」之專家的理由

《莊子．逍遙遊》中曾以「大而无當，往而不返」、「大有逕庭，不近人情」、「狂而不信」數語，描述凡人（指「肩吾」）聽聞「神人」（謂「姑射神人」）身心境界後的直覺反應：

> 肩吾問於連叔曰：「吾聞言於接輿，大而无當，往而不反。吾驚怖其言，猶河漢而无極也。大有逕庭，不近人情焉。」連叔曰：「其言謂何哉？」曰：「藐姑射之山，有神人居焉，肌膚若冰雪，淖約若處子，不食五穀，吸風飲露。乘雲氣，御飛龍，而遊乎四海之外。其神凝，使物不疵癘而年穀熟。吾以是狂而不信也。」

64 詳參 Kathryn L. Geurts, "On Rocks, Walks, and Talks in West Africa: Cultural Categories and an Anthropology of the Senses," *Ethos*, Volume 30, Issue 3 (2002), pp. 180-181, 188, 196-197.

65 參見 Maurice Merleau-Ponty, *Phenomenology of Perception*, trans. Colin Smith, London: Routledge & Kegan Paul, 1962, p. 144.

66 參見 Maurice Merleau-Ponty, *Phenomenology of Perception*, p. 146.

肩吾覺得有關「神人」的描述距離世間常理太遠、太不近人情，其境界似乎很遼闊，卻又好像遠得回不來，實在沒辦法讓人相信。然而，神人既「非世俗所常有」，[67]自「非常情所能揣測」。[68]〈大宗師〉也假借孔子師徒之口，以「畸人」稱得以「與造物者為人，而遊乎天地之一氣」，達到「逍遙乎无為之業」、「相造乎道」境界的孟子反與子琴張：

子貢曰：「敢問畸人。」曰：「畸人者，畸於人而侔於天。故曰：天之小人，人之君子；人之君子，天之小人也。」

所謂畸人，即相較於世俗之人顯得特異之人。[69]然其所具備的潛質並無異於常人，只是自外於世俗所追求的價值，而致力於回到與宇宙合一的生命之初最自然的狀態。再次強調《莊子》書中的專家乃是「不同於人」、「不能耦俗」[70]的「獨異之人」。[71]

讀者不免生疑：莊子所謂的「專家」，何以是如此「不近人情」、屬於人中特例的「畸人」？何由代言《莊》學典範的專家是如此驚世駭俗，致使道外之人視其所論為「孟浪之言」（〈齊物論〉）？——莊子屢屢強調這等人類中的稀有個案究竟具何深意？

湯淺泰雄的說法，有助於我們理解《莊子》書中的專家何以「不近人情」、「畸於人」：

西洋近代的思考方式與東洋古老的思考方式，其根本差異究竟何在？就心身的運作而言，西洋的近代醫學，是以大多數人的正常（normal）狀態，亦即以不特定多數的案例為基準來進行思考的……不過，在採行這種思考方式的情況下，對於與不同於普通人的例外個案，很容易生出漠視、輕忽的傾向。

若說到心身關係的探究方式，東洋傳統的思考方式並不以「不特定多數人的平均狀態」為基準，而是以「積累了長期的訓練，而獲得高於普通人的能力者」為基準來進行思考的……一般而言，由於東洋治學傳統是採行這樣的方式，由此所得到的法則，有時也會變成「缺乏近代科學法則那種一般性的妥當性」之結果；但，相對而言，其中也存在著「得以明瞭以一般情況不易知曉的更深層之潛在機制」的優點。[72]

簡言之，西洋近代醫學，是以大多數人的正常（normal）狀態為基準；東洋古老傳統則以「積累了長期的訓練，而獲得高於普通人的能力者」（即所謂「高度心身能力之菁英分子」）之狀態為依歸，因此存在「得以明瞭以一般情況不易知曉的更深層之潛在機制」的優點。巧的是，湯淺泰雄

67 明．張四維，《莊子口義補注》，收入《初編》，冊九，頁二一一。
68 清．劉鳳苞，《南華雪心編》，頁二三。
69 所以稱「畸人」，蓋「『田』之不可井者」、「『數』之零餘者」為「畸」，意指「獨異之人」、「不能耦俗」、「不同於人」。參見清．劉鳳苞，《南華雪心編》，頁二七五。
70 清．林紓，《莊子淺說》，收入《初編》，冊二七，頁二一八。
71 宋．林希逸，《南華真經口義》，頁二九〇。明．郭良翰，《南華經薈解》，頁三六七。
72 譯自（日）湯浅泰雄，《気．修行．身体》（東京：平河出版社，一九八六），頁九四、九五。

對西洋近代與東洋古代思考基準的判分，正與《莊子》書中「眾人」（「大多數人」）與「至人」（「高度心身能力之菁英分子」）的對舉，若合符節。

莊子筆下論述「眾人」身心情狀有著類似樣態，係一未經工夫轉化、提升前所呈現的共相，可說屬一共時性的理解：在人間世的處境中「憒憒然為世俗之禮，以觀眾人之耳目」（〈大宗師〉），為眾人之耳想聽而說、為眾人之眼想看而做，恪守繁複的禮義節文，為免眾人攸攸之口而勞役己身、折損己心；固執於一己立場想法（「守勝」），執著於孰是孰非（「司是非」），放任心靈與外在人事情境交爭戰鬥（「與物相刃相靡」、「日以心鬬」），遂日漸消損、陷溺、衰老（「消」、「溺」、「老洫」），最終走向「近死之心，莫使復陽」，此心彷彿千瘡百孔、疲憊瀕死、再也無法回復活潑生機的境地；形體亦是「終身役役」、「苶然疲役」地疲憊不堪且日漸消損。莊子以「其形化，其心與之然」一語，點出「眾人」的心靈與身體往往存在著同步消褪的連結（〈齊物論〉）。

雖然莊子從〈逍遙遊〉開始，便揭示其筆下「眾人」亦即湯浅泰雄所謂的「大多數人」，尚存在著「小知不及大知，小年不及大年」、小不及大的「小大之辯」。但在《莊子》的價值體系中，不論是滿足、翱翔於榆枋、蓬蒿枝頭的蜩、鷽鳩、斥鴳，還是「適莽蒼」、「適百里」、「適千里」的飛禽，所象徵對應的「眾人」，其仕宦權位縱有高下之別（「知效一官」、「行比一鄉」、「德合一君」、「而徵一國」），所待於外的條件許隨之有難逢易至之異，但此等近飛遠翔的禽鳥對人間世的「糧」餉、「榮／譽」與「非／辱」，都同樣地關注、在意、執著。

即便是潛離植糧之地、悠游於冥海的鯤，或莊周明言鯤所影射「彼其於世未數數然」的宋榮子，儘管已不在意世俗主流價值的追求，但對經驗世界中自我義界的具象福分（「致福者」），依然在意。甚至是飛入空無一切蒼穹中的鵬，或「御風而行」的列子，也仍舊「有所待」於外在世界的「風」。只要還有待於任何外在條件的配合，便仍不免落入前述「眾人」常見的身心共相。

然而，《莊子》書中所提到的「至人」、湯淺泰雄所謂「高度心身能力之菁英分子」，卻有迥異於「眾人」的身心情狀。其致力保全的追求與眾人相異（「彼其所保與眾異」〈人間世〉），為能具備「乘天地之正而御六氣之辯」（〈逍遙遊〉）的能力，使得以安然隨遇於一切正常節候、人生順境，並能駕馭失常氣象、人生逆境。莊子不僅從身、心技術分述「至人」（「專家」）與「眾人」（「生手」）的不同，更將二者施諸人間世的影響、對「物」與「天下」所能作出的貢獻，以「光」與「澤」——「日月」與「爝火」、「時雨」與「浸灌」（〈逍遙遊〉）——為喻加以對舉，論述「至人」（「許由」、「姑射神人」）境界遠逾儒家所義界之聖君「堯」。

在辨明《莊子》書中身體感的元素後，重新檢視大多數人與菁英分子的分別，可知凡人實普遍具有揮別「眾人」疲憊、紛擾的身心共相，走向菁英分子高度身心能力的潛能。驚世駭俗的畸人、稀有的《莊子》「專家」對於平凡大眾之所以有意義，許可藉卡爾．史密特（Carl Schmitt）的「例外理論」加以闡釋：

> 例外比規則更有意思。規則不能證明什麼，但例外卻能說明一切。[73]

73 Carl Schmitt, *Political Theology: Four Chapters on the Concept of Sovereignty*, trans. George Schwab, Cambridge, MA: MIT Press, 1985, p. 15.

透過例外，反能彰顯本質。《莊子》「專家」之所以為「例外」，並不表示專家與大多數人的本質有所不同、外於規則，只是由於和《莊子》「專家」一般能充分體現、發揮潛藏本質、成就生命典範的人相當稀少，始被視為例外。[74]也就是說，透過極少數的「畸人」與「不近人情」者所表現的高度心身能力，或可提供多數的「散人」、凡人了解潛藏於自身生命中的無限可能。

莊子從未視「心齋」[75]或者「吾喪我」[76]境界為少數個人的專利。如〈人間世〉篇所言：

是萬物之化也，禹、舜之所紐也，伏戲、几蘧之所行終，而況散焉者乎！

禹、舜、伏戲、几蘧等雖貴為聖王，尚且視達到《莊子》書中的專家境界為人生首要之務，自許將窮其畢生戮力從事，則凡俗之輩自更當加倍勉力、勤奮而行。

如果我們肯定《莊子》在固有經典中的典範意義，並肯定儒、道所推崇的聖、神、至、真人，皆如經典所述乃需勉力陶養、修鍊而成，則究明湯浅泰雄所謂「高度心身能力之菁英分子」（「專家」）所樹立的「身心典範」，當可據以開發一般人（「生手」）的生命潛能。易言之，尋繹菁英分子所賴以達到「心身理想狀態」的修養方式與訓練過程，將生手走向專家之路作一全幅詳實的呈現，不但具有史學或學術思想的蘊義，且有助尚未具如是高度心身能力的大多數人，藉以認識、進而體會一種深具文化特色之實踐、修鍊的意義與價值。

## （二）「身體感」研究的必要性

在試圖超越生手（novice）、邁向專家（expert）之境的途中，我們發現莊子透過諸多身體感，如「形如槁木」、「墮枝體」、「坐忘」、「喪其耦」、「離形」等來描述其身體技術、工夫歷程與境界。如此一來，對身體感的詮釋——莊子所揭示的身體技術與身心境界典範的闡明——便成為《莊》學的「生手」如何陶養成為「專家」的至要關鍵。

值得注意的是，《莊子》書中「專家」的身體感並非天生自然、無需工夫陶養即可擁有，在踏上莊子所揭示的身心工夫階梯不斷升進之前，「生手」與「專家」實立足於同樣的身心狀態。具體言之，《莊》學所欲達到的「至人」身體技術或身體感，正錘鍊於從生手凡人臻升於專家「至人」之境的變化過程：從無法豎起脊樑、走向「緣督以為經」（〈養生主〉），到能夠時時維持身體中心線垂直地面，[77]操作踐履此一工夫的主體，必然是在時間的流動中移轉遷變，因此「緣督以為經」實與早先無法豎直脊椎的身體狀態相續而存。

74 規則／例外的認定，屬知識論範疇；專家之特殊與生手之一般，則屬工夫論範疇。究其實，《莊子》書中的體道者實為充分體現人之本質潛能的典範，並非知識論界定下真正外於規則的「例外」。關於《莊子》專家是否確為例外之討論，承蒙楊儒賓教授之補充，謹此申謝。

75 即《莊子．人間世》中顏回得以從「實自回」到達「未始有回」境界的工夫歷程。

76 即《莊子．齊物論》之南郭子綦所以迥異於昔者。

77 詳拙作〈「守靜督」與「緣督以為經」：一條體現《老》、《莊》之學的身體技術〉，收入本書第三章。

同樣的，正因曾經實質感知四肢的存在甚或痠痛麻腫僵硬之感，方能於遷化的過程中逐漸體會到彷彿失去四肢胴體的「墮枝體」（〈大宗師〉）的放鬆之感；或者因為曾經具身認知身體沉重不堪的感受，才能在日積月累的學習踐履後，逐日感受到轉為輕靈甚或彷彿身體無重量般的「形如槁木」之感。

也因為原本自我的具體感受是無可離析的形神合一，始能在身心的經年轉化後體驗到精神超越形體的「離形」（〈大宗師〉）身體感；更因為原本執著於這個形軀生命的「我」，始能對比出有朝一日形軀與心神徹底解離的「喪其耦」（〈齊物論〉）之感。[78]

由此可發現「身體感」在這個工夫歷程中的重要性。正因為從生手到專家此一實踐、訓練與修行的過程，是在歷時性的時間之流中不斷升進轉化的工夫進程，因此難以用聚焦於某一時點身體共相的「身體觀」研究來收編詮說，而有賴身體感的研究始足以掌握這隨時流動的工夫歷程。[79]由凡到「至」，唯有在時間的流動與變化中，對比前後身體感的差異下方能顯現，此正為具身認知與知覺經驗的特質。

芸芸眾生一旦踏上初階，所能體會、體現的僅是初階的身體技術與身體感，還未能體會更高一階的身體感。意即每再登上一階，能了解、體會該境界的人便又較前一階更為稀少，依此類推。因此曾親身體驗如是身體感的菁英分子，對於身體感的格義與掌握，便成為後學工夫歷程中至為重要的憑藉。透過對其所體驗身體感的詳實詮釋，當代人始能對其身體感有更為具體、周全且深刻地了解，進而能夠循之拾級而上，將身心提升至如是境界。

正因唯有在這樣的時間流動中，凡人歷經身心的轉化方能獲致專家的身體感，可知《莊子》書

78　究其實，「形—心—神」結構之身體觀於莊子置身的戰國晚期已普遍為各家所共享，由此身體觀檢視《莊子》，可發現其奠基於「形—心—神」的工夫論中，「心」此一語彙意涵可含括「心」和心所藏之「神」；而「神」指的則是作為靈魂總稱的整體之神布居、相應於「心」（臟）之局部稱謂。則《莊子》書中「心如死灰」（〈齊物論〉）和「無聽之以心」（〈人間世〉）的心當指「心」或說「心藏神」之「神」，而非靈魂整體之「神」。以同一語脈下的傳統醫學來說明，神可指「心神」之局部之「神」，以及「形神」之整體之「神」二類。《素問．六節藏象論》指出：「心者，神之處也」，此「神」即為「心」所藏之「神」。另一方面，《素問》一書中亦合「魂、神、意、魄、志」為一整全的靈魂個體總名為「神」，則為「形神」之「神」。《素問．寶命全形》篇中提到：「故鍼有懸布天下者五，黔首共餘食，莫知之也。一曰治神。」〔隋〕楊上善於《太素．知鍼石》篇進一步說明此「神」之意涵：「魂、神、意、魄、志，以為神主，故皆名神。」「魂、神、意、魄、志」，適各用以稱謂靈魂個體總名之「神」相應於肝臟、心臟、脾臟、肺臟、腎臟之局部。因此「神」字既可以是同時涵攝「魂、神、意、魄、志」的共名；也可以是單指藏於心、與「心」臟休戚相關的「神」，可謂「神」的別名。（詳拙著，《身體與自然——以《黃帝內經素問》為中心論古代思想傳統中的身體觀》〔臺北：臺灣大學出版委員會，一九九七年〕，頁一二五、一三三）鑑於莊子置身時代普遍之身體觀中，「神」既可指局部的「心」所藏、所寓居之「神」，亦可泛指整體的「形神」之「神」，是以本書中凡言「心」、「心靈」和如「以神遇而不以目視」、「官知止而神欲行」（〈養生主〉）之「神」，以及「自不可輕忽『腦』（心靈、意識、心性、心神）」（本書導論，頁三二）、「隨心神之凝聚不斷充實長養擴充的氣」（本書第一章，頁一四〇）、「精神容易心神不寧」（本書第一章，頁一四九）、「心神思緒由眾『懸』牽動」（本書第二章，頁一七二）之「心神」等詞，多指局部的「心神」之「神」。而「身心典範」、「心身理想狀態」、「高度心身能力之菁英分子」、「身心工夫」與「形軀與心神徹底解離的『喪其耦』」（本書導論，頁五四—五六）、「心神無可避免地於清醒時刻隨形體外馳奔逐」（本書第一章，頁一三〇）、「人之心神靈魂卻有如火焰般延燒至另塊薪柴」（本書第一章，頁一四三）、「若心神不滅、生命永恆」（本書第一章，頁一四三）等文脈中的「心」與「心神」則非單指局部的「心」所藏、所寓居之「神」，而是涵攝整體靈魂的「形神」之「神」。

79　有關「身體感」研究與「身體觀」研究的差異，詳註四三。

中的一切身心工夫並非專屬於少數的「真人」、「至人」，而是為所有可以、能夠提升轉變的眾人、凡人而設。《莊子》書中專家身體感的研究，也因此具有普遍的意義與價值。

## （三）「複製少數以成就多數」的可能

然而或有學者稱強調實踐與修行的東方哲學為「以自我知識為中心的哲學」（self-knowledge centered philosophy）。所謂「自我知識」，指「個人對於自己『心靈狀態』的知識」（knowledge of personal mental states），這樣的經驗屬於個人所有，無法直接與旁人分享，也不易證實不同個體之間經驗的異同。

「自我知識」可略分為兩類，與本研究相關的是：經由某種訓練、實踐或修行而獲得的知識。諸如：《莊子》書中的「緣督以為經」、「形如槁木」、「嗒焉似喪其耦」，都是透過一番訓練、修持而習得的。因為那些特殊訓練或實踐並非人人可得，因此擁有這類自我知識的人比另一類少得多。[80]尤其某些自我知識，例如「真人」的知覺、境界等，甚至只有極少數人具備。

對於西方哲學主流來說，這類以自我知識為中心的哲學，在理論上較難有客觀的說服力，尤其對不具該知識的多數人而言，更是如此。因為大多數人皆未經過這樣的訓練、修持與實踐；或者雖多少經歷過，卻沒有獲得類似的體驗。由於不具相關的自我知識，所以大多數人只能任意選擇相信與否，而無法訴諸客觀的論據，這也正是東方哲學在西方常不受接納、而被認為是宗教的主要原因。[81]

如此對東方哲學的質疑，正好呼應了湯浅泰雄的觀點：近代性的思維容易陷入的缺失，就是把不特定多數人的情況當作「正常」，而把不符合該基準的一切全都看作是「異常」。[82]於是，如何合理詮釋以自我知識為中心的哲學所特重的訓練過程，並證明所獲得的知識，便是這類哲學亟需面對的課題。

至今學界乃借助當代認知科學的發展，提出可能的解釋與印證方式。大腦在所謂「默會認知」過程中的變化，當代的腦神經科學已略有所窺，並找到某種認知功能在大腦的相對位置。例如：認知科學家觀察那些經學習而能發出中文四個聲調的人，發現了大腦中專司此語言學習的部位。[83]同理，有人便主張運用類似的方法，試圖將東方哲學訓練、修持與實踐的過程，納入腦神經科學的系統，直接觀察大腦在自我知識認知過程中的變化，使自我知識得到客觀的基礎。[84]

誠然，東方哲學需要合理地解釋其獲得知識的過程，使該知識更具客觀性，但這並不表示，因

80 另一類自我知識，則是所有（正常）人都具備的，例如除了少數特例，一般人都具有「紅色」的感官知覺，也都有過疼痛、憂鬱等內感官或情緒上的知覺。參見冀劍制，〈以自我知識為中心的哲學：開創哲學的新視野〉，「危機時代的新思維學術研討會」論文（臺北：中國哲學會主辦，二〇〇四・一二・一一），頁三。

81 冀劍制，〈以自我知識為中心的哲學：開創哲學的新視野〉，頁三—六。

82 （日）湯浅泰雄，《気・修行・身体》，頁九五。

83 Y. Wang, J. Sereno, A. Jongman, & J. Hirsch, "fMRI Evidence for Cortical Modification during Learning of Mandarin Lexical Tone," *Journal of Cognitive Neuroscience*, 15, 7, 2003, pp. 1019-27.

84 冀劍制：〈以自我知識為中心的哲學：開創哲學的新視野〉，頁五。

應此一西方的挑戰必須採用現代西方的辦法。事實上，試圖以「大腦神經系統部位的變化」定位東方哲學的修行經驗，似乎猶待商榷。設想：為了證實「不以好惡內傷其身」（〈德充符〉）者心裡會感到平和喜樂，而果真發現，「不以好惡內傷其身」者的腦神經系統，總是處於甲狀態而感到喜樂；相對的，「以好惡內傷其身」者則總是處於乙狀態而不感到平和喜樂。然而此等對應關係，即使恆常出現，究竟對於「不以好惡內傷其身」的工夫或境界提供何等解釋或「證明」呢？腦神經系統與工夫、境界的對應關係，能否說明：「不以好惡內傷其身」者內心為何會產生平和喜樂？或謂：因為腦神經系統的甲狀態發生了，所以「不以好惡內傷其身」者心裡產生了喜樂。但憑此解並不足夠，因為即使刻意運用科技方法在「以好惡內傷其身」者的腦神經系統中引發甲狀態，而使他感受到「不以好惡內傷其身」者內心的平靜安適，我們仍不認為他能夠做到不以好惡內傷其身。

足見「不以好惡內傷其身」與「腦神經系統甲狀態產生的快樂」仍是兩回事。腦神經科學家容或發現了「甲狀態」與「某種快樂」之間有因果關係，但仍然沒有真正解釋「不以好惡內傷其身者為什麼會產生快樂」。因為腦神經科學只著重腦神經狀態，而未針對「不以好惡內傷其身」這因素，故而對於「不以好惡內傷其身者——會產生快樂」這類工夫境界語，似乎並未增進多少了解。那麼，腦神經科學為何不足以涵蓋「不以好惡內傷其身」這因素呢？

首先，人的心情固然與腦神經系統密切相關，但是，我們在日常生活中毋寧是藉由「人是一個整體」的觀念——而不是靠腦神經的運作——來理解一個人。「腦神經」觀點只能將人視為一個物理對象來認識，而無法將人視為投身世界的主體（a subject destined to the world）[85]來看待。

其二，「不以好惡內傷其身」的觀念屬於價值領域，而非物理領域。刺激一個人的腦神經產生甲狀態，固然可以直接使他獲得某種快樂；但是要使他「不以好惡內傷其身」，或使他體悟「安時處順」（〈養生主〉）、「其息深深」（〈大宗師〉），卻無法訴諸此等直截了當的途徑——事實上，根本不存在此等途徑。因為，無論是「不以好惡內傷其身」，或者「安時處順」、「其息深深」的體會與領悟，都牽涉到個人生命的整體。在一個人能不以好惡內傷其身，或獲致《莊子》書中任何專家般的體悟之前，他的其他信念（belief，例如：他是否認為人應縱情於感官享樂？是否認同心靈平和如「心如死灰」（〈齊物論〉）、「用心若鏡」（〈應帝王〉）、「虛室生白」（〈人間世〉）等是有價值的？）與欲求（desire，例如：他期待周遭之人專注、熱情地愛他，或者聚散無傷、情淡如水？他想要的是更大的房子與更多的金錢，抑或自我持續成長的空間與時間？）都必須經歷一番改變。他不可能維持之前「人應縱情於感官享樂」的想法、「更大的房子與更多的金錢」的欲求，而竟能不以好惡內傷其身。他也不可能既耽溺感官享樂，又能體悟「其息深深」。而要放下對感官享樂的重視，或做到「安時處順」，勢必又需要其他信念與欲求的改變與配合。

從以上的說明可知，「不以好惡內傷其身」者所感到的快樂，毋寧說是源自於個人生命的整體，來自其他全體信念與欲求的支援，而不是靠物理的、腦神經的甲狀態就能解釋的。甲狀態的發生容或使一個人感到快樂，但那種快樂卻不能稱為「不以好惡內傷其身所產生的快樂」。兩者之所

85 梅洛龐蒂解消主客體的對立關係，認為人唯有投身於世界之中，才能如實地認識自己。（Maurice Merleau-Ponty, *Phenomenology of Perception*, trans. Colin Smith, p. xii）筆者在此借用其「投身於世界的主體」一辭，強調莊子思想中必須「假於異物，託於同體」（〈大宗師〉）才有投身於世之人「无所逃於天地之間」的牽繫。

以不能等同，是因為：「甲狀態的發生」是一種腦神經的、物理觀的描述，而「不以好惡內傷其身」是一種價值觀的描述。此兩種對於「人」的認識系統迥不相侔，所以「甲狀態的發生」固然在物理上可以促成「某種快樂感覺」的產生，卻無法用來解釋「不以好惡內傷其身」這種屬於價值領域的工夫境界語。價值領域中的因果陳述，仍以從價值系統本身尋求詮釋為宜，除非吾人根本打算放棄該價值系統。

同理，莊子學說中專家所臻至的理想境界，固然與腦神經系統有關聯，但是，莊子對這些理想境界的描述，顯然皆非依照物理或腦神經的觀點而立，而是依傍一套對人的特有理解。因此，觀察大腦在「訓練專家或模擬以成為專家」的過程之變化，即使能找出某種因果關聯，例如以「腦神經丙狀態」來解釋「其息深深」的境界，但仍然是不足的。因為「其息深深」此等身體感或身體技術的描述，背景是《莊子》或東方傳統特有的「人」觀，若不能從《莊子》的觀點來理解「其息深深」，縱使「腦神經的丙狀態——其息深深」的客觀對應關係已屬牢不可破，也只成就了腦神經科學，而不成其為《莊》學。換言之，「腦神經的丙狀態——其息深深」的對應關係，充其量只是讓腦神經科學的客觀說服我們；至於《莊》學本身，仍沒有因此而更客觀、更具說服力。

筆者以為，有另一種可能的詮釋與印證方式，即是探究《莊子》書中訓練專家或模擬以成為專家的過程。

首先，我們需修正所謂「傳統東方哲學的自我知識」乃是「個人對於自己心靈狀態的知識」的看法。所謂對自己心靈狀態、意識（consciousness）狀態的知識，並不足以說明《莊子》乃至整個傳統東方哲學之「自我知識」的內涵。以庖丁肢解牛體為例，所涉及的並不只是專注、敏銳的心靈或意識狀態，更非指眼力或視覺的專注而已：

> 庖丁為文惠君解牛，手之所觸，肩之所倚，足之所履，膝之所踦，砉然嚮然，奏刀騞然，莫不中音……始臣之解牛之時，所見无非牛者。三年之後，未嘗見全牛也。方今之時，臣以神遇而不以目視，官知止而神欲行。依乎天理，批大郤，導大窾，因其固然。技經肯綮之未嘗，而況大軱乎！（《莊子．養生主》）

在解牛的過程中，「批大郤，導大窾」的步驟還需要觸覺、運動感等其他感官知覺，甚至超感經驗（「以神遇而不以目視」）的配合，纔能成功地解牛而不傷刀刃。此外，庖丁解牛的技能——庖丁，可以代換為任何職司之人，牛體也可依情境的不同而替換成任何事物對象——均可透過一套教導訓練或模擬學習的方法、方式，傳遞給不同理論背景、甚至原本感官經驗和庖丁完全相左的另一個人、少數人、多數人、異域人、異代人，乃至莊子筆下的「萬世之後」者。

如何活用《莊》學，與Mauss用來說明「身體技能」（body technique）觀念所舉軍隊隨軍樂邁步的例子相似：「緣督以為經」或「形如槁木」（或隨音樂邁步）這樣看似簡單的事情，其實不是一項單純的動作，而是文化理想內化入身體，方得逐漸造就有「能力」意涵的身體技能。[86] 探究《莊子》書中專家與生手的課題，將更加彰顯非語言性的身體感和技藝乃是人類重要的「知的方

86 參見Marcel Mauss, *Sociology and Psychology: Essays*, pp. 99-100.

式」；而此種難以言詮、難以單用文字完成傳遞任務的技能，正是傳統東方哲學（尤其道家、醫家傳統等）實作（practice）的要素。

以太極拳修鍊論述中「生活太極化」的部分為例：「頂頭懸」、「豎起脊樑」、「尾閭中正」等操作指令，提醒我們行止坐立均要提高顛頂、拉長身體縱軸、保持尾椎端正而使脊椎直立；或者「坐則隨時危坐，豎起脊樑」，即使在進餐時，也應以手托起飯碗就口，避免因弓身以口就碗而造成脊椎的彎曲不正，[87]這些身體原則均可授予他人，成為日常生活中重複操作及驗證的技巧。然而，猶有待演鍊太極拳者「理解」並與拳經裡的文字產生緊密的聯結，才能順利透過身體操演出拳經所要表達的內容，乃至由太極拳所延伸出的日常行住坐臥的身體原則。一旦日日踐履、時時陶冶，將使其所訓練的技藝能夠毫不費力地表現或演練出來，一如日常生活中的舉手投足。

此等以身體感為基礎的訓練、實踐與修行，具有獨立於理論概念知識之外的性質。這樣的強調，不僅可以修正向來偏重心靈、思辨取向的道家研究，並且使身體不再只是心靈的載體，亦不僅具有複寫文本的意義，還可以是創生意義的重要來源。如「真人」等素來被認為由個人主觀認定，徒具意識、心靈意義的境界型態，我們若輔以過去鮮少慮及的身體感、身體技術、身體經驗的面向來理解（包括在人際間用情，在情境中處物等諸般考量），則訓練、模擬、修習成「莊子之徒」，便不只是思考或言論像個莊子之徒，更涵括了在用情、應物、姿勢、動作、舉手投足之間，充分體現莊子之徒的全貌。

本研究進路的探討如果有助於莊子專家的模擬、訓練與陶冶，則載錄於典籍中的「自我知識」，便可能複製而成就多數人。使「緣督以為經」、「形如槁木」、「聽之以氣」與如何「心如死灰」、「用心若鏡」、「大情」、「无情」等境界的修行與實踐，一如游泳、書法與太極拳習練一般，成為去「宗教」化、更為日常生活、普遍通行的體現行動，而所描摹的專家境界與能力也將不再僅屬於少數的畸人、特例或奇蹟。

## 結論

承前所述，向來著重體驗古典與循階訓練的傳統東方哲學，一旦能突破「自我知識」共享上的困難，發展出客觀上有足夠說服力的特質，則過去西方哲學方法難以處理的諸多問題，許將因此產生重大改變（這可能是傳統東方哲學對當代的主要貢獻之一），甚至可望打開一扇通往另一種哲學系統的大門。

若將《莊子》研究領域譬喻為一座漂浮於汪洋中的巨大冰山，則單一研究進路所注目、聚焦的，往往僅限於那浮出水面的冰山一角。過去由心性之學的研究進路所見冰山彼角，乃一知音者稀、不同於世俗的價值與信念；一旦改變研究取徑，翻轉後浮現的冰山此角，將呈現出所有投身於世的主體都能具身認知、躬身體驗的身、心兩適之至樂歸所。至於此際暫時潛藏水面之下、過去往往僅限於思辨解析抑或工夫論探討的心性一角，仍在前賢研究的基礎上對其思辨層面保有深度的了

87 詳參拙作〈「守靜督」與「緣督以為經」：一條體現《老》、《莊》之學的身體技術〉，收入本書第三章。

解，進而由專家與生手的角度對莊子心性論的實際操作面向加以描摹。如此一來，在心性與身體感兩端研究相輔相成之下，對《莊》學的身體技術與心靈追求都勢能有較諸以往更為明晰、朗現、完整的掌握；對《莊子》書中理想典範的閱讀與詮釋，也更能與《莊子》書中聖人、神人、至人、真人所體現的全幅生命境界相應合拍。

就學術研究而言，此係探究《莊子》之學的新視野；就課程教學而言，亦將展現新的向度與風貌。安德魯・華威（Andrew Warwick）曾以十八至十九世紀劍橋大學數學學門的傳授過程與訓練文化之變遷為研究對象，究明訓練方式、知識內容與評分標準之間存在的交互作用與深刻影響。[88] 同理，倘本研究成果得使《莊》學內容突破既有心性論的藩籬，而增添身體感、身體技術、身體經驗等「體現行動」的嶄新向度與風貌，亦將促使《莊》學課程的訓練方式暨評分標準更趨豐富多元。

知識與觀念內化於日常生活體驗的過程，並非只發生在個人經驗層次，而是與歷史文化及社會環境、生活方式、物質文明桴鼓相應。當今生活在這塊土地上的人，其身體經驗、感官知覺與動作姿勢，無不受西方現代醫學及物質文明（如：沙拉吧、領帶、胸罩、高跟鞋、沙發、彈簧床、空調、韻律教室、健身房等）的影響，且儼然成為社會的常規（norm）。這正是生存環境、生活方式、物質文明的變遷逐漸內化於人們身體經驗層次的結果。

本研究進路旨在探討道家「傳統」之身體感、身體技術、身體經驗與心靈典範，對勘「當代」，當可釐清兩造知識與觀念內容的差異，進而省思：透過道家傳統文化的新詮，其所重現的心身能力，將使現代人在個人心身、養生保健上產生何種影響與得失。此由知識分子對勘「傳統」與「現代」所進行的反思，許將使固有文化重新於日常生活之中為人注目、操作並養成慣習，甚至進

而影響社會風潮之更迭及文明時尚的變遷。（簡圖如下）[89]

本書正文一至五章，為筆者近十二年來基於此一關懷與研究進路所發展之系列成果，初稿均曾先後發表刊載於國內學術期刊、專書，再經補充、改寫為本書定稿，簡介如下。

作為可供操作的工夫、可供依循複製之行為活動，《莊》學心身技術的背後必有動機可說。檢視《莊子》內七篇，乃至外、雜篇均不難發現，莊子不斷與其身處時代的社會與文化進行對話。如「以物為事」、「以天下為事」（〈逍遙遊〉）的社會實況與文化傳統，或強調「仁義」、「是非」的主流價值，皆可說是莊子所處時代既有的「大知」與「大言」。但此等「大知」、「大言」，卻都難以解消莊子時代所

88 Andrew Warwick, *Masters of Theory: Cambridge and the Rise of Mathematical Physics*, Chicago and London: University of Chicago Press, 2003.

89 圖中黑色箭頭分別代表歷史文化之於個人經驗的影響，以及社會環境、生活方式、物質文明之於個人經驗的影響；白色箭頭則分別表示個人經驗之於歷史文化的影響（如：古典新詮）暨個人經驗之於社會環境、生活方式、物質文明的影響（如：教育推廣）。

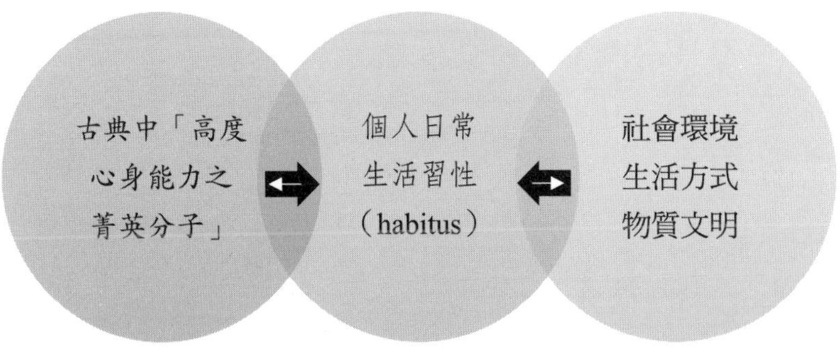


圖一　個人經驗與歷史文化暨社會環境、生活方式、物質文明互動關係圖

面臨的問題：為了追求世俗價值與主流文化奔忙不休（「其行盡如馳，而莫之能止」）、與外物不斷相互砍殺磨耗（「與物相刃相靡」），導致身心疲憊（「苶然疲役」）、漸趨消損（「日消」）、衰老枯盡（「老洫」）、心靈彷彿瀕臨喪亡（「近死」〈齊物論〉）。面對所處時代中世俗價值與主流文化價值無法解決、孳生的問題，莊子基於如是生命境況之需要，進行深度反思後提出解消如是患害的身心技術。首篇〈逍遙遊〉許即透過譬喻展演《莊》學身心技術發生的動機、需求，藉由飛禽追求遠近不一的「飛之至」，譬喻眾人「彼其於世數數然」、「彼於致福者數數然」（〈逍遙遊〉）的人生目標，指出這樣的目標設定將可能招致一如其凶器譬喻所揭示的種種禍患損傷。而於群鳥之中，目標最為高遠的大鵬，其重要性顯然不是鷽鳩、斥鴳、適莽蒼者、適百里者、適千里者等禽鳥可以比擬，那麼大鵬所喻為何，許即為探究《莊子》返本全真之學發生動機的重要關鍵。第一章〈大鵬誰屬：解碼〈逍遙遊〉中大鵬隱喻的境界位階〉藉由回應學術史中「大鵬是否為《莊子》最高境界的象徵？」此一意見分歧之論題，發現大鵬之追求雖已超凡入聖，不同於尋常禽鳥以食糧為生命之終極追求，但實有別於莊子內返的生命追求，仍有待於外在環境機緣等種種條件的配合，故非《莊子》最高境界的表徵，而隱隱與影響先秦主流文化甚鉅之儒家身影暗合。

置身戰國時代以主流文化為背景的大舞臺上，莊子看似自說自唱的演出，其實早與其前登場的劇碼，以及長居幕後的主流文化交相酬應。而不論是要還原莊子登臺前那鑼鼓喧天、歷久不衰的幕前，抑或要揭開莊子在臺上時那暫時消音、依然高懸的幕後，都將發現：先秦儒家的身影赫然現於眼前。《莊子》書中除明言「儒、墨之是非」（〈齊物論〉）等與儒家顯性的對話外，於重要論題中亦往往潛藏著與先秦儒家的隱性對話。第二章〈《莊子》的感情：以親情論述為例〉即以「孝」

此中國傳統文化中獨特且深具影響力的論題為主軸，對比《莊》、儒於經驗現象中情愛實踐的具體工夫。

經驗現象與實踐工夫的不同，必然反映其背後哲學底蘊的差異。本章藉由對勘先秦儒、道經典中論孝之不同，繼而自經驗現象中踐孝行為之殊異，深入探究先秦儒、道於生命觀、人生觀、哲學論宇（universe of discourse）等思想底蘊的異同。如此一來，即能了解為何同是論孝，莊子卻如此強調「哀樂不入」、「不以好惡內傷其身」不任情緒攪擾一己心靈的重要性。這樣「無人之情」（〈德充符〉）的不動心絕不等同於全然的無情，莊子理想中的情感，對於所有的親人、朋友乃至於情人，都仍要「不可解於心」、「不擇地而安之」從內而外、一以貫之地盡力付出，只是在付出之後，對於經驗現象具體外在世界的結果，懷抱著無待、無執與無求的隨順態度，但求一己心靈不失去其本來的平和寧靜。透過《莊子》親情研究，可見莊子用「情」的原則與具體實踐方式；而由莊子如何用情，則可進窺莊子如何用「心」。在《莊》學工夫歷程中，心身從來是不可分離、共同升進、一次到位的工夫與境界，是以此一由《莊子》親情發掘莊子用情、用心的研究，當有助於對莊子身心修鍊的了解。而鍊就《莊子》書中「專家」身體感的必要環節與充要條件，實含括心靈工夫、身體技術、想法眼光與主體自覺等，可見莊子的用情與用心實同為共構如是身體感的重要元素。

第三章、第四章則聚焦於《莊》學之身體主體與身體技術。植基於其永恆生命觀，莊子固然將所有工夫之最終鵠的設在「心」上，致力保全升進超越死生流轉的「真宰」、「真君」，但人生在世的清醒時刻，「心」與「形」，始終是不可離析獨存的實踐整體。心靈與身體的位階雖有著本末、主從的區別，卻不表示心靈是唯一工夫所在，而身體是虛設的邊陲論述。若從「知道是什麼」的立場檢視《莊子》心學與身體之學兩者的重要性，或許有核心與邊陲之分；然一旦從「知道怎樣作」的研究向度出發，則《莊子》書中的實踐工夫可以關乎形體，卻以心靈境界為鵠的——意在心境的臻升，而待身體的技能與工夫來輔助；或待心境臻升後，身體境界亦隨之自然升進。[90]由莊子於〈齊物論〉「形固可使如槁木，而心固可使如死灰乎」一句，分別以「形」和「心」並峙摹寫南郭子綦「吾喪我」、「嗒焉似喪其耦」的得道境界，可知《莊》學之實修工夫確是「形」、「心」兼具。

第三章〈「守靜督」與「緣督以為經」：一條體現《老》、《莊》之學的身體技術〉檢視《莊子．養生主》：「緣督以為經」一句在詮釋史上夾纏之種種爭議，發現多數注家不以「督」本字本義作解，原因之一許是在同期道家文本中不見相應論述。一九七三年出土的西漢帛書《老子》提供一種嶄新的詮釋可能：今本《老子．十六章》「守靜篤」一語於西漢帛書《老子》乙本經文中作「守靜督」，使得守靜的主體由「心」變為「督脈」，由心靈、意識擴展為投身世界的身體主體。另一緣由在於不少注家以為依循本字本義解釋「督」字，將使《莊》學誤入「爐火內丹」之學的藩籬，有違「不益生」、「不刻意」之《莊》旨，故跳脫經文字義詮解。筆者則試圖說明倘將「督」解作「督脈」，「緣督以為經」實可以是關涉身體、且能融入日常舉手投足間的工夫，符合「常因自然」、「因其固然」（〈養生主〉）之《莊》學大旨，並能循之成就莊子所欲達致的諸般身、心境界。

筆者並藉由Marcel Mauss「身體的技術」概念指出「緣督以為經」乃是受到社會文化的浸潤與影響，可經傳授及嫻習而獲致的身體實踐。然而「緣督以為經」作為莊子身體技術之初階，卻於

《莊子》文本與歷代注解均未見具體姿勢、動作細節與操作方法。面對此一看似渾沌、不知如何切實踐履的身體技術，筆者乃藉時代晚出、地域迥異，但同樣以延展、保持身體縱軸筆直豎立為基本身體原則的太極拳與皮拉提斯，對「緣督以為經」這項身體技術作格義。[91]透過太極拳之基本操作原則「頂頭懸」、「豎起脊樑」、「腰如車軸」、「腰為纛」等想像指令，以及皮拉提斯身體中心線（Body Alignment）的現代生理學詮譯，將「緣督以為經」化為一有方法可循、可具體落實的身體技術。如此對於具體操作方法的解釋將賦予「緣督以為經」更具生命意義的內涵，且使此一起自先秦甚至更早的身體技術在當代仍能被具體的認知、操作，進而改善我們的生命。

「緣督以為經」作為莊子身體技術之初階，是最初要達成的目標，一旦能體現「緣督以為經」

90　本書所以將莊子的身、心技術分別論述，是基於專家與生手的研究進路，為求操作傳授之便，所採取的權宜之法。筆者致力探討的乃是《莊》學身心工夫雙軌並進的可能與進路。

91　承蒙審查先生指出：「全書多處使用『格義』一詞，所謂『格義』是以中國思想跟典故，比擬配合，使人易於了解佛教思想。道安說：『先舊格義，於理多違。』僧叡說：『格義迂而乖本，六家偏而不即。』可見『格義』的解說往往是不適切的，或是不相應的，因此後人使用『格義』一詞，多有貶意。本書以太極拳與皮拉提斯對『緣督以為經』的身體技術作相應的闡發，使用『格義』一詞，雖無貶意，是否適切，建議再斟酌。」由於太極拳與皮拉提斯相對於「緣督以為經」，時代皆相對晚出，且可歸於《莊子．刻意》所不取之「熊經鳥申」一類的身體技術；而皮拉提斯則為一奠基於近代西方解剖學、生理學的現代運動，因此筆者雖由太極拳與皮拉提斯中均發現與莊子「緣督以為經」間存在著極為相契之身體原則，取之補「緣督以為經」操作文獻之不足，但慮及太極拳、皮拉提斯與莊子身體技術間仍有本質性、脈絡性的不同，故筆者刻意選擇以「格義」一詞自我提醒三者非可全然等同，以示嚴謹之意。

便踏上《莊子》書中「身體技術」的第一階，將轉以臻於「形如槁木」為進階目標。第四章〈「槁木」與「輕身」：《莊子》注疏、詩人具身認知、醫家辨證的跨界討論〉即聚焦探討「形如槁木」體現的身體情狀是何等模樣？又需透過什麼樣的身體技術才能臻至？爬梳歷代注疏，雖隱然顯示「形如槁木」作為身體技術的可能，卻難據以建構具體工夫措施。由於研究目的在於具體了解一名生手如何成為「形如槁木」專家，為進一步釐清莊子「形如槁木」、「墮枝體」、「離形」身體技術可能的具體面貌與操作方法，勢需借助注疏傳統以外的其他途徑。《莊子．大宗師》指出「有真人而後有真知」，而「真人」幾稀，則跨越歷史縱軸中不同的時代與文化領域，揀選曾從生手成為專家的「真人」經驗與相關論述，恐屬不得不然。

筆者乃將「形如槁木」象徵置於更廣闊的文化域中，檢視詩歌中相關「身如槁木」的身體感書寫，從而發現詩人藉用「槁木」所狀寫的實為一輕盈的正向身體感受，詩人並指出除了仙道、藥餌外，更能透過解消牽念記掛、拋卻對俗情利名的執著，進而登上「忘」、「不知／不覺」乃至「遺／棄」的「身輕」工夫階梯，最終獲致「虛空」的身體感。更探究《傷寒論》中的「身重」之病與本草典籍中具「輕身」之效的藥味，發現「身重」實為一異於常態的疾病徵候；而超乎無病「平人」之上的「賢人」、「聖人」、「至人」乃至於「真人」所體現者，則為「輕身」的身體感及與其密不可分的「長肌肉」、「倍力」、「好顏色」、「補五臟」、「明目聰耳」、「強志」、「不老」、「令人有子」、「日行五百里」等正向的身體效驗。透過如是廣度的研究，反覆檢視在各文化領域中的「輕身」論述，我們固然無法確知與《莊子》異時異代的歷代詩人體驗，醫書描述是否即為「形如槁木」身體實修工夫的原貌，但確實發現《莊子》「形如槁木」此一象徵，是如何為後世所理解、實踐操作，如何開展出為歷代詩人所體會、書寫並深植於傳統醫學論述中的「輕身」身體感與修鍊工夫傳統。

第五章〈當莊子遇見Tal Ben-Shahar：莊子的快樂學程：兼論情境、情緒與身體感的關係〉則針對時代社會下人們普遍面對的問題，與西方正向心理學進行跨越文化、學科的橫向對話。當代西方正向心理學的興起，乃是為了因應情緒破產與憂鬱症罹患率攀升等時代課題，其代表學者塔爾・班夏哈（Tal Ben-Shahar）結合佛洛伊德（Sigmund Freud）的享樂理論與法蘭可（Viktor E. Frankl）以追求意義為人類行為之主要驅動力的理論，提出其「快樂理論」。然而Ben-Shahar雖自承其適用對象有其局限，卻認為中國、印度乃至於古希臘的往聖先賢均未能提供快樂祕訣。本章即以當代西方正向心理學所致力研究的「人類最佳心理運作狀態」為快樂之定義，深入探討《莊子》書中的「快樂」（常樂）學程，試圖尋訪一條更為穩固、普遍、甚至更加易達的快樂之道。

於二千年前戰禍頻仍的戰國，社會動盪不安，如何保身全生、獲得不假外求、穩定恆常的真正快樂，正是莊子思想起源的核心課題。本章試圖透過譬喻解碼進行莊子快樂理論的爬梳，發現莊子透過凶器、禽鳥、樹等譬喻群組，說明人若執著於向外追逐世俗及主流文化標舉的「正」，難免遭逢種種苦患害傷；反之，若目標是歸零、內返，將生命核心價值內返於一己心身，而雖看似「无所可用」（〈逍遙遊〉），卻能免於凶器、外物之傷，並能如《莊子》書中描繪的眾多成藝達道之職人，雖僅視工作或日常職業為其生活之寄託（「為是不用而寓諸庸」（〈齊物論〉）），但因外在可見的工作、專業，本為內在、不可見、難以測度之生命境界於現實情境中的投影，故能據以評估一己心身境界之進退消長、達標與否，彷彿試金石般以此輔成提升一己生命境界之終極追求。而本於心身境界的升進，莊子之徒皆因此能在各自的職場或專業領域中達到常人難以企及的成就。

莊子並肯定人「咸其自取」的主體性，提供「生手」到「專家」的工夫階梯，於心、身兩造均揭示了所欲達到的目標與可供依循操作之工夫，帶領讀者透過改變「用心」及身體的慣習，致力於一己心身能力之長養提升，將原本為情境所「乘」的狀態，轉為能駕馭所投身的現實情境，泰然面對生命中原本可能使情緒攪擾、身體疲憊的現實逆境。對比Tal Ben-Shahar的「快樂理論」則可見，《莊》學修鍊所獲致之樂，實遠較心理學語彙下「恆定快樂」的意涵更為豐富、厚實、穩定且超越，已不單只是一種心理狀態，而是經由具體工夫修鍊，使能貫通心、形、精、氣、神整體，方能證成、完遂的生命境界。

附錄收入〈莊子「乘天地之正而御六氣之辯」新詮〉一篇，本文成於筆者轉向《莊子》身體感、專家與生手研究進路之前，與本書研究取徑固然有所殊異，但筆者對〈逍遙遊〉「乘天地之正而御六氣之辯」之詮解，暨與之並生的實踐興味，實為衍生後續從生手邁向專家之《莊子》系列詮釋的重要起點。而回顧個人研究史，筆者對《莊子》的濃郁興趣肇始於博士班時期修習張亨先生開設之以一學年單論《莊子》心學的「先秦諸子論心」課程，每於堂上深受潛化、啟發，不自覺間並由之踏上日後《莊子》研究之路，本文即為筆者入遊《莊》學藩籬後首發之作，係筆者後續《莊子》研究之起點，手法雖嫌生澀，卻仍契中《莊》學工夫脈絡中所欲臻至的核心鵠的，故收於附錄，以紀念緣起。

第一章

# 大鵬誰屬：

## 解碼〈逍遙遊〉中大鵬隱喻的境界位階*

* 本文初稿刊登於《中國文哲研究集刊》第四八期，二〇一六年三月，頁一—五八。初稿之撰作，承蒙行政院國家科學委員會專題研究計畫：「《莊子》之「知」三論：譬喻、感情與身體」（101-2410-H-002-115-MY3）之經費贊助，謹此申謝。

# 前言、四十年當代研究

顧影當代研究對〈逍遙遊〉中大鵬寓意的探索，自一九七三唐君毅發論迄今忽忽已四十年，茲將前賢之研究成果摘要簡表如附錄一之一。當代研究者多主大鵬影射自由、無待之最高境界，如唐君毅認為莊子乃是以物之「大者、遠者、奇怪者」譬喻得道者；[1]方東美主〈逍遙遊〉中飛翔於無限時間與無窮空間的「大鵬神鳥」，象徵著人的「靈性自由」、「精神生命之極詣」與「莊子之精神」；[2]任繼愈視「騰空九萬里」、「俯視世俗」的大鵬象徵「得道的人」之「崇高、自由」；[3]王邦雄主張莊子乃以鵬隱喻「人的精神生命」，「鵬之大」代表「生命主體的大」；[4]吳光明則認為結合鵬之飛騰與鯤之遨遊，才能「在無限的天地裡自創自由」；[5]蒙培元認為「鯤鵬等大鳥」乃是莊子

1 唐君毅：「至莊子之即自然界之物，以悟道而**喻道者**，則恒取其**物之大者**、**遠者**、**奇怪者**，以使人得自超拔於卑近凡俗之自然物與一般器物之外。故莊子逍遙遊即於北溟之鯤，化為大鵬，由北海而南海，更扶搖而上，至九萬里之遠。」（唐君毅：《中國哲學原論原道篇卷一——中國哲學中之「道」之建立及其發展》〔臺北：臺灣學生書局，一九八六年〕，頁三四五）

2 方東美：「**不僅時間之幅度無限，空間之範圍亦是無窮**。莊子更進一步、以其詩人之慧眼，發為形上學睿見，巧運神思，將那窒息礙人之數理空間，點化之，成為畫家之藝術空間，作為精神縱橫馳騁、**靈性自由**飛翔之空靈領域，再將道

之妙用，傾注其中，使一己之靈魂，昂首雲天，飄然高舉，至於寥天一處，以契合真宰。一言以蔽之，莊子之形上學，將『道』投射到無窮之時空範疇，俾其作用發揮淋漓盡致，成為**精神生命之極詣**。」、「這是蘊藏在莊子『逍遙遊』一篇寓言之中形上學意涵，通篇以詩兼隱喻的比興語言表達之。**宛若一隻大鵬神鳥、莊子之精神**，遺世獨立，飄然遠引，背雲氣、負蒼天、翺翔太虛，『獨與天地精神往來』御氣培風而行，與造物者遊。」（方東美：《原始儒家道家哲學》〔臺北：黎明文化事業公司，一九八三年〕，頁二四二）

3 任繼愈：「出世的人特別是**得道的人崇高、自由**，像**騰空九萬里**、從北冥飛往南冥的**大鵬**，**俯視世俗**之人則卑微而且不自由，像只能在蓬蒿間亂飛的斥鴳，在那裡叫道：『此亦飛之至也，而彼且奚適焉！』——『我這樣就是理想的飛行了，大鵬還要往那兒去呀！』這叫作『小知不及大知』，他們理所當然地受到宋榮子的嘲笑。」（任繼愈：《中國哲學發展史：先秦》〔北京：人民出版社，一九八三年〕，頁四四八）

4 王邦雄：「**鵬之大是生命主體的大**，海運則是宇宙自然之氣的客體之大，大鵬投入海上長風之中，平飛而前，旋轉而上，直飛南冥。南冥就是主客契合為一，已成同體之大的天池。」、「然寓言的主角是鯤鵬蜩鳩，而象徵隱喻的卻是人的精神生命。」（王邦雄：〈莊子其人其書及其思想〉，《中國哲學論集》〔臺北：臺灣學生書局，一九八三年〕，頁六五、七〇）

5 吳光明：「那隻獨存的大鳥的名字卻是『鵬』，含有皇大（與『鳳』同音）及羣居（『鵬』含有『朋』字）的隱義。」、「莊子有的是自由的宇宙，我們可以乘物而遊心於其中。否則我們會淪滅於自私、虛無主義、及道德主義中。這自由的宇宙是『安居』『飛翔』兩者共有的創造世界……**在無限的天地裡自創自由，必須有飛騰的鵬結合遨遊的鯤，才可達成**……『化』連結魚與鳥，暗地裡交織莊書成為自由的宇宙論。它所說的要旨是：我們一讓怡樂、自由及自創互相結合，自我及天地就互合共行了……」、「大物之創也是由於小物之笑。大鵬鳥很是宏皇壯麗，是眾生所欲望的，因為『鵬』本意就是眾『朋』追從的『鳥』。不料他的宏遠的大旅行卻成為譏笑的標的，英雄一夕墮成卑漢。因為其旅行看似無用，因為**『用』需有可實行的目的及確定的目的地**，可是『彼且奚適也』（『他以為他要去哪裡？』）。這樣地，在庸凡的笑聲中宏大的旅程就出顯了。這是逍遙遊的造化，笑的變化，化生，是『渾沌氏之術』的故事。」（《莊子》〔臺北：東大圖書公司，一九九二年〕，頁一四〇）

以「美學的語言表達其直接體驗到的個性自由」；[6]王博認為相對於形軀沉重的鯤，具有翅膀的大鵬代表著心靈的「輕」、「清」；[7]陳鼓應先生則認為莊子以鯤鵬的巨大象徵「心靈的寬廣」，鵬之高飛，遊於無窮象徵著「精神游於自由適意之無窮境域」。[8]多數當代《莊子》研究者，均認為大鵬所象徵、譬喻、指涉的，即為《莊子》書中的最高境界。

然一九八四年馮友蘭的說法在學界彷彿異軍突起，指出大鵬的高飛需等待諸般外在條件具足後，方得以「游」，屬「有所待」、而非「完全地自由自在」。[9]馮氏不以大鵬為〈逍遙遊〉中「彼且惡乎待哉」之至高境界象徵，而主大鵬乃喻列子之御風而行的說法，在學界宛若孤軍，須待十四年後，方得張亨先生之共鳴，並補強論據。

迥異於大多數研究者透過喻依探究喻體的進路，[10]張亨先生別具隻眼，在大鵬所喻的研究論證中援引袁珂之說，回溯大鵬的譬喻根源。袁珂指出《山海經》中所載人面鳥身的北海神禺京（又名禺彊，字玄冥），除了海神之外尚兼風神之職。《淮南子．墬形》記載禺強（禺彊）生於不周風，故能主宰不周風；《史記．律書》不周風「主殺生」。《淮南子．本經》中亦記載了於堯時的害民之物「大風」。袁珂認為此「大風」實即「大鳳」，亦即《莊子．逍遙遊》中「人面鳥身」之大鵬。袁珂指出莊子憑藉禺京身兼北海神與風神的神話底蘊，抽取其「魚身手足」之鯤，「人面鳥身」之鵬的形象，撰作出〈逍遙遊〉中的寓言象徵。[11]儘管袁珂點出〈逍遙遊〉中鯤、鵬的神話根源，但並未追究莊子以鯤、鵬所象徵的人物所指或寓意為何。

張亨先生前承袁珂之論，申論這些「人面獸身」或「鳥身」的人物，都顯示其具有「超人的能力」，並主張由鯤化鵬的神話更蘊含著「物類之間可以互相轉化」的意涵。張亨先生於此申論基礎

6 蒙培元：「又如**鯤鵬等大鳥**，『摶扶搖而上者九萬里』，『背負青天而莫之夭閼者』，在天空裡自由飛翔，這都是用美學語言表達其**直接體驗到的個性自由**。」（蒙培元：《中國心性論》〔臺北：臺灣學生書局，一九九〇年〕，頁六六）

7 王博：「於是你就會**體會到一種前所未有的輕和清的感覺**，自我的喪失使得人間世的引力失去了作用，功名利祿等失去了寄放之地，你就會像大鵬一樣高舉和上升，到達九萬里的天際。**當然，這樣高舉和上升的並不包括你的身體，而僅僅是你的心靈**。心靈高舉了，你的身體仍然留在濁重德人間世，這是人，一個有著形體的人永遠無法擺脫的宿命。**形體是不能上升的，他沒有翅膀，而且過於沉重。但虛的心是可以的，它可以無翼而飛**。」、「於是，我們又一次看到了莊子哲學中心靈與形體的分裂。莊子不只一次的在把心靈提升到天際的時候，卻把形體留在人間世。這樣，我們或許可以發現鯤鵬寓言中的另一個意義，與形體和心靈有關的意義。生活在北海中的**鯤是不是也象徵著形體呢**，而**大鵬是否代表著心靈**？」（王博：《莊子哲學》〔北京：北京大學出版社，二〇〇四年〕，頁一一五—一一六）

8 陳鼓應：「《逍遙遊》開篇以豐富的想像力藉鯤鵬之巨大，襯托出心靈的寬廣，借鵬之高飛拉開了一個蒼茫的無限世界，主旨為『遊於無窮』，如《則陽》所說的『遊心於無窮』，即是精神遊於自由適意之無窮境域。」、「《逍遙遊》鯤化為鵬的寓言，喻示著人生歷程中如鯤一般在溟海中深蓄厚養，經年累月的積厚之功轉化生命的氣質。在生命氣質由量變到質變的轉化過程中，主體不斷地發揮主觀能動性（『怒而飛』），掌握客觀的時機趁勢而起（『海運』、『六月息』），所謂鵬程萬里就是預示著精神生命的層層超越，層層遞進，以臻於宇宙視野。」（《道家的人文精神》〔北京：中華書局，二〇一二年〕，頁二一六）

9 馮友蘭：「逍遙游從**大鵬的高飛**說到**列禦寇的御風**，莊周認為這些『游』**都不是完全地自由自在逍遙，因為都有所待**……就是說，這種『游』必然地為其所待所限制，**具備了所需條件才可以『游』**，所以不是完全地自由自在。」（馮友蘭：《中國哲學史新編》〔北京：人民出版社，一九九八年〕，上冊，頁四一二）

10 黃慶萱：「所謂『喻體』，是所要說明的事物主體；所謂『喻依』，是用來比方說明此一主體的另一事物。」見黃慶萱：《修辭學》（臺北：三民書局，一九七九年），頁二三一。

11 袁珂校注：《山海經校注》（上海：上海古籍出版社，一九八〇年），頁二四八—二四九。

上更進一步詮釋〈逍遙遊〉中的大鵬，謂大鵬之高飛是受限於種種條件限制之下的「相對的自由」，既非「逍遙無待」、自非「真我的精神境界」或「絕對的精神自由境界」之體現。[12]

在檢視四十年來當代學者對大鵬誰屬的研究成果後，發現可將各家結論分類為二：一類以大鵬不受時空條件的限制，象徵《莊子》的最高境界；另一類則主張大鵬受限於時空條件，非屬最高境界。唯當代《莊》學研究或前有所承，或與古合轍，本文首節將上溯歷代《莊子》注疏中對大鵬誰屬的各種詮解。

綜觀各家詮釋，並由莊子描述其最高境界「『乘』天地之正，而『御』六氣之辯，以遊无窮者，彼且『惡乎待』哉」，可歸結「有待」或「无待」，即能否「乘」、「御」常變以遊無窮，是判定大鵬是否為最高境界的重要關鍵。莊子為何在鋪陳大鵬圖南的文脈中強調「『水』之積也不厚，則其負大舟也无力」、「『風』之積也不厚，則其負大翼也无力」？本文第二節將聚焦「水」、「風」譬喻中的「乘」與「被乘」，辨析「乘御」能力的級別小大。且在跨越篇章藩籬的討論中，得見莊子如何將所有際會外在世界「水」、「風」的機緣，化為體道、得道的助力。

然欲探究大鵬的乘御力是否已臻至極，還需回歸由鵬、鯤、適千里者、適百里者、適莽蒼者、斥鴳、鷽鳩、蜩等建構的譬喻群組。莊子於〈逍遙遊〉中以空間、時間與智能三個向度揭示其「小大之辯」譬喻系統，本文第三節即循此脈絡釐清箇中「小」、「大」相對何指，在相參互較中了解大鵬喻依的意象特性。

喻依指射喻體，若果真莊子借大鵬象徵得道者，那麼其境界究竟為何？本文第四節考掘得道者「至／神／聖人」生命境界的具體內涵。在了解《莊子》如何從正面敘說得道者之德行內容與具體

12 張亨：「《莊子．大宗師》云：『禺彊立於北極。』**《山海經．海外北經》云：『北方禺彊，人面鳥身**，珥兩青蛇，踐兩青蛇。』**郭璞注云：『字玄冥，水神也。**莊周曰：「禺彊立於北極。」一曰禺京。一本云：北方禺彊，黑身手足，乘兩龍。』又〈**大荒北經**〉云：『**北海之渚中，有神**，人面鳥身。珥兩青蛇，踐兩赤蛇，**名曰禺彊**。』又〈大荒東經〉云：『東海之中，有神，人面鳥身，珥兩黃蛇，踐兩黃蛇，名曰禺【豸虎】，禺【豸虎】生禺京，禺京處北海，禺【豸虎】處東海，是為海神。』雖然傳聞異辭，都是說的海神。袁珂認為《莊子．逍遙遊》的鯤、鵬也是出自禺彊的神話……**袁氏的證據及推論都是可信的**。《莊子》不僅襲取了神話的外形，也吸收了它內蘊的思想，只是在想像力的隱蔽之下，不容易察覺罷了。而鯤化而為鵬的『化』，實際上是貫穿《莊子》全書的一個重要觀念，它來自這類神話是極自然的。」、「上節提到的**禺強**、堪坏、肩吾、西王母諸**神話中的人物，都是人面獸身或鳥身。這固然是顯示神人的靈異，有超人的能力**也有異於人的形貌。**實際上含著物類之間可以互相轉化的意思**。」、「〈逍遙遊〉所提到的『至人』、『神人』、『聖人』及〈大宗師〉的『真人』，都可以說是理想自我的別稱。然而這些稱謂的具體內涵卻無法從正面敘說。所謂『至人無己』、『神人無功』、『聖人無名』都是從負面顯示的。『真人』也是能說『不以心損道，不以人助天』。事實上莊子對現象之我是抱持著否定的態度，『無己』所『無』的正是現象自我之『己』。『功』和『名』也是自我在現實中所執著的價值。唯有通過這些否定過程才能透顯出**真我的精神境界**。**〈逍遙遊〉篇稱**這種境界**為逍遙無待**。**簡單地說是絕對的精神自由境界**。**通常所謂自由往往是相對的，是在一些條件限制之下相對的自由**。**無論大鵬之高飛，大椿之長壽，宋榮子之定分，列子之御風，都不免於『有所待』的限制，不是絕對的自由**。絕對自由不屬於現象界，而繫於主體。換言之，逍遙無待是一種心靈境界。所以支道林說：『逍遙者，所以明至人之心也。』至人無己同時也就顯現他心靈的絕對自由。能到達這種精神境界，才是理想我的完成。這個我也可以稱之為絕對自我，或純粹自我。所以如此稱之，是因為在絕對自由的境界裡，作為主體之我實際上已經消失其主體性，而跟天地萬物渾然成為一體。」（張亨：〈莊子哲學與神話思想——道家思想溯源〉，《思文之際論集——儒道思想的現代詮釋》〔臺北：允晨文化實業公司，一九九七年〕，頁一〇二—一〇三、一一二、一二五—一二六）

工夫後，進一步探究此般正面敘述是否合適以大鵬譬喻，又或《莊子》書中已另有相契得道者境界的譬喻、象徵。

《莊子》書中自言「寓言十九，重言十七，卮言日出，和以天倪。」（《莊子．寓言》）、「以天下為沉濁，不可與莊語，以卮言為曼衍，以重言為真，以寓言為廣。」（《莊子．天下》）由此可知譬喻在《莊子》一書傳遞思想時所扮演的重要角色。喬治．萊考夫（George Lakoff）和馬克．強生（Mark Johnson）於《我們賴以生存的譬喻》（*Metaphors We Live By*）指出在過去「譬喻被視為純屬語言的特色，屬言詞方面而非思想或行為方面」，[13]但Lakoff與Johnson卻顛覆了以往大眾對譬喻的認知，並點出：

> 譬喻在日常生活中普遍存在，遍布語言、思維與行為中。我們用以思維與行為的日常概念系統（ordinary conceptual system），其本質在基本上是譬喻性的。[14]

兩位作者極具突破性的譬喻理論，足以顛覆我們對於語言裡面修辭學的分析。就創作者言，譬喻的實質是藉由一類事物去體驗、表述，以傳達另一類事物。然就詮釋工作言，則需解碼譬喻，方得理解並體驗《莊子》所要表述的初衷本懷。[15]

自Lakoff與Johnson開創譬喻研究的新向度後，受其影響，相關研究如雨後春筍。然而研究者多從單一譬喻的概念進行討論，但如高達美（Hans-Georg Gadamer）於其名著《真理與方法》（*Truth and Method*）所言：「理解的運動經常就是從整體到部分，再從部分返回到整體。」[16]關於

《莊子．內篇》中連綿出現如網羅般的譬喻群組，[17]似乎有進一步從譬喻群組相互支援、蘊涵的角度通論的必要。

因此本研究除了延續過往對單一譬喻的研究，更將聚焦於《莊子》書中的譬喻群組，希望透過尋繹莊子在使用譬喻之後，是否曾明白指出所喻為何，以《莊》解《莊》地梳理、重現《莊》書譬喻間的蘊涵關係，並由此等關鍵譬喻間的蘊涵關係所形構的譬喻群體，透過局部與整體、單一與群體間往復的詮釋循環，期能釐清《莊子》象中之言，正解譬喻所喻。

13 詳參George Lakoff and Mark Johnson, *Metaphors We Live By* (Chicago: University of Chicago Press, 2003), p. 3。中譯取自周世箴譯：《我們賴以生存的譬喻》（臺北：聯經出版事業公司，二〇〇六年），頁九。下同。

14 詳參Lakoff and Johnson , p. 3。周世箴譯：《我們賴以生存的譬喻》，頁九。

15 詳參Lakoff and Johnson, pp. 5, 25。

16 H. G. Gadamer, *Truth and Method*, trans. Joel Weinsheimer and Donald G. Marshall (New York: Continuum, 2004), p. 291。中譯取自洪漢鼎譯：《真理與方法　上卷》（上海：上海譯文出版社，二〇〇四年），頁三七六。

17 鄭毓瑜：「比喻或譬喻其實是兩種『類』別之間的連繫，並非兩個孤立事物的比擬。換言之，『比興』或者稱為『譬類』，其實是關於『成套的』譬喻，任何『比興』的說解其實是由整個系統去決定它的含意。」、「對於任何一『物』的認知，都不可能是單獨抽離出來，反而必須是在一個門類或體系的作用中才能清楚『看見』這個『物』的存在。」（鄭毓瑜：《引譬連類：文學研究的關鍵詞》〔臺北：聯經出版事業公司，二〇一二年〕，頁一八、二四三）

# 一、歷代注疏〈逍遙遊〉之「鯤鵬」所喻

歷代《莊子》注疏對鯤鵬所喻的解讀，可分為四類：

## （一）小＝大；魚＝鳥

第一類主張小與大並無甚別、魚無異鳥。

晉郭象主張：

> 鵬鯤之實，吾所未詳也。夫莊子之大意在乎逍遙遊，放无為而自得，故極小大之致，以明性分之適。達觀之士宜要其會歸而遺其所寄，不足事事曲與生說。自不害其弘旨，皆可略之。[18]

他指出鵬因為擁有寬大的翅膀所以能夠高飛（「鵬之所以高飛者，翼大故耳」），稟賦資質較小者固然無法成就大事，但稟賦大者也做不來小事（「質小者所資不待大，則質大者所用不得小矣」），[19]郭象由此指出：

> 故理有至分，物有定極，各足稱事，其濟一也。[20]

認為事物固有其分限與極至的殊異，但就足以成就符合其天性的目標而言，「質小者」與「質大者」，並無不同。[21]

明朱得之云：

世俗冥迷，忘真逐偽，當生憂死，慮得患失，罔知所謂逍遙，故申言以破其惑。謂人之生死，如魚變鳥，失鱗甲而得羽翰，舍游（永）【泳】而從飛舉，情隨形化，各全其天，造化無極，與之無極，何所容其愛惡哉？[22]

主張人之生死正如同〈逍遙遊〉中鯤化為鵬般，「故立鯤鵬以強名，使學者始因物而明心，終忘形以契道」，[23]認為莊子乃是要以鯤變化鵬的譬喻使讀者能拋下、忘卻對形體的執著，始能契合道

18 晉．郭象：《南華真經注》，收入《初編》，冊一，頁九。

19 同前註，頁一二。

20 同前註。

21 郭象並謂：「苟足於其性，則雖大鵬，无以自貴於小鳥，小鳥无羨於天池，而榮願有餘矣。故小大雖殊，逍遙一也。」（頁一三）錢澄之：「小大雖異，各適其性，其為逍遙一也。」意同郭象。（清．錢澄之：《莊子詁》，收入《續編》，冊三一，頁二三）

22 明．朱得之：《莊子通義》，收入《續編》，冊三，頁五一。

23 同前註。

體。倘若體認到由生到死，同由魚化鳥一般，都只是變化中的短暫過程，對待生、死，便不會有多餘的眷戀與厭惡（「何所容其愛惡哉」），而能安然接受生命的消隕與死亡。

《莊子》書中確實不乏齊同死生的論述，但果真如朱得之所謂莊子欲以〈逍遙遊〉中鯤鵬變化的故事傳達死生變化如一的道理，誠待商榷。

## （二）鯤、鵬同為大而神之究竟

第二類則和吳光明、蒙培元、陳鼓應等當代學者所主相應，以鯤鵬同為大而神之究竟。宋羅勉道指出「質之大者，化益大也」，[24]因為鯤鵬巨大如是始能有如此大化，明方以智則以「大」、「神」指稱鯤鵬為究竟境界。[25]其他視鯤鵬為究竟的歷代注家，或進一步指出所以視鯤鵬為最高境界之由，並闡明此境界之內容為何：

宋林希逸認為鯤鵬乃是寓言「胸中廣大之樂」，並指出：

> 此段只是形容胸中廣大之樂，却設此譬喻其意。蓋謂人之所見者小，故有世俗紛紛之爭，若知天地之外有如許世界，自視其身，雖太倉一粒，不足以喻之。[26]

如果知道在天地之外尚有如是境界存在，便不會將自我局限於這個有如滄海一粟的形軀生命；明陳繼儒亦指出人之「心體」可以拓展至廣大之境（「拓而使大」），[27]清高秋月則指出：「聖人之心超然物外，廣大自得者」、「心與道遊，則自然廣大」，認為鯤鵬乃是譬喻聖人能超然物外、廣大自得、自然廣大的逍遙心境；[28]清屈復則主張鯤鵬之喻揭示人欲獲致逍遙則必須「心大」、「心胸開闊」。[29]這些聚焦於「胸中」、「心體」、「心」、「心胸」之境的歷代注疏，均強調胸懷心境的開闊廣大，可見當代學者對「心體」、「心靈」、「精神生命」的看重與強調，實前有所承。

或有注家主張巨鯤與大鵬都象徵《易》之大，清吳峻云：

> 莊子齊小大，而篇中獨貴大，以是知其釋《易》也。[30]

---

24 宋．羅勉道：「鵬不載經傳，《島夷雜誌》云：崑崙層期，國常有大鵬，飛則遮日，能食駱駝，有人拾得鵬翅，截其管作水桶。鯤言大不知幾千里，鵬言背不知幾千里，**質之大者，化益大也**。」（《南華真經循本》，收入《續編》，冊二，頁九）

25 明．方以智：「杖云：……有此鯤化，乃有此海運；有此鵬飛，乃有此風培，**形容其大而神，又不可得見如此**」（《藥地炮莊》，收入《初編》，冊一七，頁一二）

26 宋．林希逸：《南華真經口義》，收入《初編》，冊七，頁九。

27 明．陳繼儒：「鯤非有幾千里之大，鵬之背非有幾千里之廣，莊生有見夫**心體**之本小，可**拓而使大**。鯤鵬，特其寓言。」（《莊子雋》，收入《續編》，冊三〇，頁三）

28 清．高秋月：《莊子釋意》，收入《續編》，冊三一，頁一三。

29 清．屈復：《南華通》，收入《初編》，冊二一，頁四、二七。

30 清．吳峻：《莊子解》，收入《初編》，冊二二，頁一。

認為莊子雖然齊同小大，但在〈逍遙遊〉中卻獨獨稱許大者，強調小「不及」大，實為闡釋《周易》之故。吳峻由聲訓指出：「鯤，坤也」認為鯤即象徵《周易》的〈坤〉卦，既謂潛游深海中的魚象徵屬陰的〈坤〉卦，則向陽飛入高空的鳥理當屬陽，故謂「鵬，乾也」，視大鵬為〈乾〉卦的象徵。[31]清陳壽昌則謂：

坎位乎北，離位乎南，言魚言鳥，以類從也。《易》云：離為雉，飛鵬之象，可類推焉。魚化鳥者，陰盡陽純，所謂坐生羽翼也。[32]

指出北方為坎位、南方為離位，雉鳥又為南離的象徵，故推論鯤、鵬乃因同類相從，而分別對應象徵著《周易》中的〈坎〉卦與〈離〉卦。以此闡發鯤鵬所代表的至大之境。

明潘基慶謂：

袁宏道曰：豎儒所謂大小，皆就情量所及言耳。大于我者，即謂之大。是故言大山則信，大海則信，言鳥大于山，魚大于海，即不信也，何也？以非情量所及故也。[33]

主張境界淺薄的儒者所謂的小與大，皆就常情所理解，大於自身的即稱之為大，因此說有很大的山、很大的海一般人都還相信，但若說有比山還大的鳥，比海還大的魚便無人肯信，這是因為超乎常情所能解的緣故。潘基慶指出莊子正是以如此巨大的鯤鵬象徵「非情量所及」[34]非常情所能理解的至高境界。

## （三）鵬方至極之境

第三類注家主張鯤鵬之中唯有鵬象徵至極之境。

宋羅勉道謂：

> 篇首言鯤化而為鵬，則能高飛遠徙，引喻下文，人化而為聖，為神，為至，則能逍遙遊。[35]

指出鯤化為鵬便能飛上高空，遷徙遠方，如同人終能化育自我而成聖人、神人、至人，即能逍遙遊於天地之間，因此象徵《莊子》的最高境界；明釋性通據大鵬之「一飛九萬」；李贄以鵬為「至物」；釋德清指化鵬正喻「大而化之」；清屈復由鵬之「御六氣而遊無窮」，皆主大鵬象徵聖人、至

31 同前註，頁一—二。
32 清．陳壽昌：《莊子正義》，收入《續編》，冊三七，頁九。
33 明．潘基慶：《南華經集註》，收入《初編》，冊一二，頁六八。
34 說類〈逍遙遊〉所謂：「大有逕庭，不近人情」。
35 宋．羅勉道：《南華真經循本》，頁一〇。

人、神人之最高境界。[36]明藏雲山房主人：

> 此一段實指出至人、神人、聖人，是〈逍遙遊〉之本旨。前面鵬鳥圖南，三千九萬，皆切實下手工夫節目，彼至人、神人、聖人，豈無自而云然哉？[37]

亦主大鵬為至人、神人、聖人的象徵，認為大鵬圖南描述的是人得以化成至、神、聖人的「切實下手工夫節目」。

同樣主大鵬象徵最高境界，或並未逕言大鵬象徵至／神／聖人。宋劉辰翁指出莊子乃「求物外之大者」，藉遠較吾人於現象世界所能經驗的事物更為巨大的大鵬，欲人知「天遊之樂」的至境；[38]明方以智則以為大鵬的「化鳥」、「怒飛」，乃喻「不肯安在生死海中」，不執著陷溺於無常的「法身死水」，而能「破此生死牢關」勘破原本所執著固守，「從自己立個太極，生生化化去也」，如大鵬飛入「無邊虛空」之中。[39]清周拱辰則謂：

> 人處世間，如投身羅網，有何快適？必身大絕雲，而識又大於身，然後能抉羅破網，縱橫自在。七篇首〈逍遙〉，〈逍遙〉首鵬，謂此也。[40]

謂一旦身處人間世，滾滾紅塵攪擾纏身，無法體會真正的快意自適，故主遠大於一般鳥身之鵬，乃喻必須超越此身的限制，始能達縱橫自在之境。

另有部分以大鵬為究竟的注家，將鯤鵬之喻，理解作「天機運受」、「不得已而後動」、背陰向陽的「為道之徑」。唐成玄英謂：「化魚為鳥，欲明變化之大理也」，並謂此乃一「不得不然」的變化：

> 即此鵬鳥，其形重大，若不海中運轉，無以自致高昇，皆**不得不然**，非樂然也。且形既遷革，情亦隨變。昔日為魚，涵泳北海；今時作鳥，騰翥南溟。雖復昇沈性殊，逍遙一也。[41]所以化魚為鳥，自北徂南者，鳥是凌虛之物，南即啟明之方；魚乃滯溺之蟲，北蓋幽冥之地；欲表向明背闇，捨滯求進，故舉南北鳥魚以示為道之逕耳。[42]

成《疏》言魚鳥性質殊異，一沈一昇（「昇沈性殊」），魚本北方幽暗之海凝滯沈溺的動物（「魚乃

---

36 明．釋性通：《南華發覆》，收入《續編》，冊五，頁二一—二二。明．李贄：《莊子解》，收入《續編》，冊一八，頁七。明．釋德清：《莊子內篇注》，收入《續編》，冊二五，頁五—六。清．屈復：《南華通》，頁二八。

37 明．藏雲山房主人：《南華大義懸解參註》，收入《初編》，冊一五，頁八五。

38 宋．劉辰翁：《莊子南華真經點校》，收入《續編》，冊一，頁八。

39 明．方以智：《藥地炮莊》，頁八。

40 清．周拱辰：《南華真經影史》，收入《初編》，冊二三，頁三八。

41 唐．成玄英：《南華真經注疏》，收入《初編》，冊三，頁一四—一五。

42 同前註。

滯溺之蟲，北蓋幽冥之地」），化為鳥後，可以凌駕雲霄，遷徙至光明的南方（「鳥是淩虛之物，南即啟明之方」），此魚鳥變化，顯現求道之路（「示為道之逕」）「向明背闇，捨滯求進」的變化。成玄英以北魚南鳥的變化遷徙，譬喻擺脫陰氣凝滯、黑暗陰濕，走向光明洞達、日充月盈的修道之路。此「不得不然」修道之徑的說法，合於《莊子．刻意》篇中不刻意透過「吹呴呼吸，吐故納新，熊經鳥申」等呼吸調息之術或模擬大熊攀援樹幹，取法禽鳥延頸展翅等姿態動作以強身健體的種種操練，所謂「不道引而壽」、「不刻意而高」的工夫原則。由此可知，倘成玄英對鯤化為鵬的詮釋，其所揭示的乃一不得不然，非刻意為之的修道之徑，則鵬所代表的可說是得道之境。

明焦竑指出鵬之變化高飛乃「當化者，不得不化；當飛者，不得不飛，皆天機所運受，化者不自知也。怒而飛者，不得已而後動之義。」並謂「蓋囿形大化中，則隨二氣而運，盈虛消長，理不可逃」，主張鯤鵬之「化」與「飛」乃譬喻真氣增長，陰氣消亡，理不可逃。倘若「日趨有為之域」，日逐於外抑或刻意導引，皆背離人人本可歸返的自然天機。[43]

清劉鳳苞則謂「化而為鳥」：「從魚遞鳥，寫出化境」，並指出「海運」象徵「氣運流轉，自北而南」，則鵬之「（海運）則將徙於南冥」便是「真氣鼓盪，自在流行」。主張大鵬從北冥飛向南冥象徵真陽之氣的流轉鼓盪。[44]劉鳳苞以丹道修煉詮釋鯤鵬所喻，採用在道教內丹修煉的身體圖式中，將人身對應於外在世界的景象，北方坎位對應於人體的下丹田，象徵水；南方離位則相應於胸口膻中穴（中丹田），象徵火。丹家修煉欲長養始於坎位（下丹田）的真陽之氣，而後打通任脈使真陽之氣於北坎（下丹田）南離（中丹田）間暢流通行，水火既濟，進而打通大周天；劉鳳苞即主張〈逍遙遊〉中鯤化為鳥由北方飛往南方，正描述了真陽之氣由北坎往南離，由位於臍下同身寸四指幅之位的下丹田往位於胸口的中丹田鼓盪流行的修煉過程。並謂：

> 起手特揭出一大字，乃是通篇眼目。大則能化，鯤化為鵬，引起至人、神人、聖人，皆具大知本領，變化無窮。[45]

可見劉鳳苞在解鯤北鵬南作真氣流行的同時，已將《莊子》書中的「至人」、「神人」、「聖人」所具「變化無窮」之「大知本領」，與丹道修煉義界下之得道者，劃上等號。

清楊文會：

> 北冥，幽闇之處也，鯤魚潛藏其內，喻根本無明也。此無明體，即是諸佛不動智，是之謂具大因。二釋大果，鯤化為鵬，奮迅而飛，脫離陰溼，而遊清虛，無障無礙，是之謂證大果。[46]

認為潛藏在幽闇北冥中的鯤，譬喻無明之體，此無明之體即是「諸佛不動智」，是尚未分化體現的

---

43 明．焦竑：《莊子翼》，收入《續編》，冊一一，頁三四。

44 清．劉鳳苞：《南華雪心編》，收入《初編》，冊二四，頁九。

45 同前註，頁八。

46 清．楊文會：《南華經發隱》，收入《初編》，冊二三，頁六—七。

「大因」；而由鯤化為鵬，「奮迅而飛，脫離陰溼，而遊清虛，無障無礙」乃是由所具之「大因」證成之「大果」，由胚胎化為生命，指出由鯤化鵬象徵從道體轉變為道之體現，藉由形上而形下的詮釋架構，突破鯤鵬受限於水、天而無法「遊无窮」的空間限制。

**（四）大鵬必資以九萬里之風、六月之息，非培風不能舉，引而遠也、有方有物，則有待／非究竟**

上述三類歷代詮釋，皆可謂以鵬為《莊子》書中最高境界的表徵。但有注家指出大鵬需憑藉九萬里之風，等待姍姍來遲的六月一息，始能高飛；倘若無風可乘、培，便無法飛起。因此仍屬有待並非究竟，其說正與當代馮友蘭、張亨先生之論暗合。

宋王元澤認為莊子所主張的最高境界應是無待於外在的成就與建樹（「夫道，無方也，無物也」）；但鯤鵬皆是「有方有物」，有其必定要達到的外在成就：

> 至于鯤、鵬……此皆有方有物也。有方有物，則造化之所制，陰陽之所拘，不免形器之累，豈得謂之逍遙乎？郭象謂：物任其性，事稱其能，各當其任，逍遙一也。是知物之外守，而未為知莊子言逍遙之趣也。[47]

一旦所欲成就的目標在外，必然會受到外在環境與條件的限制，屬「物之外守」，有待於外在情境的配合始能達成目標，非屬逍遙無待之至境。

清王夫之主張：

> 寓形於兩閒，遊而已矣。無小無大，無不自得而止。其行也無所圖，其反也無所息，無待也。無待者，不待物以立己，不待事以立功，不待實以立名……逍者，嚮於消也，過而忘也。遙者，引而遠也，不局於心知之靈也。[48]

人寓居於天地之間，不論稟賦小大，都能夠於天地間自得悠遊。一切的行為不是為了圖謀外在的目標或利益，而是為了歸返致力於一己之內心，達到無待於外的境界；所謂無待，即是：「不待物以立己，不待事以立功，不待實以立名。」有一個無須仰賴外在的成就與評價即能成全的自己，不必然要在經驗世界建立功勳，獲取聲名。王夫之辨析：「逍者，嚮於消也，過而忘也。」以「逍」為最高境界；「遙者，引而遠也，不局於心知之靈也」，「遙」則代表了心知之靈以外的才能成就。最高境界應是「無不可遊也，無非遊也」，於任何境遇下均能自在悠遊。

王夫之指出大鵬「此遊于大者也，遙也，而未能逍也」，[49]大鵬雖然飛行的距離無比遙遠，但僅能達到「引而遠也」的「遙」之境界，尚未能企及無待於外在的里程、成就來證明自我的「逍」

47 宋・王元澤：《南華真經新傳》，收入《初編》，冊六，頁五—六。

48 清・王夫之：《莊子解》，收入《初編》，冊一九，頁一三。

49 同前註，頁一四。

之境界。意即大鵬非屬至極。清林雲銘亦強調大鵬「必資以九萬里之風，而遲以六月之息」、「非培風不能舉」，必須憑藉九萬里之風、六月之息與培風，否則無法高飛，自非無待的至境。[50]

更有注家明白指出鯤鵬所對應的並非能「乘天地之正而御六氣之辯」的「遊无窮者」，而僅是御風而行的列子。明陳懿典謂：「免乎行者，鯤鵬之化乎，列子是也。」指出鯤鵬和列子所同，均需等待風起的時機（「有待，待風也」）；[51]明吳伯與云：

> 自此以下，至列子凡三等人，又在人若小若大之辨也，而總以無待之人。智行德徵四者，亦如斥鴳之自以為至，豈如忘毀譽、定內外、辨榮辱者乎；然猶知有毀譽、內外、榮辱，猶有未忘者存，列子則忘道矣，猶有列子在，非無不忘者也。總之大知小知、分人分己，私見未除，何能與造化游？必須打破界牆，直至己無其己，而後眼空法界無所待而逍遙。故論鳥，則鵬其大者；論人，則列子其上者，尚皆為知見累，而況其餘。[52]

主張鯤鵬與猶未忘己（「猶有列子在，非無不忘者也」），仍待風來以全行迹的列子相應；方以智《藥地炮莊》引薛更生云：

> 以斥鴳比宰官，以大鵬比列子，乃莊文本旨，「乘天地」以下，乃漆園自道。[53]

亦認為「以大鵬比列子，乃莊文本旨」，指出大鵬所喻即為列子。

回顧《莊子》注疏傳統，可發現歷代注家與當代學者，各家取義於「鵬」者容有不同，但推論、解碼「大鵬」所指涉對象除一類「各足稱事」、小大無別的說法當代乏繼承者外，[54]歷代注家

50 清．林雲銘：《莊子因》，收入《初編》，冊一八，頁三九。

51 明．陳懿典：《南華經精解》，收入《續編》，冊一三，頁三五。

52 明．吳伯與：《南華經因然》，收入《續編》，冊二一，頁八—九。

53 明．方以智：《藥地炮莊》，頁一九—二〇。

54 郭象主張：「夫小大雖殊，而放於自得之場，則物任其性，事稱其能，各當其分，逍遙一也。」（郭象《南華真經注》，頁九），認為世間萬物無論小大，只要能各適其性，稱其能，當其分，便都能抵達莊子所義界的逍遙之境，再無勝負／高下／小大之別。郭象此說誠符合莊周從未將「吾喪我」（《莊子．齊物論》）（詳南郭子綦所以迥異於昔者）或「心齋」、「虛室生白」（《莊子．人間世》）（此顏回得以從「實自回」到達「未始有回」境界的工夫歷程）等境界視為少數人專利，即人人皆可臻逍遙之境的大旨。如〈人間世〉論「心齋」後言：「是萬物之化也，禹、舜之所紐也，伏戲、几遽之所行終，而況散焉者乎！」闡明禹、舜、伏戲、几遽等雖貴為聖王，尚且視實踐／達到「徇耳目內通」、「心齋」、「虛室生白」、「以无知知」、「聽之以氣」諸境界為人生所本或首要之務（「所紐」），自許將窮其畢生戮力從事（「所行終」），何況凡俗之輩（「散焉者」）更當加倍勉力、勤奮而行。牟宗三則辨析郭注所謂「逍遙一也」並非現實上的逍遙，而是聖人、至人修養境界所體現之逍遙：「真正之逍遙決不是限制網中現實存在上的事，而是修養境界上的事。此逍遙屬於精神生活之領域，不屬於現實物質生活之領域。此為逍遙之真實定義，能體現形式定義之逍遙而具體化之者。此聖人修養境界上之真實逍遙，即支遁所明標之『逍遙者，明至人之心也』。」（牟宗三：《才性與玄理》〔臺北：臺灣學生書局，一九七八年〕，頁一八二）但牟宗三並指出：「然人能自覺地作虛一而靜之工夫，以至聖人或至人之境界，而大鵬尺鷃，乃至草木瓦石，則不能作此修養之工夫。故『放於自得之場，逍遙一也』，此一普遍陳述，若就萬物言，則實是一觀照之境界。即以至人之心為根據而來之觀照，程明道所謂『萬物靜觀皆自得』者是也。並非萬物真能客觀地至乎

與當代學者的研究成果隱然呈現一鏡現的對應關係：或以鯤鵬同樣表徵最高境界，或認為鯤鵬中唯有「鵬」象徵至極之境，或主張大鵬既有所待於九萬里風、六月之息等始能怒飛，仍屬有待，並非究竟。[55]（詳附錄一之二）

由歷代注疏與當代研究可見，各家對大鵬鳥取義內容儘管有別，如強調：「大」、「遠」、「高飛」（「天遊」／「騰空」／「俯視」）、「奇怪」、「神」、「凌虛」／「有翅膀」，或兼及大鵬鳥可以飛翔在無限的時間與無窮的空間——正因對大鵬鳥有如是詮釋，始能推導出所象徵的人「胸中」、「心體」（「心」／「心胸」）開闊廣大，具備「靈性」自由、「心靈」自由、「精神生命」（「生命主體」）的自由或「個性」的自由。當代學者不約而同以「自由」釋「逍遙」。

既能配稱「自由」，肯定是隨時隨地，不擇時地，即不受限於時空，任何時地皆可御，可乘，方可稱「无待」。唯有無待，才能自由，才可謂達到生命的至高境界，堪稱是「得道者」或「莊子」所體現的生命境界。換言之，「待」之有無，即判斷是否已達最高境界的至要關鍵。

值得注意的是，當代研究主張大鵬象徵最高境界的學者中，吳光明指出鵬之飛騰還需結合鯤的遨遊，必須鯤鵬合體，方足以象徵「在無限的天地裡自創自由」的至境，吳說看似以鯤、鵬為《莊子》象徵境界的極至，但無意間似乎透顯鵬於水中無法飛行，遨遊海中的鯤飛不到天上的限制。其他如陳鼓應先生也同時以「鯤鵬」二者之巨大指涉「心靈的寬廣」，蒙培元亦以鯤鵬合說，所以要合併鯤鵬論述得道境界，許皆隱然意識到大鵬難以「遊无窮」的空間限制。尤其張亨先生植基於袁珂對鯤鵬神話溯源的根柢上，肯定大鵬所寓「轉化」之能、「超人」之力，卻又見其高飛境界中的限制，直教後學對大鵬究竟誰指充滿研究興味。

此『真實之逍遙』。就萬物自身言，此是一藝術境界，並非一修養境界。凡藝術境界皆繫屬於主體之觀照。隨主體之超昇而超昇，隨主體之逍遙而逍遙。所謂『一逍遙一切逍遙』，並不能脫離此『主體中心』也。」（頁一八二）由此一觀點檢視向、郭注，則逍遙僅存在於修養有成的聖人、至人主體上，大鵬抑或蜩、鸒鳩、斥鴳都只在此逍遙主體的觀照中見其逍遙，然由於大鵬自身無法作虛靜之修養工夫，故就其自身而言不能言逍遙。牟宗三由主體修養境界之解讀，賦予郭《注》深刻之意涵，但視大鵬、斥鴳係指「萬物」之一而非藉以「喻人」的觀點，卻似與〈逍遙遊〉同一文脈所述章句扞格。莊子於「斥鴳笑之曰……此小大之辯也」一段後緊接著明言「故夫知效一官，行比一鄉，德合一君，而徵一國者，其自視也亦若『此』矣」。「此」當指斥鴳，揭示「知效一官」、「行比一鄉」、「德合一君」、「而徵一國」者實為斥鴳之「喻體」，斥鴳為其「喻依」。如此一來，則難教人不循此推理斥鴳置身其間之「蜩」、「鸒鳩」、「適莽蒼者」、「適百里者」、「適千里者」以至「大鵬」，此一由小至大的飛禽群組，理當同為喻依，影射作為喻體的人。再由「之二蟲『又何知』」／「眾人匹之，『不亦悲乎』」、「小知『不及』大知，小年『不及』大年」、「斥鴳笑之曰：彼且奚適也？」／「此小大之辯也」觀之，「何知」、「悲乎」等一嗟再歎之詞，已氤氳「大」「小」之判、高下之辯；何況莊周兩度申言「不及」，而未嘗一言其同（郭《注》：「逍遙『一也』」）。莊子在〈逍遙遊〉中既暗指、明言小「不及」大，足見在莊子的眼中，「小」「大」之間確實存在高下之別。錢穆即指郭《注》：「不悟蜩與學鳩之決起而飛，槍榆枋而不至，則控於地而已者，豈果亦有當於莊生之所謂逍遙者耶。」（錢穆：《莊老通辨》〔臺北：東大圖書公司，一九九一年〕，頁三六〇），認為蜩與鸒鳩並非莊子筆下的逍遙者，而主張鯤、鵬才是〈逍遙遊〉「求其內心之無限自由伸舒，而不受任何之屈抑與移轉」旨趣所寄（頁二七〇、三六〇）。錢穆指出向、郭以來的清談之士，乃是誤以欲求之滿足即為逍遙，始認定大鵬與斥鴳同為逍遙（頁三六四）。此或即「小大雖殊」「逍遙一也」說在當代後繼無人之由。

55 境界之高低乃是在參照比對中始得呈現。部分注家與當代學者認為象徵《莊子》書中至高境界的大鵬，筆者則另以〈「大鵬」與「大人」：新論大鵬譬喻中的明言與暗指〉為題，嘗試論證其所象徵的許即先秦儒家。與世俗利害相較，先秦儒家所追求的仁義是非境界無疑遠超就利違害之上。

有趣的是，楊儒賓先生接續張亨先生從神話角度考掘大鵬象徵從出與寓意的研究進路，卻經由尋繹《莊子》全書中「鷾鴯」擬人化為意而子、「白鶂」擬人化為王倪，以及人格化的瞿鵲子、鵷雛等象徵，指出《莊子》書中這些「鳥形鳥語」的聖人乃是承襲自「東夷之巫文化傳統」。並推論箇中借用「東夷民族最神聖的神話之鳥鳳凰」，即大鵬，描述人的修養境界之「逍遙」與「脫胎換骨」，同時推斷大鵬即〈逍遙遊〉中「至人之心」、主體自由的體現。楊儒賓先生或許因注意到大鵬乘風而上九萬里，「有了風，才有逍遙」看似於時間上受限於有待風起的時機；乃強調古代神話傳說中的神鳥「生殖都是透過氣化的交感」，因此「風從那裡來？風其實來自大鵬鳥」——因為大鵬就是鳳凰，鳳凰既為氣化所生的神鳥，則可謂大鵬就是風，「本是風鳥，它回到老家睡覺，此事有何可疑」？以大鵬即風，化解需等候天時等客觀機緣，尚有待於外而無法被視為最高境界典範的危機。56

賴錫三亦襲此神話取徑，主張〈逍遙遊〉中的鯤鵬為「神話式之象徵表達」：

> 〈逍遙遊〉一開首的「鯤化鵬徙」，也可創造性詮釋成是對〈天下〉篇中，莊周那種從老聃渾沌之道，進一步流出的圓融化境，所給予的神話式之象徵表達。因為從神話象徵的隱喻元素來看，是可以扣合起來的。例如〈逍遙遊〉中的「鯤之大」，可以暗合於〈天下〉篇老聃真人的博大，而**〈逍遙遊〉的「鵬之化」，可以暗合於〈天下〉篇中莊周神人的應化**。為什麼呢？因為「鯤」本身就具有渾沌的象徵，也就是那個無識無知、住守於一、無分別的老聃心境。而**「鵬」所象徵的自由無礙，可以看成是不住創世前的渾沌，且將無分別的渾沌之水引進分別的**

**殊相中**；即，渾沌之水也可引進到「天地」、甚至「人間世」中來，這也就是大鵬的逍遙能夠流向「天地」與「人間世」，且照樣無待無礙，故曰「乘天地之正，而御六氣之辯，以遊無窮者」；這種逍遙顯然不限於道通為一和遊乎一氣而已，而是能入於天地之中、能御六氣之辯。[57]

故事極為精確地運用：「魚—鳥」、「北—南」、「暗—明」、「海—天」等對比結構元素，來敘述生命從深深海底行到高高天池翔的宏大意象畫面。而其中關鍵更結晶在「化」之一字，即生命由體道工夫到境界的蛻變之機，從此，鯤不再是魚而是**自由之鵬**，場景也由幽暗深海轉向無邊明朗的天際。然後，我們看到**自由之鳥精神奕奕地怒而飛**，它博大卻輕盈垂天雲翼，隨順海運之氣摶扶搖而攀升九萬里高空。[58]

在空間上，鯤潛游水中，鵬於天空飛翔，鯤無法飛上天空，鵬亦無法於水中優游，有待於突破空間的限制。楊文會曾以鯤「具大因」、鵬「證大果」，藉形上／形下的詮釋架構，突破鯤、鵬受限

56 楊儒賓：〈莊子與東方海濱的巫文化〉，《中國文化》第二四期（二〇〇七年四月），頁五七—五八。

57 賴錫三：〈神話、《老子》、《莊子》之「同」、「異」研究——朝向「當代新道家」的可能性〉，《莊子靈光的當代詮釋》（新竹：清華大學出版社，二〇〇八年），頁二六一—二六二。

58 賴錫三：〈從《老子》的道體隱喻到《莊子》的體道敘事——由本雅明的說書人詮釋莊周的寓言藝術〉，《當代新道家——多音複調與視域融合》（臺北：臺大出版中心，二〇一一年），頁三八二。

水、天，無法「遊无窮」的空間限制。賴氏亦透過形上、形下與體、用的概念，化解了鯤鵬受限於空間的有待。他主張「鯤之大」象徵的是「老聃真人的博大」，代表渾沌未分的道體；「鵬之大」則象徵了「莊周真人的應化」，為體現於人間世經驗現象中的道之用。一旦將水中的「鯤」譬喻為「理」，它便不再受限於特定而有限的空間，成為超越空間的形上世界，因此能與所有空間合而為一。換言之，解「鯤」作老聃之博大與道體，解「鵬」為莊周於經驗現象中具體實踐道之用，能打破天、水不能涵括彼此的空間限制，解消大鵬於空間上的有待，進而將大鵬推至能入天地之中，能御六氣之辯，「無待無礙」，「精神奕奕」的「自由之鳥」的最高境界。當代賴錫三主鯤象徵渾沌之道體，鵬象徵道體於經驗世界中的應化之說，與楊文會說正出而合轍。

縱論前賢大鵬所喻研究，不難察覺：大鵬究竟有否受限於時、空條件？究竟「有待」抑或「无待」於外？是否能夠乘御常變以遊無窮？是判定大鵬誰屬，鑑別其是否為最高境界的關鍵。

主張大鵬影射「无待」之境的學者，以合體鯤鵬、鯤體鵬用、鵬即是風等論述，解消大鵬之「有」待為「无」。王夫之則以大鵬既圖「引而遠也」，即猶在「待物立己」、「待事立功」、「待實立名」之列，王元澤、林雲銘、馮友蘭、張亨先生等指出「待風」即受造化陰陽之拘制，喻列子之有待於風。

能乘御與否，「乘」與「被乘」是在經驗現象中相對的存在；而「乘御」能力的高下差別，亦將在相參互較中豁顯。以下先聚焦莊子「水」、「風」譬喻中的「乘」與被「乘」，辨析乘御力的級別小大，將有助於考量大鵬的乘御力是否已臻至極。

## 二、「水」、「風」譬喻中「乘／御」力的等級

倘若暫時卸下《莊子》內七篇的篇章界限、藩籬，將可發現：莊子不斷以「水」與「風」，象徵投身於世之人與外在人、物的際會互動。

### （一）解碼「水」、「風」象徵

莊子以「水」、「風」象徵人與外在世界的機緣互動，正如大鵬鳥飛上九萬里高空回望照見的：「生物之以息相吹」（〈逍遙遊〉），萬物的氣息是相互吹响滋養，彼此依存影響。倘由「生物之以息相吹」的角度檢視〈逍遙遊〉，可發現身形巨碩的鯤，需有深廣的冥海始能供其生存優游；當鯤化為鵬欲往南冥飛去，需有深達三千里的大洋供牠起飛（「『水』擊三千里」），有高達九萬里，形如羊角，騰捲而上的飆風載牠上行（「摶扶搖而上者九萬里」、「摶扶搖羊角而上者九萬里」），還需憑藉相隔六個月才會碰上一次的大風海動（「六月一『息』」、「『海』運」），方可能完成飛徙南冥的壯舉，莊子以此揭示人間世一切成功的背後，都需仰賴諸多外在機緣的配合。

莊子於〈逍遙遊〉具體解析大鵬飛往南冥所依賴的外在機緣：大鵬鳥欲飛往南冥，不只需要水的蓄積（「『水』之積」），也需要深厚強勁的風來承載（「『風』之積」），倘若機緣不足，便如傾倒在低窪處的一杯「水」，小小的水窪雖能供草葉行舟（「覆杯『水』於坳堂之上，則芥為之舟」），

但若放入遠較草葉沉重的杯子，便將膠著不動（「置杯焉則膠」）。說明相同的外在機緣，既可為助力，亦可能成為阻力，當大風吹起，整個海洋都為之洶湧動盪時，形如羊角、高達九萬里的飆風可使舟船翻覆、造成災害，但大鵬卻能乘著這樣的風暴飛上青天、飛向遙遠的南冥天池。莊子似乎有意藉此使讀者看見：同樣是與「水」、「風」機緣的際會，卻可能因個人所具能力或應對態度、方法的殊異（「所用之異」），而產生截然不同的結果。

例如同樣是使用容量達五石的大葫蘆（「而實五石」），惠子選擇用之盛「水」，重得無法拿起（「以盛『水』漿，其堅不能自舉也」），剖開作水瓢，又沒有甕缸可以容得下它（「瓠落无所容」），因而認定大葫蘆是「无用」之物；莊子卻將大葫蘆綁在腰上作為腰舟浮在「水」上，於江湖之中自在悠游（「何不慮以為大樽而浮乎『江湖』」）。又如同樣持有保護手不因泡「水」而凍傷龜裂的藥方（「不龜手之藥」），宋人世世代代只用來漂洗棉絮維生，賺取微薄酬勞（「我世世為洴澼絖，不過數金」）；買到祕方的外地人卻能幫助吳國在與越國的「水」戰中取得勝利，得到封地采邑（「冬與越人『水』戰，大敗越人，裂地而封之」）。

由上述芥、杯、大瓠、不龜手之藥等與「水」的際遇可見，不同的使用方法可以導致截然不同的結果（「所用之異」），可知同樣一項機緣，是助力或阻力實取決於一己之用，蘊藏無限可能。縱使是失常的氣象（「六氣之辯」），連浩渺的雲夢大澤都要燒起來的乾旱（「『大澤』焚」（〈齊物論〉）），連黃河、長江都結冰的酷寒（「『河漢』沍」（〈齊物論〉）），揚起海嘯的颶風（「『飄『風』震『海』」（〈齊物論〉）），如此對於一般人而言可能造成傷害的異常天候，亦具備成為人生助力的可能。人置身其中，可以是姑射神人「大浸稽天而『不溺』」的「物莫之傷」（〈逍遙遊〉），也可以是〈齊物論〉中「喜、怒、哀、樂，慮、嘆、變、慹，姚、佚、啟、態」，芸芸眾生心識轉變無窮、「日夜相待乎前」所致的沉淪與滯「溺」。如果「水」是個人生命、生活中必然的遭逢，那麼個人可充實的應對能力、態度與方法究竟為何？

莊子於〈齊物論〉中，更藉南郭子綦之口，以「風」吹過無數竅穴象徵人之感官與外在世界際會的實況：

> 子綦曰：「夫大塊噫氣，其名為風。是唯无作，（作則）萬竅怒（呺）【號】。而獨不聞之翏翏乎？山（林）【陵】之畏佳，大木百圍之竅穴：似鼻，似口，似耳；似枅，似圈，似臼；似洼者，似污者；激者，謞者，叱者，吸者，叫者，譹者，宎者，咬者。前者唱于，而隨者唱喁。泠風則小和，飄風則大和，厲風濟則眾竅為虛。而獨不見之調調、之刁刁乎？」

「風」，是大地呼出的氣息（「夫大塊噫氣，其名為風」）。不吹則已，一旦吹起，大地上的無數竅穴便隨之發出怒號（「是唯无作，（作則）萬竅怒（呺）【號】」）。莊子似乎刻意以鼻子、嘴巴、耳朵（「似鼻，似口，似耳」）等感官的形象狀寫山林大木竅穴的形狀，使讀者聯想到，人的鼻、口、耳等感官接收、回應外在世界訊息，正有如這些樹洞與大風交接發出蘊含種種情緒反應的聲音：或激動叫喚、大聲呼喊、喝叱謾罵，或唏噓嘆息、呼叫、哭號、悲哀深切的低吟，或只同一陣鳥鳴一般（「激者，謞者，叱者，吸者，叫者，譹者，宎者，咬者」）。且當微風吹過便小聲應和（「泠風則小和」），疾風呼嘯而來便劇烈回響（「飄風則大和」）。這些風吹過竅穴發出的聲音——情緒性的小聲應和或者劇烈地回響——都彷彿刻畫人的感官受外界影響而產生種種情緒攪擾內心的實況。

莊子續於〈齊物論〉具體描寫感官受外界影響攪擾的實況：人每天與世界交接互動，心也往往就此不停地與各種外在的機緣、情境交爭戰鬥（「其寐也魂交，其覺也形開，與接為構，日以心鬭」），產生如歡喜、憤怒、悲傷、快樂、對尚未發生的事過多地揣想、不斷地慨嘆過往、對已決定的事反覆不定、恐懼屈服、輕浮躁動、放縱奢華、情欲張揚、驕傲自誇（「喜、怒、哀、樂、慮、嘆、變、慹，姚、佚、啟、態」）等情緒攪擾自身，執著於一己認為之是非（「其留如詛盟」），於其中消磨減損生命力（「其殺若秋冬」），沉淪滯溺於人生的水風機緣之中，以致再也無法回復原初的樣態（「其溺之所為，之不可使復之也」）。人與外在機緣、言語相際會，種種情緒就像從虛孔中吹奏出的各種樂音，又像濕熱之氣薰蒸而生的毒蕈（「樂出虛，蒸成菌」），日以繼夜、永不休止（「日夜相代乎前」）。莊子並於〈人間世〉中以變動不定的流「風」、「水」波譬喻人的言語（「言者，風波也」、「風波易以動」），指出言語也等同外在際遇，可能使聽者產生種種紛亂的情緒，擾動本可平靜無波的心靈。

上述所舉「水」、「風」之例，在在顯示倘若不能正確應對，一切機緣情境都可能是造成挫折、傷害的阻力。莊子於〈大宗師〉即以「夢為魚而沒於淵」，點出人往往就在人生這場大夢之中，化身為魚，一生泅泳於「水」、「風」際會中，不斷被影響、擾動地度過一生。〈應帝王〉中提及「其於治天下也，猶涉海鑿河」，一心追求平治天下的人有如置身在汪洋之中，卻還想鑿一條河，傳達面對外在世界的「水」、「風」際會，投身其中之人往往未能做出正確的選擇，未能妥善利用所面臨的水風機緣，以致徒勞無功。

那究竟應如何應對水風機緣？值得注意的是，莊子強調當令樹洞竅穴激烈回響的大風一停歇，所有的竅穴便立時於當下回復虛空寂靜（「厲風濟則眾竅為虛」），風止實垂，只留下垂掛在草木枝頭輕輕搖動的甜美果實（「而獨不見之調調、之刁刁乎？」）。莊子似乎正以這場大地演奏的「怒」、「虛」變化，為人類感官遭逢人間世的種種際遇，提供一個可堪效法的自然典範：即便厲風吹來造成種種「攖」擾，不論外在的機緣如何紛亂動盪，仍致力心境如風止還虛的竅穴般，歸返虛空平靜。[59]

南郭子綦最終即以「使其自己」、「咸其自取」回答弟子顏成子游「敢問天籟」之問：

> 夫吹萬不同，而使其自（已）【己】也。[60]咸其自取，怒者其誰邪？

---

59 從厲風吹起到「厲風濟則眾竅為虛」過程中所透顯之工夫內涵，正等同〈大宗師〉：「攖寧也者，攖而後成者也。」之「攖寧」。林希逸：「攖者，拂也。雖攖擾汩亂之中，而其定者常在。寧，定也。攖擾而後見其寧定，故曰攖寧。攖寧也者，擾而後成，此名也。」（《南華真經口義》，頁二七四）釋性通：「攖者，塵勞雜擾，困橫拂鬱撓動其心，曰攖。學道之人全從逆境界中做出，只到一切境上不為動撼，其心湛然寧定，故曰攖寧。」（《南華發覆》，頁一四七）莊子所謂：「攖而『後』成」，林希逸所釋：「攖擾而『後』見其寧定」、「攖寧也者，擾而『後』成」，與林希逸同條所詮：「雖攖擾汩亂之『中』，而其定者常在」，稱「後」、稱「中」，理無二致。因「後」，皆非時間先後之後，是條件具足之後，莊子原典與注家莫不認為需在時空環境「攖」、攖擾的前提、情況下，心之寧定始得鍊就。既指前提、條件，自亦可謂「攖擾汩亂之『中』」。合而釋之：厲風吹來造成種種「攖」擾、混亂，而厲風一停，眾竅便歸於虛空寂靜之「寧」。

60 「已」、「己」版本之異，王叔岷注：「『自已』當從南宋蜀本作『自己，』郭《注》『自己而然，』是也。司馬《注》作『自已，』訓已為止，非。」（王叔岷：《莊子校詮》，頁四八）

南郭子綦指出，每一陣風吹過形質氣稟各不相同的萬物，所以會產生各式各樣、截然不同的聲響與影響（「吹萬不同」），並非被外界吹來的風所決定，而是「使其自己」、「咸其自取」，由自己所選擇、決定。面對生命中的種種外在機緣，心靈是攪擾不安（「怒」），抑或是虛空平靜（「虛」），全憑自主，生命的主體性由是體現。[61]

倘如莊子所言「使其自己」、「咸其自取」、存在選擇的可能，則與水風機緣的際會間，當有工夫、修鍊途徑可說，使人得以藉此做出妥善的抉擇與應對，乘御生命中一切「水」、「風」際遇。

由《莊子》書中對體道者的描繪，可見其與水風互動的情狀：上古的「真人」縱使置身大水中，濕氣無法浸淫其身（「古之真人……入水不濡」（〈大宗師〉））；姑射之山的「神人」沒有任何外物能傷害其心身，即使漫天洪水也無法使其淹溺，讓金屬、石頭都熔化，土地和丘陵皆焦灼的嚴重旱災，神人也不覺煩熱（「之人也，物莫之傷，大浸稽天而不溺，大旱金石流、土山焦而不熱」（〈逍遙遊〉））；身心修養臻於極致的「至人」，縱使際會能使大澤焚燒起火的酷熱、使江河都結冰的嚴寒、掀起海嘯的巨風，亦不會受到傷害，不會為驚恐等種種負面情緒擾亂內心的平和（「『大澤』焚而不能熱，『河漢』沍而不能寒，疾雷破山、（飄）風震『海』而不能驚」（〈齊物論〉））。

由體道者如何與異常的「水」、「風」際會互動，可知一旦循其工夫通往最高境界，將能乘御一切際遇，具備「乘天地之正，而御六氣之辯」（〈逍遙遊〉）的修為，能安然隨遇於正常的節候與人生的順境，且能駕馭失常的氣象與人生的逆境。面對所有「生物之以息相吹」（〈逍遙遊〉）的機緣遭遇，都能透過修鍊工夫將其轉化成正面的助力，如此便能在無窮百變的境遇中，自在地乘御遨遊（「遊无窮」（〈逍遙遊〉）），縱使面臨死生巨變也能安然以對，更遑論區區事物的利害（「死生无變於己，而況利害之端乎」（〈齊物論〉）。

然莊子提出的修鍊工夫，並非要教導眾人在人間世中如何乘勢、順勢而成就人世間的功名利祿。事實上，莊子從未將外在事物當作生命中重要的目標（「孰弊弊焉以天下為事」、「孰肯以物為事」（〈逍遙遊〉））。雖然〈逍遙遊〉中，莊子用「水」的意象，以人為「浸灌」譬喻堯，以天降「時雨」譬喻許由，乍看是側重彰顯兩者對外在世界貢獻的小大之異。然倘從心靈修鍊工夫的角度切入，深入追索〈逍遙遊〉的水風譬喻，將會發現其中蘊藏更為豐富的內涵。莊子筆下的姑射神人對於外在世界所求只是吸納清風，啜飲露水（「吸『風』飲『露』」）；莊子並藉許由對於堯讓天下的回答：「偃鼠飲『河』，不過滿腹」，指出就像土撥鼠到河邊喝水般，頂多只是喝到肚子鼓起來，其對外在事物所需、所欲極少，可知「時雨」不僅非其核心目標、甚至不曾是刻意追求之標的，而僅是順其自然、伴隨而來之效驗。由此可見《莊》學工夫於「水」、「風」機緣中所求非是外在的成就，而是內在心靈能力的錘鍊長養。

61 近人王叔岷注「夫吹萬不同，而使其自已也」云：「案《文選》謝靈運〈九日從宋公戲馬臺集送孔令詩注〉（茆泮林《司馬彪注考逸》誤謝靈運為謝宣遠，郭慶藩《集釋》誤為謝宣城）、舊鈔本《文選》江文通〈雜體詩注〉並引司馬彪云：『吹萬，言天氣吹煦，生養萬物，形氣不同也。已，止也。使物各得其性而止也。』……夫萬竅怒號不同，此不齊也。而使萬竅怒號乃由於己，即萬竅各自成聲，此齊也。」（同前註，頁四八）明言「萬竅怒號乃由於己」，此說誠前有所承，羅勉道：「己字與前我字相應。天之生物亦如吹焉，要形容天籟故下吹字。吹萬不同而使其皆若自己為之，而造物無與焉，許多變態皆其自取，其怒而出者，果誰為之邪？」（《南華真經循本》，頁五二）亦點出「許多變態」實「皆其自取」、「自己為之」、「造物無與」。

莊子曾於〈德充符〉以「水」譬喻鍊就此般能力者所成就的內在心靈境界：

> 平者，水停之盛也。其可以為法也，內保之而外不蕩也。德者，成和之脩也。德不形者，物不能離也。

水面之所以能平，是因為有大量的水安靜匯聚的緣故（「平者，水停之盛也」），因為已能包容一切順逆之境，其心靈境界便能如不隨外在變化而起落動盪的平靜水勢，不因「死生存亡、窮達貧富、賢與不肖毀譽、飢渴寒暑」等種種外在際會攪擾浮動（「內保之而外不蕩」、「不足以滑和，不可入於靈府」）。正因心靈有如一片寬闊平靜的大洋，故可作為衡量一切事物的基準、法度，而如是安定的心靈也使萬物都欲歸往效法（「其可以為法」）。

〈德充符〉篇並見莊子以「水」之止形容王駘臻至「常心」的心靈境界：

> 常季曰：「彼為己，以其知得其心，以其心得其常心，物何為最之哉？」仲尼曰：「人莫鑑於流水，而鑑於止水，唯止能止眾止……」

一旦進入無得失分別、恆常寧定的心靈境界（「常心」），人自然便欲歸往、聚集到他身邊（「物何為最之哉」）。莊子指出這是因為人不會把波動的流水當作鏡子來照見自己，而會在靜止無波的水面上鑑察自身（「人莫鑑於流水，而鑑於止水」），因此唯有自己的心靈先能靜止，不再擾動，才能如實照見世界的真實樣貌，進而讓芸芸眾生也隨之靜止下來，不再攪擾內心（「唯止能止眾止」），而令眾人願意與之相逢、親近。

莊子於〈齊物論〉中同樣以「水」形容心靈最自然原初的「天府」境界：

> 故知止其所不知，至矣！孰知不言之辯，不道之道？若有能知，此之謂天府。注焉而不滿，酌焉而不竭，而不知其所由來，此之謂葆光。

莊子描述這樣的心靈，在應對世間一切機緣際遇時，就像一個容量無比寬廣深厚的容器，不論如何往裡注水，都不會因此溢滿；不論如何取用，又總是不會竭盡、從未匱乏，卻不知道這源源不絕的智慧是從何而來，莊子並以若有似無、明亮而不耀眼的「葆光」描繪此般寧定平和、取之不盡、用之不竭的心靈至境。

然而莊子的心靈工夫並非只關涉純粹的心靈修為，而是能使心、氣、形三者同步長養的工夫。[62]

---

62 楊儒賓：「莊子與孟子都認為身與心並不是屬性截然不同，它們毋寧是一種同質而不同程態的展現。在終極的意義上，人的身體都是精神（心）的表現，這種境界也就是『踐形』的實現……身與心能化為同質性存在，乃因有氣介乎（期）【其】間，氣一方面通向心，一方面通向軀體。它是心的作用層下一種前意識的流行，也是身體定性結構下一種流行之存在。『踐形』是指形體全為浩然之氣所滲化；『盡心』是指道德意識全化為心氣之流行。『踐形』與『盡心』同時成立，此時心—氣—形三者形成為渾然同一的狀態。」指出孟子、莊子均非身心二元論者，在性質介乎心、身之間的「氣」基礎上，道德或精神的修養工夫同時會滲透、轉化形軀，體現為道德化、精神化的身體實踐。詳參楊儒賓：〈支

莊子於〈應帝王〉描述壺子的得道境界，即以「鯢桓之審為淵，止水之審為淵，流水之審為淵」等三種「水」勢象徵壺子的氣機狀態。首先，壺子展現如「地文」的「杜德機」樣態，將活潑的氣機都杜絕停止，就如同靜止的水蓄積的深淵，表面上看起來靜止不動，卻也未停，暗中仍有生氣蘊蓄萌發（「『止水』之審為淵」、「萌乎不震（誫）不（正）【止】」）。壺子繼而展現如「天壤」的「善者機」樣態，呈現天地之氣交會暢行，生機勃勃的正面氣機，如同流動的水匯集的深淵（「『流水』之審為淵」）。最後，壺子向季咸呈現至虛、沒有任何跡象朕兆的「太沖莫勝」之境，呈現「衡氣機」神氣調和、充沛平衡的狀態，如同鯨魚盤桓的至深之淵（「鯢桓之審為淵」）。莊子以「水」作譬喻狀寫體道者的三種氣機狀態，顯見心靈境界與形氣狀態實能交相調和，一同升進，當人的心靈具備能夠承受所有外在正變、順逆的能力，其體內氣機也將同步增長，日益磅礴充盛。[63]

莊子最終甚至以「水」喻「道」，象徵天地之間的一切際遇，盡皆能成為體道的助力。〈大宗師〉：

> 泉涸，魚相與處於陸，相呴以濕，相濡以沫，不如相忘於江湖。
>
> 魚相造乎水，人相造乎道。相造乎水者，穿池而養給；相造乎道者，无事而生（定）【足】。故曰：魚相忘乎江湖，人相忘乎道術。

莊子用魚兒得以自在同遊的江湖之「水」，譬喻能使人成全彼此生命的「道」。「水」能讓魚在池裡穿梭來去，獲得充足的食物供給（「穿池而養給」）；「道」則能使人彼此之間不產生爭端，生活容易感到滿足（「无事而生足」）。莊子以同樣用來象徵世間一切際遇的「水」喻「道」，正點出「道」

非外於人世現實的抽象概念，而存在於一切際遇之中，所有外在世界「水」、「風」的際會機緣，都可以成為體「道」、得「道」的助力。

---

離與踐形——論先秦思想裡的兩種身體觀〉，收入楊儒賓編：《中國古代思想中的氣論與身體觀》（臺北：巨流圖書公司，一九九三年），頁四四四—四四五。筆者則透過檢視《莊子》書中鍊就其所義界的聖人、神人、至人、真人身體感的工夫歷程，發現對於莊子，心性論與身體感的關係，有如互動的齒輪群組：感官外逐的中止與內返（「視為止」、「徇耳目內通」）；轉化心思想法與看待世界的眼光（「安之若命」、「得其環中」）；對治情緒攪擾、掃除念慮盡淨（「哀樂不能入」與「心齋」），以及「形如槁木」與「墮枝體」、「離形」的身體感陶養等，同是成就莊子「專家」身體感的必要環節與充要條件——彼此帶動，共構運轉，通往不斷提升身心境界的終極鵠的，難再辨析主導帶動升進的，究竟是哪枚齒輪的哪處部件。可見在《莊》學的修鍊傳統中，身體主體性與心靈主體性，難分軒輊地影響、決定著我們的生命。詳拙作〈《莊子》書中專家的「身體感」：一個道家新研究視域的開展〉，收入本書導論；〈當莊子遇見 Tal Ben-Shahar：莊子的快樂學程：兼論情境、情緒與身體感的關係〉，收入本書第五章。是以莊子對平和寧定心靈境界之追求，絕不同於告子僅是「力制其心」的「不動心」工夫。《孟子．公孫丑上》：「告子曰：『不得於言，勿求於心；不得於心，勿求於氣。』」朱《注》：「告子謂於言有所不達，則當舍置其言，而不必反求其理於心；於心有所不安，則當力制其心，而不必更求助於氣，此所以固守其心而不動之速也。」（宋．朱熹：《四書章句集注》〔臺北：大安出版社，二〇〇五年〕，頁三二一），可知告子以將入耳的言語當作沒有聽見（「舍置其言」），強制己心不動蕩（「力制其心」）等切斷五感與外界接觸溝通的方式，作為其「不動心」之法門；而莊子則是通過前述之心靈與身體工夫轉化身心，使現實中的身心無論面對如何紛擾動盪之情境，仍能臻於安適寧定的狀態。

63 由前註可知，莊子之心靈與身體實為一綰合難分的整體，由壺子之例亦可見心靈境界的提升能帶動身體氣機的變化升進；而由莊子書中諸多操持專業技藝的「專家」，亦可見在與外物交接往來的過程中，其於技藝中所展現的身心境界，始終同步升進，一體難分。詳拙作〈《莊子》書中專家的「身體感」：一個道家新研究視域的開展〉，收入本書導論。

## （二）解碼「乘」與被「乘」

水、風象徵，既代言投身於世之人與外在世界無可避免的互動、影響，同時展演人可以乘御際會的正面事例，或呈現為境遇所乘，陷溺其間難以自拔之人生樣態。檢視《莊子》內七篇中關於「乘」、「御」、「培」文本，發現可將所具乘御之力分為三類：

### 1.仗勢之「乘」

初階為〈人間世〉中所言：「王公必將乘人而鬬其捷」，言居上位的衛君勢將「乘」駕臣屬之上，倚仗地位權勢欺凌、壓迫臣屬；居下位者，則置身無力翻轉形勢的被「乘」處境。

### 2.有待天時地利之「乘」

二階則如〈逍遙遊〉中「摶扶搖而上」「摶扶搖羊角而上」、能「培風」的大鵬，或者能「御風而行」的列子，能夠駕御外在有利的風勢高飛入天，泠然而行，但仍有待於那風、那外在機緣的配合。

### 3.無待時地之「乘」

最高階則如「乘天地之正，而御六氣之辯」（〈逍遙遊〉）、「乘物以遊心」（〈人間世〉）、「乘夫莽眇之鳥，以出六極之外，而遊无何有之鄉，以處壙埌之野」（〈應帝王〉）等，不僅能安然隨遇於正常的節候與人生的順境、乘正而行，且能駕馭乖變失常的天地之氣或人生的逆境，具有無論置身何時、何種境遇都能操控駕御一己於情境之中，自在乘御遨遊，「勝物而不傷」（〈應帝王〉）使身心無攖的能力。

Lakoff與Johnson在《我們賴以生存的譬喻》一書中論及「空間方位譬喻」（orientational metaphors）。舉凡與空間方位有關的譬喻，如：上下—進出—前後—深淺—中心邊緣等，Lakoff與Johnson稱之為「空間方位譬喻」。這些空間方位以概念相關性為考量，組織起整個概念系統，且出自於「我們有身體」的這個事實。因此譬喻性空間方位並非任意性的，而是立基於我們肉體與文化的經驗。[64]如：「乘人而鬪其捷」（〈人間世〉）凌壓臣屬的衛君；能夠乘在風上圖南的大鵬；四處遨遊的列子（〈逍遙遊〉）；能夠「乘天地之正而御六氣之辯」的得道者。高位的處於優勢，低位的則處於劣勢，凸顯「高位是上，低位是下」與「操控是上，被操控是下」的概念。[65]在《莊子》的價值體系裡，能夠乘在風上圖南的大鵬；四處遨遊的列子；或能夠「乘天地之正而御六氣之辯」的得道者，與欺壓臣屬的衛君，雖分居典型正負的兩端，但倘卒讀《莊子》全書尋繹反覆出現的「乘」、「御」、[66]

64 詳參Lakoff and Johnson, p. 14。

65 Lakoff與Johnson中言如是概念乃建立在地位與社會權勢相互關聯，而身體的力是向上的（physical power is up）二重基礎。又以“I have control over her.”（我能掌控她）和“His power is on decline.”（他權力在走下坡）為例，說明英文中「操控是上，被操控是下」的概念。此乃建立在肉體基礎上的概念，因為體積通常與體力成正比，爭鬥中的優勝者通常居上。詳參Lakoff and Johnson, pp. 15-16。

66 除文中所舉五例外，《莊子》內七篇中以「乘」、「御」彰顯對境遇具操控、駕馭能力的文本尚有「乘雲氣，御飛龍，而遊乎四海之外」（〈逍遙遊〉）、「乘雲氣，騎日月，而遊乎四海之外」（〈齊物論〉）、「乘東維，騎箕尾，而比於列星」、「浸假而化予之尻以為輪，以神為馬，予因（而）【以】乘之，豈更駕哉」（〈大宗師〉）等四處。

「培」、「勝」論述，將發現莊周向讀者再三致意者為：凡人皆具能從為物所「傷」、所「勝」、所「乘」的逆境中，翻轉、升進為「乘物」（〈人間世〉）與「勝物而不傷」（〈應帝王〉）的可能性。

透過比較《莊子》內七篇中的乘／御論述似乎不難辨析，無待時地之「乘」，方為《莊子》書中「乘」、「御」之力最高境界的體現。那麼大鵬之「乘」是否也堪稱「無待」？是否合適被詮釋作「無待」？

## 三、空間、時間與智能：三個向度中的鵬之大與超凡入聖

莊子於〈逍遙遊〉開篇透過空間、時間與智能三個向度，揭示「小大之辯」。

欲了解莊周「小大之辯」譬喻系統所蘊藏的意旨，首當釐清箇中「小」、「大」相對何指？以下分就〈逍遙遊〉開篇所述：個體抵達空間、經歷時間與智識能力三個面向，加以爬梳條理、論證剖析，試圖據莊解莊，使能自歷代注家暨當代學者大鵬誰屬的迷霧中出走，精準解碼〈逍遙遊〉中「大鵬」所喻。

### （一）空間里程中的「小大之辯」

就飛往目的地的空間里程而言，蜩、鷽鳩與斥鴳等小蟲鳥跳躍飛翔的範圍，不出矮小的蓬蒿叢

間、榆枋枝頭。而稍大的禽鳥如「適莽蒼者」、「適百里者」、「適千里者」則飛往較遠的近郊草野或百里、千里之外的林野枝頭，但相較於大鵬從極北的北冥振翅啟程徙向極南的南冥，牠們的飛行里程不過是大鵬超過「九萬里」的遙遠征途中，微不足道的一點而已（如圖一之一）。

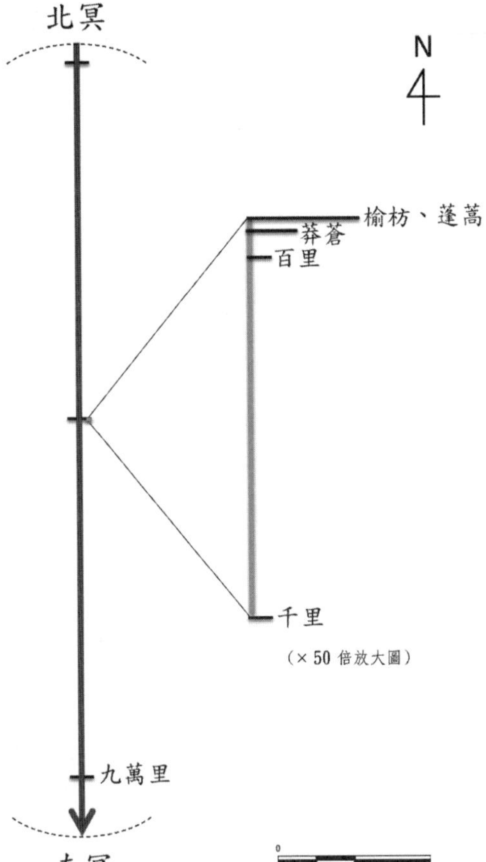


圖一之一　「飛之至」：小大之辯圖（一）

據Lakoff與Johnson所言：就創作者的角度，譬喻的實質是藉由一類事物來建構、表演、談論另一類事物。若欲解析莊子描寫小者與大者前往目標不同、空間里程殊異，此一譬喻所建構、表演、談論的事件、活動、觀點究竟為何？則當透過譬喻詮釋，設想、理解並體驗莊子所要表述的本旨，方能解碼譬喻。[67]

莊子在空間里程的「小大之辯」中所使用的譬喻，屬以上、下為例的「空間方位譬喻」，對比〈逍遙遊〉中振翅飛上九萬里高空，飛往遙遠南冥的大鵬，和只在低矮灌木叢中「騰躍而上，不過數仞而下」的斥鴳，大小、遠近、高下已判。此與主流文化價值具整體相合性，[68]位於「上」的往往象徵著好的、[69]高的、遠的、快樂的、[70]操控的；[71]而處在「下」的則通常象徵著壞的、低的、近的、悲傷的、被操控的。至於此主流文化價值何屬，猶待進一步檢證。

藉「鳥」喻「人」。〈逍遙遊〉開篇首先透過空間里程的遠近判別眾鳥的大小（「小大之辯」）。莊子似乎藉鳥所「飛」往之處的遠近，譬喻人生所造境界的高低。則〈逍遙遊〉中，由近及遠的里程間，眾鳥所要飛至（「圖」）的目標各自為何？一旦替換以人的身分，則所指涉的人生鵠的又各自為何？

當我們將〈逍遙遊〉中的小、大飛禽依序排開將會發現：至小端的蜩與鷽鳩停棲在榆、枋樹的低矮枝頭（「槍榆枋而止」），斥鴳騰躍翱翔於蓬蒿草叢間（「翱翔蓬蒿之間」），只就近於棲所周遭覓食；目標稍遠的禽鳥飛至近郊草野（「莽蒼」）或前往距起點「百里」、「千里」之處，都只為取得足供果腹的食糧（「三飡而反」、「宿舂糧」、「三月聚糧」）。

不同於出沒在草木茂盛、物產豐饒之陸地的禽鳥，潛游於極北深廣海洋中的巨鯤，其所認定的食糧，不再是陸上飛禽慣常積聚的樹果草籽；而是漂流在廣大海洋中的浮游生物、海藻魚蝦。小中型鳥與鯤，所追逐的糧餉有別。易主為人，樹果草籽、浮游魚蝦所指涉的追求定然不同。然就以心目中的理想糧餉為前行的具體鵠的而言，則鯤與小中型鳥，似無二致。

莊子以「北冥」、「南冥」之「冥」字，點出那一般凡俗之鳥所看不見的大鵬的追求。

即『冥』字，冥之本義當如『幎』，象兩手以巾覆物之形。[72]

北冥，本亦作溟，覓經反，北海也。嵇康云：「取其溟漠無涯也。」[73]

窮髮，李云：「髮猶毛也。」司馬云：「北極之下，無毛之地也。」崔云：「北方無毛地也。」

---

67 詳參Lakoff and Johnson, pp. 5, 15-17, 25；鄭毓瑜：《引譬連類：文學研究的關鍵詞》，頁一八、二四三。

68 Lakoff與Johnson指出，一個文化中最基本的價值，是與此文化中的多數基本觀念之譬喻結構具整體相合性，例如「愈大愈好」與「多是上」及「好是上」具整體相合性。詳參Lakoff and Johnson, p. 22。

69 Lakoff與Johnson以Things are looking up.（事情漸有起色）和Things are at an all time low.（事情一直處於低潮）為例，說明英文中「好是上，壞是下」的概念。詳參Lakoff and Johnson, p. 22。

70 基於肉體與文化的基礎，這樣的空間方位譬喻普遍存在於古今中外的文化傳統中。Lakoff與Johnson以I'm feeling up.（我覺得情緒高昂）和I'm feeling down.（我覺得情緒低落）為例，說明英文中「樂是上，悲是下」的概念，而這即是來自於「低垂的姿勢通常伴隨悲傷及情緒低落，而直立的姿勢則伴隨正面的情緒狀態」這樣的肉體基礎。詳參Lakoff and Johnson, p. 15。〈逍遙遊〉中「努而飛」的大鵬、「決起而飛」的蜩與學鳩，皆透露出向上飛翔時所伴隨的振奮情緒。

71 在西方的文化概念中，建立在與個人安康福祉有關的肉體基礎（Physical basis for personal well-being），如幸福、健康、生活以及控制力——這些主要描述對某人是好的事態——亦都屬「上」（are all up）。

72 李孝定：《甲骨文字集釋第七》（臺北：中央研究院歷史語言研究所，一九六五年），頁二二四一，引唐蘭曰。

73 唐．陸德明撰，清．盧文弨校：《經典釋文》（臺北：漢京文化事業公司，一九八〇年影印抱經堂本），頁三六三。

> 案毛，草也。《地理書》云：「山以草木為髮。」[74]
>
> 郭象之注《莊》，卽常本此冥字以會其至旨。《呂氏春秋．不二篇》稱「老耽貴柔，」（〔王叔岷案：〕耽與聃同。）於莊子未嘗不可謂「莊子貴冥。」惟莊子貴冥，而不囿於冥耳。[75]

〈逍遙遊〉中的蜩、鷽鳩、斥鴳等小蟲鳥，以及飛往較遠處的「適莽蒼者」、「適百里者」、「適千里者」，飛行里程縱有長短之別，但活動範圍總不離草木叢生、糧食充沛的陸地。振翅飛往南冥那不毛之地的大鵬則不同。由所飛往目的的不同，適得見大鵬與其他禽鳥與鯤間的巨大殊異。當鯤化為鵬躍離海洋，振翅飛上無枝可棲（無待於枝），亦無洋水可依憑（無待於大洋）的萬里長空，在一路向南的遙遠飛行中，大鵬的目光所投注的已不復是樹果草籽或海藻魚蝦等感官可見的具體物質。

隨著空間由陸地至海洋，由海洋至天空，其間遨遊者的體型由小而大，里程由近而遠，對糧食地利等物質欲望的依賴度亦由陸上同一向度但略見等差級別的積極追求，最終翻轉為彷彿逆向的捨離，不再以外在可見的有形物質、具體形迹為追逐的首要目標，頂多可說將其視為順其自然，水到渠成，恰巧緣遇於主要目標之中，或說不刻意獲得而獲得的偶然遭逢。[76]

值得注意的是，由鯤化鵬，對個體生命而言並非僅是由小魚成長為巨鯤，由小鳥成長為大鵬的質同量變過程，而是蛻鱗片為飛羽，化魚鰭為鵬翼的徹底質變。鵬所追求的目標，許因隨著如是徹底的本質變化，而有巨大翻轉。

當莊子經由空間里程的遠近，目標食糧類別的不同，甚至飛行鵠的相關食糧與否等殊異，揭示小者與大者的不同，其欲藉此譬喻手法建構、表演、談論的事件、活動、觀點究竟為何？Lakoff與

Johnson 指出：譬喻的實質是藉由一類事物來理解並體驗另一類事物。透過大多數人曾經驗的具體實存物與物質（physical objects and substances）作為譬喻，有助於讀者體驗那些其未曾參與的事件、活動、情感或觀點。[77]

莊子在〈逍遙遊〉中透過陸上飛禽啄食積聚眾所同嗜的食糧，海中之鯤潛游覓食迥異於群鳥慣習認定的食糧，以及奮飛蒼茫長空、目光不復凝望具體可見的物質食糧，而投射向草木不生的「窮髮」之所／「冥」的大鵬，此等相異目標所呈顯的小大之辯，所欲展演的自非一般世俗認定：累積物質財富，獲得權位名聲愈多愈好的價值。

莊子於〈逍遙遊〉中言：

74 同前註，頁三六三—三六四。

75 王叔岷：《莊子校詮》，頁四。

76 莊子固然以身心之提升長養為人生鵠的，而不以物質利益為其生命之追求向度，然因未嘗視心、物為二元對立的兩端，故其身心修養工夫從來無需遠離現實事物、情境始得成就（詳註六二、六三）。如同〈養生主〉中庖丁所執之刀，須不斷在牛體的「技經肯綮」、「大軱」間，在肌肉筋骨交錯相連聚結處，不斷習練進刀劈擊、宰割支解的技藝，始能由劈砍、切割以致刀刃折損，終能臻至遊刃有餘（「恢恢乎其於遊刃必有餘地矣」）而刀刃始終無損如新（「若新發於硎」）之境。《莊》學所陶養的心靈也須在「不得已」而紛雜的外「物」之間，始能鍊就「乘物以遊心，託不得已以養中」（〈人間世〉）的工夫——唯有在萬物之間，在現實情境中磨鍊，胸懷萬物始有可能。

77 詳參 Lakoff and Johnson, pp. 5, 25。

斥鴳笑之曰：「彼且奚適也？我騰躍而上，不過數仞而下，翱翔蓬蒿之間，此亦飛之至也，而彼且奚適也？」此小大之辯也。故夫知效一官，行比一鄉，德合一君，而徵一國者，其自視也亦若此矣……若夫乘天地之正，而御六氣之辯，以遊无窮者，彼且惡乎待哉！故曰：至人无己，神人无功，聖人无名。

明文指出：「知效一官，行比一鄉，德合一君，而徵一國者」——才智能夠勝任一個官職，言行能庇蔭一個鄉里，品德操守適合作為一國之君或能力可使全國信服的人——這些在世俗價值中被認為成就最大者，在莊子的小大之辯譬喻系統中卻僅只是在蓬蒿叢間翱翔騰躍，里程不過數仞上下，汲汲於食糧的斥鴳。顯見世俗價值所認定之大用，不過被莊子定位在判別孰小孰大的「小」端。

莊子「知效一官，行比一鄉，德合一君，而徵一國」之意，旨在點出，這些人所追求、具備的品行德性或才智能力，都是為了滿足勝任官職（「效一官」），庇蔭鄉里（「比一鄉」），君臨一方（「合一君」），使全國信服（「徵一國」）所需要的外在標準。[78]易言之，其所懷抱的賢德、才能既非為修養德性（如：「君子懷德」〔《論語．里仁》〕）而具，亦非為使自身更臻美善（「君子之學也，以美其身」〔《荀子．勸學》〕）而備，更無關乎提升長養一己生命（「古之學者為己」〔《論語．憲問》〕）才致力修持。這些「知」、「行」、「德」、「而（能）」，迥異於將內在的仁德，透過「推恩」的工夫「舉斯心加諸彼」，視人如己地將內在的道德由內而外：從個人身修推至家、國、天下，終成就現實世界中的平治功業。[79]

不同的大小位階反映其所表彰的價值高下，而每一套價值的背後必然存在一衡量的標準。此衡量之標準，又必出自某一特定的立場與觀點。值得追問的是：既然世俗價值義界下的至尊、至貴者（「知效一官，行比一鄉，德合一君，而徵一國者」），在〈逍遙遊〉的空間里程中僅被喻為蜩、鷽鳩、斥鴳等最「小」禽鳥；而莊子又明文指出，能達到最高境界的，並不是此小大序列中飛得最高、遷徙里程最遠的大鵬，而是以「乘天地之正，而御六氣之辯，以遊无窮者」象徵的「无己」、「无功」、「无名」的「至人」、「神人」與「聖人」。那麼在空間里程的「小大之辯」中，與世俗文化相牴觸，潛泳於遼闊大海的鯤與奮飛上高遠穹蒼之鵬的「大」，所指涉者究竟為何？

以鯤、鵬為「大」所表彰的價值，是否正如宋王元澤，明吳伯與、陳懿典、方以智，清王夫之、林雲銘及當代學者馮友蘭、張亨先生所論，非《莊子》書中的最高境界（詳表一之一）？

表一之一　〈逍遙遊〉中「小大之辯」的譬喻與所喻

| 譬喻 | 所喻 |
| --- | --- |
| 斥鴳 | 知效一官，行比一鄉，德合一君，而徵一國者 |
| 鯤 | ？ |
| 鵬 | ？ |
| 乘天地之正而御六氣之辯以遊无窮者 | 至人无己，神人无功，聖人无名 |

78 則〈逍遙遊〉中目光短淺譏笑大鵬的斥鴳所影射的，自非是黃帝、堯、舜、禹、湯、文、武等內在德性與外在功業兼備合一、平治天下的聖王。

79 詳見拙作〈感應與道德〉，《國立編譯館館刊》第二六卷第二期（一九九七年十二月），頁九、二五。

Lakoff與Johnson曾指出：「好是上」、「多是上」的價值觀固然深植於文化之中，但某些與主流文化相牴觸的團體（groups），卻會以不太明顯的方式（in less obvious ways）保持其他非主流價值。並舉西方文化中慮及物質擁有為救贖神之障礙為例，則「愈少愈好」（Less is better）與「愈小愈好」（Smaller is better）便為真。比方特拉斯比會的修道士（Trappists）具有「道德是上」的共性，他們以此為至高無上的優先。不過定義不同，「多」對道德而言依然「較好」；依然定位為「上」（up）。但不是人世之上，而是上界神的國度。這是主流文化之外的團體特有的現象。道德、善以及地位可從本質上重新定位，但依然是「向上」。著重的是其價值系統本身具內部整體相合性，而整個團體與主流文化的主要方位譬喻也具整體相合性。[80]則莊子所言「至人」、「神人」、「聖人」所表彰的最高境界，是否其實是對「以鯤、鵬為極大至正而規範出之價值」的一種反省？並針對其是否無所缺失、能否解決當代諸多問題提出的一個質疑？

## （二）時間歷程中的「小大之辯」

上述問題，或可從時間歷程中的「小大之辯」論述中獲得進一步的理解。〈逍遙遊〉亦透過「知」與「年」論「小大之辯」：

> 小知不及大知，小年不及大年。奚以知其然也？朝（菌）【秀】不知晦朔，蟪蛄不知春秋，此小年也。楚之南有冥靈者，以五百歲為春，五百歲為秋；上古有大椿者，以八千歲為春，八

> 千歲為秋。而彭祖乃今以久（特聞）【待問】，眾人匹之，不亦悲乎！

朝秀朝生暮死，不識月初月底。蟪蛄飛上枝頭只能存活短短十三天，如果在春天破土而出，就無緣見著秋天；在秋天破土，也無緣見到春天，無從知曉春秋遞嬗。人類的壽命和朝秀、蟪蛄如此短促微渺的生命相比著實綿長許多，於是將朝秀、蟪蛄歸類為「小年」，而爭相效仿相傳八百歲高壽的彭祖。但無論是朝秀、蟪蛄或是彭祖，所經歷的時間歷程，一旦與以人世千年為一年的冥靈，及以一萬六千載為一歲的大椿相比，在以千秋萬歲紀年的時間軸上，都是如此短暫，短暫地幾乎無法辨識。（詳圖一之二）

問題是莊子之所以說小年「不及」大年，是否如世俗價值求長生般，執著於年壽長短？又「以八千歲為春，八千歲為秋」的大椿，是否即為莊子所嚮往的「至年」？檢覈莊子曾於〈刻意〉明言一己之學迥異於「道引之士，養形之人」：

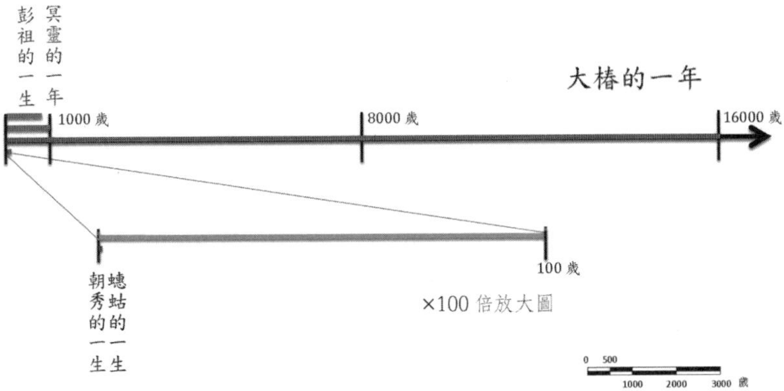


圖一之二　「知與年」：小大之辯圖（二）

80 詳參Lakoff and Johnson, pp. 22-24。

> 吹呴呼吸，吐故納新，熊經鳥申，為壽而已矣。此道引之士，養形之人，彭祖壽考者之所好也。若夫不刻意而高……不道引而壽，無不忘也，無不有也。澹然無極，而眾美從之。此天地之道，聖人之德也。

刻畫出莊學與追求彭祖壽考的「道引之士，養形之人」間清楚的畛界：舉凡「吹呴呼吸，吐故納新」這類呼吸調息之術；[81]以及「熊經鳥申」那些模擬大熊攀援樹幹，取法禽鳥延頸展翅等強身健體的種種操練，[82]都屬為求高壽的刻意作為、導引工夫（「道引而壽」、「刻意而高」）有違莊子心之所嚮的「聖人之德」。莊子既明言呼吸吐納、法獸象禽等工夫乃「為壽而已」，而不主從事，可見其並不以延年益壽為生命追求，即使高壽，也只是順其自然的結果（「不導引而壽」）。既然莊子明言不追求長壽，則莊子所謂「小年不及大年」，用以衡量小、大標準的時間歷程或於年壽之外別有所指：如著眼對後世影響深遠程度之類。此問題也許在釐清莊子用以表徵空間之遠與時間之長之「大鵬」、「大椿」究竟何指後，即能一併獲得解答。

### （三）智能中的「小大之辯」

在智能方面，莊子於〈逍遙遊〉中透過「小知不及大知」點出智能的小不及大。然而除了以嬌小的「斥鴳」隱喻「知效一官」者其「知」之外，〈逍遙遊〉中並未明言「小知」與「大知」的實質內涵何指。然而，莊子筆下的譬喻與象徵，往往是跨越篇章藩籬一再出現，以貫徹闡明其要旨。

〈齊物論〉中便以「大知閑閑，小知閒閒」判分世俗所認定博學多聞的「大知」與不斷伺察他人、喜於評斷高下的「小知」，進而辨析由「大知」所發的「大言」往往聽來平淡，近乎老生常談（「大言淡淡」），由「小知」所發之「小言」則多言不休（「小言詹詹」）。

當透過〈齊物論〉更進一步掌握莊子所謂「小知」與「大知」指涉內涵的分別後，不禁使人起疑：莊子所謂的「大知」，似乎並非其所認定智能所能達到的極致。欲解答此問，且待我們繼續梳理《莊》文，自能釐清莊周所求之「知」究竟為何。

81 將「吹呴呼吸，吐故納新」視為呼吸吐納的調息功法，說詳陸德明：《莊子音義》，收入《初編》，冊二，頁八七；成玄英：《南華真經注疏》，頁六四六；釋性通：《南華發覆》，頁三一二、陳懿典：《南華經精解》，頁四二〇；清・吳世尚：《莊子解》（收入《初編》，冊二二），頁二三六；張之純：《莊子菁華錄》，收入《續編》，冊四一，頁六三。

82 將「熊經鳥申」視為模仿熊鳥攀援、舒展姿勢動作的強身活動，說詳陸德明：《莊子音義》，頁八七；成玄英：《南華真經注疏》，頁六四六；宋・陳景元：《南華章句音義》，收入《初編》，冊五，頁七五；林希逸：《南華真經口義》，頁五九一；藏雲山房主人：《南華大義解懸參注》，頁四九四；釋性通：《南華發覆》，頁三一二；陳懿典：《南華經精解》，頁四二〇；楊起元：《南華經品節》，收入《續編》，冊一七，頁二三八；王夫之：《莊子解》，頁三三五；林雲銘：《莊子因》，頁三〇四；胡文英：《莊子獨見》，收入《初編》，冊二一，頁二一二；吳世尚：《莊子解》，頁二三六；劉鳳苞：《南華雪心篇》，頁五三九；張之純：《莊子菁華錄》，頁六三。在傳統武術功操中，亦多有模擬野獸型態動作的「象形拳」，其中且不乏模仿熊、鳥之姿的動作。（中國武術百科全書編撰委員會：《中國武術百科全書》（北京：中國大百科全書出版社，一九九八年），頁四二一—一三五）

## 四、大鵬所喻是否為〈逍遙遊〉中的「至／神／聖人」

前述歷代注疏與當代研究對大鵬所喻的解讀，可概分為兩類，一以大鵬象徵《莊子》書中的得道者，一主象徵未臻无待之境。

前者面對大鵬需乘「扶搖」、「羊角」、「六月一息」、「海運」或需「培風」等外在條件與機緣，始能飛往萬里之外的文本，或合體鯤鵬如林希逸、吳光明等，或以鯤為體、以鵬為用如楊文會、賴錫三等，楊儒賓則逕指出鵬即是風、自無待於風。凡此透過不同詮釋架構、解讀方式，將大鵬之「乘」轉釋為「無待」之「乘」、「任何時地皆可『乘』」的最高境界。值得追問的是：喻依指射喻體，譬喻借言所喻，若果真莊子借大鵬象徵得道者境界，那麼所謂得道者境界究竟為何？又《莊子》書中是否另有相契得道者境界的譬喻或表徵？

### （一）得道者的境界內涵：「負面顯示」或「正面敘說」

關於《莊子》書中得道者的「具體內涵」，張亨先生曾論述如下：

> 〈逍遙遊〉提到的「至人」、「神人」、「聖人」及〈大宗師〉的「真人」，都可以說是理想自我的別稱。然而這些稱謂的具體內涵卻無法從正面敘說。所謂「至人無己」、「神人無功」、

> 「聖人無名」都是從負面顯示的。「真人」也是能說「不以心損道，不以人助天」。事實上莊子對現象之我是抱持著否定的態度，「無己」所「無」的正是現象自我之「己」。「功」和「名」也是自我在現實中所執著的價值。唯有通過這些否定過程才能透顯出真我的精神境界。[83]

如張亨先生所言，除所舉「至人無己」、「神人無功」、「聖人無名」暨「不以心損道，不以人助天」諸例外，如〈逍遙遊〉中「大浸稽天而『不溺』」、「大旱金石流、土山焦而『不熱』」、「『不夭』斤斧，物『无害』者，『无』所可用，『安所』困苦」等，亦皆屬「從負面顯示」得道者境界之例。

檢視〈逍遙遊〉等內七篇，乃至外、雜篇均不難發現，莊子不斷與其身處時代的社會與文化進行對話。如「以物為事」、「以天下為事」（〈逍遙遊〉）的社會實況與文化傳統，或強調「仁義」、「是非」的主流價值（〈齊物論〉），皆可說是莊子所處時代既有的「大知」與「大言」（〈齊物論〉），代表的典範人物可說是堯。堯作為與《莊》學典範人物，如許由、姑射神人、姑射四子等相參互較的對比典型，僅〈逍遙遊〉一篇堯便出場三次之多，儼然是廣為時人追求的價值典範（「眾人匹之」（〈逍遙遊〉））。[84]

83 張亨：〈莊子哲學與神話思想——道家思想溯源〉，《思文之際論集——儒道思想的現代詮釋》，頁一二五—一二六。

84 〈逍遙遊〉：「小知不及大知，小年不及大年……而彭祖乃今以久（特聞）【待問】，眾人匹之，不亦悲乎！」，「眾人匹之」本是描述世人對彭祖高壽的嚮往與效仿，但既然本段旨在闡發「小知不及大知，小年不及大年」之義，則「眾人匹之」所表徵的世人追求應亦涵括「大知」、「大言」在內。

但世俗價值或主流文化中的「大知」、「大言」，卻都難以解消莊子時代生命「與物相刃相靡」（〈齊物論〉）、與外界互相砍殺磨耗等諸多問題。如〈齊物論〉所言：

其寐也魂交，其覺也形開，與接為構，日以心鬭。縵者、窖者，密者。小恐惴惴，大恐縵縵。其發若機栝，其司是非之謂也；其留如詛盟，其守勝之謂也；其殺若秋冬，以言其日消也；其溺之所為，之不可使復之也；其厭也如緘，以言其老洫也；近死之心，莫使復陽也。喜、怒、哀、樂，慮、嘆、變、慹，姚、佚、啟、態，樂出虛，蒸成菌。日夜相代乎前，而莫知其所萌。已乎已乎！旦暮得此，其所由以生乎！

自我觀之，仁義之端，是非之徒，樊然殽亂，吾惡能知其辯！

一受其存形，不（亡）【化】以待盡。與物相刃相靡，其行盡如馳，而莫之能止，不亦悲乎！終身役役而不見其成功，苶然疲役而不知其所歸，可不哀邪！人謂之不死，奚益！其形化，其心與之然，可不謂大哀乎？

受世俗與主流文化價值影響，心神無可避免地於清醒時刻隨形體外馳奔逐，在日日夜夜與外界的交接互動中，不停與各種外在情境交爭戰鬥（「其覺也形開，與接為構，日以心鬬」），彼此摩擦砍殺、消磨傷害（「與物相刃相靡」）。在判別是非對錯時，反應之快就像裝了發射機關的弓弩，一扣即發（「其發若機栝，其司是非之謂也」）；固執於自以為是的立場時，則像立過詛咒、發過盟誓般固守不放（「其留如詛盟，其守勝之謂也」）。莊子於是透過達者之口，指出人人均有「成心」（〈齊物論〉），使仁義的標準、是非的分判，紛雜混亂，無從判斷其分別（「自我觀之，仁義之端，是非之徒，樊然殽亂，吾惡能知其辯」）。

世俗與主流文化所標舉的價值造成難以解消的紛擾。心與外在的人、事交接時產生歡喜、憤怒、悲傷、快樂、耽慮、慨嘆、反覆不定、恐懼屈服、輕浮躁動、放縱奢華、情欲張狂、驕傲自誇（「喜、怒、哀、樂，慮、嘆、變、慹，姚、佚、啟、態」）等種種情緒，日以繼夜起伏變化、紛擾不休（「日夜相代乎前」）。生命彷彿進入萬物凋零的秋冬般日漸消損（「其殺若秋冬，以言其日消也」），在追求種種價值的過程中深深陷溺，再也無法回復（「其溺之所為，之不可使復之也」）。「厭也如緘」地執守成見，自我封閉，而逐漸衰老枯盡（「以言其老洫也」）；最後，千瘡百孔的心靈彷彿瀕臨死亡，再也無法回復原本擁有的活潑生機（「近死之心，莫使復陽也」）。

置身如是處境，為了追求世俗與主流文化價值奔忙不休、無法停下追逐的步伐（「其行盡如馳，而莫之能止」）；終其一生彷彿受外在價值所役使般勞苦、不能自主，卻始終難以成功、不覺滿足（「終身役役而不見其成功」）；只感受到疲倦、困苦、為他人或情境所役使而陷溺其中（「苶然疲役而不知其所歸」）。莊子以「大哀」描述在既有的社會與文化價值中，生命與外在事物際會時，所將遭逢、無可避免的莫大悲哀——形軀本會變化衰老，但心靈竟也隨之一同變化、衰老（「其形化，其心與之然」）。生命陷「溺」其中（〈齊物論〉），無法「勝物而不『傷』」（〈應帝王〉），不禁讓人感同於〈齊物論〉中莊子之問：「人之生也，固若是『芒』乎？其我獨『芒』，而人亦有不『芒』者乎？」針對這樣的文化、社會現象，莊子提出張亨先生所謂「從負面顯示」的工夫論述，如「孰肯以物為事」、「孰弊弊焉以天下為事」（〈逍遙遊〉）等，對物質欲求、名聲、功業乃至於「仁義」、「是非」、「大知」、「大言」（〈齊物論〉）的反省、批判與超越。[85]

然而，莊子固多「從負面顯示」其工夫境界，但不表示《莊》學未以「正面敘說」的方式揭示「至／神／聖人」之工夫實踐或生命境界的具體內涵。

〈逍遙遊〉所描述當時社會的價值追求，無論是「彼其於世數數然」抑或「彼於致福者數數然」，眾人所汲汲營營追求者，不外「以物為事」或「以天下為事」。[86]莊子針對當時社會實況、主流文化無法解決的問題，提出「孰肯以物為事」、「孰弊弊焉以天下為事」（〈逍遙遊〉）等補救之道：淡然、放下對「物」與「天下」之執著。無可置疑的，所謂「物」與「天下」，皆在物質世界、經驗現象的範疇。「孰肯」如何、「孰弊弊焉」如何，義同「不」如何云云，看似仍屬張亨先生所謂「從負面顯示」的工夫實踐或生命境界。但此「從負面顯示」中實已蘊含積極的工夫意涵。

莊子並以「厲風濟則眾竅為虛」（〈齊物論〉）之喻，說明「孰肯以物為事」、「孰弊弊焉以天下為事」的具體工夫：非是要人不看、不聽、不予理會（如告子之不動心般切斷五感），而是為了更核心的價值才將注意力從紅塵俗世的追求中轉移，致力於「眾竅為虛」。「虛」即不過度在意、執著。「眾竅」者，莊子以「似鼻，似口，似耳」（〈齊物論〉）之樹木竅穴為喻，象徵感官與外界交接時產生種種情緒，當大風一停，所有樹木竅穴盡在當下回復原本的虛空寂靜；但人的心卻往往在事情過後還繼續擾動不安。因此「眾竅為虛」之「虛」並非虛無之「虛」，而有其積極目的。

此目的為何？莊子以另一正面語彙「遊」敘說。「遊」於何所？「遊乎塵垢之外」（〈齊物論〉），於滾滾紅塵的物質追求外別有所「遊」，既已有其主動之「遊」，自當可屬「從正面敘說」。那麼莊子所「遊」，「塵垢之外」的場域為何？莊子所謂「塵垢之外」，定有別於蜩、鷽鳩、斥鴳，或是飛往近郊草野、百里、千里，乃至九萬里外等小大飛禽：或者為了糧餉、為了個人身家溫飽而飛；或者為了家、國、天下的福祉而翱翔。「塵垢之外」的場域理應不在身、家、國、天下這些具象的物質形迹與功業之中。志既非在魏闕之下，那麼是否可能是在江海之上或者深林之中等，是一種「隱逸」的「塵垢之外」呢？當我們以莊子其他文本核對，得見並非如此：

今子有大樹，患其无用，何不樹之於无何有之鄉，廣莫之野，彷徨乎无為其側，逍遙乎寢臥其下，不夭斤斧，物无害者，无所可用，安所困苦哉！

莊子以「樹」明白寫出欲將生命投注建樹於「无何有之鄉」，指出所「遊」、所「樹」的場域不在物質世界之中。既是在「无何有之鄉」，就應非在江海之上、深林之中以隱逸的姿態或者展現高超

85 莊子於〈齊物論〉中以「是亦一無窮，非亦一無窮也」、「未成乎心而有是非，是今日適越而昔至也」、「是非之彰也，道之所以虧也」、「果有言邪？其未嘗有言邪？其以為異於鷇音，亦有辯乎？其無辯乎？道惡乎隱而有真偽？言惡乎隱而有是非？道惡乎往而不存？言惡乎存而不可？道隱於小成，言隱於榮華。故有儒、墨之是非，以是其所非，而非其所是」、「自我觀之，仁義之端，是非之徒，樊然殽亂，吾惡能知其辯」、「大知閑閑，小知閒閒；大言（炎炎）【淡淡】，小言詹詹」、「忘年、忘義，振於無竟，故寓諸無竟」。隱約皆對先秦儒家所標舉之仁義、是非、大知、大言提出反省與批判。

86 〈逍遙遊〉：「之人也，之德也，將旁礴萬物以為一，世蘄乎亂，孰弊弊焉以天下為事！……是其塵垢粃糠將猶陶鑄堯、舜者也，孰肯以物為事！」

琴藝（「鼓琴」〔〈齊物論〉〕），或者演奏精妙非常的打擊樂（「枝策」〔〈齊物論〉〕），或者伏案苦思發展思想理論（「據梧」〔〈齊物論〉〕），專注於展現自己的專業或是成就具體的事業。莊子所「遊」、所「樹」是即便不「鼓琴」，不「枝策」，不「據梧」，不作正經事，於散步徘徊、閒暇坐臥間，也時時刻刻都能致力的工夫所在。〈齊物論〉更明白地指出：

> 忘年、忘義，振於無竟，故寓諸無竟。

若說「忘」是「從負面顯示」，則「振」與「寓」自可屬「從正面敘說」。「振」意即居止、歸止之「止」。[87]「振」和「寓」都意指生命所託，人生始終寄寓、專注不離於此般工夫。正因為有這樣的工夫與注心所在，對於經驗現象中形軀的少壯衰老不在意，是為「忘年」；對於儒家指出的應循之路——「義」以及既有文化所義界的是非亦能放下，是為「忘義」。故「忘年」、「忘義」：並非不注重年壽，不明辨是非，而是因有一更需投注、更加重要的目標，而忘卻一己之形軀，[88]淡漠世間之是非。由此可知，「忘年」、「忘義」的意義並非僅止於「從負面顯示」，而實有一積極的目標：「振於無竟」、「寓諸無竟」，潛藏其後。

莊子甚至認為相關前述工夫或者核心鵠的之種種，是世間最值得追求、最可貴的知識。

莊子所追求的知識類型，並非〈逍遙遊〉中以「斥鴳」之「知」象徵的「知效一官」之知，不言可喻。明言「知『效一官』」，可見其「知」僅為滿足特定職務所需。莊子將一味追逐使一己成為工具的器用之知，歸屬於「小不及大」的「小」者之列；並在〈人間世〉以「文木」為喻，指出倘以滿足世俗所需的「有用之用」為追求，終將如可供食用、製作器物的「文木」般招來禍患（「以其能，苦其身」），甚至將無法安然度過此生，盡享天年（「不終其天年而中道夭」）。足見莊子並不以令一己生命「有用」於世所需裝備的器用之知為追求之鵠的。

再者，莊子所追求的亦非儒者廣博多聞的博學之知（「博學而篤志，切問而近思，仁在其中矣。」〔《論語．子張》〕）。〈養生主〉開篇云：

吾生也有涯，而知也无涯，以有涯隨无涯，殆已。已而為知者，殆而已矣。

慨嘆若以有限的生命去追逐無限的知識，終將疲累不堪。可知《莊》學不以廣博無涯的外在知識，為人生追求鵠的。

既非器用之知，亦非博學之知。那麼，當莊子於〈齊物論〉中慨嘆世俗之人皆「不『知』其所歸」的同時，是否已隱然揭示所追求的智能正是「知其所歸」之「知」？即莊子自述其所認定智能的極致：

古之人，其知有所至矣，惡乎至？有以為未始有物者。至矣、盡矣，不可以加矣；其次以為

87　陸德明：「振，如字，崔云：『止也。』」（陸德明撰，盧文弨校：《經典釋文》，頁三六七—三六八）

88　關於莊子工夫論中身體之參與，詳參註六二、六三。

有物矣，而未始有封也；其次以為有封焉，而未始有是非也。

認為知的極至是關乎「未始有物」，是關乎那還沒有具體形質，即超乎現象而存在的存在，意即於物質世界有所建樹外，還有一可不斷提升、超越的成就。[89]正如莊子於〈逍遙遊〉篇末與惠子論及有用無用時，所推崇的正是棵「樹之於『无何有之鄉』」，種在空無一物本鄉的大樹。倘將上述先於現象存在而存在的「未始有物」以及莊子將大樗樹立於空無一物的「无何有之鄉」的建議作一參照，將可發現：所謂空無一物的「无何有」之所，意等同於現象、具體形器未存在便已存在的「未始有物」，所指涉、關照皆指向「不得其眹」、「不見其形」，雖然沒有形體，無法被看見，卻能真實牽動、主宰我們言行，可作為生命真正主宰的「真宰」、「真君」（〈齊物論〉）。於是我們不禁推論：莊子所認定的「至知」，即為探索如何歸返、關照（「知其所歸」）此一生命主宰的智能，正是攸關此一生命主宰如何養護、提升的知識，莊子並以此為生命最重要的目標。

## （二）得道者的工夫內容：「其神凝」、「旁礴萬物以為一」、「形如槁木」、「心如死灰」

由「遊」、「樹」、「振」、「寓」、「有以為」等語彙，皆可見莊子工夫內容的正面描述。然其所敘說的具體內容為何？〈逍遙遊〉中許由曾謂：「名者，實之賓也。」倘若實質的生命內涵才是主人，而名聲不過是賓客，因此不在乎外在的名聲，那麼其所重之「實」究竟為何？〈齊物論〉中顏成子游對臻至「嗒焉似喪其耦」境界的南郭子綦提出「敢問其方」之問，欲知南郭子綦所體現之境界內涵與具體工夫究竟為何？「實」、「方」當屬其工夫、境界的描述，也是莊子所謂至知的具體內容。此等知識的內涵，理當得從《莊子》書中加以考掘。

歷代注家與當代研究者均不否認〈逍遙遊〉中「許由」、「姑射神人」、「姑射四子」三段所論，即莊子義界下之「至人」、「神人」、「聖人」，則由箇中典範人物可見莊子對理想境界內涵與具體工夫的正面敘說。姑射神人之「其神凝」、「將旁礴萬物以為一」（〈逍遙遊〉），與描述南郭子綦的「形如槁木」、「心如死灰」（〈齊物論〉），這些乍看彷彿孤立分置、不相連屬的章句，對不同得道者理想境界與工夫原則的敘述，卻早已為歷代《莊子》注疏家勾勒為一連動的有機整體。〈逍遙遊〉曰：

> 其神凝，使物不疵癘而年穀熟。

何謂「其神凝」？為何只要凝聚精神便能使作物不受病害而稻穀豐收？歷代注家認定此非寓言虛擬的情事，而為具體可行的工夫，是具體工夫的真實操鍊，係透過修鍊成就之事實。[90]「其神凝」之「神」究竟為何？宋林希逸以「精神」，[91]清陸樹芝以「此身中之神靈」詮釋此「神」。[92]凝，則指精

89 詳參註七六。

90 周拱辰：「此皆神人實事，非寓言也。」（《南華真經影史》，頁五五）

91 林希逸：「**其精神凝然而定**，所居之地，百物自無疵癘之病，而年穀自熟。」（《南華真經口義》，頁二七）

92 清．陸樹芝：「人能養得此身中之神靈，清虛靜寂，恬澹無為，則此身亦一太極矣。其配陰陽而彌六合，若萬物而豐年穀，皆自然而然，有莫知其所以然者，夫孰非太極之所含乎！」（《莊子雪》，收入《續編》，冊三四，頁四八）

神靜定不動的工夫，[93]唐成玄英指出：「凝，靜也。」[94]凝即是靜；心如何堪稱靜？明釋德清、清高秋月則皆以「定」釋「凝」，[95]務使心不妄動走作。由於神人的精神不逐物外馳而凝聚安定，因此能感應作物使不受病害而豐收。考察歷代注家所釋，可發現神人境界之「實」與欲達神人境界之「方」，其具體工夫，不外乎「其神凝」三字。[96]不僅只是入手工夫，[97]更被視為養神之極至。[98]至於神凝之成效，明陳治安強調凝神之神人「胷中實未嘗有年有物」、並非心中有物，而是作到「一物不存於中」，透過凝神而能御氣，待到真陽之氣日益磅礴充盛時，就連存在於體廓之外的外在世界之物都將有所感應而蒙受正面影響。[99]

透過「其神凝」，可達到保全自身、推己及物等層層遞進之功效。[100]於「自全」方面，陳治安以「其神凝」為御氣、養氣的重要工夫，可達氣聚之效；[101]一旦神凝，氣就隨之會聚，使心不妄動走作，如此一來氣也隨之調和。[102]此正與傳統身體論述中一以貫之的神聚氣聚、神散氣散之論吻合。故以神凝為聚氣、收斂津液之首要工夫；精神若無法凝聚，從臟腑至肌膚之氣都將躁動混亂，無法調和。[103]

---

93 蔣錫昌：「**『凝』者，靜定不動之謂**。」（《莊子哲學》，收入《初編》，冊二七，頁九三）

94 成玄英：《南華真經注疏》，頁四二。

95 釋德清：《莊子內篇注》，頁二六。高秋月：《莊子釋意》，頁二一。

96 蔣錫昌：「此**神人之功夫，全在『其神凝』三字**。」（《莊子哲學》，頁九三）

97 劉武：「大戴禮曾子天圓篇云：陽之精氣曰神。易曰：陰陽不測之謂神，故神凝，由吸風飲露乘雲氣御飛龍而來。**蓋此數句，上已釋明其為修道者調攝陰陽之喻也。而其着手處，則在用志不分**。」（《莊子集解內篇補正》，收入《續編》，冊四二，頁一八）

98 朱得之：「**其神凝，使物不疵癘而年穀熟，則養神之極者……**」（《莊子通義》，頁六二）

99 明．陳治安：「而物阜年登，則其神凝自然之效，**胷中實未嘗有年有物**，神為氣母，神凝則氣聚，此又為御氣者之要旨。神人凝神以御氣，**一物不存於中**，而神氣所磅礴，物自以不疵厲，年自以豐登一世。」（《南華真經本義》，收入《續編》，冊二六，頁五四—五五）

100 朱得之：「其神凝，使物不疵癘而年穀熟，則養神之極者，非唯自全而已，又足以贊天地之化育，輔萬物之自然，此言推己以及物之所以合神不測，契道無方也歟！或者為名相所移，求是山於絕垠之外，則所謂神人者，益遠矣！竊謂經中窮神極化之妙，備見此章，而聞者以為狂而不信，豈止一肩吾而已哉。」（《莊子通義》，頁六二—六三）周拱辰指出「其神凝」為「神人實事」（《南華真經影史》，頁五五），而根據朱得之、陳治安的論述，可以清楚知道養神工夫的效應包括自全和及物兩部分。然則何以鍛鍊心神、致力於內在之「冥」竟可獲致外在功業之「迹」？檢視先秦儒、道兩家道德內涵與其工夫模式開展的異同，可發現儒、道二家原皆懷藏德澤家、國、天下的格局。儘管儒、道二家論述心靈內容、存養工夫有別，且儒、道由個人擴及家、國、天下的開展模式，存在「推」與「冥」的不同，但儒者堅信成德之君子「善其言而類焉者應矣」（《荀子．不苟》），道家更指出得道的神人「其神凝，使物不疵癘而年穀熟」，均認為布衣之君子、超凡之神人即使不依傍政教權位，仍可憑藉天地間同聲、同氣、同類相感相應（「同聲相應，同氣相求」〔《周易．乾文言》〕）的作用機序，由個人一己之內在修養，獲致「應之如雷霆」、「不召而自來」（《荀子．儒效》）的感通效應，臻至德被家國，功化天下的理想。詳參拙作〈感應與道德〉，頁一—二五。

101 陳治安：《南華真經本義》，頁五四—五五。

102 高秋月：「（凝）定也。（使物不疵癘而年穀熟）和氣所及。」（《莊子釋意》，頁二一）

103 如黃元吉：「神凝於此，息自然調……息不調則放，放則內而臟腑，外而肌膚，無非一團躁急之氣運行。」、「氣為心使，精為神役，馳逐妄遊，消耗殆盡。此學人下手興工，所以貴凝神調息也。」（清．黃元吉：《樂育堂語錄》〔臺北：自由出版社，一九七九年〕，頁一四—一五），更且指出不只是氣，體內之精亦隨凝神與否而會聚、渙散。丹道修煉傳統論述中，描述神、氣首先凝聚於丹田，而後將自丹田運行上行。如黃元吉《樂育堂語錄》：「氣時歸於爐內，久久真陽自發生矣。」、「神常返於穴中……此氣穴一處，所以為歸根復命之竅也。」（頁一一—一四）

清周拱辰以「真水」、「真火」於丹田開始凝聚詮釋「其神凝」將獲致之效，[104]只要凝神便能獲致丹道所謂「真水」、「真火」，此皆為神人實際體現之境界與工夫歷程，而非僅寓言象徵。

於「及物」方面，由於神凝為一不斷提升之工夫進程，[105]清王先謙謂：「非遊物外者，不能凝於神」，[106]遊於物外意即「遊乎塵垢之外」（〈齊物論〉），心倘仍陷於滾滾紅塵，仍為名聲、財富、伴侶等世俗價值追求擾動己心，便難以將外逐的探照燈歸返照見己身而致力凝神。因此以心不再汲汲營營於物質世界、紅塵俗事為凝神工夫的起始。[107]而當工夫、境界日漸升進，終能臻於無思無慮、「一物不存於中」、「胷中實未嘗有年有物」之境時，[108]隨心神之凝聚不斷充實長養擴充的氣終能將其正面影響擴及萬物，獲致「使物不疵癘而年穀熟」，使作物不受病害而稻穀豐收的效驗，即進入莊子所描述能與萬物合而為一的「旁礡萬物以為一」，得「贊天地之化育，輔萬物之自然」。[109]

歷代注家亦指出，〈齊物論〉中南郭子綦所展現之「形如槁木」、「心如死灰」，即為「其神凝」體現的身體與心靈樣態。[110]

檢視以上歷代《莊子》注疏對於莊子理想境界內容與具體工夫其正面敘說之詮釋，可發現《莊子》中看似描述姑射神人、南郭子綦等不同得道者的理想境界，乍看彷彿獨立並列的「其神凝」、「旁礡萬物以為一」、「形如槁木」、「心如死灰」等論述，實為連動之有機整體。

清王夫之透過「其神凝」來辨別儒道的工夫：

> 物之災祥，穀之豐凶，非人之所能為也，天也。胼胝黧黑，疲役其身，以天下為事，於是乎有所利必有受其疵者矣；有所貸，必有受其饑者矣。井田之流為耕戰，〈月令〉之濫為刑名，

張小而大之，以己所見之天德王道，彊愚賤而使遵。遏大而小之，以萬物不一之情，徇一意以為法。於是激物之不平而違天之則，致天下之怒如烈火，而導天下以狂馳如洪流。既以傷人，還以自傷夫。豈知神人之遊四海，任自然以逍遙乎！神人之神凝而已爾！凝則遊乎至小而大存焉，遊乎至大而小不遺焉。物之小大，各如其分，則己固無事，而人我兩無所傷。視堯舜之治迹，一堯舜之塵垢粃糠也。非堯舜之神所存也，所存者，神之凝而已矣。[111]

104 周拱辰：「神凝而我有真水焉，有真火焉，凡水不為淪，凡火失其熱矣。」（《南華真經影史》，頁五五）

105 劉武以「其神凝」為神人工夫著手處（《莊子集解內篇補正》，頁一八），王夫之則謂「豈知神人之遊四海，任自然以逍遙乎！神人之神凝而已爾！」（《莊子解》，頁二七），指出神人之所以能遨遊四海、自然逍遙，均為「其神凝」之效，由此可知「其神凝」為最初與最終的工夫。

106 清．王先謙：《莊子集解》，收入《初編》，冊二六，頁九。

107 莊子雖主張解消這些目標，不再將其視為人生的核心追求，卻仍是隨順世俗常軌地將生命寄託於眾人亦皆投身的日常職業與生活之中（「彼亦直寄焉」、「為是不用而寓諸庸」（〈齊物論〉、〈人間世〉）），與外在的人、事、物和諧往來，於人間世成就其理想的身心境界。詳參拙作〈當莊子遇見Tal Ben-Shahar：莊子的快樂學程：兼論情境、情緒與身體感的關係〉，收入本書第五章。可見莊子所謂之「攖寧」（〈大宗師〉），並非是要於「攖」外求「寧」，須遠離外物的紛擾始能達到寧定平和之境，而是要於塵世外物的種種攖擾中，透過其身體與心靈工夫提升、轉化一己的身心，於「攖」中得「寧」（詳註五九）。

108 陳治安：《南華真經本義》，頁五五、五四。

109 朱得之：《莊子通義》，頁六二。

110 蔣錫昌：「齊物論『形固可使如槁木，而心固可使如死灰呼？』此『其神凝』之狀態也。」（《莊子哲學》，頁九三）

111 王夫之：《莊子解》，頁二七。

上承莊子以許由與堯舜對比之意，王夫之解《莊》亦將「神人之遊四海」與「堯舜治迹」對勘，指出「以天下為事」者，最初雖欲有所利於天下，卻往往使部分百姓反受其害（「受其疵」），原因是其以一己之意為法度，強行規範、約束千差萬別的百姓眾生、萬事萬物（「遏大而小之，以萬物不一之情，徇一意以為法」），於是違逆了天生自然的人情事理，而激起人、事、物的逆反悖亂（「於是激物之不平而違天之則」）。反觀《莊》學典範人物，神人雖然專注於個人的治內之學，最終卻能獲致天下得治的結果（「凝則遊乎至小而大存焉」）；其生命足以充塞天地，倚傍日月，將整個宇宙納入懷抱，卻不會離棄、犧牲任何一物天生自然的性情分位（「遊乎至大而小不遺焉」），因此能讓人我都免於傷害（「人我兩無所傷」）。王夫之最終點出，這兩者之間的差別正是在於「其神凝」的工夫，莊子神人所存之「神」並非堯舜之神，而是「其神凝」工夫所凝之神。儒家所崇敬之堯舜等典範人物，所以為莊子視為神人身上拍下的塵垢、碎屑，乃是因其未將「其神凝」之「神」視為重要工夫鵠的。由此可知莊子之「其神凝」，可說是辨別儒、道異同的關鍵，實屬道家或《莊》學個色之所在。

當我們透過歷代注疏詮釋莊子所謂「其神凝」或「旁礴萬物以為一」時，令人不禁要問的是：歷代《莊子》注疏始於魏晉，是否有以今證古、曲解原意之嫌？

面對此一質疑，或可參考聞一多與張亨先生之論。聞一多指出在先秦道家之前已有「古道教」存在，張亨先生承繼此說，並認為聞一多想像中的「古道教」可能即為現代學者所謂「薩滿教」。[112] 倘若接受古道教下啟莊子乃至於後世《莊子》注疏與丹道修煉之論，將發現其間可能存在一經由口授心傳、一脈相承、綿延久遠的修鍊傳統。因此以《莊子》注疏與丹道立場詮釋莊子，未必即屬以今證古，許得復原本來面目。

### （三）得道者的表徵：回到根本的「歸」、「巢」與「渾沌」

在了解上述《莊子》從正面敘說得道者之德行內容與具體工夫的論述後，進一步要探究的是：這些正面敘述是否合適以大鵬譬喻？或於《莊子》文脈中已另有其他譬喻？

莊子〈養生主〉：「指窮於為薪，火傳也，不知其盡也。」以薪柴譬喻形軀，當薪柴燃盡，人之心神靈魂卻有如火焰般延燒至另塊薪柴，綿延不絕。〈齊物論〉以「天地與我並生，萬物與我為一」描述如是工夫最終將能臻至齊物之最高境界，泯除壽夭、死生的分別，使一己生命與天地同壽，與世間萬物渾然一體。當臻於宇宙萬物與我合而為一之境，其到達的無窮境域自當比儒家欲平治之「家」、「國」、「天下」更為遼闊。若心神不滅、生命永恆，則相較於儒家欲庇蔭、影響的千百世代，實更為久遠。倘以如是究竟境界與〈逍遙遊〉中的「大」者相較，將發現表徵空間之遠的

112 聞一多〈道教的精神〉：「我常疑心這哲學或玄學的道家想必有一個前身，而這個前身很可能是某種富有神祕思想的原始宗教，或者更具體點講是一種巫教……這個不知名的古代宗教我們可以暫稱之為古道教……哲學中的道家是從古道教中分泌出來的一種質素。」（聞一多著，朱自清等編，《聞一多全集》〔臺北：里仁，一九九九—二〇〇〇年〕，頁一四三—一四四）張亨：「聞氏想像中的『巫教』如何，不得其詳。很可能就是現代學者所謂的『薩滿教』（shamanism）。『薩滿』是一種巫師。他們能溝通天、地、人、神各界。同時藉用一些具體的工具來進行溝通的活動。」（〈莊子哲學與神話思想——道家思想溯源〉，頁一四〇）

大鵬，不論關懷、庇蔭的空間是一家、一國乃至於整個天下，均不可能廣於與萬物渾然一體的「萬物與我為一」之境；且表徵時間之長者，不論是壽至八百歲的彭祖、「以五百歲為春，五百歲為秋」的冥靈，甚或「以八千歲為春，八千歲為秋」的上古大椿，其年壽皆不可能長於與天地同壽的「天地與我並生」之境。或許正因莊子對《莊》學所提供之工夫進路、所能臻至之境界有如是期許，因此於〈逍遙遊〉中，當先秦儒家所推崇之典範人物堯與表徵《莊》學典範之許由、姑射四子交接時，堯才以小小的火把（「爝火」）、人為的灌溉（「浸灌」）自比，以示其與象徵《莊》學典範之普照天下的「日月」、澤及萬物的「時雨」境界的懸殊差距。

那麼，莊子是否曾以象徵或意象指涉達到此最高境界的得道者？〈逍遙遊〉：

> 鷦鷯巢於深林，不過一枝；偃鼠飲河，不過滿腹。歸休乎君！予无所用天下為！

許由自比為在林中深處築巢的小小鷦鷯，所需僅僅只是一處枝頭，而非整片森林。固然說明許由對物欲的淡薄，也可見其意不在經驗世界中的有形建樹。「巢」與下文「歸休乎君」、〈齊物論〉「知其所歸」之「歸」相應，點出其有明確一致的「所圖」與「所歸」目標。許由回絕欲讓天下的堯：「歸休乎君！予无所用天下為！」清朱桂曜以「歸休」為「終止之辭」，[113]可知許由致力之工夫並非要遠徙至九萬里之外，而是要終止、歸宿於一地。其所致力成就的乃是一己心身境界之「冥」，而非外在功業之「迹」；面對可能連帶成就的外在功業，只是「為是不用而寓諸庸」（〈齊物論〉）地將生命寄託在某一人間世的職司中，在其中陶冶長養一己身心。許由欲止於何處？明陳榮選指出：

「歸休乎君，猶真藏神之意。」[114]傳統身體觀認為心、肝、脾、肺、腎五臟不僅具有生理功能，更是靈魂於身體中的居所，具精神層面作用。[115]歸返此內藏之神，「休息乎真君之舍」，[116]便是要將修鍊工夫投注於修養真正「君」、「宰」此身的精神、靈魂。

然而，由〈逍遙遊〉中惠子以「大而无用」的大樗樹譬喻譏嘲莊子之言，則可見於莊子身處的時代，社會、文化主流價值率皆「以物為事」、「以天下為事」，不管是追求物欲滿足，抑或執守仁義、是非為務，莊子思想恐將如同惠子所謂「眾所同去」，為眾人所鄙棄不取。

除「歸」、「巢」外，〈應帝王〉終篇可見另一表徵得道者的意象：

> 南海之帝為儵，北海之帝為忽，中央之地為渾沌。儵與忽時相與遇於渾沌之地，渾沌待之甚善。儵與忽謀報渾沌之德，曰：「人皆有七竅以視聽食息，此獨无有，嘗試鑿之。」日鑿一竅，七日而渾沌死。

113 清．朱桂曜：「高註『歸，終也』，歸已，歸休，皆終止之辭。」（《莊子內篇證補》，收入《初編》，冊二六，頁二三一）

114 明．陳榮選：《南華全經分章句解》，收入《續編》，冊二五，頁二一。

115 詳拙作《身體與自然——以《黃帝內經素問》為中心論古代思想傳統中的身體觀》（臺北：臺灣大學出版委員會，一九九七年），頁一一七。

116 陳懿典：「我且歸去，休息乎真君之舍。」（《南華經精解》，頁三七）

行動迅速的「儵」與「忽」發現渾沌因沒有眼、耳、口、鼻等七竅感官，無法如常人般觀看、聆聽、品嚐、嗅聞，於是每日為渾沌開鑿一竅，渾沌卻於七竅齊備之日死亡。此寓言正呼應《老子》十二章：

> 五色令人目盲；五音令人耳聾；五味令人口爽。馳騁畋獵，令人心發狂；難得之貨，令人行妨。117

汲汲營營追求絢麗的色彩、美妙的樂音、美好的滋味、刺激快意的遊樂、珍貴難得的物品時，心也隨之躁動紊亂。因此若將心靈視為最珍貴的目標，便不應為追逐外在的事物而使內心動盪不安。118「歸」、「巢」與「渾沌」均象徵歸零——回到原點，歸返生命中往往不被注意，卻最為重要的自己。

若莊子選擇以回到原點的「歸」、「巢」、「渾沌」作為得道者的表徵，而非行動迅速的「儵」與「忽」，則〈逍遙遊〉中飛到九萬里外，遠徙南冥的大鵬，就絕非《莊子》書中得道者的象徵。119

## 結論

檢視《莊子》文本，將發現大鵬確須經歷種種磨鍊，耗費龐大工夫始能超凡入聖。大鵬亦不同於尋常禽鳥以食糧為生命之終極追求，而欲飛往一無所有的天空。但為何此超凡入聖的大鵬仍非莊子筆下的最高境界？由大鵬飛往一無所有的天空、九萬里外的南冥，可知其追求之超凡入聖實有別於莊子內返的生命追求，仍有待於外在環境機緣等種種條件的配合，故不屬莊子義界下的最高境界。

## （二）典範移轉：探照燈轉向

美國科學史家、科學哲學家孔恩（Thomas Kuhn, 1922-1996）提出「典範移轉」（paradigm shift）一詞，說明當一科學理論、定理或公式面對愈來愈多無法完滿解釋的例外，該科學理論的典範地位便會遭到動搖，為繼起的新理論典範所取代。[120]

117 魏．王弼等著：《老子四種》（臺北：大安出版社，一九九九年），頁九。

118 本文聚焦於大鵬所喻，故於「徇耳目內通」（〈人間世〉）等得道者境界不及詳述，茲略。

119 鄭毓瑜《引譬連類：文學研究的關鍵詞》：「任何一個譬類關係的建構，應該都不只是牽涉在關係中的兩端，很可能還需要借助其他的事物關係，也就是說牽涉在多種關係系統之中。」（頁一八四）以蜩、鷽鳩、斥鴳為「知效一官，行比一鄉，德合一君，而徵一國者」，或探究大鵬是否為已臻最高境界的「至／神／聖人」，皆僅就人、鳥的兩端而言，尚需借助「歸」、「巢」、「渾沌」等《莊子》書中得道者象徵，掌握其與大鵬的關係、異同，始能釐清大鵬所牽涉之多種關係系統，究明其所指為何。

120 Thomas S. Kuhn, *The Structure of Scientific Revolutions* (Chicago: University of Chicago Press, 1962), pp. 52-76.

莊子學說的興起卻不同於孔恩典範移轉的概念，而是面對所處時代中世俗價值與主流文化價值無法解決、孳生的問題，進行深度反思後所提出的彌補與因應之道。莊子於〈逍遙遊〉中排列由低至高的不同生命境界：[121]最低一階為「知效一官，行比一鄉，德合一君，而（能）徵一國者」，已達到如此成就位階，一舉一動都可能庇蔭影響千萬人的幸福，卻為莊子置於境界的初階。

莊子在逐漸揭示更高一階生命境界的過程中，反覆提及「彼其於世未數數然也」、「彼於致福者，未數數然也」，指出莊子所認定之生命境界的超拔，即為不汲汲營營地追求世俗價值。莊子於〈逍遙遊〉中即描述得道的姑射神人：「孰肯以物為事」、「孰弊弊焉以天下為事」，全然不以世俗價值的目標為生命鵠的。而被置於「小不及大」、「小大之辯」最低位階的「知效一官，行比一鄉，德合一君，而（能）徵一國者」，適為「彼其於世數數然」者心目中「飛之至」的表徵，反映世俗之人企慕位高權重、獲利得名的價值。世俗價值固源自人的生存需求，投身於世之人，於食、衣、住、行本有基本的需求；但並不表示以食、衣、住、行的需要、安適與富足為生命的終極追求，真能讓人滿足需要、安適與富足。

「彼其於世數數然」、「彼於致福者數數然」（〈逍遙遊〉），世俗之人「終身役役而不見其成功，苶然疲役而不知其所歸」（〈齊物論〉）地追隨世俗、主流價值，以外在世界中的鵠的為人生要務（「以物為事」〔〈德充符〉〕）。不論是源自天性本能、世俗價值而追求理想的伴侶（「正色」〔〈齊物論〉〕）、美好的滋味（「正味」〔〈齊物論〉〕）、安適的居所（「正處」〔〈齊物論〉〕）；抑或是儒家倡言「仁義是非」，致力修、齊、治、平、「以物為事」、「以天下為事」的過程中，皆難以解消生命中許多的紛爭與煩擾：心與外在環境交爭戰鬥（「日以心鬬」），相互砍殺磨耗（「與物相刃相靡」），生命就在與外界交相爭鬥中消磨滅損，衰敗一如秋冬的草木，了無生機（「殺若秋冬」），徒留千瘡百孔、疲憊瀕死的心（「近死之心」）。如此日復一日，乃至終其一生都像是在受驅使服勞役般地困苦、不能自主，且始終難以達成目標、感到成功滿足（「終身役役」）而疲憊病痛、困頓勞苦（「苶然疲役」）。

若將人之專注力譬喻為探照燈，莊子所面對的世俗價值、主流文化，人的探照燈都是「彼其於世數數然」、「彼於致福者數數然」，外逐地向物質世界照去的。其生命力穿過耳、目、口、鼻等五官不斷地向外流出，照亮其所察覺、享受、關懷的物質世界。在這個過程中，向外流淌的專注力凝結為感官的執著，執著於無法操之在己的外在世界——所有的追求和盼望都可能隨時落空——使得身體因此坐立不安，精神容易心神不寧，難以獲得長久、真實的「逍遙」。莊子並非是拒絕或捨棄外在世界的所有，只是將專注力的探照燈轉向，照回內在自我的身、心、靈，致力從事一己身體、心靈的控制與鍛鍊，以期使個我的身心不論置身何種處境、際遇，都能保持平和、鎮靜與放鬆，擁有穩定長遠的安樂。

121　關於〈逍遙遊〉中生命境界之階層，歷代注家已多所闡明，如明吳伯與：「自此以下，至列子凡三等人，又在人若小若大之辨也，而總以無待之人。智行德徵四者，亦如斥鴳之自以為至；豈如忘毀譽、定內外、辨榮辱者乎……？猶有未忘者存；列子則忘道矣，猶有列子在，非無不忘者也。總之大知小知、分人分己，私見未除，何能與造化游？必須打破界牆，直至己無其己，而後眼空法界無所待而逍遙。故論鳥，則鵬其大者；論人，則列子其上者，尚皆為知見累，而況其餘。」（《南華經因然》，頁八—九）

## （二）兩種飛行：「有翼飛」與「无翼飛」

莊子在〈逍遙遊〉中同時使用大鵬、蜩、鸒鳩、斥鴳及鷦鷯等飛行生物為喻，無論欲追究喻依所表徵之意涵，乃至喻體實指，都應置於全篇，甚至跨越篇章藩籬的整體系統中探尋，而非視為各個孤立事物間的比擬，更無法單獨抽離進行分析。[122]在《莊子》書中，不論鳥體小大，或是否為了飲食飛翔，種種意象皆需置於蜩、鸒鳩、斥鴳、適莽蒼者、適百里者、適千里者到大鵬鳥共同組成的群組譬喻系統中觀之，不應單獨擷取任何一員孤立檢視，如此一來，喻體實指與喻依所表徵之意涵始得逐步豁顯。倘若缺乏此一由小到大的成套飛禽序列，便無法見其身形大小之別；若沒有這些為糧食而飛的小蟲、小鳥，便無法凸顯鯤與眾鳥所求食糧之異，亦無法豁顯大鵬不以飲食為鵠的的飛翔。於〈逍遙遊〉、〈養生主〉中均可見追求食糧與否之意象，成為跨越篇章藩籬的譬喻群組；[123]而當大鵬、鳳鳥飛進〈人間世〉，莊子再次提起兩種飛翔的對比——「有翼飛」與「无翼飛」：

> 絕迹易，無行地難。為人使，易以偽；為天使，難以偽。**聞以有翼飛者矣**，**未**聞以**无**翼飛者**也**；聞以有知知者矣，未聞以无知知者也。

避世隱居是容易的（「絕迹易」），但要超越境遇而不為外物所傷，彷彿足不履地，凌空遨遊卻很困難（「無行地難」）。從來只聽說有了羽翼所以能飛的例子（「聞以有翼飛者矣」），卻從未聽說沒有翅膀也能飛翔，不靠任何憑藉，便能在任何境遇下快樂翱翔的例子（「未聞以无翼飛者也」）。

滿足於蓬蒿叢間騰躍上下的蜩、鷽鳩、斥鴳，僅需小小的翅膀、小小的風，便能飛抵目的地；欲飛往近郊草野、百里、千里外者，需要較大的翅膀；志在萬里之外的大鵬，則需倚仗如垂掛在天邊雲朵般巨大壯碩的羽翼，並等待使大海也為之動盪的大風，方能飛入九萬里高空，然後飛抵南冥。有翼之飛所擁有的飛行能力，無不有待於先天身形稟賦和外在機緣的給予，這便象徵著成就的高下、有無，一旦有待於外，即非操之在己。

一旦無翼如何能飛？莊子所追求的飛行之所以不受先天身形稟賦（如以小小的鷦鷯為「至／神／聖人」許由的表徵）與外在機緣的限制（「彼且惡乎待哉」），乃因一旦將探照燈由外在的目標轉向一己身、心，所仰賴、憑藉的便僅是自身的力量；由於所欲飛往的並非外在可見的高、遠處，因此即使短小如「巢於深林」的鷦鷯亦可完成許由、姑射神人、姑射四子等至、神、聖人的飛行壯舉，也正因不再為人世間的里程而飛，再無需依賴翅膀、風起，故能「以无翼飛」——達到真正的無待。

---

122 鄭毓瑜：《引譬連類：文學研究的關鍵詞》，頁一八。

123 莊子於〈逍遙遊〉中，以蜩、鷽鳩、斥鴳、適莽蒼者、適百里者、適千里者等禽鳥作為為糧食而飛的意象，而於〈養生主〉中再度以澤雉之「十步一啄，百步一飲」強調其為飲食而前行。可發現從〈逍遙遊〉至〈養生主〉，此類彰顯是否以飲食為生命鵠的的意象跨越篇章藩籬，反覆出現，且均以禽鳥為喻。

## 附錄一之一　大鵬譬喻境界歸屬：四十年當代研究

置中之「鳥」欄，係各家論述莊周取譬於鵬者；置下之「人」欄乃各家認定大鵬譬喻境界歸屬。「鳥」、「人」欄略偏上置，標示學者主大鵬影射自由、無待之最高境界。「鳥」、「人」欄略偏下置，在視覺上宛若次級階梯，標示大鵬乃譬喻未達最高境界者。

| 神話 | 鳥 | 人 |
|---|---|---|
| | 「取其物（鯤、鵬）之大／遠／奇怪者」 | 「喻道者」（唐君毅，一九七三） |
| | 大鵬神鳥」＋「時間無限／空間無窮」 | 「靈性自由」、「精神生命之極詣」、「莊子之精神」（方東美，一九八三） |
| | 「大鵬」、「騰空九萬里」、「俯視世俗」 | 「得道的人」、「崇高、自由」（任繼愈，一九八三） |
| | 「鵬之大」 | 「人的精神生命／生命主體的大」（王邦雄，一九八三） |

| | | | | |
|---|---|---|---|---|
| | | | 「袁珂認為《莊子．逍遙遊》的鯤、鵬也是出自禺彊的神話……袁氏的證據及推論都是可信的」<br>a.「人面獸身或鳥身」，顯示「有超人的能力」<br>b.「物類之間可互相轉化」 | |
| 「大鵬的高飛」、「因為都有所待」、「具備了所需條件才可以『游』」、「都不是完全地自由自在逍遙」 | 鵬之「飛騰」結合鯤的「遨遊」 | 「鯤鵬等大鳥」 | 「大鵬之高飛」，「是在一些條件限制之下相對的自由」 | 鯤形體沉重<br>鵬有翅膀 |
| 「列禦寇的御風」、「因為都有所待」、「具備了所需條件才可以『游』」、「都不是完全地自由自在逍遙」<br>（馮友蘭，一九八四） | 「在無限的天地裡自創自由」<br>（吳光明，一九八八） | 「用美學語言表達其直接體驗到的個性自由」<br>（蒙培元，一九九〇） | 同「大椿之長壽，宋榮子之定分，列子之御風，都不免於『有所待』的限制，不是絕對的自由」；非「真我的精神境界」／「絕對的精神自由境界」<br>（張亨，一九九七） | 鯤象徵形體<br>鵬代表心靈的輕和清<br>（王博，二〇〇四） |

| | | | | |
|---|---|---|---|---|
| 莊子書中「『鷦鷯』擬人化為意而子，「白鵠」擬人化為王倪」，還有瞿鵲子、鵷雛等，「我們有理由相信，這些象徵乃是承自東夷之巫文化傳統」 | | 莊子借用「東夷民族最神聖的神話之鳥鳳凰」、大鵬乘風而上九萬里；<br>風從那裡來<br>—來自大鵬鳥<br>—因大鵬即鳳凰<br>—鳳凰即風之鳥 | | 用以描述人的修養境界之逍遙與脫胎換骨<br>有了風（生殖都是透過氣化的交感），才有逍遙；因為大鵬「本是風鳥，它回到老家睡覺，此事有何可疑！」<br>（楊儒賓，二〇〇七） |
| 「神話式之象徵表達」 | | 「鯤之大」<br>「鵬之化」<br>「能入於天地之中、能御六氣之辯」 | | 老聃之博大<br>莊周之應化<br>「無待無礙」、「精神奕奕」的「自由之鳥」<br>（賴錫三，二〇〇八） |
| | | 「鯤鵬之巨大」、<br>「鵬之高飛」、<br>「遊於無窮」 | | 「心靈的寬廣」<br>「精神游於自由適意之無窮境域」<br>（陳鼓應，二〇一二） |

附錄一之二 歷代注疏與當代研究對「大鵬」之註釋關係表

| 大鵬所寓 | 歷代注疏 | 當代研究 |
| --- | --- | --- |
| 小與大並無甚別、魚無異鳥 | 理有至分，物有定極，各足稱事，其濟一也（晉・郭象）<br>人之生死，如魚變鳥，使學者忘形以契道（明・朱得之） | |
| 鯤、鵬同為大而神之究竟 | 質之大者，化益大也／大而神（宋・羅勉道，明・方以智）<br>形容胸中廣大之樂／心體可拓而使大／聖人之心自然廣大／心胸開闊／心大（宋・林希逸，明・陳繼儒，清・高秋月、屈復） | 鵬之「飛騰」結合鯤的「遨遊」↓「在無限的天地裡自創自由」（吳光明，一九八八）<br>「鯤鵬等大鳥」↓「用美學語言表達其直接體驗到的個性自由」（蒙培元，一九九〇）<br>「鯤鵬之巨大」↓「心靈的寬廣」<br>「鵬之高飛」、「遊於無窮」↓「精神遊於自由適意之無窮境域」（陳鼓應，二〇一二） |
| | 釋《易》之大／北坎南離（清・吳峻、陳壽昌） | |
| | 鳥大于山，魚大于海，喻非情量所及（明・潘基慶） | |

| |
|---|
| 鯤鵬中唯鵬象徵至人之境 |
| 鵬為「聖／神／至人」、大而化之之謂聖（宋・羅勉道，明・釋性通、李贄、釋德清、藏雲山房主人，清・屈復） |
| 「取其物（鯤、鵬）之大／遠／奇怪者」<br>↓「喻道者」<br>「大鵬神鳥」＋「時間無限／空間無窮」（唐君毅，一九七三）<br>↓「靈性自由」、「精神生命之極詣」、「莊子之精神」<br>「大鵬」、「騰空九萬里」、「俯視世俗」（方東美，一九八三）<br>↓「得道的人」、「崇高、自由」（任繼愈，一九八三）<br>「鵬之大」<br>↓「人的精神生命／生命主體的大」<br>（王邦雄，一九八三）<br>莊子借用「東夷民族最神聖的神話之鳥鳳凰」、大鵬乘風而上九萬里<br>↓用以描述人的修養境界之逍遙與脫胎換骨<br>風從哪裡來<br>來自大鵬鳥<br>因大鵬即鳳凰<br>鳳凰即風之鳥<br>↓有了風（生殖都是透過氣化的交感），才有逍遙；因為大鵬「本是風鳥，它回到老家睡覺，此事有何可疑！」<br>（楊儒賓，二〇〇七） |

| | | |
|---|---|---|
| | 求物外之大者，以喻不溺法身死水、抉羅破網，天遊之樂（宋・劉辰翁，明・方以智，清・周拱辰） | 鯤形體沉重<br>↓鯤象徵形體<br>鵬有翅膀<br>↓鵬代表心靈的輕和清（王博，二〇〇四） |
| | 魚乃滯溺之蟲，鳥是淩虛之物，舉南北鳥魚以示為道之逕，皆天機所運受／不得已而後動（唐・成玄英，明・焦竑） | |
| | 鵬北而南，真氣鼓盪（清・劉鳳苞） | |
| | 鯤具大因，鵬證大果（清・楊文會） | 「鯤之大」<br>↓老聃之博大（道之體）<br>「鵬之化」<br>↓莊周之應化（道之用）<br>「能入於天地之中，能御六氣之辯」<br>↓「無待無礙」、「精神奕奕」的自由之鳥（賴錫三，二〇〇八） |

| 大鵬有待／非究竟 | |
| --- | --- |
| 有方有物，則造化之所制（宋・王元澤） | 引而遠也，此遊于大者也，遙也，而未能逍也，非不待物以立己，不待事以立功，不待實以立名／必資以九萬里之風，而遲以六月之息，非培風不能舉（清・王夫之、林雲銘） |
| 有待，待風也，列子是也。列子則忘道矣，猶有列子在，非無不忘者也。故論鳥，則鵬其大者；論人，則列子其上者，尚皆為知見累，而況其餘。以斥鴳比宰官，以大鵬比列子，乃莊文本旨，「乘天地」以下，乃漆園自道。（明・陳懿典、吳伯與、薛更生） | |
| 列禦寇的御風（馮友蘭，一九八四） | 宋榮子之定分，列子之御風（張亨，一九九七） |

# 第二章

# 《莊子》的感情：以親情論述為例*

* 本文初稿刊登於《臺大中文學報》第四九期，二〇一五年六月，頁四三—九八。初稿之撰作，承蒙行政院國家科學委員會專題研究計畫：「《莊子》之『知』三論：譬喻、感情與身體」（NSC101-2410-H-002-115-MY3）之經費贊助；此外，還要感謝《臺大中文學報》兩位審閱先生的寶貴意見，謹誌謝忱。

# 前言

老莊反親情倫理之說一向流行，倘欲探討《莊子》之情感論述，恐不能不破道家反親情倫理之說。近代學者如朱伯崑認為道家老莊一派學說「鄙視父子之道」，近於「出世」主義。[1]朱伯崑此說實前有所承，胡適即已提出莊子學說屬「出世主義」；熊十力則認為，莊子立場尚未如胡適所謂到達「出世」的地步，只是「厭世」而已，並指出莊子對於人世間一切「最無氣力」、不能積極面對承擔。[2]任繼愈指出莊子認為人對整個封建宗法社會團體完全沒有義務，莊子的理想人物總是處在君臣、父子、兄弟、夫婦的封建宗法共同體之外。[3]由任繼愈的分析似可窺近代學者指莊子「厭世」之由。勞思光認為莊子根本否定了一切的德性與文化活動，[4]則親情孝道自亦包含於莊子所否定之列。上述學者分由不同的詮釋角度，歸結出莊子「厭世」或「出世」的立場，認定莊子對親情倫理乃持反對的態度。

然在《莊子》詮釋史中，立場迥異於上述學者，認為莊子不反親情倫理的論述亦由來已久。郭象、成玄英、覺浪道盛均根據《莊子．人間世》中「子之愛親，命也，不可解於心」一語，指出莊子實不反親情倫理。郭象以「自然結固」，成玄英以「盡於愛敬」指出莊子心目中的親子之情，[5]實源於人自然的天性，無可解消。覺浪道盛甚至指出老莊之親情論述近於孔子，認為莊子乃是要由人子之道「事親」的「不踰矩」，而達到「事心」之「從心所欲而不踰矩」（《論語．為政》）的境界。[6]由此可發現，確有一認為莊子並不反親情倫理的論述，於《莊子》注疏傳統中一脈相承。

於此一脈相承的論述中特別值得注意的是，明．方以智繼承覺浪道盛的說法，扣緊〈養生主〉「可以保身，可以全生，可以養親，可以盡年」中「可以養親」一句，認為由此可見莊子如何地「得親」、「順親」、「達孝何如」，臻至孝順的至境。[7]方以智甚至認為其實一部《莊子》就是要教

---

1 朱伯崑：「在中國倫理學史上，道家老莊一派，其學說也有自己的特點，其總的傾向是，以保存個人的生命、超脫世俗生活為最高的道德原則。他們非常鄙視君臣父子之道，接近出世主義。」（朱伯崑：《先秦倫理學概論》〔北京：北京大學出版社，一九八四年〕，頁一八三）

2 熊十力：「胡適之以莊周為出世主義，其實，莊生頗有厭世意味，尚非出世也。莊氏最無氣力，吾國歷來名士，亦頗重其毒，魏晉人之流風，迄今未絕也。」（熊十力：《讀經示要》〔臺北：明文出版社，一九八四年〕，頁九八）

3 任繼愈：「莊子認為，人是單個的自然人，他對這個封建宗法社會團體沒有義務，他追求的是個人的幸福。莊子的理想人物總是『天子不得臣，諸侯不得友』，處在共同體之外。」（任繼愈：《中國哲學史論》〔上海：人民出版社，一九八一年〕，頁三六六）

4 勞思光：「形軀不足貴，認知不足重，德性亦無價值，文化活動本身復為一永有罪惡之追求。一切否定，所餘者唯有一自在觀賞之心靈，此即莊學之結論。」（勞思光：《中國哲學史新編（一）》〔臺北：三民書局，一九八一年〕，頁二八七）

5 晉．郭象：《南華真經注》，收入《初編》，冊一，頁九一。唐．成玄英：《南華真經注疏》，收入《初編》，冊三，頁一八八。

6 明．覺浪道盛：「此決斷為臣子之心，與事心之不踰矩處，真孔子萬古不易之正論也。」（《天界覺浪盛禪師全錄》，收入《嘉興大藏經》〔臺北：新文豐出版公司，一九八七年〕，冊三四，頁七七二）

7 明．方以智：「愚者曰：既說身，又說生，于何分疏？年何以為盡？所以立命也。插入養親一語，令人誦之，手舞足蹈，仰天涕洟，蓋必養其生之主者，方能得親順親耳。《孝經》曰：『孝無終始，通于神明。』曰孝無始，則有在髮膚之前者。曰孝無終，則有在祭葬之後者。養傳天下人心，續萬古之主中主以事其親，其達孝何如耶！方知《孝經》是金

人懷抱惕然怵戒之心，達到「養親」、「盡年」，簡直將《莊子》視為一部教孝之書。[8]方以智更以此指出唯有嫻熟仁義、六經後，始能讀曉《莊子》。[9]

方以智如是認為《莊子》親情立場與儒家相通的觀點，亦為許多當代學者繼承。徐復觀指出其實莊子所反對、超越的乃是「俗儒」所謂的仁義，而非仁義（案：義當可兼括「忠孝」）本身；[10]錢穆亦主張：「莊子關於人生哲學的理想，一定跟孔子、顏淵有一脈相通之處。」，[11]均認為莊子當不反對親情倫理，與方以智唯有精熟仁義始能讀莊子的論點一脈相承。

值得注意的是，楊儒賓指出方以智對於莊子的觀點，將孝順這種本來存在於倫常世界的價值，與「悟道」的心性論終極關懷等同起來；甚至將本屬倫常世界價值的孝順，擴大到「天地鬼神的宗教層面」，使「孝」因此具有先天的向度。[12]

本研究繼承《莊子》詮釋史上以莊子不反親情倫理的論述，希望透過《莊子》親情論述於具體經驗現象中的實踐工夫，對莊子的親情論述有更詳實的掌握，同時理解《莊子》親情工夫「與儒家相通」處究竟何在，並辨析相通之餘是否有殊需別、有異可說？且進而探討自方以智以迄楊儒賓所謂「孝」此一倫常世界的價值，何以在《莊》學中能等同「悟道」此一心性論的終極關懷，又是如何擴大到如楊儒賓所指出的天地鬼神宗教層面，而具有先天的向度，本文亦將作進一步的梳解與開展。

近代學界對《莊子》的研究多聚焦於心性論，對《莊子》書中心靈之位階、性質、境界與工夫多有討論，而與心靈密不可分的「情」也連帶地成為廣受注目的課題。論者多據先秦文獻與《莊子》文本，辨析《莊子》「情」字之義，儘管不同學者對字義的分類詳略有別，[13]但均能使「情」

剛硎，水火鬼神沒奈他何，兵刑地獄，豈能比其迅利，大經細經皆明，可悟常統常變。」（《南華真經注疏》，收入《初編》（臺北：藝文印書館，一九七二年），冊一七，頁一〇〇—一〇一）

8 明．方以智：「孝無終始者，學無生死也，惕然于生之所從來，則惕然于心之所從來。以天人鬼神通作供養，是何如疾痛苛癢？以元會成壞、珍重一息，是何如君蒿悽愴？前後代續，盡此一報，則剎那臘縛之幾，即孝子之所以嚴父事天者也。慎更有慎於此者乎哉！嚴更有嚴於此者乎哉！一部《莊子》，惟以怵戒之刀，盡年養親。」（《浮山文集後編》（上海：上海古籍出版社影印，一九九五年《續修四庫全書》本），卷一，頁二二）

9 明．方以智：「義精仁熟，而後可以讀莊子；蒸謔六經，而後可以讀莊子。」（〈向子期與郭子玄書〉，《浮山文集後編》（上海：上海古籍出版社影印，一九九五年《續修四庫全書》本），卷一，頁一〇）

10 徐復觀：「坐忘、無己的精神生活，並不是反仁義禮樂的生活，而是超世俗之所謂仁義禮樂，即所謂『大仁』『大義』的生活……莊子是反俗儒之所謂仁義禮樂，而非反仁義禮樂之自身。」（《中國人性論史》（臺北：臺灣商務，一九六八年），頁三九九—四〇〇）

11 錢穆：《莊老通辨》（臺北：東大圖書公司，一九九一年），頁一四九。

12 詳參楊儒賓：〈儒門別傳——明末清初《莊》《易》同流的思想史意義〉，收入鍾彩鈞、楊晉龍主編：《明清文學與思想中之主體意識與社會——學術思想篇》（臺北：中央研究院中國文學哲學研究所，二〇〇四年），頁二五七—二五九。劉浩洋則引方以智弟子興畜「神不可知在可知中，況人間世之兩無所逃者乎？既不必以聲聞乘為桎梏，幸而歷淬刀鋒，艸衣木食以持根本，戒報佛恩，亦是素逝」之語，指出興畜認為在淬礪刀鋒的險惡局勢當中，藏鋒之人仍懷抱一個大戒之囊，囊中之物其實就含括了莊子所謂「不可解於心」的事親之孝。（《從明清之際的青原學風論方以智晚年思想中的遺民心志》（臺北：國立政治大學中國文學研究所博士論文，董金裕先生指導，二〇〇四年），頁三八一—三八二）

13 如徐復觀指出《莊子》書中的「情」可分為情實、性、情欲三類（《中國人性論史》，頁三七〇—三七一），其後學者亦對《莊子》中「情」之蘊意即其分類作出疏密不同的調整。（詳參簡光明：〈莊子論「情」及其主張〉，《逢甲中文學報》三期，一九九五年，頁一〇五—一一六；孫吉志：〈試析「莊子」的情意觀〉，《文與哲》二期，二〇〇三年，頁三之一字在《莊子》文本中的蘊意，得到一定程度的豁顯。

除了梳理《莊子》中「情」字涵義外，學者更闡釋莊子的「無情」論述，試圖說明莊子欲「無」者為何？其所致力的「無情」又是何等心靈境界？如徐復觀等認為莊子乃是要去除人的好惡、私情，[14]高柏園、陳鼓應等則主張莊子欲「無」者，乃非天生自然、會斫傷生命的情感。[15]然而究竟什麼樣的情感乃繫乎一己之好惡，歸屬於不當發動的私情？什麼樣的情感算得上天生自然？又怎樣的情感會斫傷生命？這些在過去研究中均難以找到可資檢視衡量的確切判準、依據，也因此難以更進一步地釐清「無情」之義界、原則與工夫實踐，[16]留予後人拓墾的空間。

當代研究者並試圖釐清《莊子》於經驗現象中情之發用的普遍原則，大抵可分兩類：一如蒙培元、劉笑敢認為莊子主張「無心」、「無情」於世俗，始能超然於世外、融化於自然；[17]一則如陳鼓

---

九—五五；王志楣：〈莊子之情論〉，《丹道文化》三六期，二〇一〇年，頁四九—八七；沈雅惠：〈析探莊子《德充符》中的「無情」義〉，《文明探索叢刊》六三期，二〇一〇年，頁一〇五—一二三；莊錦章：〈莊子與惠施論情〉，《清華學報》四〇卷一期，二〇一〇年，頁二一—四五；韓秀利：〈《莊子》內七篇中「情」字義蘊探析〉，《丹道文化》三七期，二〇一一年，頁一九六—二二六。

14 徐復觀於言「莊子是以好惡為情」（《中國人性論史》，頁三七一），黃錦鋐則指出莊子無情所欲除去的是「人類好惡占有物慾的情感」、「某一個人或某一件事的偏狹情感」（〈從感情、理智、科學的角度看莊子的文學〉，《幼獅月刊》四一卷六期，一九七五年，頁五二—五六），鄭志明亦言「所謂『無人之情』即無人之私情」（〈莊子內篇「人」的概念探述〉，《鵝湖》一一卷一二期，一九八六年，頁二一）。其他學者如蕭裕民認為莊子所謂無情是指「一般人的實際狀況」中的「好惡之心」，沈雅惠則主張莊子以「是非」為情，韓秀利認為莊子所反對之情為「世俗利害得失產生的喜怒哀樂

情感」。（詳參蕭裕民：〈《莊子》論「樂」——兼論與「逍遙」之關係〉，《漢學研究》第二三卷第二期，二〇〇五年，頁一一；沈雅惠：〈析探莊子《德充符》中的「無情」義〉，頁一一三；韓秀利：〈《莊子》內七篇中「情」字義蘊探析〉，頁二二一）

15 高柏園指出莊子在〈德充符〉「無情」一段使用「情」字時，顯然特指情對人生命之傷，因此無人之情並非去除人之情，而僅是去除情對人生命之傷（《莊子內七篇思想研究》，臺北：文津出版社，一九九二年）陳鼓應則謂：「莊子詳細地說明了『無情』的真正涵義，便是『不以好惡內傷其身』，不委情肆欲，勞神焦思以致於斫傷性命、塗滅靈性；只是要放棄那些超出『自然』的情感。」（《老莊新論》，臺北：五南文化事業，一九九三年，頁一九一）簡光明亦指出：「當莊子用『情』來說明人之好惡喜怒哀樂以及仁義時，持否定態度，莊子之所以否定情感知覺是因為會內傷其身，亦即莊子所謂『無情』不是去除人之情，而是去除情對人的傷害。」（〈莊子論「情」及其主張〉，頁一〇五—一一六）吳冠宏亦指出莊子所謂「無情」並非就人與生俱來的自然情感而言，而是欲化解「好惡內傷其身」之情。（〈莊子與郭象「無情說」之比較——以《莊子》「莊惠有情無情之辯」及其郭注為討論核心〉，《東華人文學報》二期，二〇〇〇年，頁八三—一〇二）大陸學者王博謂：「所謂无情只是要放棄那些超出『自然』的情感。」（《莊子哲學》，北京：北京大學，二〇〇四年，頁六九）莊錦章以為《莊子》之「情」應解讀為「事實」（fact），指出莊子認為有些事實是人類外加於自然生命，如儒墨所提倡、強加於人的社會、道德、政治等結構，而其中亦包含不自然、不適當且有害的情感如悲傷，認為莊子言「無情」、「無人之情」，即是要除去人為外加於自然天性之情。（〈莊子與惠施論情〉，頁二一一—四五）

16 吳冠宏指出：「莊子持『無情』說，並不在客觀現象的認知層面，而是一種工夫的提點與境界的指稱。」並認為「其『心齋』、『坐忘』等修道法門，皆涉及這種治心無情之工夫，意在對治人心之妄執，使人得以保其天光以去人道之患」。其雖點出《莊子》中確實存在有如是之治心工夫，但仍未詳述其工夫內容，以及如何操作這些「修道法門」以達到治心的目的。（〈莊子與郭象「無情說」之比較——以《莊子》「莊惠有情無情之辯」及其郭注為討論核心〉，頁八三—一〇二）

17 劉笑敢認為無思無慮、無好無惡、無心於萬化之無常、無情於萬物之盛衰，借此超脫名利、好惡、是非、死生、喜怒哀樂，超然於一切現實問題，是莊子對待社會、人生的根本態度。（《莊子哲學及其演變》，北京：中國社會科學，一九八應、黃錦鋐等學者認為莊子致力於摒除偏情，盡力淨化人的情感與心靈、順應自然，始得臻於與天地並生、與萬物為一的生命境界。[18]然而要如何才能辨明用情「無心」、「無情」、「偏情」與否？何等工夫、境界方可稱超然世外、順應自然？前賢未作進一步闡釋，留待後來之人續加考掘。

部分學者則跳脫對莊子用情普遍原則的論述，分別進入《莊子》書中論及親子、夫婦、[19]友朋[20]等人際關係的具體情境，探究莊子於人間世不同類型情感關係中的用情原則。此類研究雖偶及莊子在經驗現象中之用情，但卻僅提出隨順自然、不因好惡傷身等概括性原則，對於何為「自然」與「傷身」並無更具體的衡量標準，故未能提供讀者依循操作的實踐方法。而相關《莊子》具體親子情境中用情原則的研究，透過與先秦儒家的對勘，或揭示莊子孝道思想與孝行實踐的特色；或指出莊子所著意的是禮的內質及人的真情流露，反對儒家「憒憒然為世俗之禮，以觀眾人之耳目」（〈大宗師〉）等偽情合禮的積弊；[21]或著眼於儒家與莊子「禮」之不同，主張儒家所說的禮是人理，其本質是情感，道家所說的禮是天理，其本質是理智等。[22]然而過去對莊子之孝的研究，大多僅論及莊子視其為「不可解於心」的自然命定，故應「不擇地而安之」地實踐孝行（〈人間世〉），但倘若欲於經驗現象中落實莊子的孝行實踐，應如何判分情偽之別？而在「孝未必愛」（〈外物〉）、「孝己憂而曾參悲」（〈外物〉）等子孝而親不愛的處境下，該如何踐履其孝、又應如何自處？凡此則為本文所欲釐清之議題。

經驗現象與實踐工夫的不同，必然反映其背後哲學底蘊的差異。

過去學者亦試圖探究莊子於經驗現象中的用情原則，其背後所潛藏的哲學底蘊。如：蒙培元、陳鼓應等指出莊子由其「化」之宇宙觀發展出視死生存亡為一體的生命觀，並留意到這樣的生命觀七年，頁一五八—一六〇）蒙培元則認為莊子主張無情，即否定人的情感，不但沒有世俗的是非觀念，也沒有喜怒哀樂等情感活動，但莊子並非否定一切情感，而是要使自己的情感融化於自然，並在此表現了莊子對世俗之情的譴責與批判。（《中國心性論》，臺北：臺灣學生書局，一九九〇年，頁六三—六四）

18 詳參陳鼓應《老莊新論》，頁一九一。黃錦鉉亦指出莊子是用理智來調合情感，超乎個人的偏狹情感，而到達欣賞萬物、對待整片天地的至情。（〈從感情、理智、科學的角度看莊子的文學〉，一九七五年，頁五二—五六）王煜則透過「至仁無親」之論，析論《莊子》書中的至人因在精神境界上與天下萬物玄同冥合，不必耗費心神去辨親疏，故對於客觀存在的一切親疏關係，採取委宛順應而不勉強拉扯的態度；王煜並認為莊子渴望道德的原始渾全與統一，厭惡對道德的分析、宣傳與硬化，故強調忘言忘愛才可通達至理、愛得泛全。（〈釋莊子詭辭「大仁不仁」與「至仁無親」〉，《中國學人》二期，一九七〇年，頁八二—八三）

19 如簡光明等據〈至樂〉篇中莊子於妻死時　盆而歌的記載，指出莊子起初慨然、痛哭是因對妻子的深厚情感，但莊子並不耽溺於深情，而在看透死生如大自然的氣化流行後，能夠不再悲哀慟哭、超越私情。（詳參簡光明：〈莊子論「情」及其主張〉，頁一〇五—一一六；吳冠宏：〈莊子與郭象「無情說」之比較——以《莊子》「莊惠有情無情之辯」及其郭注為討論核心〉，頁八三—一〇二；孫吉志：〈試析「莊子」的情意觀〉，頁三九—五五；王志楣：〈莊子之情論〉，頁四九—八七）

20 友朋之情方面，劉笑敢等透過〈大宗師〉中論及友情之段落，主張莊子以能視死生、存亡、有無為一體的志同道合之人為莫逆之友；孫吉志並舉莊子過惠子墓時所言匠石、郢人之例，認為在技藝表現亦有同樣水平的表現（詳參劉笑敢：〈莊子之苦樂觀及其啟示〉，《漢學研究》四六期，一九九五年，頁一〇七—一二九；孫吉志：〈試析「莊子」的情意觀〉，頁三九—五五；王志楣：〈莊子之情論〉，頁四九—八七）

21 詳參徐復觀：《中國人性論史》，頁三九九—四〇〇；陳鼓應：〈先秦道家之禮觀〉（《漢學研究》三五期，二〇〇〇年），頁七—一四；王志楣：〈莊子之情論〉，頁四九—八七。

22 詳參黃錦鉉：〈從感情、理智、科學的角度看莊子的文學〉，頁五二—五六。

與莊子「安時而處順」（〈養生主〉、〈大宗師〉）的生命態度間的關聯；[23]王邦雄則認為莊子開拓了卓於父的天道、真於君的形上天地，因此在不可解、無所逃的命、義之上給了精神無待的自在空間。[24]但由於過去的研究者對莊子生命觀的詮釋，僅止於齊同死生變化，而點出應安然順化，[25]卻未深入考掘莊子「指窮於為薪，火傳也，不知其盡也」（〈養生主〉）之永恆生命觀的蘊意，故難據以掌握莊子在經驗現象中所以有如是孝行發用原則、衡量標準以及具體工夫之理論源頭與工夫根據，故於莊子的哲學底蘊與孝行踐履間，難作緊密之扣合與繫聯。

由前述回顧可知，現代《莊》學研究對《莊子》書中所論之「情」雖有著墨，但專論「親情」者甚少；即便聚焦於《莊子》之親情論述，卻未著眼於經驗現象中的實踐與操作方法。面對「孝」這個在中國傳統文化中較為獨特且深具影響力的論題，重視「懸解」的莊子，如何在「不可解」的牽繫下致力於一己心身之逍遙？

本文將針對傳統哲學特重修習、實踐之特色，正視「認識理論」與「完成實踐」間的巨大差異，極力將過去研究著重「知道是什麼」的向度——即對思想性質、起源和背景的關注——移轉為「知道怎樣作」的探討。[26]以主動調適一己的用情為主軸，尋繹《莊子》書中關涉親子關係的描述細節，[27]於一舉一動、進退顧盼之間，打破認知與情感之二分關係，深入考掘過去未曾受到注意的體現行動之面向，進而讓傳統工夫論的研究突破既有「論」（純粹「理論思辯」）的藩籬，尋求在日常生活中體現、落實的可能。

此外，《莊子》書中除明言「儒、墨之是非」（〈齊物論〉）等與儒家顯性的對話外，於重要論題中亦往往潛藏著與先秦儒家的隱性對話。經驗現象與實踐工夫的不同，必然反映其背後哲學底蘊

的差異。本研究即擬藉由對勘先秦儒、道經典中論孝之不同，繼而自經驗現象中踐孝行為之殊異，

23 詳參蒙培元：《中國心性論》，頁六七；陳鼓應：《老莊新論》，頁一九八—二〇一，一七三—一七四；陳鼓應：〈先秦道家之禮觀〉，頁七—一四；孫吉志：〈試析「莊子」的情意觀〉，頁三九—五五；王志楣：〈莊子之情論〉，頁四九—八七。

24 王邦雄：〈道家思想的倫理空間——論莊子「命」「義」的觀念〉，《哲學與文化》第二三卷第九期（一九九六年九月），頁一九六二—一九七一。

25 孫吉志、吳冠宏、王志楣等人指出莊子書中的至人在面對失去親人的變故時，雖外在行為「人哭亦哭」地無異於常人，但內心仍能保持寧靜鎮定。然而此仍僅及於面對親人之喪，仍未據此全面闡釋莊子的孝行實踐。（詳參孫吉志：〈試析「莊子」的情意觀〉，頁三九—五五；吳冠宏：〈莊子與郭象「無情說」之比較——以《莊子》「莊惠有情無情之辯」及其郭注為討論核心〉，頁八三—一〇二；王志楣：〈莊子之情論〉，頁四九—八七）陳鼓應雖於闡釋〈養生主〉秦失弔老聃故事時指出「在莊子看來，儘管形體消失，精神生命卻會永存」（《老莊新論》，頁一七三），或如蕭裕民雖曾略言及莊子「不以好惡內傷其身」的用情原則乃基於莊子全生養生之基本追求（〈《莊子》論「樂」——兼論與「逍遙」之關係〉，頁二〇—二二），然亦僅是略及一筆，未作更深入的闡釋發揮。

26 英國當代哲學家Gilbert Ryle認為：在知道怎樣作（knowing how）與知道是什麼（knowing that）之間有某種相似，也有某種區別。所謂「知道怎樣作」，並不單指知道該符合那些規範判準，而是能去活用、主動以那些規範判準來形成自己的行為。而「思考我所做之事」也不意指「既思考做什麼，又真正去做它」。詳參Gilbert Ryle, *The Concept of Mind.* (New York: Barnes & Noble, 1949), pp. 28-32.

27 昔人多以為《莊子》外、雜篇晚出，為後人（或云莊子之徒）偽託之作。然今本《莊子》內、外、雜篇乃分定於郭象，內篇未必盡可信，外、雜篇亦未必皆可疑。且本文之目的不在區別莊子和莊子之徒，而是欲對《莊》學有全面的認識，故就《莊子》全書關涉親情之篇章段落進行探究。

深入探究先秦儒、道於生命觀、人生觀、哲學論宇（universe of discourse）等思想底蘊的異同，而《莊》、儒之間的根本殊異，亦將於此考掘辨析中，層層剝現，豁然彰顯。

## 一、「无所逃於天地之間」：為人子者的「不得已」

> 天下有大戒二：其一，命也；其一，義也。子之愛親，命也，不可解於心；臣之事君，義也，无適而非君也。无所逃於天地之間，是之謂大戒。是以夫事其親者，不擇地而安之，孝之至也；夫事其君者，不擇事而安之，忠之盛也。自事其心者，哀樂不易施乎前，知其不可奈何而安之若命，德之至也。為人臣、子者，固有所不得已。行事之情而忘其身，何暇至於悅生而惡死夫！（〈人間世〉）[28]

為人子者對親上的「愛」、「事」與「孝」，莊子用「无所逃於天地之間」的「大戒」來說明。人作為在世存有（Being-in-the-world）[29]，是投身於世界的主體（subject destined to the world）[30]，只要還活在「天地」這個場域（field）裡的一天，對於親上就有份「无所逃」、必須面對、定得承擔的份位與牽繫。

人秉受父精母血，始得以投身於世、存有於世。但對蒙此緣起，即將開展人生豐富之旅的人子而言，無論是父精母血的結合、十月懷胎的孕育、襁褓啼笑的看護，抑或教化養育等難能數計的深恩厚情，都是在未知裡、無從選擇、無法抗拒的情況下被決定的。更何況遭逢千差萬別的父母，構築千差萬別的家庭，或座落於大城小鎮，或設籍於僻壤窮鄉，就此陶養千差萬別的人生。影響「為人子者」一生之巨，照單全收之「不得已」：就姓這姓了，就喊他爹、娘了，這就是「我」（〈齊物論〉中「吾喪我」之「我」）天天放學、下班得回的家了，如此「在世存有」的不得已性

28　莊子在〈人間世〉假仲尼之口，藉由事親、事君二事，揭櫫「事心」的命題。

29　海德格（Martin Heigedgger）認為，自柏拉圖以降的西方哲學是建立在主體性哲學的發展上。人以自己為主體主導思考，被思考者相對成為對象，這種以人自己為根本的哲學，海德格稱之為「人本主義」（humanismus, humanism）。海德格以現象學打破西方哲學二元對立的傳統，他不主導自己去看，而是讓「現象」顯示它自己，且正如其顯示自己般地去看它。人不是主體，亦即現象不是客體或對象，人與現象合一。因此人是與世界統一的「在世存有」（In-der-welt-Sein, Being-in-the-world）。海德格所面臨的哲學傳統誠然迥異於莊子，但其「在世存有」概念與莊子「无所逃於天地之間」均以人不獨立於世界之外，總是存在其中，和世界為一不可分割的整體則無二致。（Martin Heigedgger, *Being and Time*, trans. John Macquarrie & Edward Robinson, New York: Harper, 1962, p. 78）

30　梅洛龐蒂批判經驗主義與理智主義對知覺活動的理解。認為知覺並非全被動地接受刺激，也非全主動地建構對象，他不認同「可將被感知的對象獨立於意識之外，不受意識污染」的想法。他認為藉由身體，人始得以投身於知覺場域中進行積極具體的溝通交流。梅洛龐蒂解消主客體的對立關係，認為人唯有投身於世界之中，才能如實的認識自己。筆者在此借用其「投身於世界的主體」一辭，強調莊子思想中必須「假於異物，託於同體」（〈大宗師〉）始得投身於世之人「无所逃於天地之間」的牽繫。（Maurice Merleau-Ponty, *Phenomenology of Perception*, trans. Colin Smith, London: Routledge & Kegan Paul, 1962, p. xii） （facticity）[31]，正同莊子在〈大宗師〉所言：

> 父母於子，東西南北，唯命之從。陰陽於人，不翅於父母；彼近吾死，而我不聽，我則悍矣，彼何罪焉！

在天地場域之中，唯有旦夕之間可令天地變色的風、暑、濕、燥、寒，瞬息之內可教地坼、水淹，致使山河易位的「陰陽」，堪與父母之「命」的不得已性相提並論。而身為人子，對父母、對陰陽，對此等「无所逃」的大戒、「不得已」的宿命，除順受、聽從外，豈有他途。

若從中國文化經學、儒學的大傳統來看《莊子》中子女對親上的「愛」、「事」與「孝」，其肯定與重視實屬尋常；但若置於強調眾「懸」須「解」的莊子思想脈絡下，卻顯得特殊而別具意義。〈外物〉篇以「心若縣於天地之閒」形容人因對外在事物、世俗價值之想望、追求，使自身有如被繩索綑綁般「懸」於天地之間，旋扭拉扯，毋有安寧的心境。只要人不以心靈的陶養為第一要務，無法節制欲望、放下對「所懸」之記掛，都將使作為「真宰」、「真君」（〈齊物論〉）的心靈——本堪「君」、「宰」一己、能「解」眾「懸」之主體——失去應有的寧定，而為「所懸」牽繫，深陷「慰暋沈屯」、「利害相摩」、「生火甚多」、「眾人焚和」、「僓然道盡」（〈外物〉）等令人煩亂沉鬱、動盪不安的負面情緒中，不得解脫。仿若一由諸多絲繩操控之傀儡，其行為舉止、心神思緒由眾「懸」牽動，生活行走於茲遼闊天地之間，卻不得自主、無有逍遙，有如「倒置之民」（〈繕性〉）般不得安頓。因此，莊子視世俗價值、社會輿論、道德是非、財貨利害、榮祿權位等，為

「懸」人於天地之間的束縛、抵達逍遙之境的阻礙，[32]故致力將其對生命的斲傷與羈絆全數消「解」。

然而在眾「懸」須「解」的實況下，莊子卻以「子之愛親」的孝愛之情為「无所逃」、「不得已」、「不可解」（「无所逃於天地之間，是之謂大戒」、「為人臣、子者，固有所不得已」、「子之愛親，命也，不可解於心」〔〈人間世〉〕）的懸繫。足見在莊學脈絡裡，這份由臍帶所繫連起的親子關係，即使在臍帶脫落之後仍是不可解、亦無須解的。

倘若細加玩味莊子所提出之孝愛工夫，將可發現此一命題非由莊子獨白演出。置身戰國時代以主流文化為背景的大舞臺上，莊子看似自說自唱的演出，其實早與其前登場的劇碼，以及長居幕後的主流文化交相酬應。而不論是要還原莊子登臺前那鑼鼓喧天、歷久不衰的幕前，抑或要揭開莊子在臺上時那暫時消音、依然高懸的幕後，都將發現：先秦儒家的身影赫然現於眼前。

31 葛瑞漢（A. C. Graham）以“inevitable”翻譯「不得已」（A. C. Graham, *Chuang-tzu*, London: George Allen & Unwin, 1981, p. 70）；伯頓・沃森（Burton Watson）以“are bound to find things you cannot avoid”翻譯「有所不得已」（Burton Watson, *Zhuangzi*, New York: Columbia University Press, 2003, p. 55）。海德格則以“facticity”說明「此有」（Dasein）不得不接受其為在世存有的事實性（Heidegger, p. 82）。

32 莊子屢以「懸」說明生命的牽繫。生活中種種想望、追求，像繩子一樣將人們「懸」在天地之間，無論是「物有結之」（〈大宗師〉）的物累牽絆，或「與物相刃相靡」（〈齊物論〉）生命因之毀傷損耗，甚至在追逐外物的過程中「喪己於物」（〈繕性〉）地逐漸失去自我；並為文化社會既有的是非與道德價值所拘繫，所謂「黥汝以仁義」、「劓汝以是非」、「憒憒然為世俗之禮，以觀眾人之耳目哉」（〈大宗師〉）；且在勉力配合社會既定的是非、眾人評論的毀譽間「失性於俗」（〈繕性〉），失去了生命原本可具的安然自適。

本著「不可解」的親子之情，先秦儒家勾勒出一幅父慈子孝、兄友弟恭的天倫理想藍圖：

聖人有憂之，使契為司徒，教以人倫：父子有親，君臣有義，夫婦有別，長幼有序，朋友有信。（《孟子．滕文公上》）

何謂人義？父慈、子孝、兄良、弟弟、夫義、婦聽、長惠、幼順、君仁、臣忠十者，謂之人義。（《禮記．禮運》）

「人倫」既出於聖人之意，「人義」自是凡人所當為。親慈子孝，為人生於世所當踐履的根本，亦是為人父、子者可堪造極的究竟，如《禮記．大學》所云：「為人子，止於孝；為人父，止於慈。」為人子女的理想典範是孝順父母，為人父母的理想典範則是慈愛子女。

在先秦儒家典籍中，有關為人子者如何孝敬父母的論述，其工夫、戒律可說詳實具體而鉅細靡遺，如：「凡為人子者，冬溫而夏清，昏定而晨省，在醜夷不爭。」（《禮記．曲禮》）[33]寒冬注意父母的被褥衣著是否夠暖和，炎炎夏日盡力使父母感到涼爽，入夜父母就寢前先將床鋪好，晨醒便去問候父母是否安適，不與平輩爭寵。《禮記．內則》提點人子瞥見父母臉上有口水、鼻涕，即刻為之擦拭（「父母唾洟不見」）；發現父母的帽帶、衣服髒了，忙幫父母洗滌（「冠帶垢，和灰請漱，衣裳垢，和灰請澣」）；發現父母衣服破了，就穿針引線，請父母讓自己為之縫補（「衣裳綻裂，紉箴請補綴」）；每隔三、五天便燒水恭請父母洗髮、沐浴（「五日則燂湯請浴，三日具沐」）；平時見著父母雙頰沾有污漬或腳有塵垢，便備好熱水請父母洗臉洗腳（「其間面垢，燂潘請靧；足垢，燂湯請洗」）。又如在應對上，恭敬地答應父母的使喚（「在父母舅姑之所，有命之，應唯敬對」），謹慎地進退周旋，升堂、降階也守禮地作揖行禮（「進退周旋慎齊，升降出入揖遊」），且留意不讓打嗝、噴嚏、咳嗽、哈欠、伸懶腰、歪站、斜視、流口水、鼻水等不雅動作冒犯父母（「不敢噦噫、嚏咳、欠伸、跛倚、睇視，不敢唾洟」），甚至擔心連添衣、搔癢的動作都會驚擾到父母（「寒不敢襲，癢不敢搔」）等。[34]在生活中如此體貼周密、無微不至地照護應對，而在日常瑣事外，立身為人更要恪守父母的志向與教誨而無所違逆。[35]

而以孝悌為原點，[36]儒家本著「推恩」的理念，「老吾老以及人之老，幼吾幼以及人之幼」（《孟子・梁惠王上》）地將敬愛之心推擴而出。於孝事自身親長、親愛一己子弟外，面對非自家父兄的長者，《禮記・曲禮上》曰：「年長以倍，則父事之；十年以長，則兄事之」，亦以同樣恭敬的心態去事奉。[37]於是，以親子關係為起點，「父慈、子孝、兄良、弟弟、夫義、婦聽、長惠、幼順、君仁、臣忠」——一個層次分明、井然有致的漣漪，由親而疏地在儒家的人倫之海上層層漾開。

莊子對「孝」的重視，對人子事親時發自內心之愛、踐履於外之行的肯定，與經學、儒學所代

33《禮記・曲禮》，漢・鄭玄注，唐・孔穎達等正義：《禮記正義》（臺北：藝文印書館，一九五五年，《重栞宋本十三經注疏》本），頁一八。
34《禮記・內則》，頁五二〇。
35《論語・學而》：「子曰：『父在，觀其志；父沒，觀其行；三年無改於父之道，可謂孝矣。』」
36《論語・學而》：「孝弟也者，其為仁之本與！」
37《禮記・曲禮上》，頁一九—二〇。

表的大傳統並無二致；但值得注意的是，在儒家的人倫禮教之外，莊子點出心靈情境的重要性。

莊子所論之孝，絕不僅止於行為表象上的求和群眾、遷就世俗（「形莫若就」〈人間世〉）、「群於人」（〈德充符〉），而是扎根於內心。這「不可解於心」的愛親之心、事親之行，既是由心而發的摯愛與奉事，卻又不允許動盪憂悲等心靈狀態出現。自此深入考掘，即莊子與儒家施諸經驗現象的踐孝工夫和重孝背後的哲學底蘊歧異之所在。

## 二、「无情」之「孝」：從經驗現象到哲學底蘊

### （一）經驗現象之異：莊子與儒學傳統中的踐孝工夫

#### 1.「孝未必愛」：「乘／御」親子關係中的「六氣之辯」

儘管儒家經典詳孝略慈，教孝篇章多而言慈章句少，但其所勾勒的天倫理想藍圖，確實是由親子之間雙向的工夫踐履所共構：子女本著對親上的親愛之情，竭心盡力地孝敬事奉父母；理想中的父母，也會相應地慈愛疼惜兒女。

然而在儒家的親子互動論述中，卻不乏一方失德而破壞此雙鍵和諧之例，如舜事親至孝，瞽叟反欲殺之；舜僥倖逃生後，對父母的孝敬事奉彌篤。[38]父母不慈，但舜的孝行、孝心依舊，足見在儒家的理想典範中，孝與慈並非對價關係，即便父母不以慈愛回應，仍是以同樣的孝行、孝心事奉

雙親。

「舜往于田，號泣於旻天」（《孟子．萬章上》），作為儒家行孝典範的舜，面對己孝而父母不慈的境況，心靈可以失去平和、傷痛悲哭。反觀《莊子．外物》則將孝己和曾參這兩位儒家孝行的正面典範，視為負面事例：

> 人親莫不欲其子之孝，而孝未必愛，故孝己憂而曾參悲。

殷高宗之子孝己，事親至孝，一夜起身五次之多，探視就寢中的爹娘衣被是否夠暖？枕頭高度是否適當？孝己愛親如此，其父高宗卻為後妻讒言所迷惑，流放孝己至死。[39]孔門孝子曾參，耕作

---

38 《孟子．萬章上》：「父母使舜完廩，捐階，瞽瞍焚廩。使浚井，出，從而揜之。象曰：『謨蓋都君咸我績。牛羊父母，倉廩父母，干戈朕，琴朕，弤朕，二嫂使治朕棲。』象往入舜宮，舜在牀琴，象曰：『鬱陶思君爾。』忸怩。舜曰：『惟茲臣庶，汝其于予治。』」、《史記．五帝本紀》：「瞽叟尚復欲殺之，使舜上塗廩。瞽叟從下縱火焚廩。舜乃以兩笠自扞而下去，得不死。後瞽叟又使舜穿井。舜穿井，為匿空旁出。舜既入深。瞽叟與象共下土實井。舜從匿空出去。瞽叟、象喜，以舜為已死。象曰：『本謀者象。』象與其父母分。於是曰：『舜妻堯二女與琴，象取之。牛羊倉廩，予父母。』象乃止舜宮居，鼓其琴。舜往見之。象鄂不懌。曰：『我思舜正鬱陶。』舜曰：『然。爾其庶矣。』舜復事瞽叟愛弟彌謹。」（瀧川龜太郎：《史記會注考證》，臺北：洪氏出版社，一九八一年，頁三五）

39 《荀子．大略》：「虞舜、孝己孝而親不愛。」（收入《文津閣四庫全書》，北京：商務印書館，二〇〇六年，冊六九五，頁二七九）《尸子》：「孝己一夕五起，視衣之厚薄、枕之高卑，愛其親也。」（收入《續修四庫全書》，上海：上海古籍，一九九五年，冊一一二一，頁三〇一）舊疑魏．王肅（195A.D-256A.D.）偽作《孔子家語．七十二弟子解》：「高

時不小心鋤傷瓜秧的根，其父曾皙氣得以大杖擊其背，曾參暈倒在地，許久才甦醒過來。醒來卻不顧自己還身負杖傷、手腳冰冷，只關心因一己過失而動怒傷神的父親，是否安好無恙？向父親請安後退下回房，馬上取琴彈唱，好讓父親知道自己身無大礙、喜樂安康而寬心。[40]將孝心、孝行推展至極致的孝己與曾參，生命遭逢己孝而親卻不慈的逆境，內心不禁湧現悲歎，動盪憂傷。

孝己和曾參在面臨「孝未必愛」的人倫之變時，固無須與放棄孝敬之志行，內心卻是憂悲不已，莊子譬喻此負面的心靈狀態：

> 木與木相摩則然，金與火相守則流。陰陽錯行，則天地大絯，於是乎有雷有霆，水中有火，乃焚大槐。有甚憂兩陷而無所逃，螴蜳不得成，心若縣於天地之間，慰暋沈屯，利害相摩，生火甚多，眾人焚和，月固不勝火，於是乎有僓然而道盡。（〈外物〉）

憂悲的情緒有如天象逆亂，陰陽運行錯亂悖逆，造成天地間種種異常、混亂的現象：同是木塊際會相遇卻因摩擦而燃燒，異質的金屬與火焰相守卻為火焰的熾熱融化銷隕，大雨中的雷霆震動了天地、將林木燃成火海。這些「六氣之辯」（〈逍遙遊〉）的天象逆亂，迥異於「天地之正」的正常節候，帶給世人措手不及的失序災難；同樣的，人事的異變無常，亦容易使人失去心靈的平和。相對於「父慈子孝」的天倫之常，「孝未必愛」的異變使人無奈憂悲，不安的火焰焚燒內心、清明如月的本性反遭灼傷，[41]而落入「甚憂兩陷」、「螴蜳」、「月固不勝火」的痛苦中。

莊子和儒家同樣注意到在父慈子孝的天倫理想藍圖外，存在著「孝未必愛」的可能。不同的是，因「子孝而親不愛」、因外界事物之無可奈何，而蔓生於心緒的種種憂悲與攪擾，將折損一己心身，才是《莊》學所欲解決的根本憂患。

莊子點出若能體認到人生際遇，本是「外物不可必」（〈外物〉）——風雨晴陰，這些自然天候的變化並非一己所能決定；人間父子孝慈與否，無法強求——放下對天倫理想藍圖中非「父慈子孝」不可的執著，視「變」為「常」地明白依序更迭、節候正常的「天地之正」與暴雨颶風、冬雷夏雪的「六氣之辯」皆屬自然；[42]接受「父慈子孝」的理想處境和「孝未必愛」的反常境遇，同為

宗以後妻殺孝己」（收入《文津閣四庫全書》，冊六九五，頁八三）晉·皇甫謐《帝王世紀》：「殷高宗武丁有賢子孝己，其母蚤死，高宗惑後妻之言，放之而死，天下哀之。」（收入《二十五別史》，山東：齊魯書社，二〇〇〇年，冊一，頁三二）

40 《韓詩外傳》：「曾子有過，曾晳引杖擊之，仆地，有間乃蘇。起曰：『先生得無病乎？』」（收入《文津閣四庫全書》，冊八四，頁八一七）《說苑·建本》：「曾子芸瓜而誤斬其根，曾晳怒，援大杖擊之，曾子仆地。有頃蘇，蹷然而起，進於曾晳曰：『曩昔參得罪於大人，大人用力教參，得無疾乎？』退屏鼓琴而歌，欲令曾晳聽其歌聲，令知其平也。」（收入《文津閣四庫全書》，冊六九六，頁二三）《孔子家語·六本》：「曾子芸瓜，誤斬其根，曾晳怒，建大杖以擊其背，曾子仆地而不知人久之。有頃乃蘇，欣然而起，進於曾晳曰：『嚮也參得罪於大人，大人用力教參，得無疾乎？』退而就房，援琴而歌，欲令曾晳而聞之，知其體康也。」（收入《文津閣四庫全書》，冊六九五，頁三七）

41 宋·洪邁《容齋續筆》：「予妄意莊子之旨，謂人心如月，湛然虛靜，而為利害所薄，生火熾然，以焚其和，則月不能勝之矣。」（收入《筆記小說大觀》，臺北：新興書局，一九七九年，二九編冊二，頁九四九）清·宣穎亦云：「月者，喻清明本性也。」（《南華經解》，收入《續編》，冊三二，頁四六六）

42 〈逍遙遊〉：「乘天地之正，而御六氣之辯」一語，向為學者視為掌握莊子逍遙之旨的綱領。然而何謂「天地之正」、

人間真相。則即使外在風景常異各有、瞬息萬變，人皆能以「安時而處順」、無「攖寧」攖擾（〈大宗師〉）的心靈狀態保全生命中最重要的「真宰」、「真君」。

**2.「憂」、「懼」與「无情」之「孝」**

儒家經典談到親的慈愛或子的敬孝，「憂」、「懼」這類情緒的出現是平常且正常的：「父母唯其疾之憂」（《論語．為政》）、「父母之年，不可不知也；一則以喜，一則以懼。」（《論語．里仁》）。

將孝心、孝行推展至極致的孝己與曾參，在面臨「孝未必愛」的人倫之變時，內心憂悲不已。而這樣的「憂」、「悲」還未達儒家允許情緒起伏的極致：「喪禮，哀戚之至也」（《禮記．檀弓》），面臨死別，人不禁產生更哀傷的情感。儒家並以「禮」來區別、安頓不同親疏關係中的情感表達，《儀禮》、《禮記》按與亡者的親疏次第將喪服分為：「斬衰」、「齊衰」、「大功」、「小功」、「緦麻」等「五服」，各有相應的服制與起居節度表達適切的哀悼之情。

最深重的憂悲反映於父母過世時所服的「斬衰」，「其恩厚者，其服重；故為父斬衰三年，以恩制者也」（《禮記．喪服四制》）。父母的恩情最為深重，因此面對父母的離世：「夫悲哀在中，故形變於外也，痛疾在心，故口不甘味，身不安美也」（《禮記．間傳》），相映於內心的「悲哀」與「痛疾」，自然會摒除生活中的種種享受。無論衣著、器物乃至於飲食起居，都以最粗糙刻苦的方式自奉。

穿的不再是質料細緻、色澤鮮潔的日常華服，而是用質地最粗糙、顏色最黯淡的「苴麻」，[43]製成布料粗疏、衣服邊緣不加縫飾的「斬衰」喪服，腰間繫上同為苴麻製的喪帶，[44]頭戴僅稍經處

「六氣之辯」歷代註解諸家聚訟紛紜、莫衷一是。若返回先秦兩漢之文獻語境與《莊子》文本脈絡中重作檢視，可發現所謂天地之「正」乃指天地自然規律的常態運行；六氣之「辯」則是指自然時空秩序的失常，「風、熱、濕、火、燥、寒」的亂序導致「生、榮、化、長、收、藏」的配應失調。逍遙的至人，絕非需在某種特定的氣候、條件中方可成就，當天地之氣運行正常——如太平治世中，無論正值風、熱、濕、火、燥、寒（抑或陰、陽、風、雨、晦、明）任何氣運，理想人格無一不可乘御而行。但若以天地之氣正常遞嬗、浸漸更迭作為「以遊无窮」的先決條件，仍屬「有待」；莊子乃標舉「御六氣之辯」，意指不僅能隨造化之氣正常遞變乘正而行，即使在天地之氣乖變或六氣應至而不至、未應至而至、至而太過之時——如生逢濁世凶年，也能夠乘御失常、乖變之氣而身心無擾，甚至能夠應變化正，為己所用，成就「大」的生命境界並且德澤天下。（詳參拙作〈莊子「乘天地之正而御六氣之辯」新詮〉，收入本書附錄。）

43 《儀禮．喪服》傳：「苴絰者，麻之有蕡者也。」（漢．鄭玄注，唐．孔穎達等正義：《禮記正義》（臺北：藝文印書館，一九五五年，《重栞宋本十三經注疏》本），頁三三九）苴為結子之麻，質地較不結子的「牡麻」粗糙。《禮記．間傳》：「斬衰何以服苴?苴，惡貌也。」孔疏：「苴是黎黑色，故為惡貌也。」（頁九五五）可知苴麻色澤黯淡。《儀禮．喪服》：「大功布衰裳」鄭注：「大功布者，其鍛治之功，麤沽之」（頁三七〇）大功之布始加人功，《儀禮．喪服》：「小功布衰裳，澡麻帶絰」小功之布以漂洗過的「澡麻」製成，顏色更顯鮮潔。（頁三八一）斬衰喪服以最粗糙、黯淡的苴麻製成，象徵其哀悼之深重，而由齊衰以至小功、緦麻，喪服的布料逐漸轉為細緻明潔，反映著服喪者與亡者逐漸疏遠的關係。

44 《儀禮．喪服》：「衰三升，三升有半。其冠六升。以其冠為受，受冠七升。齊衰四升，其冠七升。以其冠為受，受冠八升。繐衰四升有半，其冠八升。大功八升，若九升。小功十升，若十一升。」（頁四〇二）喪服越重，所用麻料的升數就越少，布料也因此更為粗疏。又《儀禮．喪服》傳：「斬者何？不緝也。」（頁三三九）以及《儀禮．喪服》：「斬衰裳、苴絰、杖、絞帶、冠繩纓、菅屨者。」（頁三三八）完整的斬衰喪服包含諸多部件，此處但指「斬衰裳」之上衰下裳衣物而言。

理的冠帽，[45]腳上則穿著以菅草製成的粗陋喪鞋。[46]哀傷刻苦的居喪生活，將導致體力不勝負荷，於是選擇以色澤最灰暗的「苴杖」支撐衰弱的身體。[47]

父母過世三日之內，因過度哀傷而水米不進。三天後方始進食，[48]吃的不僅不是美酒、醋醬、肉脯等豐盛甘美的食物，甚至連較粗淡的蔬果也食不下嚥。只在朝夕喝點糜粥，維持生命所需。[49]

住的不再是平日穩固舒適的家屋，而只在停靈的「殯宮」旁，以木頭和茅草簡陋地搭建聊遮風雨的「倚廬」。就寢時也捨棄溫軟舒適的床褥和枕頭，而睡在草編的墊子上，頭枕冰冷的土塊。[50]

居喪期間因為悲傷、思念親人，對喪事以外的話題一概「唯而不對」，[51]僅以最簡短的詞語應答。將言語減到最少的程度，不多說一句沒必要的話。[52]哭泣，則不分白天黑夜、不做節制地嚎啕大哭（「晝夜無時」、「若往而不反」）。[53]哭到扔掉頭冠、踢去鞋子、撩揭衣裳的下襬，甚至作出袒露身體、以頭觸地、捶胸頓足等激烈的動作，來宣洩心中難掩的「至痛」。[54]

與這些衣、食、起居、行止相應的內心「至痛」，更是「三日不怠，三月不解，期悲哀，三年憂」，[55]需過盡三年韶光，方能逐漸消解。這種遠甚於孝己、曾參的「哀戚之至」、「痛疾在心」，在

---

45《儀禮．喪服》傳：「冠繩纓，條屬右縫，冠六升，外畢；鍛而勿灰。」（頁三三九）

46《儀禮．喪服》傳：「菅屨者，菅菲也，外納。」（頁三三九）《儀禮．既夕禮》：「屨外納」鄭注：「納，收餘也」（頁四八一）編織喪鞋時刻意將末段的菅草收納在鞋外，以顯其粗陋。

47《儀禮．喪服》傳：「苴杖，竹也。削杖，桐也。」（頁三三九）斬衰喪杖以苴竹製成，較齊衰削桐為杖粗陋。又曰：「杖者何？爵也。無爵而杖者何？擔主也。非主而杖者何？輔病也。」（頁三三九）有爵或主喪者可持杖，後來演變為身體衰弱時的支撐。斬衰、齊衰以下，因與死者關係較疏遠，也無須過刻苦的居喪生活，不易致病，因而不杖。喪服相關

研究，可參考文智成：《儀禮喪服親等研究服制》（臺北：國立臺灣師範大學中國文學研究所碩士論文，周何先生指導，一九八四年），頁一一表格。

48 《禮記．問喪》：「水漿不入口，三日不舉火，故鄰里為之糜粥以飲食之。夫悲哀在中，故形變於外也。痛疾在心，故口不甘味，身不安美也。」（頁九四六）

49 《儀禮．既夕禮》：「歠粥，朝一溢米、夕一溢米，不食菜果。」（頁四八二）《禮記．間傳》：「故父母之喪，既殯食粥，朝一溢米，莫一溢米；齊衰之喪，疏食水飲，不食菜果；大功之喪，不食醯醬；小功緦麻，不飲醴酒。此哀之發於飲食者也。」（頁九五五）

50 《儀禮．既夕禮》：「居倚廬，寢苫枕塊，不說絰帶，哭晝夜無時，非喪事不言。」鄭注：「倚廬，倚木為廬，在中門外，東方北戶。苫，編藁。塊，堛也。」（頁四八一）

51 《禮記．間傳》：「斬衰，唯而不對。」（頁九五五）清．孫希旦《禮記集解》：「愚謂唯者，應人而已，對則有言辭矣。」（北京：中華書局，一九八九，頁一三六四）

52 《儀禮．既夕禮》：「哭晝夜無時，非喪事不言。」（頁四八一）《禮記．雜記下》：「三年之喪，言而不語，對而不問。」（頁七三七）

53 《禮記．間傳》：「斬衰之哭，若往而不反。」（頁九五五）

54 《禮記．問喪》：「親始死，雞斯徒跣，扱上衽，交手哭。」鄭玄注：「親，父母也。雞斯當為笄纚，聲之誤也。親始死，去冠，二日乃去笄纚，括髮也。今時始喪者，邪巾、貊頭，笄纚之存象也。徒，猶空也。上衽，深衣之裳前。」孔穎達疏：「笄，骨笄也。纚，謂韜髮之繒。親始死，孝子去冠，唯留笄、纚也。徒跣，無屨而空跣也。扱深衣上衽於帶，以號踊履踐為妨也。交手哭，謂交手拊心而為哭也。」（頁九四六）《儀禮．士喪禮》：「主人哭拜稽顙成踊。」（頁四一一）《禮記．問喪》：「動尸舉柩，哭踊無數，惻怛之心，痛疾之意，悲哀志懣氣盛，故袒而踊之，所以動體安心下氣也。」（頁九四六）居喪期間之飲食、起居、哭踊研究，可參考徐福全：《儀禮士喪禮既夕禮儀節研究》（臺北：國立臺灣師範大學中國文學研究所碩士論文，周何先生指導，一九七九年），頁四三二—四三五。

55 《禮記．雜記下》，頁七三七。

儒家經典中是被允許的，且唯有至痛如斯，才符合儒家所規範的禮儀。

這正可與莊子對「无情」的強調相對舉：

顏回問仲尼曰：「孟孫才其母死，哭泣无涕，中心不慼，居喪不哀，无是三者，以善【處】喪蓋魯國。固有无其實而得其名者乎？回壹怪之！」仲尼曰：「……孟孫氏特覺人哭亦哭，是自其所以乃……造適不及笑，獻笑不及排，安排而去化，乃入於寥天一。」（〈大宗師〉）

由「莊子送葬，過惠子之墓」（〈徐无鬼〉），足見莊子不廢俗禮。在遭逢母喪時孟孫才「特覺人哭亦哭」，也如世人喪母般哭泣落淚。然而所謂「從俗」，[56]並非指眼淚和哭聲乃為從俗而逢場作戲，而是「自其所以乃」——是在身歷母喪的當下發乎內心的自然流露。但因恪守「不將不迎，應而不藏，故能勝物而不傷」（〈應帝王〉）的用心原則：不過度執著與至愛之人的聚首（「不藏」），不抗拒與至親就此天人永隔（「不將」），不放任獨留人世的自己陷溺於萬劫不復的傷痛（「不傷」）。在與母死別之際，他依然要保住「其真」、「其卓」，[57]無傷內心的平靜。此即〈知北遊〉所謂「外化而內不化」，外表雖同世俗之人般為親死而哭泣，內心卻能安於生死推排、接受生命遷化的事實，而不損及心境的平和。

〈大宗師〉既謂孟孫才以「善處喪」而「蓋魯國」，可知他依然會遵循母喪期間應盡之諸般禮法。如穿著「斬衰」喪服，吃「糜粥」，住「倚廬」，寢「苫」枕「塊」地守喪。所不同的是：雖然哭泣，卻是「哭泣無涕」，而非「若往而不反」的號泣；內心能不任喪親的哀戚、至痛所攪擾，

「中心不慼，居喪不哀」，而非「痛疾在心」、「哀慼之至」。此即莊子所「无」——所欲消卻的「以好惡內傷其身」之「情」（〈德充符〉）。[58]這不憂不悲的例子彰顯了莊學論孝的不同，也就是在經驗現象裡所呈現的大孝之異。

值得注意的是，與儒學所重有別，並不表示儒學所重，即為學莊者所輕賤漠視者。所謂輕重本末，著實需在對待君親與對待心神兩相權衡、對照比較的脈絡下方易彰顯，如〈大宗師〉：

---

56 王叔岷：「案人哭亦哭，如秦失之弔老聃死，三號而出。（〈養生主篇〉）乃從俗耳。」（氏著：《莊子校詮》，頁二六二）

57 〈大宗師〉：「彼特以天為父，而身猶愛之，而況其卓乎！人特以有君為愈乎己，而身猶死之，而況其真乎！」歷代《莊子》注家不乏將「真」、「卓」解釋為「真宰」、「真君」者，如明．陳治安（《南華真經本義》，收入《續編》，冊二六，頁二〇一—二〇二）、明．程以寧（《南華真經注疏》，收入《續編》，冊二八，頁一二八—一二九）、明．釋德清（《莊子內篇注》，收入《續編》，冊二五，頁二三五）、明．沈一貫（《莊子通》，收入《續編》，冊九，頁二一二）、清．王夫之（《莊子解》，收入《初編》，冊一九，頁一五九）、清．陸樹芝（《莊子雪》，收入《續編》，冊三四，頁一三八）、清．方潛（《莊子經解》，收入《續編》，冊三六，頁七一）、清．曹受坤（《莊子內篇解說》，收入《初編》，冊三〇，頁一三七—一三八）。

58 〈德充符〉：「吾所謂无情者，言人之不以好惡內傷其身，常因自然而不益生也。」、「道與之貌，天與之形，无以好物內傷其身。」莊子並非主張泯除一切天生自然的情緒反應，只是不欲過度讓好惡所激起的種種情緒，牽纏攪擾、傷及真正重要的心靈或身體，而失去生命原可具有的自然平和。王叔岷注：「惠施之辯堅白，勞精神，即以好惡內傷其身者。」（《莊子校詮》，頁二〇二）可知莊子所謂「无情」，尚不止於去除喜怒哀樂等過度的情擾，更重要而根本的是將精神內收，不因想望的外逐、注意力之外馳而勞神傷身。

彼特以天為父，而身猶愛之，而況其卓乎！人特以有君為愈乎己，而身猶死之，而況其真乎！

既已把父母當成天一般的重要、願意用全部的生命愛養侍奉，那為何不能把同樣的愛，拿來對待更重要的心神靈魂；同樣的，既能把君王看得比自己重要，願意為了君王而犧牲生命，那為何不能把這份心意，拿來對待更真實的永恆靈魂。於重視心神靈魂的同時，行文間絲毫不見鄙薄忠君、孝親之意。易言之，儒家所重君臣父子，莊子也重視如斯；只是強調對於心神靈魂的愛養，不該亞於對君親之愛。

### 3. 動心傷身：先秦文化的共通看法

莊子這種不允許情緒「內傷其身」的「無情」論述，正相契於所處時代文化背景中的醫學傳統。奠立中國醫學理論典範的《黃帝內經》，主張「怵惕思慮」、「悲哀動中」、「喜樂」、「愁憂」、「怨怒」、「恐懼」均有害於人（《靈樞．本神論》）。且把與情緒相關的內在病因如「怒」、「喜」、「悲」、「恐」、「驚」、「思」，與外在致病因素如天候的「寒」、「炅」，及屬不內外因的勞倦（「勞」），並舉為致病的九個因素（《素問．舉痛論》）。與莊子認為「喜」、「怒」、「哀」、「樂」、「慮」、「嘆」、「慹」等情緒不僅攪擾心靈（〈齊物論〉），更且將「內傷其身」的觀點若合符節。足見過度的情緒反應將損傷身心的健全，原是先秦文化共通的看法。這或許也是莊子處喪時，雖在衣食住行各方面與儒家相仿，而情緒安置卻大不相同的原因之一。

然而，莊子所追求的不僅止是無病而已。就如《黃帝內經素問．上古天真論》僅將無病之人稱為「平人」，而以超乎平人之上的「賢人」、「聖人」乃至於「至人」、「真人」為所追求的更高身心典範。同樣的，對莊子而言，無病的平人、常人依然是昧於生命真相的「芒者」；但莊子不僅以擺脫茫昧的「不芒者」（〈齊物論〉）為典範，更欲體現超乎其上的「聖人」、「神人」、「至人」、「真人」所臻至的理想生命境界。由此可知，莊子之所以不欲任過度的情緒攪擾內心，自當不僅只是基於不欲「內傷其身」、傷害身體的考量，實有著更為深刻的原由。

經驗現象與實踐工夫的不同，必然反映其背後哲學底蘊的差異。

## （二）現象背後的哲學底蘊：莊子與儒學之論宇（universe of discourse）與生命觀

### 1.心身孰重：儒學道德下的身體髮膚

儒者所以保貴形軀，一則因身體髮膚是來自父母的賜予，故以養護形軀的無缺完好為孝道之實踐（「身體髮膚，受之父母，不敢毀傷」（《孝經．開宗明義章》））；身體形軀是父母的遺留贈予，是父母生命之延續，故當以敬愛父母的態度恭敬地行使、愛護（「身也者，父母之遺體也。行父母之遺體，敢不敬乎？」（《禮記．祭義》）），故慎重地保養自己的形軀，以「不虧其體，不辱其身」（《禮記．祭義》）為盡孝之道。所以即便於居喪期間，一旦身體微恙，仍應妥善照護，「身有瘍則浴，首有創則沐，病則飲酒食肉」（《禮記．雜記下》）身體、頭上有瘡瘍就當沐浴洗潔，患病了就應飲酒食肉來補充營養，莫因恪守禮制或過度哀傷而傷身、致病甚至喪命。

這些乍看有違禮制通則的舉動，其實正踐履著更深刻的孝行，「毀瘠為病，君子弗為也。毀而死，君子謂之無子。」（《禮記・雜記下》）、「毀不危身，為無後也。」（《禮記・檀弓下》）倘因執守禮制，反使身體衰弱、罹病甚至死亡，使家族生命無法傳續，相較居喪期間行禮無法合宜，係屬更大的不孝。

另一方面則緣於儒家認為身體與心靈的狀態會相互牽連。個人的道德修為、心靈境界將具象地映現於身體狀況、行為舉措上。如《禮記・射義》：「故心平體正，持弓矢審固。」「心平」方能「體正」、方能穩固地把持弓矢；又如《孟子・盡心上》：「君子所性，仁義禮智根於心。其生色也，睟然見於面，盎於背，施於四體，四體不言而喻。」人之內在德性修養達到極致時，其面目潤澤、背部充盈，可見這些道德修養不僅呈現於日常生活的儀態氣度、舉手投足，更將展現在容貌體態。反之，身體狀態亦會影響心境之清明與否，《左傳・昭公元年》謂：「節宣其氣，勿使有所壅閉湫底，以露其體，茲心不爽，而昏亂百度。」一旦不能使形體之氣有所節度、無所滯礙，將導致內心昏亂失序。《孟子・公孫丑上》亦云：「今夫蹶者趨者，是氣也，而反動其心。」以身體處於跌倒或奔跑狀態時內在心境的改變為例，指出「志壹則動氣」、「氣壹則動志」，心志與形氣會相互牽動，彼此影響。儒學由是發展出「我善養吾浩然之氣」（《孟子・公孫丑上》）、「心以體全」（《禮記・樂記》）等身心雙軌的工夫類型。[59]

儒學對形軀的保養照護，既然是建立在實踐孝道、道德修養「養其身以有為也」（《禮記・儒行》）的基礎上，那麼一旦與儒家道德價值相悖，則此身可捨、此形可棄：「志士仁人，無求生以害仁，有殺身以成仁。」（《論語・衛靈公》）、「生，亦我所欲也；義，亦我所欲也。兩者不可得兼，捨生而取義也。」（《孟子・告子上》）、「身可危也，而志不可奪也。」（《禮記・儒行》）當道德實踐與生命養護有所衝突時，儒家將拋棄形軀以成就實現其道德價值。

## 2. 理得之「心」抑无情之「心」：儒學道德下的心靈

儒家所規範的禮儀與行為準則，根源於內在的自然情感、道德理念。[60]《論語．陽貨》中，面對宰我認為「禮必壞」、「樂必崩」的三年之喪可否減為「舊穀既沒，新穀既升，鑽燧改火，期可已矣」的一年之喪的提問，孔子答以「女安則為之」，更以「不仁」批評宰我的寡情。因孔子認為人子在出生後的三年裡，接受父母的悉心照養與愛護，然後才有辦法離開父母的懷抱而生存，故面對父母之辭世，也相應地需過盡三年韶光，才容易消融化解、走出失怙的傷痛。可知對孔子而言，

59 所謂「身心雙軌的工夫類型」，是基於對志、氣間互動關係的認知，進而強調「治心（神）」與「調氣」雙軌並進的工夫。說詳拙作《身體與自然——以《黃帝內經素問》為中心論古代思想傳統中的身體觀》（臺北：國立臺灣大學文學院，一九九七年，《臺大文史叢刊》一〇二），頁三二一—三二二。

60 周何先生言禮教思想：「一方面以傳統的倫理道德為根本，一方面又以具體的形式來要求踐履篤實的精神。故有禮義，又有禮器、禮數、禮文的不同。禮義即其含蘊倫理道德的內在價值，而禮器、禮數、禮文即其表現實踐精神的外在價值。」（氏著：〈何以「不學禮無以立」〉，《孔孟月刊》第九卷第七期，一九七一年三月二八日，頁二六）抽象的倫理道德、思想理念（「禮義」）須寄託於形式之表現，方能存在；而禮器、禮數、禮文等具體的形式（「禮儀」）亦須依賴思想理念才能保有其價值。故曰：「禮在實質上，原應包括『義』和『儀』這兩部分。義與儀既是密不可分的，因此在語言的根源上是相同的，也就是說古音全同。在文字的表達上也是用既有的義字加個人為的人旁作儀。由此可見『儀』必須以『義』為基礎，而『義』也必然包容在人為形式的『儀』中。」（《禮學概論》，臺北：三民書局，一九九八年七月，頁二一〇—二一一）

守喪之「禮」、愛親之「孝」、不捨之「仁」，皆源於天性的自然感發。心與外物交接時那原屬自然的情緒反應，恰是天理的端倪，亦是道德價值的根源。

在此道德實踐的過程中，舜因不得父母之愛可以號泣（「舜往于田，號泣于旻天」（《孟子．萬章上》））、文王為安天下之民可以義憤（「文王一怒而安天下之民」（《孟子．梁惠王下》）），「顏淵死，子哭之慟」（《論語．先進》），面對弟子的死亡，孔子難以釋懷地痛哭；這樣的哀戚情緒且不止於當下，「子於是日哭，則不歌」（《論語．述而》），參加弔喪之禮後，仍任哀戚盤踞於胸懷，終日哭泣而了無哼唱歌曲的閒情。在合禮、合宜的狀況之下，入於胸次的哀樂是被允許，甚至是被視為理所當然的。

儘管儒學或以「樂而不淫，哀而不傷」（《論語．八佾》）稱許〈關雎〉恰如其分的怨慕之情；亦有「喪致乎哀而止」（《論語．子張》），言喪期盡哀即可，切勿因過度悲痛而傷生的主張，但在論及處喪時，仍是以「寧戚」（《論語．八佾》）、「思哀」（《論語．子張》）為喪禮應有之基調。

相較於《莊》學以維持心靈平和為首要目標的「无情之心」，儒、道居喪之兩種典範類型差去甚遠。對儒家而言，心安理得與否尤重於心靈的平和，因此往往在不違其禮義原則的情況下，任情緒內傷一己之身體與心靈。

### 3.「真宰」與「假借」：莊學中的生命實相

莊子明言《莊》學所致力保全者實迥異於眾人的追求（「彼其所保與眾異」（〈人間世〉）），似已點出《莊》學所重與包含儒學在內的其他學說有別。而《莊》學「所保」，與當時包含儒學在內的其他學說在工夫實踐上所以造成如是差異，當是由莊子認識的生命實相不同他說所致。

生死歷歷，自當驚懼如豨子、悲痛如子來將死環泣的妻與子，或如老妻方死「噭噭然隨而哭之」的莊周（〈至樂〉）。「說（悅）生」「惡死」，固人之常情。莊子卻說這是人之昧惑（「予惡乎知說生之非惑邪！」（〈齊物論〉））；是「遁天倍情」的無須哭之哭（〈養生主〉）；是年少遭亂流落他鄉，到老卻不知歸返故居的「弱喪而不知歸」（〈齊物論〉）。因此當其妻死，莊子噭然而哭後，隨即體認一己之「不通乎命」，纔轉而「通乎命」地「鼓盆而歌」（〈至樂〉）。

以人身為喻，莊子將尚未開始的生命當作一具身體的頭部，將有生之年喻為脊椎，將死亡視為臀部。也就是把遇合此身前之我、此生之我與身後之我，視為同一具形軀般，乃無可切割、離析、斷裂的整體（「以无為首，以生為脊，以死為尻，孰知死生存亡之一體」（〈大宗師〉））。世人認定出生與死亡即是生命的開始與結束，莊子則認為是同一個「吾」反覆經歷一次次形軀的死生交替，不知道究竟是死亡還是誕生才是生命的起始（「反覆終始，不知端倪」（〈大宗師〉）、「生也死之徒，死也生之徒，孰知其紀」（〈知北遊〉）），無從判定死去與活著究竟孰先孰後（「惡知死生先後之所在」（〈大宗師〉））。在死生迭代、相續無窮的生命觀中，莊子不僅從未割裂具有形軀之我的此世自我與失去形軀之我後依然存在的真正自我，更且再三強調死生之間那一體、相續而從未斷裂的關係（「死生為一條」（〈德充符〉））。

正因對生命的終始有不同於世俗的體認，知道形氣生滅如四季遞嬗般自然，[61]並明白死生迭代

61〈至樂〉：「是相與為春秋冬夏四時行也。」

如晝夜般往復無窮，[62]才能如此「不近人情」（〈逍遙遊〉）地躬身實踐「善夭、善老」（〈大宗師〉）與「死生无變於己」（〈齊物論〉），無論老、夭、死、生等巨變都可以安然面對。

> 仲尼曰：「……孟孫氏不知所以生，不知所以死；不知就【孰】先，不知就【孰】後。[63]若化為物，以待其所不知之化已乎！且方將化，惡知不化哉？方將不化，惡知已化哉？吾特與汝其夢未始覺者邪！且彼有駭形而无損心，有旦宅（怛化）而无情死【耗精】。[64]孟孫氏特覺人哭亦哭，是自其所以乃。且也相與吾之耳矣，庸詎知吾所謂吾之乎？且汝夢為鳥而厲乎天，夢為魚而沒於淵，不識今之言者，其覺者乎？其夢者乎？造適不及笑，獻笑不及排，安排而去化，乃入於寥天一。」（〈大宗師〉）

孟孫才認識到永恆的生命其實是一連串「化」的過程，「不知所以生，不知所以死；不知孰先，不知孰後」，不知道是先有生命才有死亡，還是其實是死亡開啟了下一段的新生。人之所以悅生惡死，是因視出生為開始、視死亡為結束。但在永恆的生命觀中，「生」與「死」都是真我歷程的一部分，不再是理所當然的開始與結束。《莊》學試圖為世人指出死與生更迭無盡、似斷實續的生命實相。

孟孫才其母已死、莊周妻已死，則似斷實續、更迭無盡如何可能？《莊》學以為人有形的軀體生命就好比薪柴，有老舊腐壞、燃燒殆盡的一天，但無形的靈魂生命卻可以像火苗般繼續傳遞下

62 〈大宗師〉：「死生，命也，其有夜旦之常，天也」、〈至樂〉：「死生為晝夜」、〈莊子・田子方〉：「死生終始將為晝夜」。《六臣註文選》引莊子佚文亦曰：「棰，杖也。言一尺之杖，分五寸為夜，五寸為晝。晝，陽也，主生。夜，陰也，主死。晝復夜，死復生，雖一尺之杖，無有窮時，故理足不少。」（梁・蕭統編，唐・李善等註，收入《景印文淵閣四庫全書》，臺北：臺灣商務印書館，一九八三年，冊一三三〇，頁七四三）《九條家藏舊鈔本文選存》（日本昭和間印本），卷十六下，頁一八，亦見此條佚文，唯缺「棰，杖也」句，而「無有窮時」作「无有窮時」。

63 王叔岷於此條下注曰：「案先、後就生、死言，就疑孰之誤，上文『又惡知死生先後之所在！』正所謂『不知孰先，不知孰後』也。」（《莊子校詮》，頁二五九）本文採此說，以「就」為「孰」之誤。《莊子・知北遊》：「光曜不得問，而孰視其狀貌。」《淮南子・道應篇》孰誤就，亦同此例，見清・王念孫《讀書雜志》（南京市：江蘇古籍出版社，二○○○年），頁八六七。

64 劉師培：「郭注云：『以形骸之變為旦宅之日新耳，其情不以為死』，《釋文》引李本作『怛侘』云：『驚惋之貌。』今考《淮南子・精神訓》云：『有戒形而無損於心，有綴宅而無秏精。』語本《莊》書，而『損』、『秏』，『心』、『精』，詞咸偶列，勘以郭本，其義實長。古籍耗恒作秏，秏、死，精、情，形近互譌，倒書則為『情死』。郭據譌本為釋，遂弗可通。若『旦宅』之詁，李殆近之。《淮南》作綴，或亦綴字段書耳。」（《莊子斠補》，收入《續編》，冊四○，頁七）奚侗云：「『旦宅』當作『怛化』，情當作精，應與死字倒置。本篇『叱！避！無怛化！』郭注『不願人驚之，將化而死，無為怛之。』即此文『怛化』之義。《說文》：『死，澌也。人所離也』是死有離椒之義……上言有可駭之形而無損於其心，下言有可怛之化而無離於其精，兩句正相偶也。《釋文》：『「旦宅，」李本作「怛侘，」崔本作「靼宅，」靼，怛也。』以李、崔兩本證之，可見旦之當作怛也。變化字古但作匕，今皆借教化字為之。竊疑此文本作匕，匕誤為乇，遂譌為宅矣。」（《莊子補注》，收入《續編》，冊四○，頁五一—五二）王叔岷：「莊子『耗精』作『死情』，乃『情死』之誤倒，劉、奚說並是。死與耗義近，《釋名・釋喪制》：『死，澌也。精神澌盡也。』情、精古通，情非誤字……『死情』與『耗精』同旨，謂耗盡精神也。『有駭形而无損心，有旦宅而无死情。』謂形骸有更改，而心靈無損減……形體有轉變，而精神無耗盡也。」（《莊子校詮》，頁二六一—二六二）本文採奚侗之說，乃以「旦宅」為「怛化」，解作令人驚懼之變化；採劉師培之說，乃以「情死」為「耗精」之誤倒，解作精神之消耗減損。

去，不知道有滅絕的時刻（「指窮於為薪，火傳也，不知其盡也」（〈養生主〉））。[65]莊子不以薪柴的燃盡為火苗的滅絕，不以形體的死亡為一己生命的終點，主張心神不死、靈魂恆存。〈大宗師〉中，子犁探望罹病將死的子來時，莊子生動地描寫兩人面對死亡的豁達，末了則以「成然寐，蘧然覺」[66]埋下伏筆——生命的焰火看似已被吹滅，但死亡並非生命的終點，只如入夜熟睡一般，翌日復驚覺甦醒。暗示生命仍然繼續，火苗依然延燒不絕。

由於莊子的生命觀中對生命的義界，遠遠溢出眾人對「生命」此一概念約定俗成的理解，為了表述方便，自需給既有「生命」概念（出生之後到死亡之前）所無法涵攝的「生命」（出生之前暨死亡之後）一個有別於既有「生命」的稱謂。

〈大宗師〉中孟子反、子琴張對子桑戶死亡的描述為：「而已反其『真』，而我猶為『人』猗！」謂孟子反、子琴張還寓居、寄託在這暫時的人形之中，而子桑戶已經回到靈魂永恆的本真了。莊子並以「卓」稱此「真」，以凸顯心神靈魂的重要性。[67]

莊子稱此世為「人」，稱身後為「真」。但「人」與「真」並非對立而沒有交集、不相涵攝的概念。形軀既為心神靈魂的寓居之所，[68]則有生之年，「真」的概念可說是含括於「人」的範疇之中。也就是「人」包含了「真」，而「真」包含於「人」。〈齊物論〉稱此包含於「人」之「真」為「真宰」、「真君」，[69]〈德充符〉稱之為「使其形者」，點出寓居人身的心神靈魂擁有自身一切思慮言行的決定權、主宰權與支配行使權，乃生為人真正的主宰。

莊子以「真」稱謂心神靈魂，一方面或因相對於軀體的有形、可信，心神靈魂不具形象、難以證實，但莊子卻認為不管我們能不能證明其存在，都絲毫不增減心神靈魂存在的事實（「如求得其

65 王叔岷注曰：「案心喻形，火喻心或神。『指窮於為薪』喻養形有盡。『火傳也，不知其盡』喻心或神則永存。」（《莊子校詮》，頁一一四）蓋王注實前有所承，歷代注家頗採此說，如明．釋性通：「**薪有盡而火無窮，形有盡而主無盡也**。形形相禪，化化無窮，正如薪火之傳，何有盡極？」（《南華發覆》，收入《續編》，冊五，頁八一）、明．楊起元：「**喻神不亡也**。」（《南華經品節》，收入《續編》，冊一七，頁三六）、明．吳伯與：「**人身形已盡，而神無盡**。」（《南華因然》，收入《續編》，冊二一，頁七九）、明．程以寧：「**形如薪而有盡，神如火而可傳**。」（《南華真經注疏》，收入《續編》，冊二八，頁七三），已發此義。

66 今本「成」當作「戌」，唐．陸德明：「如字，崔同。李云：『成然，縣解之貌。本或作戌，音恤。』簡文云：『當作滅。本又作眓，呼括反，視高貌。本亦作俄然。』」（《莊子音義》，收入《初編》，冊二，頁四五）清．奚侗：「《釋文》：『成，本或作戌。』是也。《說文》：『戌，威也。威，滅也。从火、戌，火死於戌，陽氣至戌而盡。』此言寐時之狀，有若火之熄威也，故曰『戌然』。戌、成以形近而譌。簡文云：『成當作滅』，蓋已得其義矣。」（《莊子補注》，頁五〇）

67 《莊子．大宗師》：「彼特以天為父，而身猶愛之，而況其『卓』乎！人特以有君為愈乎己，而身猶死之，而況其『真』乎！」

68 司馬談〈論六家要旨〉：「凡人所生者，神也；所託者，形也。神大用則竭，形大勞則敝，形神離則死。」；《內經》說生為「形與神俱」（《素問．上古天真論》）、「得神者昌」（《素問．移精變氣論》）、「得神者生」（《靈樞．天年》）；說死為「失神者亡」（《素問．移精變氣論》）、「失神者死」（《靈樞．天年》）、「身與志不相有，曰死」（《素問．逆調論》）。」（詳拙作《身體與自然——以《黃帝內經素問》為中心論古代思想傳統中的身體觀》，頁一一六）

69 〈齊物論〉以「真宰」、「真君」稱謂其可以致力保全不受情緒攪擾的心神、靈魂（此說為多數治《莊》學者所持之見解，如陳靜〈「吾喪我」——《莊子．齊物論》解讀〉：「真正的我，莊子稱為『真君』、『真宰』。」（《哲學研究》二〇〇一年第五期，頁五一）），更斷言：「已『信』」、「有『情』」、「如求得其情與不得，無益損乎其『真』」，以無可置疑的口吻，肯定「不得其眹」、「不見其形」之心神的真實存在，無論人之心神或者靈魂——此「真正的我」是否有形可見、有情可察，其存在的真實性不會因此減損分毫。

情與不得，無益損乎其真。」（〈齊物論〉），故以「真」之名申言其真實存在。

一方面稱「真」（又稱「无假」，詳下文），則相對於「假」。必需釐清的是：莊子所言相對於「真」之「假」，並非虛假或如夢幻泡影之假，而是「假借」之假。莊子明言「生者，假借也，假之而生」（〈至樂〉），心神於有生之年借住在此世擁有的形軀之中，方得以存活世間。又說：「假於異物，託於同體」（〈大宗師〉），永恆靈魂於死生流轉間暫時借住在不同的形軀中，人的生命不過是借用人這個形體，把靈魂暫時寄託於此。

莊子反覆以「夢」、「覺」譬喻生死，「夢為鳥而厲乎天，夢為魚而沒於淵」，就如睡著夢見自己化為鳥兒振翅高飛或化為魚兒潛游深淵，飛鳥、游魚之形皆不過夢中所化、此世所假借。寤寐夢覺之間，是短暫隨化的假託，面臨死亡時，若能洞見死生大化之後的本然，便將明白生命於死生流轉間恆存而無所驚懼。倘無視生命變化的事實，過度執著於「此世」的生命，就如深陷於夢境中，卻錯將夢境當作僅有的人生，而不願醒來面對生命的實相。

相對於短暫借用之「假」，莊子並以「恆物」（〈大宗師〉）與「无假」（〈德充符〉）稱可以不假借外在形體或是任何東西而永恆存在的心神靈魂。〈德充符〉與〈天道〉二篇分別描述《莊》學義界下之至人，所以能不為外在事物的變遷起落、不隨世俗認定的利害得失而讓內在心靈跟著搖擺動盪，就是因為明白生命的本質——心神靈魂——可以不假借外在的形體或是任何東西而存在（「審乎无假，而不與物遷」〈德充符〉；「審乎无假，而不與利遷」〈天道〉），也因此才會選擇順應人事物自然的變化，而守護、長養著永恆生命最根本重要的心靈（「命物之化，而守其宗也」〈德充符〉）。

相對於身體性生命的有形、可信、無法行使自身、短暫，莊子強調精神性生命的可信、真實（「真」、「真宰」、「真君」）、可以主使有形之身（「使其形者」）、也可以無所憑藉而存（「无假」）、永恆不滅（「恆物」）及其無與倫比的重要性（「卓」）。70

莊子並以「君」、「宰」、「治」、「行」、「使」等字眼狀寫此「真」。乃因莊子認為形體之「百骸、九竅、六藏」本當為心神、靈魂，即「真正的我」所主宰、治理、行使。生而為人，只要願意，「咸其自取」，自己能夠選擇、決定不放任心神臣服於耳目之官等自身形軀之嗜欲，不陷溺於

70 因此，追求精神性生命無止升進的知識，便成為《莊》學定義下重要性遠超越「小知」、「大知」（〈逍遙遊〉、〈齊物論〉）、「无涯」之「知」（〈養生主〉）的「至知」（〈齊物論〉、〈大宗師〉）——莊子在〈齊物論〉將知識類型依重要性次第排比的序列中，揭示了《莊》學認定的「至知」是：「古之人，其知有所至矣。惡乎至？有以為未始有物者，至矣、盡矣，不可以加矣。」（〈齊物論〉）所知已到達極致的古之人，認為這個世界的開始並不存在具體的物質、現象，優先於一切具體事物存在的，是沒有形體、無法被看見的心神靈魂，因此關乎心神靈魂的知識就是莊子義界下知識的極致與盡頭，再沒有更高的知識了。〈大宗師〉曰：「知天之所為，知人之所為者，至矣！」若能知曉自然運行的道理、天生物性的潛能，同時知道人如何行事合宜，就可說達到知識的極致——此即《莊》學「所保」（「彼其『所保』與眾異」），亦是莊子於全書反覆致意的《莊》學所「遊」。一旦明白莊學定義下的「至知」所要升進者乃是永恆的精神性生命，便容易理解莊子為何要以「遊於形骸之內」（〈德充符〉）、「遊无朕」、「遊於无有」（〈應帝王〉）、「振於无竟，故寓諸无竟」（〈齊物論〉）、「何不樹之於无何有之鄉」（〈逍遙遊〉）、「遊无何有之鄉」（〈應帝王〉）——優遊於形軀之內、看不到的所在（那不顯於具體功業、成就的追求）、不斷提升心神靈魂境界的無形之處（無形無跡的靈魂之域）、空無一物的本鄉等——彷彿難以具體描摹的詞彙，來形容所遊之所在：專注於一般人漠視的地方，致力於修養內在的心靈，將全部的生命寄託於此。

「喜、怒、哀、樂、慮、嘆、變、慹、姚、佚、啟、態」（〈齊物論〉）等諸般負面樣態當中，而能涵養此「生」之「主」，讓「真君」、「真宰」確實「君」、「宰」己身。使有涯之生得以臻至「形如槁木」、「心如死灰」（〈齊物論〉）等人人本堪臻至之境。[71]

孟孫才正因知曉生命的真相，明白「真君」、「真宰」這真正的我，雖於此世假託此形活動，卻能於形軀老病消亡後，超越死生流轉而恆存。因此在面對死生劇變時，「有駭形而无損心，有怛化而无耗精」，不為暫時「假託」的形骸有令人驚駭的變化而損累其心，能坦然面對其母之老病遷化，不為此悲慟過度而傷及一己的精神、靈魂，能作到以心安取代心痛地「哭泣無涕，中心不慼，居喪不哀」，踐履安於推移、隨化而去的「无情」之孝。

### 4.「天地之間」與「六合之外」：《莊》學的哲學論宇

每一哲學所討論的最大範限為「論宇」（universe of discourse）[72]。論宇是辯論或討論的範圍，是一種邏輯的宇（logical universe）。論宇所表示的「全類」就是「一」，是由排斥而窮盡且相矛盾的兩項相加而形成，是一整全完備的範疇。

由「子不語怪、力、亂、神」（《論語・述而》）及「未知生，焉知死」（《論語・先進》）的主張，可知儒家的論宇僅在「此世」。莊子則以「假於異物，託於同體」、「指窮於為薪，火傳也，不知其盡也」，暗示了在六合之外，尚有容許永恆而真正的生命，得以「薪盡火傳」的姿態，超越此世而存在的場域。

雖然莊子的工夫論與儒家一樣植基於天地之間——《莊子》的修行均緊扣在人間世備嘗生老病

死之「我」[73]——因而以「不擇地而安之」作為行孝的極致，也就是在天地之間的場域、存有於世的時間，子女對親上，都有等同於儒家所主張的孝敬與愛事。但不同的是，就存有論而言，莊子說「六合之外，聖人存而不論」（〈齊物論〉），「不論」而「存」，即便「不論」，卻肯定有「六合之外」的存在。可見「天地之間」並非莊學論宇的極限，莊學於概念上仍肯定六合之外的存在。

此一肯定「六合之外」的生命觀，以「生後死前」加「生前死後」的生命相聯為「生命之全幅」。讓莊子能在父母臨終時，因明白死生如四季交迭、晝夜推移般的自然，[74]故能「通乎命」（〈至樂〉）地齊同死生，不復因執著此身、抗拒死亡而「內傷其身」。

---

71 所謂「形『固可使』如槁木，而心『固可使』如死灰」，「固可使」三字足見莊子以為凡人固皆可至，端看「咸其自取」之自取與否。這種認為形體之「百骸」、「九竅」、「六藏」當受靈魂「行」、「使」、主宰的形神觀點，普遍存在於中國古代的傳統思想，不論是先秦諸子或古代醫家典籍如《黃帝內經》，隨處可見形神生滅離合、心神主司形體的議題。參見拙作《身體與自然——以《黃帝內經素問》為中心論古代思想傳統中的身體觀》，頁九—一六、九一—一六〇。

72 牟宗三：《理則學》，（臺北：正中書局，一九七一年），頁八。並可參Universe of discourse（Boole, George, *An Investigation of the Laws of Thought on Which are Founded the Mathematical Theories of Logic and Probabilities*, New York: Macmillan Publishers, 1854, p. 42）

73 〈大宗師〉：「夫大塊載我以形，勞我以生，佚我以老，息我以死。」

74 見註六一、六二。

## 小結

莊學與儒學於經驗現象與實踐工夫的差異，其實反映其背後哲學底蘊——生命實相與哲學論宇——的不同。而從本末的角度觀之，正因兩者所主生命實相、關照論宇範圍的根本差異，兩者於經驗現象中實踐孝道時，其工夫自然有別，如面對親人之喪，「中心」之憂悲與否即能顯其殊異。由此可見，莊子的哲學底蘊與孝行踐履間，有著緊密之扣合與繫聯。

# 三、父必「詔」子：父子之「親」其「貴」所在

## （一）「虎狼，仁也」與「父子相親」：《莊》學論「孝」的初階

《莊子》全書，屢見對先秦儒家思想的對話與反思：

> 商大宰蕩問仁於莊子。莊子曰：「虎狼，仁也。」曰：「何謂也？」莊子曰：「父子相親，何為不仁？」（〈天運〉）

先秦儒家以「仁」為其思想與實踐工夫的核心。《禮記．中庸》：「仁者，人也，親親為大」、「親親則諸父昆弟不怨」，「仁」是為人最重要的德行，而對親人的親愛之情，則是君子行仁的起點，也是維繫家庭和諧的基石。

而「親親」不單是一種源自天性的情感，更是儒家思想之成德根據：

孟子曰：「人之所不學而能者，其良能也。所不慮而知者，其良知也。孩提之童，無不知愛其親者，及其長也，無不知敬其兄也。親親，仁也。敬長，義也。無他，達之天下也。」（《孟子．盡心上》）

親愛至親是「不慮而知」、「不學而能」，是與生俱來的「良知」與「良能」，而這即便是無知孩童也「無不知愛其親者」、人人具足的「親親」之「仁」，使得儒家理想的「仁」德踐履與實現，有了內在於生命的成德依據；行「仁」也因此成為只要心之所嚮，定能踐履實現的生命目標。[75]

儒家並將此源於天性的「親親」之情推而擴之，延展成維繫社會和諧的力量：

君子之於物也，愛之而弗仁；於民也，仁之而弗親。親親而仁民，仁民而愛物。（《孟子．盡心上》）

75《論語．述而》：「子曰：『仁遠乎哉？我欲仁，斯仁至矣。』」

面對血脈相連的親人，有著最深厚的親愛之情；對無血緣關係的人民百姓，有著推己及人的胸懷；對於人類以外的其他物種，也有取之有時、用之有節的愛惜之心。孟子勾勒的，是一相應於情分、親疏遠近，關愛亦有濃淡疏密的等差網絡。[76]若「君子篤於親」（《論語・泰伯》）後能「達之天下」地將對父母的孝愛與對兄長的恭敬推擴出去，發為對其他人的友愛、對萬物的照護，便能完成「民興於仁」（《論語・泰伯》）的理想社會。[77]故在儒家思想中，「親親」、「孝弟」雖為「仁之本」（《論語・學而》），但並不只是起點，也是究竟，是「仁民」、「愛物」能循之實現的一以貫之之道。

然而《莊子・天運》卻讓「仁」跳出了人倫網絡的藩籬，莊子在回應商大宰蕩問「仁」時指出「虎狼，仁也」，觀之非我族類的動物之屬，其對乳子的照顧，從初生時的餵養照護、舔拭理毛；到乳子稍長時教以覓食求生、應敵防衛；親子間相枕而眠之親、相逐嬉遊之樂，凡此「子之愛親」、「父子相親」的親密情狀，彷彿人間親子。倘若源自於天性、「人之所不學而能」的孝愛之情便算得上仁德的展現，那麼於虎狼等動物身上亦比比皆是的「親愛之迹」，[78]也可稱為「仁」。

因此，莊子認為據「父子相親」論孝，只道出連虎狼之屬亦能踐履的工夫特質。對莊子而言，這樣的父子親愛只是《莊》學論孝的初階，親子間的孝愛本當如此，但不止於此。

### （二）父兄「詔／教」子弟大旨：規以「利／名」或「返本／全真」

究竟在源於天性的「父子相親」孝愛之情外，莊子理想親子關係的可貴之處為何？〈盜跖〉篇中假孔子之口，謂柳下季曰：

夫為人父者，必能詔其子；為人兄者，必能教其弟。若父不能詔其子，兄不能教其弟，則无貴父子兄弟之親矣。

作為父兄，要能告誡、教導、傳授經驗給自己的子弟。這是父子、兄弟關係珍貴所在，是理想親子關係中不可或缺的一環。倘為人父兄沒有盡到身為長者應盡之義務，無法詔教子弟，那便失去父兄所以為父兄的可貴之處。然值得追問的是，在「父必詔子」、「兄必教弟」的過程中，薪火相傳的，究竟是什麼樣的內容？

〈盜跖〉篇中假孔子之口，道出儒家教育樹立的價值典範之一，所謂「聖人才士之行」，是「造大城數百里，立數十萬戶之邑，尊將軍為諸侯，與天下更始」，是「罷兵休卒，收養昆弟，共祭先祖」，建立功業、樹立聲名以及德澤眾人，這些儒家認為父兄應教導、傳授予子弟的價值典範，莊子卻藉盜跖之口，將其歸納為「規以利」與「利名輕死」的追求名、利之言。

利莫大於「天下」，但就連堯、舜、湯、武等明主聖君，其後裔尚且無立錐之地，甚至絕滅無

76 楊時注：「其分不同，故所施不能無差等。」（宋．朱熹：《四書章句集注》〔臺北：大安出版社，一九九四年〕，頁五一〇）

77《論語．泰伯》：「君子篤於親，則民興於仁。」此亦儒家所以重視、強調孝道的原由。

78 唐．成玄英於「莊子曰：『虎狼，仁也。』」條下注：「仁者，親愛之迹。」（《南華真經注疏》，收入《初編》，冊三，頁五九六）

傳。[79]〈盜跖〉篇本此指出世間的榮祿富貴皆係有待於外、「儌倖」而得，隨時都有落空失去的可能。而孔子所倡的文、武之道卻「使天下學士不反其本」地「儌倖於封侯富貴」，以利「惑真」。

盜跖評議的另一類為先秦儒家推重效法的典範人物：「賢士」、「忠臣」。如伯夷、叔齊推卻君位隱居山林，最後卻因不願食周粟而「餓死於首陽之山，骨肉不葬」；又如以忠義著稱的比干，卻為紂王剖心而死。雖因氣節流芳百世，卻連自身性命都無法保全。[80]由此可見，不論是「規以利」抑或「利名輕死」，成就保全的都是身外的利益或名聲，而忽略了自己的心身性命。

從〈盜跖〉篇評述這些「才士聖人」、「賢士」、「忠臣」之言如：「以利惑其真」、「非可以全真」、「強反其情性」、「不反其本」、「不念本養壽命」、「不悅其志意、養其壽命」等，可知〈盜跖〉篇樹立的價值典範，當為「不『以利惑其真』」、「可以全真」、「不『強反其情性』」、「反其本」與「念本養壽命」、「悅其志意、養其壽命」。

就個人生命而言，「反本」是將生命從對外在功業名利的執著中抽身歸返，而「念本養壽命」、「養其壽命」，注重護養一己的壽命；致力於不讓外物攪擾、營損心神，維持心靈之平和，保全作為生命「真宰」、「真君」的心神與靈魂，即可「全真」。

《莊》學中的「反本」、「全真」，就個人而言，是生命的保全與心靈的養護；就理想的社群而言，《莊子》書中亦假盜跖之口，勾勒出一個懂得返本全真的美好世界。上古築巢託身的「有巢氏之民」，白日揀拾橡實栗果，入夜棲身在避獸的樹屋，以果腹充飢、安穩睡眠為生活要務。[81]無衣蔽體的「知生之民」，會在夏日囤積足夠的薪柴，以備寒冬生火取暖，使得居家生活更趨安適。[82]到了「神農之世」，更進一步能耕種所需食物、織造所著衣裳，在「耕而食」、「織而衣」外，不會因為過多的想望與追求而破壞生態、攪擾己心、為害社群，這種「臥則居居，起則于于」，供需自足、安閒自適的社會，為《莊子》稱許為「至德之隆」的社群典範。[83]

〈盜跖〉篇對理想社群生活型態的勾勒，指出無論時代如何演進，社會如何發展，人們所當珍愛、不堪折損、不當放棄的，該是性命安全、衣食溫飽、無憂安睡，這些最根本的幸福之鑰。從個人的形軀生命出發，論述擴及此世生活寄託的社群，《莊子》以「至德之隆」這樣「臥則居居，起則于于」、人與人之間「无有相害之心」的農業社會為例，描繪出整個社群體現「反本」、「全真」之道的風景；迥異於後世所推崇聖君明主之攻占城池、稱王天下，卻殺人盈野、「流血百里」。[84]

《莊子》寓言於盜跖，說明不論是個人此世有限的生命，或是此身寄託的社群，理想的典範都當含括「悅其志意」、「養其壽命」，而不與「反本」、「全真」之道相違。如此一來，便不會因追逐身外的利益或名聲而折損自身的生命與心靈，而能循著「保身」、「全生」、「養親」、「盡年」（〈養

---

79〈盜跖〉：「堯、舜有天下，子孫无置錐之地；湯、武立為天子，而後世絕滅，非以其利大故邪？」

80〈盜跖〉：「世之所謂賢士，伯夷、叔齊。伯夷、叔齊辭孤竹之君，而餓死於首陽之山，骨肉不葬……世之所謂忠臣者，莫若王子比干、伍子胥。子胥沉江，比干剖心，此二子者，世謂忠臣也，然卒為天下笑。」

81〈盜跖〉：「且吾聞之，古者禽獸多而人民少，於是民皆巢居以避之，晝拾橡栗，暮栖木上，故命之曰有巢氏之民。」

82〈盜跖〉：「古者民不知衣服，夏多積薪，冬則煬之，故命曰知生之民。」

83〈盜跖〉：「神農之世，臥則居居，起則于于，民知其母，不知其父，與麋鹿共處，耕而食，織而衣，无有相害之心，此至德之隆也。」

84〈盜跖〉：「然而黃帝不能致德，與蚩尤戰於涿鹿之野，流血百里。」

生主〉）的進路層層推擴，保全長養一己、親人乃至人際社群網絡中所遇生民的生命與心靈。[85]這正是在「父必詔子」的親子傳承中，最根本也最重要的價值。

## （三）「將柰之何哉」：「詔」、「教」而未必成

〈盜跖〉中的柳下季，固為「世之才士」，以其賢才為當世所重。但面對個性喜怒無常、聽不進諫阻逆言（「心如涌泉，意如飄風」、「順其心則喜，逆其心則怒」），但又口齒伶俐、作風剽悍、動不動就出口謾罵的盜跖（「強足以拒敵，辯足以飾非」、「易辱人以言」），其「詔」、「教」工夫，仍是力有未逮。〈盜跖〉篇中更假孔子之口勸戒盜跖，同樣無法移其志、變其行，甚至為其強辯與凶強所懾。《史記・老子韓非列傳》謂莊子「作〈漁父〉、〈盜跖〉、〈胠篋〉，以詆訿孔子之徒，以明老子之術」，[86]〈盜跖〉中對孔子受挫失態的刻畫，似乎正可作為太史公論斷莊子意圖藉由詆毀儒家典範人物，以推重自家思想的憑據。

然而，宋代儒者邵雍卻有著不同的看法，其謂〈盜跖〉「言事之無可奈何者，雖聖人亦莫如之何」，[87]認為篇中假託孔子「詔」、「教」不成的境況，正說明了世間確實有「將柰之何」的「無可奈何」之事，縱使如聖人之循循善誘，也無法改易。[88]〈盜跖〉篇中假託無能詔、教其弟盜跖的柳下季之口道出此一體認：

先生言為人父者必能詔其子，為人兄者必能教其弟，若子不聽父之詔，弟不受兄之教，雖今

先生之辯，將柰之何哉！

以「反本」、「全真」的人生價值「詔」、「教」子弟，是為人父、兄者應盡的重要責任，而子弟若能聽從實踐這樣的勸戒教誨，便是理想於現實中的圓滿落實。然而倘若子不聽、弟不受，甚至誤己害人如盜跖，也應坦然接受生命中的「無可奈何」，便不會本末倒置地教自己違背原欲珍重、傳諸子弟的返本全真之道，而能「安之若命」（〈人間世〉）地面對人生中的諸般無常。

這即等同〈外物〉中「外物不可必」之意：雖然心有所嚮，但身外的人、事、物，卻終非一己之心願或能力可操控扭轉。父兄在「詔」與「教」後即已完成應盡的責任，倘若子弟依然故我而絲毫「不聽」、「不受」，縱有聖人之才德，亦難以令其心悅誠服。此境況雖然無可奈何，卻終無損於「詔」、「教」工夫之踐履與完成。

85 詳拙作〈「守靜督」與「緣督以為經」：一條體現《老》、《莊》之學的身體技術〉，收入本書第三章。

86《史記會注考證》，頁八五五。

87〈觀物外篇〉：「莊子著〈盜跖〉篇，所以明至惡，雖至聖亦莫能化，蓋上智與下愚不移故也……〈盜跖〉言事之無可奈何者，雖聖人亦莫如之何。」（宋・邵雍：《皇極經世書》，臺北：中國子學名著集成編印基金會，一九七八年，頁三九七—四〇〇）

88 太史公與邵雍分別自不同的角度探討〈盜跖〉中聖人賢士教詔子弟不成的意涵，然而若自父必「詔」子、兄必「教」弟的角度觀之，「反本」、「全真」此一生命價值的傳續，是父子之親可貴所在，或許正是〈盜跖〉所欲傳達之要旨。

## 四、從「仁」到「至仁」：莊子論「孝」的工夫進程

在做到了「父子相親」與「父必詔子」之後，《莊子》中的孝行實踐是否還有其他的工夫循階或境界歷程？

（商大宰蕩）曰：「請問至仁。」莊子曰：「至仁无親。」大宰曰：「蕩聞之：『无親則不愛，不愛則不孝。』謂至仁不孝，可乎？」（〈天運〉）

莊子指出相親相愛並非仁的全幅意義後，商大宰蕩進一步追問仁之究竟，莊子以「无親」說明「至仁」的終極境界。先秦儒家以「親親」作為行「仁」的一貫之道：秉持著對至親的親愛之情，便能自然地表露為對父母的孝敬事奉，進而將孝悌推擴至家國天下而「仁民」、「愛物」地實踐仁德。因此商大宰蕩認為仁德與親愛孝敬之情應是不可離析的共同體，倘對親上無親近之情，便無法發自內心地孺慕親上；無親愛之情，便難以做到「冬溫而夏凊，昏定而晨省」（《禮記．曲禮》）地孝順、事奉。面對商大宰蕩「謂至仁不孝，可乎？」的疑問，莊子闡釋了「至仁」與「孝」之間的關係：

不然。夫至仁尚矣，孝固不足以言之。此非過孝之言也，不及孝之言也。夫南行者至於郢，

北面而不見冥山，是何也？則去之遠也。（〈天運〉）

「至仁」是最高的德性，無法僅憑「孝」這樣的單一德目來稱說、概括其全貌。但莊子並非認為「至仁」高過於「孝」，只是當達到「至仁」的境界時，便不會再標舉各種單一的德目。正如旅人自北地出發，不斷往南走到楚國的郢都，再回望北方時，卻發現記憶中極北那高聳挺拔的冥山早已遠得看不見了。同理，刻意標舉「孝、悌、仁、義、忠、信、貞、廉」等德目，反而凸顯全德的離析與失落。當人因在意旁人目光，欲符合外在標準地拘執於此等德目時，將使一己生命為這些外在價值所勞役，[89]而逐漸遠離最原初、完滿的「至仁」之境。

因此，敬親、愛親只是行孝工夫的起點。莊子進一步揭示其孝行實踐的全幅階梯：

> 故曰：「以敬孝易，以愛孝難；以愛孝易，而忘親難；忘親易，使親忘我難；使親忘我易，兼忘天下難；兼忘天下易，使天下兼忘我難。」（〈天運〉）

茲將《莊子．天運》篇中「孝」的階梯簡圖如次：

對父母與生俱來的親愛之情，是孝行的根本，莊子認為發自內心、自然而然、隨時隨地無所懈怠地對父母有著無微不至的恭敬、體貼與事奉的「以愛孝」，要較恪守種種有跡可循的儀則節度的

89〈天運〉：「夫孝、悌、仁、義、忠、信、貞、廉，此皆自勉以役其德者也，不足多也。」

「以敬孝」更為難能可貴。

如前所述，親子間的親愛之情並非《莊子》孝行的最高典範。人子在做到「以愛孝」的同時，還需「忘親」：一方面放下「以愛孝」可能衍生的牽掛與執著，避免因過度擔慮父母的大小瑣事而心神不寧；另一方面，也要能理解、接受世間原本存在著「孝未必愛」這般「不可奈何」（〈人間世〉）的境況，在全心愛親、事親時，不會因親上無有相應的慈愛憐惜而勞心傷神。人與人愈是相近親愛，就愈容易依戀執著於所愛，並希望自己在對方心目中能占有對等的分量，渴望能夠參與、分享彼此生命中的時時刻刻、方方面面，卻因此在不自覺間反而囿限、攪擾了親愛之人的生命。因此，為人子者於深愛親上之餘若還能「忘親」，便能不懷成見、不生忌妒地讓親上為其所好、愛其所愛，在孝愛之餘仍尊重親子關係外的全幅生命。

在做到「忘親」善加保全一己身心之餘，更為難能的是「使親忘我」。如前所述，戀著與占有本源於親愛。為人父母者，對出於己身、自小拉拔呵護的子女特

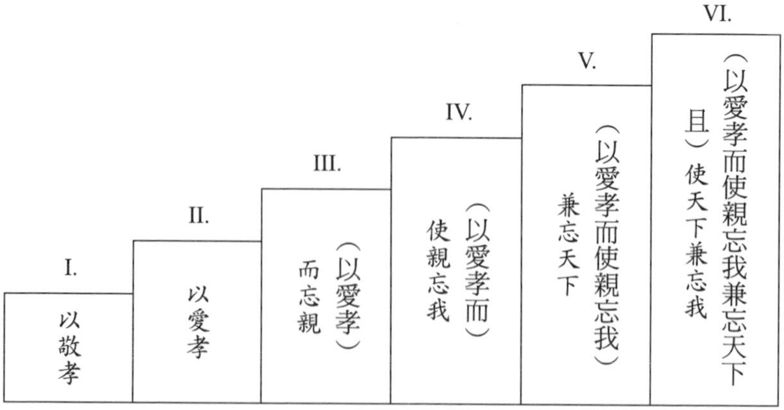


圖二之一　《莊子．天運》篇中「孝」的階梯

別容易有不捨與依戀之情，尤難釋懷。往往於不自覺間，在子女漸長、即將拓展學業為事業，並開展一己情愛版圖時，仍試圖規範、甚至全然操控其目標與行為，衍生親子間種種的扞格與衝突。倘若子女自身能以愛養「真宰」、「真君」為人生終極價值，進而還能推擴這樣的體認，將照護「真宰」、「真君」平和無擾之生命價值傳達給至親，讓親上「反本」、「全真」地將其生命目標歸返自身，不再為子女的康健、哀樂與禍福榮辱等境況憂悲操煩，即可達到「使親忘我」。

然而天地間能牽動心緒的人、事、物不僅限於親子之情，對人間情愛的追逐與執著乃至於名利、權位，都一樣「懸」人於天地之間、使人陷入動盪不安的情境中。若能於「使親忘我」後更進一步地「兼忘天下」，體認除「真宰」、「真君」外，形軀隨死亡衰敗，財貨於人間流轉，一切事物終究無法長久持有，放下對一切外物的執著與強求，便能心平氣和地面對所有的得失際遇，而專注於生命所欲「反」之「本」、應「全」之「真」，真正地致力於個人身心的照護與長養。

拾級至此，在力行「反本」、「全真」之道而「兼忘天下」不為外物攪擾後，生命將因此獲得全面性地轉化與提升，也會自然地以這樣的生命價值澤及遠近眾人。而在利己利人、善與人同時，往往容易受到眾人的注目與景仰。但無論愛人或助人，無論功成或名就，皆由無數機緣薈萃而成。因此「至仁」之人雖能不著痕跡、自然而然地改善他人的生命，卻不欲世人視此恩惠來自於己；自己不居功的同時，也讓天下人不覺受惠於己，達到使「天下兼忘我」的境界。

莊子稱許這樣的境界已然超乎「仁」、「孝」等德行：

> 夫德遺堯、舜而不為也，利澤施於萬世，天下莫知也。豈直太息而言仁、孝乎哉！夫孝、

> 悌、仁、義、忠、信、貞、廉，此皆自勉以役其德者也，不足多也。故曰：「至貴，國爵并焉；至富，國財并焉；至願，名譽并焉。」是以道不渝。（〈天運〉）

這樣的德業是超乎堯、舜等聖君之上，其德澤天下、萬世不輟，卻不為人所知。這是致力於「反本」、「全真」後於人間世開展出的「至仁」之境，是生命不斷提升、連帶澤及他人的自然結果。一如尊貴的究竟不在位高權重，富有的究竟不在富可敵國，顯耀的究竟不在名滿天下，而「仁」的究竟，亦不在眾德行條目或利澤於世當中。「孝、悌、仁、義、忠、信、貞、廉」等德目，都是他人目光所加諸的外在價值，倘若為了這些外在的標準驅役自己的生命（「觀眾人之耳目」〈大宗師〉），終將失落生命的本真與全德。

由此可知，在這樣的工夫階梯中一以貫之的，其實正是〈盜跖〉篇所謂的「反本」、「全真」之道——長養生活的根本，保全生命之真宰——是生命中最核心的價值，凌駕國爵、財貨、聲名等世俗的價值之上，這是為人最初的起點，更成為莊子最初也最終的追求。

## 結論

本研究以《莊子》書中的親情為主要論題，揭示其於經驗現象中情愛實踐的具體工夫。人人都企盼能夠擁有幸福的感情，遮撥而言，便是希望在每一情感關係中均能「無傷」。在這樣的期盼下，我們該如何對待與所愛之人之間的感情？

莊子理想的親情在經驗現象中，子女對親上的愛、事與孝，應是由內在情感到外在行為的一以貫之：「子之愛親，不可解於心。」對父母的孝愛之情是無時無刻都扎根於心底、沒有從心上卸下的時候；且這樣根深蒂固的情感將發露為「不擇地而安之」的外在具體行為，不論在任何處境下都會努力讓親上得到安適。由此可發現，在正常的境遇下，儒家和莊子所主張的孝行實踐並無二致。但當面臨「孝未必愛」乃至於父母之喪的情感變局，莊子於經驗現象中的孝道踐履與儒家有著很大的不同。

儒家認定心與外物交接時那原屬自然的情緒反應，是天理的端倪，亦是道德價值的根源。因此允許任哀悲的情緒動盪、攪擾一己的內心。在面對己孝而父母不慈的境況下，作為先秦儒家孝行典範的舜可以悲傷痛哭（「舜往于田，號泣於旻天」〔《孟子．萬章上》〕），孝己與曾參亦可因此而憂悲不已（〈外物〉）。在面對父母之喪時，可以「悲哀在中」、「痛疾在心」（《禮記．問傳》）地痛入心扉；三天內因過度哀傷而食不下嚥，須待三天後才能勉強喝點鄰居送來的糜粥（《禮記．問喪》）；甚至在親喪三年之內都繼續沉浸在這樣悲痛憂傷的「至痛」中，過盡三年韶光，方能逐漸消解（《禮記．雜記下》）。

面對這些經驗現象中的情感劇變，莊子提出和儒家截然不同的用情原則，莊子點出「孝未必愛」（〈外物〉）的實況，教人不再因執著於子孝親慈的天倫理想藍圖而內心憂悲；甚至在面對最令人無可奈何、難以面對的母喪死別時，仍要保持「中心不戚」、「居喪不哀」（〈大宗師〉）的心靈平和。力求「哀樂不能入」（〈養生主〉）、「不以好惡內傷其身」（〈德充符〉），不任種種憂悲情緒攪擾、動盪一己之內心。

莊子如是於經驗現象中獨特的用情態度，乃源於其獨特的生命觀與思想論宇。莊子視我們「假於異物，託於同體」（〈大宗師〉）寄寓於形軀中的此世，僅是薪盡火傳的永恆旅程中的一段。相較於短暫、有限的形軀生命，永恆不滅的心神靈魂才是更為真實、更值得珍惜養護的「真宰」、「真君」（〈齊物論〉）、「真」、「卓」（〈大宗師〉）。莊子正因有著如是生命觀，故不向外追求想像中理想、圓滿的情感，而主張不論外在環境如何惡劣，心靈都要保持平和無傷，以追求真我生命的升進與圓滿。

莊子所論雖僅限於上下四方經驗現象世界中的「六合之內」（〈齊物論〉），但其哲學論宇更涵括了經驗現象以外的「六合之外」（〈齊物論〉），只是由於莊子對「六合之外」抱持著「存而不論」、肯定其存在而不加以討論的態度，故使其思想與工夫實踐不致成為一般義界下的宗教或靈修，而顯得親切且容易為異時異地所有曾為情所傷的庶民接受，並成為能與許多宗教或靈修法門相容接軌、不扞格難入的生活哲學。

莊子雖然抱持如是以「真宰」、「真君」、「真」、「卓」為重的用情原則，以自身心靈的養護為首要目標，卻並非不顧、無成於自己以外的他人與群體。事實上，正因為珍惜永恆的心神靈魂，莊子從而開啟由一己生命推擴至天下眾人的孝行階梯。

莊子孝行的初階，乃是尊重親上的「以敬孝」，而在尊重之外，還要「以愛孝」發自內心、無微不至地孝愛親上；但由於對永恆「真宰」、「真君」、「真」、「卓」的重視超過一切，故在孝愛親上時且須做到「忘親」、在付出愛的同時仍無所執著、不會因愛而自添煩惱。更進一步而言，因為體認到生命的永恆性，在孝愛親上時更希望「使親忘我」，讓親上能夠不因為記掛自己而攪擾其內心。但這樣仍未達到莊子孝行階梯的極致，除了親人之外世上仍有許多使人掛心、執著的人、事、物，因此「忘親」之後還要進一步作到「兼忘天下」、對天下的一切均無所執著；而因為一切的功業均有待於「生物之以息相吹也」（〈逍遙遊〉），生命間的彼此影響、扶助，實為因緣際會下的偶然，非一己所能獨力成就。身居高位或以德行化育百姓的聖人，更當以「使天下兼忘我」、功成不居為至境。如此一來，個我的生命境界便將在莊子所提出的孝之階梯上、化已化人的過程中拾級升進。

從「以敬孝」和「以愛孝」中尚能窺見儒家用情的身影，但從「忘親」、「使親忘我」、「兼忘天下」、「使天下兼忘我」等境界中，看到的則是莊子本於其永恆生命觀、不限於此世的哲學論宇，對永恆生命的重視所開啟的情感至境。保持心靈的「無傷」、不擾，乃是為了永恆靈魂的提升而提出的重要價值。

在認識莊子的哲學底蘊後，便更能了解，為何同是論孝，莊子卻如此強調「哀樂不入」、「不以好惡內傷其身」不任情緒攪擾一己心靈的重要性。但這樣「無人之情」（〈德充符〉）的不動心絕不等同於全然的無情，莊子理想中的情感，對於所有的親人、朋友乃至於情人，都仍要「不可解於心」、「不擇地而安之」從內而外、一以貫之地盡力付出，只是在付出之後，對於經驗現象具體外在世界的結果，懷抱著無待、無執與無求的隨順態度，但求一己心靈不失去其本來的平和寧靜。

莊子的感情論述雖奠基於其永恆生命觀與「六合之外」的哲學論宇，但由於懷抱著「六合之外，存而不論」的態度，將全部的工夫聚焦於此世中的實踐，因此人們即便不認同莊子永恆的生命觀，仍可以選擇於此世的生命中實踐莊子之道，獲得在任何境遇下均不易傷亂、無待於外而能始終逍遙的心靈。

第三章

# 「守靜督」與「緣督以為經」：一條體現《老》、《莊》之學的身體技術*

* 本文初稿刊登於《臺大中文學報》第三四期，二〇一一年六月，頁一—五四。初稿之撰作，承蒙行政院國家科學委員會專題研究計畫（計畫名稱：「姿勢與意識：《莊子》書中的專家與生手」〔96-2411-H-002-043-MY2〕）之經費贊助，謹此申謝。

# 前言

## （一）怎樣作（knowing how）《老》、《莊》身體的「自然」

如前所述，十九世紀末葉以降，國人對子學的研究多聚焦於心性論，且似視心性論為一套理性思辨的產物，而忽略了傳統子學在身體層面的深厚基礎。換言之，心靈、心性的重要性既無與倫比，於是無法思想、又居被動位格的身體，在學者眼中的重要性一直都不如心靈，亦不被認為是值得深入探討的議題。以《莊子》為例，過去學界對於「逍遙」的研究，多只視之為內在的心靈境界。即以心靈為主體，乘御人間世的聚散、得失、生滅等一切常變，而忽略了逍遙是一種牽涉心靈、身體、行動、情境（包括自然暨文化情境）與物質等方面的互動過程。心靈的面向誠然不可輕忽，但並非全部。筆者想指出：在傳統學術中，主體的建立與心性的工夫，都不僅屬於「心」（心靈、意識等）的領域。傳統有關主體、心性與工夫的學說，既非純然出於思辨的產物，自然不能單靠研究者的思辨能力來掌握。

認知科學家以「體現行動」（embodied action）強調：在日常生活的認知當中，感覺與動作的過程，亦即知覺與行動，兩者基本上是分不開的。[1]此等對日常生活中「體現行動」的闡釋，正凸顯了偏重心性論的子學研究所忽視的課題。英國哲學家Gilbert Ryle指出：在知道怎樣作（knowing how）與知道是什麼（knowing that）之間，有某種相似，也有某種區別。所謂「知道怎樣作」，並不單指知道該符合那些規範判準，而是能去活用、主動以這些規範判準來形成自己的行為。[2]

回顧民國以來有關傳統思想的研究，無論領域或視域、規範與方法，率奉西方為圭臬。中西思想與哲學的論域雖有互通之處，然而假使研究視域理當相應於文化特質，則許多已傳之千年、卻因不在西方視域內而鮮受學界重視的思想文化命題，或正是體現傳統文化特質之處，而亟待研究。[3]假使肯定傳統文化特重體驗、內省、修鍊與超越的特質，[4]則直接就現象層面探究具體的感官經驗，較之將具體而流變的身體加以觀念化、抽象化，似更切合古人認識身體的方式。因為細微的感官經驗未必受觀念化的身體圖像所範囿，有太多在時間中流動且細緻、獨特的身體感受，難以收編到共時性的身體結構圖像暨作用機制之中。[5]

因此繼心性、身體觀研究之後，本文聚焦《莊》學之身體主體，輔以「身體感」研究，針對傳統哲學特重修習、實踐之特色，正視「認識理論」與「完成任務」之間的差異。試圖將過去著重於

---

1 F. J. Varela, E. Thompson, & E. Rosch, *The Embodied Mind* (Cambridge, MA: MIT Press, 1991), p. 173.

2 Gilbert Ryle, *The Concept of Mind* (New York: Barnes & Noble, 1949), pp. 28-32.

3 參見拙作〈疾病場域與知覺現象：《傷寒論》中「煩」證的身體感〉，收入余舜德主編，《體物入微：物與身體感的研究》（新竹：清華大學出版社，二〇〇八年），頁一六五—一六六。

4 說詳李亦園：〈和諧與超越的身體實踐——中國傳統氣與內在修鍊文化的個人觀察〉，《氣的文化研究：文化、氣與傳統醫學學術研討會》（臺北：中央研究院民族學研究所，二〇〇〇年），頁一—二七。

5 筆者《身體與自然——以《黃帝內經素問》為中心論古代思想傳統中的身體觀》（《台大文史叢刊》一〇二，一九九七年）一書中，已就「身體觀」一題，對於傳統醫家之代表經典《黃帝內經素問》，進行深入的探討。

「知道是什麼」的向度，移轉為對「知道怎樣作」的探討。

## （二）《老》、《莊》的工夫：「無為」之「為」與「不刻意」之「刻意」

《老子》曰：「聖人處無為之事，行不言之教」（〈二章〉）、「為無為，則無不治」（〈三章〉）、「損之又損，以至於無為。無為而無不為」（〈四十八章〉）。「無為」固然是老子的核心思想，然卻需理解「無為」之「為」，才能將「無為」境界落實於家常踐履，進而獲致「無不治」、「無不為」的功效。

Edward Gilman Slingerland曾用「悖論」（paradox）一語描述老莊的「無為」思想——若一切「為」的最高境界，竟是毋需勉力的「無為」，則必然會衍生如下問題：我們要如何「努力」，才能做到「不要努力」？此等看似矛盾而弔詭的進路，造成《老》、《莊》思想體系的內部緊張性。而Slingerland對道家思想的「悖論」詮解，也間接說明道家思想所以易遭誤解為「應該放棄任何人為努力」的原由。[6]「無為」與「自然」二辭的字面意涵，看似否定人為努力的必要性，但此等道家義界下的最高境界，實則是亟需努力方可臻至的。

相應於老子的「無為」，《莊子》亦有「不」、「無有」等近似「『無』為」的概念。如：「不益生」（〈德充符〉）、「不刻意」（〈刻意〉）、「脩行无有」（〈大宗師〉）。同樣的，倘若明白莊子「脩行无有」之「脩行」、「不刻意」之「刻意」、「不益生」之「益生」，便能開啟體現《莊》學「常因自然」之「自然」（〈德充符〉）工夫的關鍵法門。

莊子對刻意從事養形攝生的看法，可從經文中略窺一二。如〈德充符〉中以「无情」論述回應惠子：

吾所謂无情者，言人之不以好惡內傷其身，常因自然而不益生也。

莊子認為：投身於世界的主體無需刻意從事「益生」的修鍊活動。[7] 問題是：莊子究竟視何等舉措為刻意而有為的「益生」之舉？〈刻意〉篇曾有明言：

吹呴呼吸，吐故納新，熊經鳥申，為壽而已矣。此道引之士，養形之人，彭祖壽考之所好也。若夫不刻意而高……不道引而壽，無不忘也，無不有也。澹然無極，而眾美從之。此天地之道，聖人之德也。

莊子清楚刻畫出一己之學與「道引之士，養形之人」的畛界。舉凡「吹呴呼吸，吐故納新」這類呼

6 Edward Gilman Slingerland, *Effortless Action: Wu-wei as a Spiritual Ideal in Early China* (New York: Oxford University Press, 2003), p. 6.

7 Merleau-Ponty 認為生活世界是人類進行思維、知覺等活動的場域，由於人類能夠經驗自身，故能根據主體的生活經驗，有意向地連結、界定日常事物的內容與意涵。「身體主體」是具有情感、知覺、欲望的自我，其能針對外界情境投射意向並產生感受，據此產生情境意義，因而在身體主體的日常生活意向當中，所謂的內在與外在世界，乃是難以分割的。詳參 Maurice Merleau-Ponty, *Phenomenology of Perception*, trans. Colin Smith (London: Routledge & Kegan Paul, 1962).

吸調息之術；以及「熊經鳥申」那些模擬大熊攀援樹幹，或取法禽鳥延頸展翅等姿態動作，以強身健體的種種操練，都歸屬「道引之士，養形之人」一味追求彭祖壽考者的作為，有違莊子心之所嚮的「聖人之德」。由此可見，舉凡在日常生活的行住坐臥之外，特意撥空追求長壽的工夫，無論呼吸吐納抑或象形導引，都非莊子所為。這些被莊子歸屬於「為壽而已」作為的「吹呴呼吸，吐故納新」與「熊經鳥申」，寥寥三語，卻已隱然囊括傳統各家養生功法，甚至武學宗派之動功與靜功。

值得注意的是，莊子在視呼吸吐納、法獸象禽為「刻意」而不主從事的同時，卻在《莊》學究竟境界的摹寫描繪中，強調「不刻意而高」、「不道引而壽」——雖不從事呼吸吐納、法象獸禽，亦不求功夫之高、年壽之長，但只要順著莊子之學行去，自然可收「無不有也」、「眾美從之」之效，包括彭祖壽考者亟欲獲致的「高壽」。且看〈逍遙遊〉中姑射神人的「肌膚若冰雪，淖約若處子」；〈大宗師〉裡「年長矣，而色若孺子」的聞道者女偊。形有所忘，反具冰雪肌膚、處子體態、孺子容色；不刻意養生、延年，反享高壽。何以不刻意從事養形延年之事，卻也能體現人所嚮往追尋的生命境界？我們不能因為《莊子》不刻意於「益生」、「導引」等「養形之人」所為之事，便忽略書中對形體境界的描述，或對「身體技術」（body techniques）[8]的要求。

面對《莊子》不刻意撥冗從事呼吸吐納、活動肢體等導引養生的動、靜功法，卻得見心、身境界的同時朗現。教人不禁要尾隨惠子一問：「不益生，何以有其身？」（《莊子．德充符》）「不刻意」、「不導引」，無呼吸吐納、熊經鳥申之功法，莊子時刻遵循恪守（「常因」）的大原則，不過「自然」而已。這理當正是「無為」之為、「不益」之益、「不刻意」之刻意，以及「脩行无有」的修行所在。於是何謂「自然」？如何「常因」？便成探究《莊子》身體之「為」的重要綱領。

# 一、檢視注疏傳統中的「緣督以為經」

## （一）歷代詮字釋義出走的緣由

在〈養生主〉中，得見一條堪為身體技術（body technique）的線索：

> 為善无近名，為惡无近刑，緣督以為經。可以保身，可以全生，可以養親，可以盡年。

茲將歷來注疏家所詮解的「緣督以為經」，簡表如次：

8 Marcel Mauss 提出「身體技術」一詞，指人們在不同的社會中根據傳統了解使用身體的各種方式。Mauss 並舉行走、游泳等例，說明此等事項對於各種特定的社會來說皆是特殊的。（Marcel Mauss, *Sociology and Psychology: Essays*, trans. Ben Brewster, London; Boston: Routledge & Kegan Paul, 1979, pp. 97-98.）Mauss 在人類學社會性的身體脈絡下提出「身體技術」觀念，認為身體的操作方法並非與生俱來，而是受到社會文化的浸潤與影響，因而具有該社會文化之個色。本文茲借用此一詞彙，說明《莊子》書中可經傳授及熟習而獲致的身體實踐。傳統文化中具高度心身能力之菁英分子對身體的看法，影響、形塑了該文化中的身體經驗、感觀知覺與動作姿勢。藉由對古典身體建構的研究，或可在傳統道家文化逐漸式微的當代，使《莊子》之學重新為人注目、操作並養成慣習，甚至進而影響社會風潮之更迭及文明時尚的變遷。

表三之一　歷代「督」字異解暨「緣督以為經」句解

| 「督」字異解 | 「緣督以為經」句解 |
| --- | --- |
| 1. 督，督脈也。身後之中脈曰督，一身形氣皆攝於此。[9] | (1)取「督脈」本義。如：<br>督，督脈也。人身有任、督二脈，督脈從尾閭後上過三關至泥丸，前下與任脈會至黃庭，是緣督以為經。（程以寧）[10]<br>緣督為經，所以為馭氣之方也。人身背有督脈，自閭尾而通氣於頂上之尼丸（當作「丸」），前有任脈，自尼丸而通氣於心竅之絳宮。然氣必自臍下丹田，轉於閭尾而升於頂上，故曰：「緣督以為經」，此養生鍊氣之要訣也。（陳治安）[11]<br>身前之中脈曰任，身後之中脈曰督。督者，居靜而不倚於左右。有脈之位而無形質者也。緣督者，以清微纖妙之氣，循虛而行，止於所不可行，而行自順以適得其中，不居善之名，即可以遠惡之刑，盡年而遊，不損其逍遙。（王夫之）[12]<br>督謂任、督，南北為經。此句道家祕旨，清靜、修鍊兼攝。（方潛）[13] |
| | (2)取「督脈」居身中之位置而引申作「中」、「道」、「中道」、「正道」、「中節」、「因是因非」等德性解者。[14]如：<br>順一中之道，處真常之德。（成玄英、林紓）[15]<br>乃喜怒哀樂之未發，發皆中節。（潘基慶、方以智）[16] |

(3)借「督脈」居身中之位置，形容養生之主、心神之遊。如：

緣督者，養其不生不死之主，非養其可生可死之身。（葉秉敬）[17]

內則緣吾身之督，使神于虛，而不滯于形氣之粗；外則緣事物之督，使神亦遊於虛，而不攖于盤錯之累。（屈復）[18]

---

9 如明．方以智：《藥地炮莊》，收入《初編》，冊一七，頁九七。清．徐廷槐：《南華簡鈔》，收入《初編》，冊二〇，頁五七。清．朱桂曜：《莊子內篇證補》，收入《初編》，冊二六，頁八九—九〇。

10 明．程以寧：《南華真經注疏》，收入《續編》，冊二八，頁六五。

11 明．陳治安：《南華真經本義》，收入《續編》，冊二六，頁一一八—一一九。

12 清．王夫之：《莊子解》，收入《初編》，冊一九，頁八四—八五。

13 清．方潛：《南華經解》，收入《續編》，冊三六，頁四〇。

14 如明．藏雲山房主人：《南華大義解懸參注》，收入《初編》，冊一五，頁一五二、一六六—七。清．王懋竑：《莊子存校》，收入《初編》，冊二〇，頁六。清．吳世尚：《莊子解》，收入《初編》，冊二二，頁七三—七四。葉玉麟：《白話莊子讀本》，收入《初編》，冊二七，頁四八。

15 唐．成玄英：《南華真經注疏》，收入《初編》，冊三，頁一四五。清．林紓：《莊子淺說》，收入《初編》，冊二七，頁九一。

16 明．潘基慶：《南華經集註》，收入《初編》，冊一二，頁一九七。清．方以智：《藥地炮莊》，收入《初編》，冊一七，頁九八、一〇三。

17 明．葉秉敬：《莊子膏肓》，收入《初編》，冊一六，頁五一。

18 清．屈復：《南華通》，收入《初編》，冊二二，頁九七—九九。

| | |
|---|---|
| | (4)借「督脈」居身中之位置，狀寫前句「為善无近名，為惡无近刑」：<br>凡人作用，不外善惡兩途，以善勸善，不妨為善，用惡止惡，不妨為惡。無近名即為善之中，無近刑即為惡之中，離善惡無中、離中無善惡。三句合看，纔見作用之妙。（周拱辰）[19] |
| 2.督，裻也。指「衣背當中之縫」。[20] | 取「衣背當中之縫」的引申義，解作循「凡事自然之理」，以為應物之常，如：<br>緣，循也。衣背當中之縫謂之督，喻凡事皆有自然之理，解如下文，所謂有間是也。經，常也。循此以為應物之常。（林雲銘）[21] |
| 3.「督」、「裻」在中，原無定所，乃釋為「兩物相際之處」、「第取中兩間義」者，意指後文所謂「有間」是也。[22] | 以「緣督以為經」形容「遊於無物之地」者，如：<br>中者，虛而無物之地，游於無物之地，乃不為物所傷，然而其際亦甚微矣。（劉鳳苞）[23]<br>凡兩物相際之處，謂之中。無此中，則此與彼無相麗之用。然而稍移一分，則又第為彼物矣。然則中固無有物也。遊於無有物而傷之者誰哉？此緣督之義，固無踰於解牛者也。（曹受坤）[24] |
| 4.不謂經脈、衣縫，而逕以「中」、「執中」、「道中」、「中道」、「道中庸」、「正」、「無造作」、「因其固然」等釋「督」。[25] | 如：<br>順中以為常也。（郭象、黃奭、劉文典）[26]<br>督，中也。緣督，無名無形，無是無非，執中也。（陳深）[27]<br>督，訓中，中無造作，即因其固然之的旨。（浦起龍、高嵣）[28]<br>順虛以為常法的意思。「緣督」，含有順著自然之道的意思。（陳鼓應）[29] |

5. 督，理也，天理也。

緣，順也。督，理也。經，常也。言但安心順天理之自然以為常，而無過求馳逐之心也。（釋德清）30

---

19 清．周拱辰：《南華真經影史》，收入《初編》，冊二二，頁一二五。

20 清．朱桂曜：《莊子內篇證補》，收入《初編》，冊二六，頁八九—九〇。

21 清．林雲銘：《莊子因》，收入《初編》，冊一八，頁七七。

22 清．劉鳳苞：《南華雪心編》，收入《初編》，冊二四，頁一一〇、一一三。曹受坤：《莊子內篇解說》，收入《初編》，冊三〇，頁八〇。

23 清．劉鳳苞：《南華雪心編》，收入《初編》，冊二四，頁一一〇。

24 曹受坤：《莊子內篇解說》，收入《初編》，冊三〇，頁八〇。

25 參見唐．陸德明：《莊子音義》，收入《初編》，冊二，頁二一—二二。宋．陳景元：《南華章句音義》，收入《初編》，冊五，頁二九。宋．王元澤：《南華真經新傳》，收入《初編》，冊六，頁七五。清．任兆麟：《莊子述記》，收入《初編》，冊二三，頁一一。清．吳汝綸：《莊子點勘》，收入《初編》，冊二六，頁一九。

26 晉．郭象：《南華真經注》，收入《初編》，冊一，頁七二。郭象：《莊子南華真經》，收入《初編》，冊二，頁五七。清．黃奭：《司馬彪莊子注》，收入《初編》，冊二三，頁三一。劉文典：《莊子補正》，收入《初編》，冊二八，頁一二二—一二三。

27 明．陳深：《莊子品節》，收入《初編》，冊一一，頁四七。

28 清．浦起龍：《莊子鈔》，收入《初編》，冊二〇，頁二六。清．高嵣：《莊子集評》，收入《初編》，冊二三，頁三三。

29 陳鼓應：《莊子今註今譯》（臺北：臺灣商務印書館），一九七五年，頁一〇三—一〇四。

30 明．釋德清：《莊子內篇注》，收入《續編》，冊二五，頁一二七。

| | |
|---|---|
| | 莊子欲人善、惡兩無所居，然則究安所處，緣督為經豈無可奈何脫空語哉！依乎天理，離去善、惡，此間正有餘地，故引庖丁以解緣督之義。（姚鼐）[31] |
| 6. 督，治也。 | 緣，因也。督，治也，經營也。緣其真元，乃真元也。督其知累，乃真督也。（陳懿典）[32] |
| 7. 督，家督。長子也。 | 督如家督長子之督，即〈齊物論〉中所謂一身之真君也。（胡文英）[33] |
| 8. 督，下也。 | 督，下也。養生之道，只是處下不爭。下氣，乃養親事。（歸有光）[34] |
| 9. 督，迫也。[35] | 所謂「迫而後應，應以無心」，全句作「緣於不得已以為常」解：督者，迫也，即所謂迫而後應，不得已而後起也。游心斯世，無善惡可名之跡，但順天理自然，迫而後應，應以無心，以此為常而已。（林希逸）[36] |

分析上表歷代注家詮解，可發現九類、十二種詮釋中，不直接用「督」字詮解「緣督以為經」的注家為數甚夥。何以注家棄置本字本義不談，而尋求「言」外之「義」，更且牽附「言」外之「言」，造成詮字釋義紛紛出走的奇特現象？部分注家自陳不依本字本義作解的緣由：

> 無近名即為善之中，無近刑即為惡之中，離善惡無中，離中無善惡，三句合看，纔見作用之妙……緣督句即修鍊馭氣之方，奇經八脈，中脈為督。《太玄經》有督卦，以督為黃中之宮，人身背有督脈，乃尾閭通氣於泥丸者。莊未及談吐爐火之事，勿泥也。（清．周拱辰：《南華真經影史》）[37]

> 若引用醫書，附會攝生之說，則是養形之事，與莊旨大相刺矣。（曹受坤：《莊子內篇解說》）[38]
>
> 脈法，背之中脊為督，蓋後人因緣督句以名之，非莊叟用脈書也。（清．高嵣：《莊子集評》）[39]
>
> 此附會督為奇經八脈之一，所謂行清微纖妙之氣，乃鍊氣之術，可備一解。然絕非莊子之本旨也。（王叔岷：《莊子校詮》）[40]

不少注家將「緣督以為經」一語，與「爐火內丹」之學畫上等號。以為依循本字本義解釋「督」字，將使《莊》學誤入「修鍊馭氣」、「談吐爐火」、「攝生養形」的藩籬，認為此「絕非莊子之本旨」，故跳脫經文字義詮解此句。

---

31 清．姚鼐：《莊子章義》，收入《續編》，冊三五，頁五八—五九。

32 明．陳懿典：《南華經精解》，收入《續編》，冊一三，頁九九—一〇〇。

33 清．胡文英：《莊子獨見》，收入《初編》，冊二一，頁五一。

34 明．歸有光、文震孟：《南華經評注》，收入《續編》，冊二〇，頁九〇。

35 宋．呂惠卿：《莊子義》，收入《初編》，冊五，頁三九。明．郭良翰：《南華經薈解》，收入《初編》，冊一三，頁一八三—一八四。

36 宋．林希逸：《南華真經口義》，收入《初編》，冊七，頁一二五。

37 同註一九，頁一二五—一二六。

38 同註二四，頁七七。

39 同註二八。

40 王叔岷：《莊子校詮》，頁一〇一。

如欲權衡魏晉以降《莊》注詮釋之效力，或可重新檢視其與莊子思想脈絡與論述語境是否相符。莊子所使用的語彙，其含義或同於該語彙在當時的通用義，或係借用其時通行語彙而於自家思想體系中另賦予獨特的意涵。然則通行之「言」，與其所寓之「意」間，理應存在著可供尋繹、推衍的義理關聯。因此，檢視較魏晉注《莊》更接近莊子時代的文獻或文物，從中尋求與「督」或「督脈」相關的線索，或有助於掌握《莊子》「緣督以為經」於實然層面的指涉。

考察「督」於造字伊始，甲骨文作「□」或「□」，[41]本義為「立桿度日以定方位」，[42]故而有察看之意。[43]文字構形既是利用太陽的投影標定方位，自可用來意指標定「中央」、[44]「中正」，[45]以及位居人身中正位置的「督脈」。如《莊子・養生主》：「緣督以為經」、《素問・骨空論》：「督脈者，起於少腹以下骨中央。」、[46]《難經・二十八難》：「督脈者，起于下極之俞，並于脊裡，上至風府，入於腦。」、[47]《脈經・平七經八脈病》：「督之為病，脊彊而厥。」。[48]加以一九九三年在四川綿陽西漢墓出土的人體漆雕，繪有一條從鼻尖經頭、項、背、腰正中線直達尾骨端的經脈，循行路線與醫書記載極為近似。[49]以上典籍文獻與出土文物所代表之時代皆早於郭象注

41 郭沫若主編，胡厚宣總編輯，中國社會科學院歷史研究所編：《甲骨文合集》（北京：中華書局，一九八二年），冊一〇，頁三七三六、三七七〇，編號三〇五九九、三〇八九四。漢印督字作「□、□、□、□」（忠周：《精編金石大字典》，安徽：黃山書社，一九八八年，頁五七九，印文出自《金索》）；出土文獻中督字作□（勞榦編：《居延漢簡・圖版之部》，臺北：中央研究院歷史語言研究所，一九九二年，頁二九六，編號四〇・六）、□（羅振玉、王國維編著：《流沙墜簡》，北京：中華書局，一九九三年，頁五三，第一一簡）、□（同上，頁五八，第一一簡）。于省吾曰：「《說

文》督『从目叔聲』。按契文作[illegible]，从[illegible]，漢印、漢碑督字均作督，从日不从目，雖省數點，猶不背于初文。」（〈論偽書每合於古文〉，《中國語文研究》五期，一九八三年，頁一四），可知督與督應是異體字。

42 宋鎮豪：〈釋督晝〉，《甲骨文與殷商史》第三輯（上海：上海古籍，一九九一年），頁三四—四九。

43 督字作「察」解者，如《墨子．非攻下》：「督以正，義其名。」（清．孫詒讓：《墨子閒詁》，臺北：華正書局，一九八七年，頁一四四）《管子．心術上》：「故事督乎法，法出乎權，權出乎道。」尹知章注：「督，察也，謂以法察事。」（唐．尹知章注，清．戴望校正：《管子校正》，《諸子集成》，北京：中華書局，一九五四年，冊五，頁二二一）再引中作「理」、「責」、「考」、「促」等義。

44 督字作「中央」解者，如《周禮．考工記》：「堂涂十有二分」鄭玄：「分其督旁之脩。」賈公彥：「名中央為督。督者，所以督率兩旁。」（漢．鄭玄注，唐．賈公彥疏：《周禮注疏》，《十三經注疏》，臺北：藝文印書館，一九八九年，頁六四二）《太玄》：「植中樞，立督慮也。」、「不中不督。」（劉韶軍：《太玄校注》，武昌：華中師範大學，一九九六年，頁六、一二三）

45 督字作「中正」解者，如《管子．心術上》：「姑形以形，以形務名，督言正名。」（唐．尹知章注，清．戴望校正《管子校正》，《諸子集成》，冊五，頁二二一）《呂氏春秋．先己》：「君曰勿身，勿身督聽。」高誘注：「督，正也。正聽，不傾聽也。」（漢．高誘注：《呂氏春秋》，《諸子集成》，冊六，頁一四四）

46 郭靄春：《黃帝內經素問校注》（上海：人民衛生，一九九二年），頁七一七。

47 廖育群：《黃帝八十一難經》（瀋陽：遼寧教育，一九九六年），頁八四。

48 晉．王叔和：《脈經》（臺北：臺灣商務，一九六五年），頁一四。

49 謝克慶、和中俊、梁繁榮、何志國〈「西漢人體經脈漆雕」的價值和意義〉：「綿陽漆雕有一條從鼻尖經頭、項、背、腰正中線直達尾骨端的經脈，此經脈循行路徑與《難經．二十八難》：『督脈者起于下極之俞，並于脊裡，上至風府，入屬絡腦。』之論，極相近似，而與《素問．骨空論》所言督脈循行路徑，則差異甚大。說明綿陽漆雕對督脈循行的認識，與《難經》更為接近。但是本文二．二（三）所列的資料，似乎又證明了綿陽漆雕可能是比《內經》更早的經絡理論，這就為進一步研究《難經》的成書年代，提供了新的線索。」（《成都中醫藥大學學報》，一九九六年一月，頁三八）

《莊》，當更為貼近莊子時代之語境與文化傳統，而皆以「督」作「督脈」。

儘管「督」字從本字本義引申出諸多意涵，但魏晉以降注家多取「中」義，以「順中以為常」詮解「緣督以為經」，待到明、清始有以「督脈」解「督」者。然而，倘索之於先秦兩漢典籍，將會發現視「督」為「督脈」的文例不在少數。如此一來，以「督脈」為「督」的解釋，當可合理納入《莊子》成書時代之語境中，而不必待明、清丹家影響後始可出現。

《莊子》注解始於魏晉，相去莊子已數百年，其語境與文化背景均大不相同，更遑論六朝以降，乃至明、清、民國。但即便釋「督」為「督脈」之詮說晚出，只要能和《莊》學體系各部融通無礙、圓滿互釋，便有遙契原「莊」的可能。

既然「督脈」之意可上溯先秦，何以歷代注家仍認為只要以「督脈」釋「督」，便是將「緣督以為經」與「爐火內丹之學」產生聯想，而避之唯恐不及？或許可從道教丹經鼻祖《黃庭內景經》（以下簡稱《內景》）中一窺端倪。《內景．脾長章第十五》：

> 閉塞三關握固停，含漱金醴吞玉英。

《內景》以為成道致仙之要，在於積精累氣、勉然而得的工夫。[50]而積精累氣的工夫，首需閉塞天、地、人之外三關，使人得以靜定，以收握精固氣之效。閉塞天關，即閉口屈舌，舌頭抵住上顎；閉塞地關，指盤腿而坐；閉塞人關，為雙拳緊握，[51]此為採藥鍊丹的基本姿勢。採取修鍊姿勢的同時，丹道家尚須「閉目存神」，[52]根據《內景》所提供的真身圖像進行觀想，進而開啟心靈的視覺。

為方便修行者存思觀想，《內景》將存想內視的對象，即「泥丸百節皆有神」之「神」，[53]賦予可供呼喚的名與字。如《內景．至道章第七》：

> 髮神蒼華字太元，腦神精根字泥丸，眼神明上字英玄，鼻神玉壟字靈堅，耳神空閑字幽田，

50《內景．仙人章第二十八》：「仙人道士非有神，積精累氣以為真。」注家對於「非有神」，雖存「言其行日用之道，不尚奇異之行」（唐．呂嵒〔呂洞賓〕註：《黃庭內景經》〔亭本〕，頁二九四）或「神，無為出於自然者也，此言學道而得之也」（明．汪旦：《黃庭內景玉經》〔汪本〕，卷下，頁三四上）與「非有神異而能飛行」（清．邵穆生：《太上黃庭內景玉經童注》〔邵本〕，卷下，頁三七上）等異解，然於勉然學道，則真人可成的看法，諸家則無二致。龔鵬程說：「整部經典和其他宗教的許多典籍最大的不同，就是其他宗教往往是敘述神蹟、彰明神靈，勸人信仰之，且謂『信』可護『報』。《黃庭經》卻完全沒有這些，只詳細教導人如何修鍊成神。換言之，一種是教人信神，一種是教人成神，重在成仙方法的說明，亦脫離了『信—報』的報酬交換關係。」甚至謂：「神的存在，只是作為一種例證，證明人是可以成神的。」（龔鵬程：〈《黃庭經》論要（一）〉，頁六八—六九，又名〈《黃庭經》論〉，收入氏著《道教新論二集》〔嘉義縣：南華大學管理學院，一九九八〕，頁七九）

51 三關所指，經有明文，是以注說鮮見歧異。清．楊任芳論之最詳：「三關，謂口為天關，手為人關，足為地關也。閉塞三關，謂閉口屈舌，雙手握拳，兩足趺坐也。握固，握精固氣也。停，使之靜定也。」（清．楊任芳：《黃庭經闡註》〔觀本〕，卷上，頁三〇下）

52 明．汪旦：《黃庭內景玉經》（汪本），卷上，頁四一上。

53《內景．至道章第七》。

舌神通命字正倫，齒神崿鋒字羅千。

不僅如此，《內景》甚至更細膩地描繪諸神的服飾、器物及宮室。如《內景．肺部章第九》曰：「肺部之宮似華蓋，下有童子坐玉闕」、「素錦衣裳黃雲帶」等。將肺神摹寫為一身著白色錦衣、腰繫黃雲束帶的神祇，坐在綢傘之下，居於白玉宮中，悠然暢快。由此可知，丹道家修鍊求道時，不僅對姿勢有所要求，心靈也須存思頗為複雜的觀想系統。這樣的內丹修煉方式，固然亦關涉督脈的操持，但不論採取何種觀想模式，均需特意於日常生活中撥空而為：閉塞三關，「存思」、「內視」、「存想」、「存神默注」，觀想陽神真身，始能精進修為。[54]

歷代道教內丹功法，皆以督脈為重要的修煉場域。[55]道門宗派繁多，修煉方法固有不同，但所有內丹修煉功法皆重視呼吸調息，要求呼吸之深、細、長、勻，逐步達到胎息的境界。[56]全真龍門宗第九代傳人柳華陽即言：「金丹始終，全仗呼吸」，[57]指出呼吸功法貫串所有的煉丹環節。又云：「橐籥者，即往來之呼吸，古人喻之曰巽風。升降，由此風而運，不得此風，則輻軸不如法。凡小周天，始終全憑橐籥之風，以為金丹之權柄」，[58]以往來呼吸為任督周天運轉的動力，並以「輻軸」、「權柄」強調其為內丹修煉的關鍵法門。由此可知，道教內丹功法看重位居一身之中的督脈，然其操持任督的周天功法，全賴呼吸吐納為基礎，[59]當屬莊子所不為之「吹呴呼吸，吐故納新」

54 詳拙作〈身外之身：《黃庭內景經》注中的兩種真身圖像〉，《思與言》四四卷一期，二〇〇六年，頁一三六—一四八、一四九—一五五、一六六—一六七。

55 修煉的場域並非獨立於修煉，與修煉本身無關的偶發性身體部位。事實上，修煉場域內在於修煉，是一修煉功法之所以為其功法的構成要件。修煉場域與修煉之關聯一說，受到Merleau-Ponty論動作場域（the background to the movement）的啟發。（Maurice Merleau-Ponty, *Phenomenology of Perception*, trans. Colin Smith, London: Routledge & Kegan Paul, 1962, pp. 110-111）督脈之於內丹修煉的重要性，屢見於道教典籍。《大洞玉經》云：「人中神名綠室，蓋老子之玄牝，醫經之任督，道家之人中，世莫知其機會之端。」（宋．趙真人：《大洞玉經》，《重編影印正統道藏》，京都：中文發行，一九八六年，冊二，頁四六七）以人身中線為修煉關鍵的「機會之端」。李景元注《淵源道妙洞真繼篇》亦曰：「上口一竅歸於肺，通行太陰之脉，下循腹裏，抵脊膂中，轉行臍下，與任脉、衝脉、督脉三經，會於丹田者，人之生氣之海也。」（《重編影印正統道藏》，冊一八，頁一四四〇九）可知貫穿丹田氣海的督脈於修煉中扮演重要的角色。宋元之際，全真教趙友欽甚至以「緣督子」為其道號（元．陳致虛：《上陽子金丹大要列仙誌》，《重編影印正統道藏》，冊二〇，頁一七三三九），並云：「學全真者，得師略指門逕，而不知逐節事條，知神氣相依，而不知鉛汞交媾，既知鉛汞交媾，而不知性命混合，妄擬火候，進退不知，此皆無成。」（元．陳致虛：《上陽子金丹大要》，《重編影印正統道藏》，冊二〇，頁一七二九八）無論是「綠室」、「玄牝」、「督脈」、「人中」抑或「鉛汞交媾」，在人身圖像中談的皆是督脈的場域，足見督脈實於內丹修煉之工夫取徑中居至要地位。

56 胡孚琛：「在煉氣這個層次上，內丹學的要訣是『調息』。調息這工夫人人皆知，無非要求呼吸深、細、長、勻，逐步達到胎息的境界。」（《丹道法訣十二講》，北京：社會科學文獻，二〇〇九年，冊上，頁二一八）蕭進銘亦云：「內丹修煉的主要原理及目的，即是掌握住後天呼吸這一條線索脈絡，從後天的口鼻呼吸，追根究柢，重新回復到如胎兒在母體中的臍呼吸狀態，甚且再進一步回返到毫無闔闢變化的無息純炁境地，如此即能超離生死、躍入永恆。」（〈伏息以入道〉，收入《反身體道——內丹密契主義研究》，臺北：新文豐出版公司，二〇〇九年，頁四九一）

57 清．柳華陽撰并註：《華陽金仙證論》（臺北：新文豐出版公司，一九八五年），頁二六。

58 同前註。

59 蕭進銘：「內丹玄關祖炁的開顯、藥物的採取及大小周天的運轉，都需要呼吸的配合運用；離開呼吸，即無以談修丹……自古以來，無論是外丹，還是內丹，其修練都須具備三要項：鼎器、藥物及爐火，三者缺一不可；其中的爐火，在一類「刻意」從事的「益生」之舉，有違莊子「不益生」、「不刻意」、「不道引」，納工夫於日常生活的「脩行无有」原則。[60]因此歷代注家多為了避免以道教「丹鼎爐火」詮釋莊子「緣督以為經」，而不以「督脈」釋「督」。

然而同樣以「督脈」為修鍊場域，在著重「養形攝生」的內丹修煉之外，是否還可以有另一種關涉身體、且能融入日常舉手投足間的工夫？是否能透過操持督脈此一人體中軸，成就莊子所提及的諸般身、心境界，且不違「不益生」、「不刻意」之《莊》旨，而不致「與莊旨大相刺」？

以下，將探討《莊子》之學是否涉及身體？身體在《莊》學體系的生命觀、工夫論與理想境界中，究竟扮演著什麼樣的角色？

### （二）《莊子》工夫論中的身體位階：邊陲論述與共時體現（synchronistic embodiment）

若跳脫《莊》學不應提及形骸軀殼的成見，便能了解莊子固然強調「真宰」、「真君」，卻僅是標舉生命中的主從先後，並非否定形軀參與「養生」之「主」工夫的可能。〈養生主〉曰：「指窮於為薪，火傳也，不知其盡也。」[61]生命有結束之日，譬如薪柴有燃盡之時，而火苗卻得一而再、再而三、永無止息地憑藉另塊薪柴傳遞下去。於是乎每塊薪柴乍看是燃盡了、報廢了，實則卻因「火」之得「傳」而「不知其盡」。

就好比〈德充符〉以「適見㹠子食於其死母者」的故事為喻。㹠子之母猝逝，嚇得正吸吮母乳的小豬四散奔逃。莊子以為㹠子的驚嚇乃因其母之「使其形者」不復寓居於形——原來㹠母的形軀賴以得活、並教小豬感到親愛的，都是於生死之交離形而去的「使其形者」；一旦「使其形者」離形而去，空遺其形，再非所親。莊子並藉此事申言：人間情愛所親所愛的本體係「使其形者」，而非「其形」。

分明燃盡，而「不知其盡」（〈養生主〉）。生死歷歷，自當驚拒如豘子（〈德充符〉）、悲痛如子來將死環泣的妻與子（〈大宗師〉），或如老妻方死「噭噭然隨而哭之」的莊周（〈至樂〉）。「說（悅）生」「惡死」，固人之常情。莊子卻說這是人之昧惑（〈齊物論〉）；是「遁天倍情」的無須哭

---

內丹即指呼吸及心意的運用。在內丹的修煉當中，若無呼吸與心意的作用，即無鼎器及藥物的產生，以及進一步的烹煆鍛煉，由此可見，呼吸一法，在內丹修煉過程當中的關鍵地位。」（〈伏息以入道〉，收入《反身體道——內丹密契主義研究》，臺北：新文豐出版公司，二〇〇九年，頁四七五）

60 清．李元植注《內景．常念第二十二章》：「常念者，十二時中，時常以正念收入。」（《內外景經註解》，清光緒乙巳年冬月重刻本，板存杭州文寶齋，內經部分，頁三九上）雖亦強調此存念觀想之工夫應於一日十二時中時刻踐履，然其所觀、所存、所念者，為虛擬之陽神真身形象，似有別於莊子「六合之外，聖人存而不論」（〈齊物論〉）之基本立場。李豐楙先生雖亦云：「道教性命合一的修行法中，強調二六時中行住坐臥俱是道。」但同時也指出：「仙道修行本身也是一種社會行為，基於宗教所特具的『超越性』本質，在面臨平凡人生的『日常生活』時也必須採取妥善的因應之道，才既能順俗應世又能維持宗教修行的聖潔生活。」（〈丹道與濟度：道教修行的實踐之道〉，《宗教哲學》第六卷第二期，二〇〇〇年六月，頁一二七、一三二）可知仙道修行需在採取「妥善的因應之道」後，始能與日常生活調合，達成「行住坐臥俱是道」的目標，而非與日常生活本來一致的自然體現。

61 王叔岷注曰：「案心喻形，火喻心或神。『指窮於為薪』喻養形有盡。『火傳也，不知其盡』喻心或神則永存。」（《莊子校詮》，頁一一四）

之哭（〈養生主〉）；是年少遭亂流落他鄉，到老卻不知歸返故居的「弱喪而不知歸」（〈齊物論〉）。因此當其妻死，莊子噭然而哭後，隨即體認一己之「不通乎命」，纔轉而「通乎命」地「鼓盆而歌」（〈至樂〉）。

莊子所以如此「不近人情」（〈逍遙遊〉）地躬身實踐「善夭、善老」（〈大宗師〉）與「死生无變於己」（〈齊物論〉），一則是認為形軀生命隨著氣之聚散而有生死，正如四季更迭般地自然（〈至樂〉）；一則緣於《莊子》反覆致意之生命觀——所謂「不知其盡」（〈養生主〉）、「有駭形而无損心」（〈大宗師〉）、「不見其所喪」、「心未嘗死」、「死生為一條」（〈德充符〉）。不以薪柴的燃盡為火苗的滅絕，不以形體的死亡為一己的終點，主張心神不死、靈魂恆存。

莊子並以「真宰」、「真君」稱謂人之心神、靈魂：[62]

> 非彼無我，非我無所取。是亦近矣，而不知其所為使。若有真宰，而特不得其眹。可行已信，而不見其形。有情而無形。百骸、九竅、六藏，賅而存焉，吾誰與為親？汝皆說之乎？其有私焉！如是皆有為臣妾乎？其臣妾不足以相治乎？其遞相為君臣乎？其有真君存焉！如求得其情與不得，無益損乎其真。（〈齊物論〉）

〈齊物論〉中以「真」相對「假」，[63]更斷言：「已『信』」、「有『情』」、「如求得其情與不得，無益損乎其『真』」。以無可置疑的口吻，肯定「不得其眹」、「不見其形」之心神的存在。即便「真宰」、「真君」因無形可見、無眹可尋，而遭世人質疑其真實性。莊子卻認為，無論人之心神或者靈魂——此「真正的我」[64]是否有形可見、有情可察，其存在之真實性都不會因此減損分毫。莊子並以「君」、「宰」、「治」、「行」、「使」等字眼狀寫此「真」，因莊子認為：形體之「百骸、九竅、六藏」本當為心神、靈魂——即「真正的我」——所主宰、治理、行使。[65]生而為人，只要願意，「咸其自取」，都能涵養此「生」之「主」，讓「真宰」、「真君」確實「君」、「宰」己身。使有涯之生得以臻至「形如槁木」、「心如死灰」等人本堪造之境，[66]不放任心神臣服於耳目之官等形軀之嗜欲，而陷溺於「喜、怒、哀、樂、慮、嘆、變、慹、姚、佚、啟、態」（〈齊物論〉）等諸般負面心靈樣態當中。

62 此說為多數治《莊》學者所持之見解，如陳靜〈「吾喪我」——《莊子・齊物論》解讀〉：「真正的我，莊子稱為『真君』、『真宰』」。（《哲學研究》第五期，二〇〇一年，頁五一）

63 莊子所言相對於「真」之「假」，並非虛假或如夢幻泡影之假，而是「假借」之假。莊子明言「生者，假借也，假之而生」（〈至樂〉）、「假於異物，託於同體」（〈大宗師〉），永恆靈魂於死生流轉間暫時借住在不同的形軀中，人的生命不過是借用此世這個形體，把靈魂暫時寄託於此。

64 同前註。

65 這種認為形體之「百骸」、「九竅」、「六藏」乃受靈魂「行」、「使」、主宰的形神觀點，普遍存在於中國古代的傳統思想，不論是先秦諸子或古代醫家典籍《黃帝內經》，處處可見形神生滅離合、心神主司形體之議題。參見拙作《身體與自然——以《黃帝內經素問》為中心論古代思想傳統中的身體觀》（《臺大文史叢刊》一〇二，一九九七年，頁九一—一六、九一—一六〇）。

66 所謂「形『固可使』如槁木，而心『固可使』如死灰」，「固可使」三字足見莊子以為凡人固皆可至，端看「咸其自取」之自取與否。

若說火之傳遞有待於薪柴，「真君」、「真宰」則須「假於異物，託於同體」（〈大宗師〉）方可投身於世。永恆，所以言「真」；一世，所以稱「假」。莊子肯定「真宰」、「真君」，肯定無物可假、無薪可傳時仍不滅不盡、恆久存在的真吾。

這樣的生命觀奠定莊子的核心價值，並致力於以之作為此世人身之主宰，開展出《莊子》之學的核心論述。如「心齋」（〈人間世〉）、「用心若鏡」（〈應帝王〉）、「其覺无憂」、「中心不蹙」（〈大宗師〉）、「哀樂不能入」（〈養生主〉、〈大宗師〉並見）等。主張以此「真」作一己人生之「君」、「宰」，是《莊子》心學得以發展的重要基石。莊子認為，能做到「哀樂不易施乎前」，不因眼前事物攪擾心靈的「德之至」，比在任何場所皆能事親的「孝之至」、或在任何狀況皆能事君的「忠之盛」都更為重要。然而為人臣、為人子者，卻易因忠君孝親的「不得已」之行而殺身成仁、捨生取義。為了效忠君主、侍奉父母，尚且無暇念及「悅生」、「惡死」（〈人間世〉），更何況是為了保全一己之心靈？如此以心靈為核心，身體為邊陲之論述，亦見於〈大宗師〉：

> 彼特以天為父，而身猶愛之，而況其卓乎！人特以有君為愈乎己，而身猶死之，而況其真乎！

明言為天、為君而形軀猶可捨，更遑論為保全照護永恆之「卓」、「真」。可見莊子對心神的重視更勝於形軀。《莊》學中以心靈為核心、身體為邊陲之思想版圖，在此昭然。[67]

弔詭的是，樹立此具永恆性之真吾的同時，莊子卻又置「六合之外」於「存而不論」（〈齊物論〉），反將所論輻輳於生後死前，這短暫有期的此世。莊子以心學為核心論述，並將所有工夫之最終鵠的設在「心」上，致力於保全升進超越死生流轉的「真宰」、「真君」。若將生命價值寄託於功名富貴，逐利爭名多使人喪心忘志；而當生命假借胴體形軀而存有，此身、此形亦不免成為牽掛

67 承蒙審查先生指出：「作者詮解《莊子》身心之間的關係，就價值的階序來說，心神靈魂才有永恆性，才有真正的價值，身體只是短暫的、只是靈魂暫居之所……顯然作者意圖貫徹的是精神主體，但是誤以為只要談到身體技術也可同時是身體主體，而未意識到兩者並不相容。對作者來說，不論在價值理念或技術操作的層次，《莊子》論及身體及其技藝時，是否都仍然以心靈而非身體為規範的根源？」筆者固然由莊子植基於其永恆生命觀，指出其將所有工夫之最終鵠的設在「心」上，致力保全升進超越死生流轉的「真宰」、「真君」，乃有「莊子對心神的重視更勝於形軀。《莊》學中以心靈為核心、身體為邊陲之思想版圖」之主張。然莊子亦明確宣告置「六合之外」於「存而不論」（〈齊物論〉）之立場，將所論輻輳於生後死前，而只要是在人生在世的清醒時刻，「心」與「形」始終是不可離析獨存的實踐整體（見本書導論，頁六九）。是以心靈與身體雖有著本末、主從的區別，卻不表示心靈是唯一工夫所在，而身體僅是虛設的邊陲論述。當我們立足於從生手到專家的研究進路，探究《莊子》書中身體感與情緒的關聯，將發現兩者互為形影、彼此鏡現：身體感一旦精進，情緒控制能力也隨之提升。反之亦然：當情緒控制能力漸次提升，身體感也將桴鼓相應般地升進。當我們改變「用心」，讓原本在情境中「日以心鬬」的情緒歸於平靜祥和，保持心緒在「心如死灰」的狀態，此時身體也較不會因情境的壓迫而感到疲憊不堪；而若能經由身體的鍛鍊，將身體保持在「形如槁木」的放鬆輕盈，亦有助於心緒的寧定，也更易以開闊、包容的眼光與態度，面對生命中的一切處境。可見在《莊》學的修鍊傳統中，身體主體性與心靈主體性，難分軒輊地影響、決定著我們的生命（詳本書第五章，頁三七五—三七六），身心既互為主體、一體難分，審查先生所指精神主體與身體主體互不相容、「對作者來說，不論在價值理念或技術操作的層次，《莊子》論及身體及其技藝時，仍然以心靈而非身體為規範的根源」之困境或可由此解消。

與執著。因此，莊子不積極追求局限於此生的世俗所欲，面對功名富貴，他「未數數然」（〈逍遙遊〉）；面對胴體形軀，他「忘」而「喪」之。

〈齊物論〉曾以南郭子綦之「形如槁木」、「心如死灰」來詮說《莊》學所欲臻至的理想境界：

> 南郭子綦隱几而坐，仰天而噓，嗒焉似喪其耦。顏成子游立侍乎前，曰：「何居乎？形固可使如槁木，而心固可使如死灰乎？」

茲將〈齊物論〉「吾喪我」與〈大宗師〉「坐忘」身心情狀對勘簡表如次：

**表三之二　「吾喪我」與「坐忘」身心情狀對勘**

| 境 | 身 | 心 |
|---|---|---|
| 「吾喪我」「嗒焉似喪其耦」之境 | 形如槁木（「形若槁骸」〈知北遊〉）（「身若槁木之枝」〈庚桑楚〉） | 心如死灰（「心若死灰」〈知北遊〉）（「而心若死灰」〈庚桑楚〉） |
| 「坐忘」「大通」之境 | 「墮枝體」、「離形」 | 「黜聰明」、「去知」 |

莊子以「墮枝體」、「離形」（〈大宗師〉）的工夫進路，解消肢體的自動妄為，達到「形如槁木」的身體境界；[68]並以「黜聰明」、「去知」（〈大宗師〉），輔成「心如死灰」的心靈而保全真「吾」。[69]南郭子綦以「忘」、「喪」之工夫，解消對身體、對此世之「我」（而非「真正的我」）的執著。「吾喪我」的生命境界，既含括「形如」與「心如」，倘使在《莊》學中不存在與身體相涉的工夫，如何能僅藉由標立心性工夫之「竿」，即得見一併升進的身、心境界之「影」？莊子所欲「養生」之「主」，是具超越性與永恆性的「真宰」、「真君」；活動於此世的形軀，僅屬「假於異物，託於同體」（〈大宗師〉）的「假託」之「從」。但人生在世的清醒時刻，「心」與「形」，始終是不可離析獨存的實踐整體，[70]二者既是相互輔成的工夫，且可能同臻共晉至更高的境界。

由此可知，在《莊子》的生命觀裡，心靈與身體的位階雖有著本末、主從的區別，卻不表示心靈是唯一工夫所在，而身體是虛設的邊陲論述。[71]若從所謂「知道是什麼」的立場來檢視《莊》學

68　關於「形如槁木」之內容與操作，暨與「緣督以為經」的交互干聯，詳拙作〈「槁木」與「輕身」：《莊子》注疏、詩人具身認知、醫家辨證的跨界討論〉，收入本書第四章。

69　關於「心如死灰」之內容與操作，筆者將另以〈「心如死灰」與「用心若鏡」：《莊子》書中專家的用心〉專文探討，茲不詳論。

70　〈齊物論〉：「其寐也魂交，其覺也形開」，似暗示有一種東西（心神），在形體不活動的睡眠時刻，仍可離開形體而獨立活動。

71　楊儒賓：「先秦思想除了有概念架構的層面外，還與學者的身體息息相關。」指出在探討道家思想，或其他諸子的觀念

當中心學與身體之學兩者的重要性，或許有核心與邊陲之分；然一旦從「知道怎樣作」的研究向度出發，試圖將《莊子》的核心價值落實於生活，則「形如槁木」與「心如死灰」即成一次到位的實踐工夫，[72]是從來一體的日常修行，更是有朝一日將同時朗現的生命境界。[73]

承上所述，以「督」為「督脈」來理解「緣督以為經」，它可以涉及督脈，而無關爐火修鍊，亦迥異於「吹呴呼吸」、「熊經鳥申」等〈刻意〉篇中莊子明言不為之事。它可以關乎形體，卻以心靈境界為鵠的——意在心境的臻升，而待身體的技能與工夫來輔助；或待心境臻升後，身體境界亦隨之自然升進——既不違《莊》學「不刻意」、「不道引」、「不益生」之本色，且符合「常因自然」、「因其固然」（〈養生主〉）之大旨，無須另謀別字與異解。有益於「形」、有益於「生」，不僅未乖、反更相契於「不刻意而高」、「不道引而壽」、「澹然無極，而眾美從之」（〈刻意〉）的《莊》旨。

## （三）《帛書老子》「守靜督」的佐證

多數注家不以「督」本字本義作解，而不認為《莊子》之「緣督以為經」為一落實於生活、日用而不離的身體原則，原因之一許是在同期道家文本中不見相應論述，使得王船山等扣緊本義的注解寥若晨星，教人難以信服。

王國維先生有言：「古來新學問之起，大都由於新發見之賜」，[74]一九七三年出土的西漢帛書《老子》，提供另一可供佐證的異文。

今本《老子‧十六章》全文如下：

---

前，當先肯定保身並非其思想主旨；但若認為沒有牽涉到人身生理因素，或身體僅是「比喻」，未免貶抑了人的生理現象對於修養工夫所造成的妨礙。（〈從「生氣通天」到「與天地同流」——晚周秦漢兩種轉化身體的思想〉，《中國文哲研究集刊》第四期，一九九四年，頁四九五—四九六、五〇五）楊儒賓於〈從「以體合心」到「遊乎一氣」——論莊子真人境界的形體基礎〉又云：「道家重視的『清淨』與『鍊養』是否可以截然劃分，筆者深感懷疑；鍊養之事是否為道家的邊際因素，『略及』而已，筆者尤其感到懷疑。」（《第一屆中國思想史研討會論文集》，臺中：東海大學文學院，一九八九年，頁一八五—一八六）主張《莊子》思想確實含有鍊養之成分。此乃楊先生與筆者之共同立場，而所謂「鍊養之事」究屬特意撥空從事之「內丹」，或實指將工夫化入日常生活行止的「不刻意」修習，則是筆者欲進一步探討的。

72 賴錫三先生認為：「抽象之道必須透過具體之物來映射出意義與活力，可證明老莊之道並非抽象思辯的形上實體，而是具體可親的體驗，故可對人的身心興發力量的充沛、意義的豐盈。」（〈神話‧變形‧冥契‧隱喻——老莊的肉身之道與隱喻之道〉，《臺大中文學報》第三十三期，二〇一〇年十二月，頁三九）指出老莊之道並非「抽象思辯的形上實體」，而須實踐於具體之生命中方能展現其意義，其影響並兼及身體與心靈。

73 楊儒賓：「精神與人的身軀或一般的體氣，有某種交互作用的影響，動此則應彼，應此則因彼已動。」並謂：「人如能從最內在的本質修鍊起，以迄乎『心息相依，神氣相守，載營魄，抱一無離』。則整個生理結構，勢必會為精氣所滲化。使人從最內在的層面，到外表的展現，都一以貫之，完全透明化。」（〈從「生氣通天」到「與天地同流」——晚周秦漢兩種轉化身體的思想〉，頁五〇〇—五〇一）身體修鍊與心靈工夫間必有一定程度的影響，此乃楊先生與筆者論文所植基之同一立場，唯本文所致力於探討的乃是《莊》學心身工夫雙軌並進的可能與進路。

74 王國維：〈最近二三十年中國新發現之學問〉，收入《王國維先生全集‧初編（五）》（臺北：臺灣大通書局，一九七六），頁一九八七—一九八八。

> 致虛極，守靜篤，萬物並作，吾以觀復。夫物芸芸，各復歸其根。歸根曰靜，是謂復命。復命曰常，知常曰明，不知常，妄作，凶。知常容，容乃公，公乃王【一作全】，王【全】乃天，天乃道，道乃久，沒身不殆。

自王弼以來，注家未曾對傳本《老子．十六章》之「守靜篤」三字，有過任何關乎身體論述的揣想。多以「心」為「守靜」之主體，如：「『心』恆寂」、[75]「靜謂『心體』本來不動」、[76]「靜謂不動，『內心』不出乎外也」、[77]「靜謂『心』對境而不妄動也」，[78]「篤」字遂成形容「致虛」工夫「力不倦」的「甚而贊辭」。[79]注家並據此推導出：「致虛既極，則守靜自篤，非有兩事也」的論斷。[80]

使《老子．十六章》工夫修習主體由心靈擴展為身、心的馬王堆帛書經文如下：

> 至虛極也，守靜督也，萬物旁作，吾以觀其復也。天物示云示云，各復歸於其根，曰靜；靜，是胃復命；復命，常也；知常，明也；不知常芒，芒作，凶。知常容，容乃公，公乃王，□□天，天乃道，道乃□，沒身不殆。（《馬王堆帛書老子乙本殘卷．十六》）[81]

在西漢帛書《老子》乙本經文中，「守靜篤」一語作「守靜督」，使得守靜的主體由「心」變為「督脈」，由心靈、意識擴展為投身世界的身體主體。[82]當我們致力於修養心靈，盡可能持心於虛靜狀態，不隨知、欲外越的同時（「致虛極也」），身體也當中正安舒地維持督脈縱軸的穩定

（「守靜督也」）。身、心境界由是交相輔成，一併升進，這是從芸芸萬物生長壯老的運行發展中，所領會的一條可供歸返生命原初如嬰兒赤子般的「歸根」之道（「萬物旁作，吾以觀其復也。天物示云示云，各復歸於其根」），使整體生命回歸最原初的樣貌與境界。本此靜養身心，毋使妄作躁動，即能復歸於天生自然的性命之常（「曰靜；靜，是胃復命；復命，常也」）。[83]

帛書《老子》「守靜督」的發現，不僅提供傳本《老子・十六章》一種嶄新的詮釋可能，亦展現《老子》陶養與訓練身體之新途徑。可同《老子》澹然於感官追逐的「塞其兌，閉其門」，及看重充實一身根本的「實其腹」、「為腹」、「強其骨」等身體技能，共構《老》學完整的身體技術圖像。

75 南齊・顧歡：《道德經注疏》，《無求備齋老子集成初編》（後簡稱《老子集成初編》）（臺北：藝文印書館，一九六五年），冊六，卷二，頁一三。

76 明・釋德清：《老子道德經解》，《老子集成初編》，冊一六，卷五，頁二二。

77 元・吳澄：《道德真經注》，《老子集成初編》，冊一三，卷一，頁二一。

78 明・滕舜政：《老子本義》，《老子集成初編》，冊一三，卷上，頁九。

79 元・吳澄：「靜謂不動，內心不出乎外也。篤，力不倦也。」（同註七九）如此則「致虛極」與「守靜篤」正如明・趙統所言：「極、篤，是甚而贊辭；致與守，是虛靜前工夫。」（《老子斷註》，《老子集成初編》，冊二六，卷一，頁三一）

80 明・王道：《老子億》，《老子集成初編》，冊一七，卷上，頁三三。

81 《馬王堆帛書老子乙本殘卷》，收入《老子四種》（臺北：大安出版社，一九九九年），頁三五。

82 同註七。

83 此說上承前賢說法（徐復觀：《中國人性論史》，臺北：臺灣學生書局，一九六九年，頁三四一；牟宗三：《中國哲學十九講》，臺北：臺灣學生書局，一九八三年，頁一二二），唯將工夫實踐之主體由「心」擴展及於身心一體之整全生命。

將「守靜督」與「緣督以為經」二語相較，《老》、《莊》皆將工夫聚焦於「督」。其差別僅在《老子》以「守」字講督脈工夫，而未言如何「守」；《莊子》則「緣」之「以為經」，較具體地指示工夫之操作。《老子》將工夫輻輳於「督」的身體律則，相契於《莊子》的「緣督以為經」，這似乎也為《莊》學詮釋史上的一道難題，指出一條鑿鑿有據且貫通《老》、《莊》的線索。

「緣督以為經」一句，在詮釋史上夾纏著種種爭議，且於《莊子》中勢如孤島，因此一直懸而未決。但自從帛書《老子》的「守靜督」重見天日以來，另座同系島嶼浮現，使我們不禁揣想，島嶼之間可能存有迢遞相連的大陸。原來訓詁史中的勢微詮證，終於得遇另一條遙相呼應的證據，而有了平息眾議、拍板定案的契機。何況索之先秦兩漢典籍，視「督」為「督脈」的文例不在少數。如此一來，面對詮釋史中脫離「督」字為「緣督以為經」尋找出路之諸般異解，當可如釋重負地重返原「督」。「督」既為一身之「經」，即是人身之中調御生命整體所應依憑的「天理」。重返原「督」，使欲在日常生活中實踐《老》、《莊》工夫的修習者，得以遵循〈養生主〉中所謂「依乎天理」。其日日夜夜的行止坐立，皆寓於這理直氣壯的自然之道，並緣著這條從自我身軀豎起脊樑的直線，不斷攀往更高的心、身境界。[84]

當我們把《莊子》的工夫落實於生活，身體與心靈將同時體現《莊子》的核心價值。心學與身體之學的一體實踐，便是《莊》學工夫的理想型態，是可以共時體現的生命境界。且以「緣督以為經」為一落實於日常生活的身體律則，誠不違《莊子》「不道引」、「不刻意」、「不益生」的「常因自然」原則。也就無須因錯將其歸屬於爐火修鍊之事，而否定其作為《莊》學中身體技術的可能。再加上帛書《老子》的佐證，我們自然可以扣緊督字作解，回歸《莊子》的「緣督以為經」。

## 二、「知道怎樣作」（knowing how）：複製《老》、《莊》「守靜督」與「緣督以為經」的「身體技術」（body techniques）

帛書《老子》發現後，其「守靜督」文本與《莊子》「緣督以為經」間的繫連，使得一種行止坐立皆能恪守的身體技術，無可非議地回到「督脈」這個身體座標上，成為《老》、《莊》義界下身體的「自然」。有為的操作既以「無為」的狀態為最終鵠的，則《莊子》的「緣督以為經」如何由「身體技術」歸返「自然」境界？

84 《莊子》理想的身體境界與太極拳究竟身體境界間之相應，筆者曾發表〈「形如槁木」：《莊子》書中專家的身體境界與技術〉（第三屆道教與當代社會研討會，德國慕尼黑漢學中心亞洲研究學系、波昂氣功養生醫療協會、慕尼黑中醫國際協會主辦，二〇〇六年五月二十六—二十八日）一文，對勘《莊子》與太極拳的身體技術，將其共通之工夫與境界歸納為：「肢體的不可自動與無為：太極拳的『鬆勁』、『兩臂已斷』與《莊子》的『形如槁木』、『墮肢體』」；「付體重於一足：太極拳的『雙重則滯』與《莊子》『天之生是使獨也』的身體暗示」；「專家境界、修鍊工夫與身體結構：太極拳的『其根在腳』、『足心貼地』、『息以踵』、『發勁之動力與部位』與《莊子》的『其息深深』、『息以踵』、『機發於踵』」；「順從縱軸的原則：太極拳的『頂頭懸』、『尾閭中正』、『腰如車軸』、『豎起脊樑』與《莊子》的『緣督以為經』」；「感官的退位與超感的開啟：太極拳的『聽勁』與《莊子》的『聽之以氣』」；「解體之感的現象描述：太極拳的『全身意在精神』與《莊子》的『嗒焉似喪其耦』」等六個子題。並分就工夫與工夫間進階之次第、彼此的關聯與影響、及工夫如何成就境界，做了扼要的闡釋。筆者本欲完整而深入地探討以上子題，但囿於篇幅限制，本文僅及一端，其他部分，將於日後另闢專文討論。

倘試圖探究一位生手（novice）如何成為《莊子》書中的「至人」、「神人」、「聖人」、「真人」，且對譯以當代通行語彙「專家（expert）」[85]，自當了解該書所談的一切訓練與模仿的方式（all the modes of training and imitation），簡括曰「身體技術」。[86]在希臘文中，技藝（techne）指「技術」、「手藝」，是一種基於普遍原則且能授予他人的技巧。法國著名人類學家 Marcel Mauss 強調：我們往往誤以為只有使用工具時纔有技術，但其實「身體」向來是人最自然、也最首要的工具與技術訓練對象。隨著年齡的增長，人們不斷學習各種身體技術，運用這首要且最自然的工具來達成目的：從嬰幼兒的吃奶、爬行、走路，到長大後的飲食、運動，乃至於睡眠，無不是經由學習、模仿而來。Mauss 以他幼年因走路時手掌張開而遭斥責的經驗為例，說明不自覺間，確實存在著某種關於使用身體的教育；當一位毛利婦女斥責女兒未依傳統的 onioni 步態搖擺時，正說明了即使是走路，也並非天生的姿態，而是一種需待後天習得的身體技術。[87]

人在社會生活久了，容易不自覺地視已有之技能為天生，而忽略過往的學習；「自然」造人以站立之姿，我們覺得這是與生俱來的本能，卻鮮少思考自身的站姿從何而來，又如何纔是文化理想中「站」的典型？

Mauss 視技術為一種有效的傳統行為，它必須是傳統的與有效的，如果沒有傳統，就不會有技術與傳播。Mauss 觀察到：同樣是走路、游泳，在不同時代、文化的社會環境中，各有其特定的方法。即使只是坐在桌前用餐的姿勢，我們也能從雙手擺放的方式區別出英國人、法國人。[88]這說明了在不同的文化傳統中，相同目的的身體技術可能有不同的姿勢樣態，這些都需經過後天的學習：所有技術的訓練與形成都各有其道，身體習慣的建立亦然。

根據Mauss的定義，「緣督以為經」作為一種身體技術，蘊含著兩層意義：其一，它是一條身體技術的普遍原則，行住坐立隨處留意、任何時刻皆需恪守；其二，它是一項可授予他人的技巧，無論時代、不分地域，人人皆能學會。當我們對歷代注疏詮字釋義出走的現象進行反思，提出《莊子》工夫兼及身體的可能，便能將「緣督以為經」還置於身體本位，成為可資日常奉行的身體律則。然而，經典文本與歷代注解僅指出「緣督以為經」為一普遍原則，卻沒有條列姿勢、動作細節與操作方法，使之成為可授予他人的技巧。倘我們試圖跨越思維與意識層面之認識與理解的藩籬（knowing that），而擬進一步在當代複製、體現此一身體技術（knowing how），似乎必須於經典文本與歷代注解外，另覓他途。

## （二）「頂頭懸」、「腰如車軸」與「尾閭中正」：參驗太極拳中的「緣督以為經」

「緣督以為經」揭示了《莊子》對身體訓練的「不刻意之刻意」，然而逐漸脫離原初「自然」的人類，要如何將其落實於日常生活？訓詁史上扣緊「督」字本義作解的王船山如此詮釋：

85 詳參本書〈導論：《莊子》書中專家的「身體感」：一個道家新研究視域的開展〉，頁三五。
86 同註八。
87 同註八，pp. 100-119.
88 同註八，pp. 98-100, 104.

> 身前之中脈曰任，身後之中脈曰督。督者，居靜而不倚於左右。有脈之位而無形質者也。緣督者，以清微纖妙之氣，循虛而行，止於所不可行，而行自順以適得其中，不居善之名，即可以遠惡之刑，盡年而遊，不損其逍遙。

王船山固然扣緊「督脈」為「緣督以為經」作注，[89]但其側重在「緣督以為經」對身體產生的效驗。即「清微纖妙之氣」可「循虛而行，止於所不可行」，而能保身、全生、養親，本此「盡年而遊，不損其逍遙」。[90]王船山僅道出了「知道是什麼」（knowing that）的面向，而對「知道怎樣作」（knowing how）並未多加著墨。

我們亦能透過其他提及「督脈」之文獻，來補充對「緣督以為經」的理解。明代楊繼洲《針灸大成》是這樣敘述「督脈」的：

> 督則由會陰而行背，任則由會陰而行腹，人身之有任督，猶天地之有子午也。人身之督脈，以腹背言；天地之子午，以南北言，可以分，可以合者也。分之以見陰陽之不雜，合之以見渾淪之無間，一而二，二而一也。[91]

以子午譬喻任督，是由於子午線之於天地，正如任督之於人身；子午線為一南北之縱軸，而任督則是人身天生的中軸。當我們以雙腳站立時，任督二脈應與地面垂直，此即「緣督以為經」之簡要操作方法。

考「緣督以為經」於古史，歷代注家僅王船山等言及「緣督以為經」後身體之氣的變化，但也未能見明確的操作指引。雖然讀者能參考《針灸大成》等相關文獻，大致領略「緣督以為經」之字面意義。但除了應不使身體偏斜、筆直地站坐之外，我們仍有待更明確精準的身體感描述與施行方法，[92]才能確實操作「緣督以為經」。究竟該如何在文獻不足的情況下研究、實踐此一身體技術的操作呢？

孔子曾因文獻不足，試圖採擷夏、殷之後杞、宋兩國的禮儀，以追溯夏、殷古禮（《論語·八佾》）。在文獻不足的情況下，我們發現年代相去甚遙的太極拳武學傳統中，其究竟的身體境界與《莊子》理想的身體境界，竟有極為類似的描述。[93]

更值得注意的是，太極拳中若干身體技術的敘述，字詞雖有別，涵意卻完全相應於「緣督以為經」。試將太極拳經籍中與《莊子》「緣督以為經」相應的身體技術原則，簡要對照表解如次：

89　同註一二。

90　楊儒賓於〈從「以體合心」到「遊乎一氣」——論莊子真人境界的形體基礎〉言：「莊子對於感官的要求，主要的不是灰身滅智，而是要使它們融化為一體，成為心氣流動之管道。」（《第一屆中國思想史研討會論文集》，臺中：東海大學文學院，一九八九年，頁二一一）筆者以為，使「清微纖妙之氣」得以「循虛而行」之「督脈」，即楊先生所謂「心氣流動之管道」。

91　明·楊繼洲：《針灸大成》（臺北：大中國圖書公司，二〇〇二年），頁七一。

92　同註五。

93　同註八四。

表三之三　太極拳文獻中與《莊子》「緣督以為經」相應的身體技術原則

| 《莊子》 | 太極拳文獻 |
| --- | --- |
| 為善无近名，為惡无近刑，緣督以為經。可以保身，可以全生，可以養親，可以盡年。（〈養生主〉） | 主宰於腰（宋・張三丰：〈太極拳論〉）[94]<br>尾閭中正神貫頂、滿身輕利頂頭懸（明・王宗岳：〈十三勢歌〉）[95]<br>腰為纛、腰如車軸（明・王宗岳：〈十三勢行功心解〉）[96]<br>豎起脊樑（鄭曼青：《鄭子太極拳十三篇》）[97] |

依王船山等之注解，[98]或《針灸大成》之「子午線」譬喻，我們僅能初步理解「緣督以為經」為一使人身中軸垂直地面的身體原則。倘欲更進一步究明身體各部位應如何措置，身體移動、旋轉時四肢應如何擺放，仍有待更詳實的指示。近代許多身體技術之傳授，會搭配想像指令（imagery cuing），以增添操作者對該技術操作之理解。而歷代太極拳宗師則以「頂頭懸」、「豎起脊樑」、「尾閭中正」、「主宰於腰」、「腰如車軸」等口訣，自頭至脊椎、尾閭等部位，分別對「緣督以為經」作出相應且更為詳明的操作指引。

這條憑藉以為身體縱軸之督脈，起於尾椎骨端之長強穴，經頭頂之百會穴，迄上牙齦之齦交穴而終，為一位於人體背後的縱向中軸，恰與脊椎的位置重合。頭頂和尾閭為此縱軸的兩端，腰則環繞於側，隨中軸一起活動。[99]

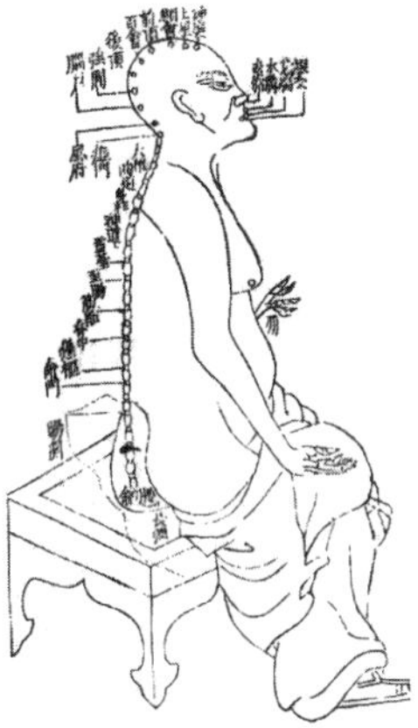

圖三之一　督脈圖

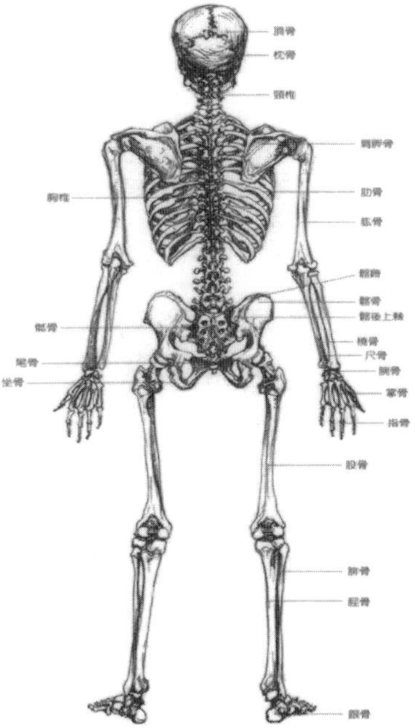


圖三之二　人體骨架背視圖

94 鄭曼青：《鄭子太極拳十三篇》（後簡稱《十三篇》）引（臺北：時中學社，二〇〇七年），頁七四。

95 《十三篇》引，頁七七。

96 《十三篇》引，頁七六—七七。

97 《十三篇》引，頁二三。

98 同註一二。

99 見次頁之圖三之一、《臟腑證治圖說人鏡經》之〈督脈圖〉（舊題秦．扁鵲著，收入《故宮珍本叢刊》，海口：海南出版社，二〇〇〇年，冊三六八，頁五四），圖三之二、《藝用解剖全書》之〈人體骨架背視圖〉（Sarah Simblet著，John Davis攝，徐焰、張燕文譯，林仁傑、徐弘治審訂，臺北：積木文化，二〇〇六年，頁三三）

太極拳中，無論動靜皆須注意「頂頭懸」、「神貫頂」、[100]「精神能提得起」，[101]身體隨時保持在彷彿頭上有一條髮辮懸於屋樑的狀態。[102]「豎起脊樑」，則試將脊椎想像為一串累疊而起的珠子，留意不使這些疊起的珠子歪斜傾倒。且在輕鬆而不刻意用力、不緊張且不僵直的前提下，直豎起身體縱軸。[103]無論人或坐或站，尾閭與胴體之底部皆相當接近，於是尾閭之措置便成為操作「緣督以為經」相當重要的關節。一旦能保持「尾閭中正」，便不會駝腰、翹臀，亦不會置骨盆於前傾或後倒的狀態。

太極拳以「頂頭懸」、「豎起脊樑」這兩個想像指令，加上「尾閭中正」加強細部動作之引導，使「緣督以為經」的操作——將督脈視作人身垂直地面的假想直線——在細節上更為具體。若說「頂頭懸」、「豎起脊樑」和「尾閭中正」是「緣督以為經」落實於身體、賅括動靜的總綱；那麼「主宰於腰」、「腰如車軸」、「腰為纛」，便是「緣督以為經」之動態原則。「纛」是軍隊前鋒所掌之大旗，全軍朝著大旗前進的方向行進。「腰為纛」以軍旗比喻腰和脊椎，四肢則如同兵士，朝軍旗之所向移動；「腰如車軸」則是以腰和督脈為身體之中軸，猶如車輪之軸心一般，須待軸心轉動了，整個車輪才隨之轉動。所謂「主宰於腰」、「腰如車軸」、「腰為纛」，意即唯有腰轉動了，四肢及頭面、眼神、腳步才隨之而動，無一在腰不動的情況下自作舉動。[104]當全身肢體能安於中軸之主宰不妄作躁動，免於筋肉緊繃造成的偏斜不穩狀態，身體始能安舒、臻於放鬆之境，達到太極拳所謂「立身須中正安舒，支撐八面」[105]的身體境界。

本文倘以「知道是什麼」（knowing that）為研究進路，便勢必得釐清《老》、《莊》與太極拳之間的系譜關聯。但筆者無意於《老》、《莊》之前預設一古道教的存在，[106]繼而從漢魏六朝後《莊子》被發展成丹道術數的分支與流裔，去揣想勾勒《莊子》對肇始於宋代，拳經、拳譜多賴口傳心授、乏正史可考之太極拳的迢遞影響，以爬梳、鋪陳兩者間的系譜關聯。[107]

100 同註九五。

101 明．王宗岳：「精神能提得起，則無遲重之虞，所謂頂頭懸也。」（《十三篇》引，頁七六）

102 鄭曼青：「頂頭懸者，正猶總其髮若辮子，懸於樑上之意耳。」（《鄭子太極拳自修新法》〔後簡稱《自修新法》〕，臺北：時中學社，二〇〇七年，頁二九）

103 《十三篇》引，頁二三。

104 鄭曼青：「主宰於腰，不獨手與脚要隨腰轉動，自顛頂及踵與眼神，皆須隨腰轉動。故相傳所謂練太極拳不動手，即是謂手足不能自動，惟腰為主。『尾閭中正神貫頂，滿身輕利頂頭懸』，此二語不可忽視。頂頭倘有擺動，祕傳所謂，雖練三十年不得成功。然尾閭不得中正，神亦不能貫頂。」（《自修新法》，頁二九）蔡肇祺：「所以，『腰為纛』乃：『腰轉動，全身纔隨著轉動。』之意。而腰如車軸，則在譬喻：車軸轉動，車輪就即時隨着轉動，即腰轉動了，胴體及附着於胴體的四肢，就隨着轉動、纔隨着轉動之意。」（《我所認識的太極拳》，臺北：中國意識科學研究會，一九九二年，頁二〇）

105 王宗岳〈十三勢行功心解〉：「立身須中正安舒，支撐八面」，《十三篇》引，頁七六。

106 詳參本書第一章註一一二。

107 楊儒賓〈從「生氣通天」到「與天地同流」——晚周秦漢兩種轉化身體的思想〉指出：「宋元以後蔚為修煉大宗的『內丹』說，不可能是隋唐以後才形成的。不要說晚周時期的思想家中，已可見到這種內涵。即就秦漢以後，不絕如縷的『胎息』『丹田』『精氣』等諸說，都可看出它們上通晚周的『精氣』，下通後世的『內丹』理論間，一貫的線索。」（見註七三，頁五一六—五一七）認為晚周精氣之說與秦漢後的丹家修鍊有一脈相承的關聯，似乎暗示著居承啟位置的《莊子》

本研究既聚焦於「知道怎樣作」（knowing how）的專題探討，故在無系譜可證之情況下，筆者注意的是：此年代相去甚遙的兩者之間，竟有著通同的身體操作原則。此等若合符節的身體原則，雖無系譜、影響可考可證，卻於異時、異代有著出而合轍的發現，也就具備跨越時地、可重覆檢證的潛質。

儘管本文所專論的《莊子》「緣督以為經」，與太極拳「頂頭懸」、「豎起脊樑」、「尾閭中正」等身體原則相契相應，但筆者並無意忽略二者的基本差別：若將「熊經鳥申」和「翛行无有」視為兩種不同的工夫類型，太極拳作為一套拳法，顯然屬於「熊經鳥申」之類，而與歸屬「不刻意」、「翛行无有」的《莊子》大相逕庭。可堪玩味的是，理應歸屬「熊經鳥申」之列的太極拳，於修鍊論述中卻有其「生活太極化」的部分。如鄭曼青先生於《鄭子太極十三篇．養生全真第八》所言：

> 時間不使浪費；空氣知所去取；行坐處臥、言笑飲食之際，皆可運用養氣之功。此三者，人生日常之所不能須臾離者。[108]

可見只要於日常舉手投足間依循太極拳之身體原則，即便不特意操練拳法套路，亦能鍊功養氣於日日夜夜。例如站立行走時「足分虛實，實則足心貼地」，注意雙腳「虛實分明」，身體重心隨時只落於一足；睡覺時「向右側睡，屈右（當作「左」）腿，以左足背貼於右膝蓋下，左手落左跨上，右手托右頤，全身筋肉鬆沉貼蓆」，[109]皆屬「生活太極化」之一環。而除了行止坐臥的姿勢外，儘量不施拙力——避免因身體肌肉的過度使力而產生肌肉緊張的現象（方能長勁）、不作不必要的思考（得使意純）[110]，與本文專論的「頂頭懸」、「尾閭中正」等，均是日常生活須時時留意恪守之要則。故太極拳雖屬《莊子》所謂「熊經鳥申」之類需特地撥空從事的工夫，卻也有其「脩行无有」、可隨時隨處踐履的部分。

太極拳以「頂頭懸」、「豎起脊樑」、「尾閭中正」等操作指令，提醒我們行止坐立均要提高顛頂、拉長身體縱軸、保持尾椎端正而使脊椎直立；並以「主宰於腰」、「腰為纛」、「腰如車軸」為活動原則，使四肢、胴體乃至眼神均隨腰、脊轉動而不自作舉動，將所有的身體活動歸於腰脊統御之下。「坐則隨時危坐，豎起脊樑」，即使在進餐時，也應注意以手托起飯碗就口，避免因弓身以口就碗而造成脊椎的彎曲不正。[111]方是將「頂頭懸」、「豎起脊樑」、「尾閭中正」落實生活，寓太極之修鍊於日常之中。

---

其鍊養工夫也屬丹家之類，但本文則據《莊子》中「脩行无有」、「不刻意」、「不益生」等原則，尋繹《莊子》鍊養工夫除刻意於「呼吸吐納」、「熊經鳥申」外，隨時隨處融入日常生活的可能。

108 《十三篇》引，頁三五。

109 《十三篇》引，頁三五—三六。

110 蔡肇祺：「太極勁，乃拙力消後，纔會長出。所以，愈鍊臂力，則愈斷長勁之路，愈與太極拳無緣！……人而鍊增拙力也好，鍊成健美的體態也好，這，都和鍊太極拳，背道而馳。所謂『太極生活化』，其最大禁忌，就是鍊增拙力！」、「在鍊太極拳套時，必養成不想的習慣。而在其日常生活當中，則除了非思考不可之內容外，設若也能不想，那最好；這樣做，亦為使生活太極化的內容之一。」（《我所認識的太極拳》，頁二九—三〇、一九二—一九三）

111 《十三篇》引，頁三五—三六。

「生活太極化」即期望在沒有修鍊、操作太極拳時，舉手投足間也皆能符合太極拳「頂頭懸」的拉長顛頂、拉長身體縱軸，「尾閭中正」且「豎起脊樑」、維持身體縱軸的正確位置，「一舉動周身俱要輕靈」的放鬆、不使拙力，「不雙重」的雙腳「虛實分明」等基本身體原則。

以上太極拳身體原則之措辭用語，雖不同於「緣督以為經」，但修鍊太極拳所需依循之身體原則如「頂頭懸」、「豎起脊樑」、「尾閭中正」等，卻與「緣督以為經」若合符節。這異時異代的兩項身體技術，竟有著共通的操作方法，而透過參驗太極拳之身體原則，「緣督以為經」成為一可以授予他人、能夠重複操作驗證的技巧。若日常生活中的坐立行走均能謹守這幾條寥寥可數，卻須日日踐履、時時恪守的身體原則：將脊樑想作一條累疊而起的珠子，在不緊張、不刻意用力的狀況下維持這串珠子的豎立，不使其歪斜傾倒（豎起脊樑）；最末端的那顆珠子即是尾閭，保持其在胴體之中正（尾閭中正）；最頂端的那顆珠子便是百會，想像有人從此處拉起串著珠子的細線，懸於樑上（頂頭懸），便能按圖索驥做到「緣督以為經」，身體將日漸有「滿身輕利」的體會。工夫亦不再只是工夫，而成為無須刻意亦能遵守的「常因自然」。倘能漸進配合《莊子》其餘身體律則的實踐，相互輔成，心身修為將緣此同時升進，最終甚至能開啟「聽之以氣」的超感能力，或臻至「嗒焉似喪其耦」的生命境界。112

## （二）身體中心線（Body Alignment）：從皮拉提斯照見「緣督以為經」的現代生理學詮譯

經由參驗太極拳之基本操作原則，我們可以將「緣督以為經」這個看似渾沌、不知如何切實踐履的身體技術，透過「頂頭懸」、「豎起脊樑」、「腰如車軸」、「腰為纛」等想像指令，化為一有方法可循、可具體落實的身體技術。為能更增添現代人對「緣督以為經」操作之理解，以下將透過皮拉提斯——一項建立在西方現代醫學基礎之上的運動，以現代人所熟悉的西方生理解剖學概念詮釋「緣督以為經」之操作，使此一身體技術在當代更容易被複製。

要求直豎起身體縱軸的，不只傳統武術中太極拳的修行。二十世紀初由德國人皮拉提斯（Joseph H. Pilates, A.D.1883-1967）所開創的Contrology運動，[113]最重要的原則就是維持身體中心線（body alignment）、也就是脊柱位置的正確與穩定。由於受到地心引力的影響，為了使脊椎不會因重力而更趨彎曲，我們經常性的活動都須反重力而行，[114]身體各部纔得以隨時保持良好的姿勢。因此，使身體具備足以反重力的力量，著實不可或缺，這就是為什麼皮拉提斯的動作主要為訓練核心肌群。核心肌群支持著脊椎與體內器官，並維持人體姿勢，是人體運動的核心與源頭，皮拉提斯稱之為「動力室」（power house）。[115]

112 同註八四。

113 Pilates原將其訓練系統命名為「控制學」（Contrology），意味著身、心、靈完全的協調；流傳日廣後多以創始者姓氏（Pilates）為通行名稱，後文亦以「皮拉提斯」指稱這門由皮氏創始而今風靡全球的運動。

114 Peter Fiasca, Ph. D., *Discovering Pure Classical Pilates: Theory and Practice as Joseph Pilates Intended--The Traditional Method vs. the Lies for Sale* (Brisbane: Pure Classical Pilates, 2009), p. 83.

115 Sean P. Gallagher & Romana Kryzanowska, *The Pilates Method of Body Conditioning: Introduction to the Core Exercises* (Philadelphia: Bainbridge Books, 1999), p. 12.

皮拉提斯運動既由特定動作訓練身體各部肌群，自然大異於《莊子》的「翛行无有」，而當歸屬「熊經鳥申」之類：部分動作用以強化腹部肌群（如Teaser），部分則加強脊椎活動、延展脊椎（如Roll Up），或者強化髖伸肌群及肩、背軀幹穩定（如Leg Pull Front），或者強化背伸肌群（如Swan Dive），或者鍛鍊腹斜肌群、髖伸肌群並要求整體軀幹的穩定（如Side Kick）。[116]這麼多樣的動作，其主要目的無非強化身體的核心肌群，進而使其有力量維持身體中心線的位置。這一切的「熊經鳥申」、特殊動作的操練，是為了在運動以外的日常生活中皆能保持身體中軸的穩定。這種要維持身體中軸穩定的身體原則，正等同於太極拳之「豎起脊樑」、「尾閭中正神貫頂」與《莊子》之「緣督以為經」。

至於何謂身體中心線？[117]接下來筆者將透過皮拉提斯對身體中心線的理解，來照見《莊子》「緣督以為經」的現代生理學詮釋：想像有根長桿自尾椎向上，通過脊椎、頸部，最後從頭頂延伸而出。確定脊椎如長桿一般筆直後，頭也順著長桿的方向盡可能地拉長，[118]這

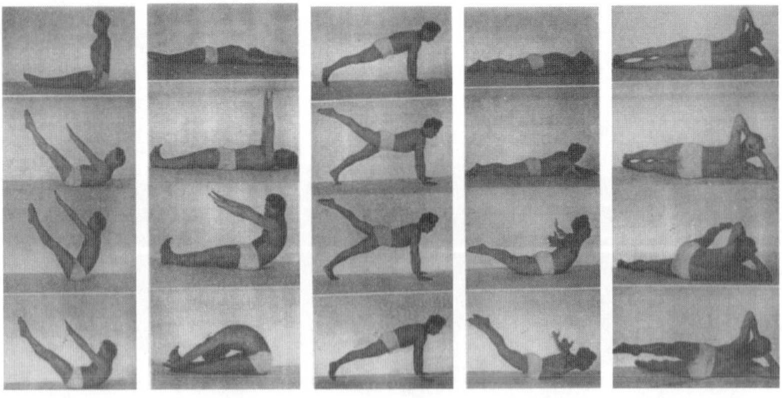

Teaser　Roll Up　Leg-Pull Front　Swan Dive　Side Kick

圖三之三　皮拉提斯動作分解圖

樣可以在每節脊骨間營造更多的空間，抵消重力不斷拉動肌肉和骨骼所造成的身體緊縮和關節間隙減少[119]——如此一來，正同做到了太極拳的「頂頭懸」。

在調整頭、頸位置時，注意胸部、肩膀都要放鬆，避免聳肩，雙肩自然下垂，使頸椎向上延伸；[120]同時要留意使下巴朝胸部的方向內

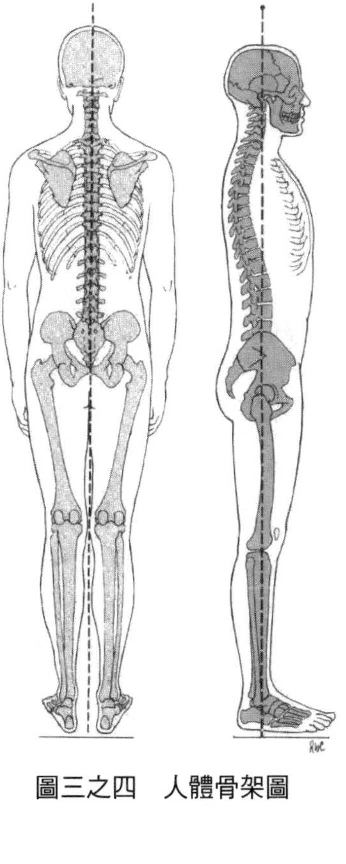

圖三之四　人體骨架圖

116 見附圖三之三〈皮拉提斯動作分解圖〉，摘錄自Joseph H. Pilates and William John Miller, *Pilates' Return to Life Through Contrology* (Incline Village: Presentation Dynamics, 1998), pp. 28-74.

117 見附圖三之四〈人體骨架圖〉，圖片摘自Florence Peterson Kendall, Elizabeth Kendall McCreary, Patricia Geise Provance, *Muscles, testing and function* (Baltimore, MD: Williams & Wilkins, 1993), p. 11.

118 Philip Friedman and Gail Eisen, *The Pilates Method of Physical and Mental Conditioning* (New York: Penguin Group, 2004), p. 30.

119 同註一一四。

120 同註一一八，p. 27.

縮，延伸頸部的長度。[121]當整條脊柱如一垂直地面之長桿般筆直時，須注意不要駝背，但亦不刻意挺胸，使胸椎部位的肋骨內收。再想像有條細線，一端繫在胸骨中間，另一端繫在天花板上，想像有人拉動那條線，將胸部往上拉，讓胸椎得以延伸、拉直。[122]

在說明整段脊椎、特別是從頸椎到胸部的注意原則後，皮拉提斯亦對腰部至尾椎的正確措置做出說明：注意使髂前上棘（anterior superior iliac spine，在腰前兩側、骨盆上方可摸到的兩塊突出的骨頭）和陰部上方的恥骨聯合（symphysis pubis）共構之等邊三角形垂直地面，[123]且假想恥骨聯合與尾椎骨靠近扣緊，骨盆便不致前、後傾斜歪倒，而能使腰椎與尾椎保持在骨盆中立的位置上，[124]達到太極拳所謂的「尾閭中正」。如此一來，無論行走、端坐，皆可保持身體中心線如經線般垂直地面，而達到「緣督以為經」的狀態。

皮拉提斯所欲調整、回復的那條「與生俱來的直線」，即太極拳必須豎起的「脊樑」，也就是《莊子》不刻意卻時刻緣以為經的「督」。這樣的偶合正幫助我們得以從現代生理解剖學的角度，認識此一維持身體縱軸直立的身體技術。

### （三）「保身」、「全生」、「養親」、「盡年」：重審「緣督以為經」的效果論述

若不將「緣督以為經」落於身體作解，反視其為純粹的心靈工夫，並以此詮釋帶入《莊子・養生主》的文脈，則後文所接續的「可以保身，可以全生，可以養親，可以盡年」，便不易見其因果關聯——既難以「保身」、「全生」、「養親」、「盡年」原字疏通作解，亦無法說明為何遵循心靈工

夫的「緣督以為經」，便能獲致保衛身體、健全生命、頤養親上、盡享天年等諸多效驗。致使注家不惜換字換義，甚至將「養親」解作「養新」，再由「養新」轉為「養心」，於訓詁上一再輾轉。[125]

明代陳治安雖以「緣督以為經」為養生鍊氣之要訣，更於註下云：「人若於世上一無所為，則此身何寄，親於誰養？」[126]顯然肯定「緣督以為經」後「保身」、「全生」、「養親」、「盡年」之功效，但陳治安亦未對「緣督」的操練作出更進一步的說明。[127]本研究援引太極拳與皮拉提斯之操作方法，詮說「緣督以為經」這項身體技能，開展出能夠依循操作的文字敘述。使「緣督以為經」得以安置於身體座標上，進而再將「緣督以為經」置回《莊子》文本脈絡中加以檢視，重新理解何以

---

121 同註一一八，p. 31.

122 同註一一八。

123 Physical Mind Institude, *Anatomy of Pilates* (New York: Physicalmind Institute, 2001), p. 12.

124 同前註，p. 30.

125 王叔岷：「親當借為新……下文庖丁解牛十九年，而刀刃若新發於硎，正所謂『養新』也。」（《莊子校詮》，頁一〇一）歷代注家不乏主張莊子以「刀刃」喻「心」者，如：成玄英注「批大郤」：「間郤交際之處，用刀而批戾之，令其筋骨各相離異；亦猶學道之人，生死窮通之際，用心觀照，令其解脫。」（《南華真經注疏》，收入《初編》，冊三，頁一四八）、王先謙注庖丁解牛段落：「牛雖多不以傷刃，物雖雜不以累心。」（《莊子集解》，收入《初編》，冊二六，頁四一）莫不以「『新』發於硎」為養「心」之功。王叔岷先生既釋「養親」作「養新」，則意同以「養心」釋「養親」也。

126 同註一一。

127 陳治安註中雖有「在〈外物〉篇養生家有艮背之說，亦是緣督之義。」一語，「艮背」一說取義於《周易》，但依憑此語讀者仍無法明確得知「緣督以為經」之操作。

做到「緣督以為經」便能收穫「保身」、「全生」、「養親」、「盡年」的效驗。

雖然筆者借用異時、異代、異域的皮拉提斯操作原則，作為「緣督以為經」的當代生理學詮釋。但必須聲明的是：《莊子》和太極拳與皮拉提斯之間，有著極大的差別。如前所述，維持身體中心線的穩定，是皮拉提斯這項運動的究竟目的。儘管此原則與《莊子》「緣督以為經」、太極拳「豎起脊樑」等若合符節，但絕不表示《莊子》和太極拳的修習目的僅止於此。學者可循此初步原則，並嫻熟「肢體的不可自動與無為：太極拳的『鬆勁』、『兩臂已斷』與《莊子》的『形如槁木』、『墮肢體』」、「付體重於一足：太極拳的『雙重則滯』與《莊子》『天之生是使獨也』的身體暗示」等規範，進一步熟習其餘身體技術。工夫間相互輔成，將開啟「聽之以氣」、「氣聽」等超感能力，最終將臻於《莊子》「嗒焉似喪其耦」、太極拳所謂「全身意在精神」的生命境界。[128]

皮拉提斯的各式動作，是為能維持身體中心線位置的正確與穩定而設計的。當學習者逐漸能夠維持身體中軸的延展與穩定，便能獲致體強魄健的效果。皮拉提斯在*Your Health*一書中指出：經過合宜的鍛鍊，原本被認為難以預防的心臟疾病、結核病、脊椎彎曲、O形腿、X形腿、扁平足等疾病，都是可以預防和改善的。[129]以皮拉提斯自身為例：他自幼體弱多病，患有哮喘、佝僂症（駝背）及風濕性關節炎等，但在歷經鍛鍊後，他十四歲時的體態已足以擔任人體解剖圖的模特兒。第一次世界大戰時，身為德國人的皮拉提斯在英國拘留營中運用自己開發的體能鍛鍊方式訓練其他戰俘，一九一八年當成千上萬人死於流行性感冒，與他同營的戰俘竟因此而得以全數倖免。[130]

當我們援引太極拳為「緣督以為經」做出更明確的格義與操作說明時，發現太極拳在做到「頂頭懸」、「尾閭中正」、「豎起脊樑」等身體原則後，將可依「三階九級」的進程，循序漸進地達到不同的身體境界。初階為舒筋活血之運動：初階一級由舒腕及肘至垂肩，二級由腰胯漸鬆至膝、足踵，三級由尾閭至顛頂筋柔脊柔、全身皆鬆，達所謂「柔腰百折若無骨」。值得注意的是：「尾閭中正」、「頂頭懸」正是初階要訣。二階為鍊氣：一級氣沉丹田；二級氣至胯至膝至踵、至肩至肘至腕，達乎四肢；三級氣越尾閭而達泥丸。修鍊至此階級，則延年祛病亦末事矣。[131]三階則知覺其氣之動靜：一級為聽勁，以與對方體表之接觸，感知其氣之動靜；二級為懂勁，不必觸碰對方，而於其氣初動之幾便能感知；[132]三級為階及神明，此時修鍊者之氣進乎精神之作用，目之所注、神之所到，氣已隨之。[133]

以上簡述太極拳「三階九級」各級所相應之身體境界，修鍊者隨級升進，最終到達太極宗師之究竟。倘修鍊太極拳至宗師的高度，將可有貌如少年（「色若孺子」）、體態輕妙（「身輕」）、[134]一舉一動俱從心所欲（「意氣君來骨肉臣」[135]）的身體境界。並能具「內固精神」、「不動心」的心靈

---

128 同註八四。
129 Joseph H. Pilates, *Your Health* (Incline Village: Presentation Dynamics, 1998), p. 104.
130 同註一一五，頁九。
131 《十三篇》引，頁四五—四七。
132 參見《我所認識的太極拳》，頁一五六。
133 《十三篇》引，頁四八。
134 《自修新法》，頁七。
135 同註九五。

修養，[136]得以保持端凝的心境，不隨外在事物波動紛擾。當代太極拳宗師鄭曼青先生幼年時，曾戲於危牆之下，牆倒而傷及頭腦，思緒不如往常敏捷，後來又染上肺癆咳血之證；但在修習太極拳後，宿疾逐漸痊癒，身體日益強健，心思也回復到最初的靈敏聰明，[137]甚至年屆五十，視力、體力、精力均猶勝少年之時。足見修習以「頂頭懸」、「豎起脊樑」、「尾閭中正」為要訣之太極拳，對身體與心靈確有莫大助益。

《莊子》、太極拳與皮拉提斯，三者發展於不同的時代與地域，各有其獨特的身體技術與身體原則，不可混為一談。但在深入檢視其身體技術後，卻發現三者間存在著一項通同的原則，即對身體縱軸挺直端正的重視與要求。同樣以「督」為「經」、以「脊樑」為「中正」、以「脊柱」為「身體中心線」的身體技術，在不同時代、異域文化中，都有著祛病延年的效果。當我們從注疏傳統和實際操作層面去理解「緣督以為經」，重新將「緣督以為經」放回《莊子》文本檢視，自然能明白為何置「緣督以為經」於〈養生主〉一篇當中，亦能明白何以踐履「緣督以為經」——一個僅需豎起脊樑、維持身體中心線的身體技術——便「可以保身，可以全生，可以養親，可以盡年」：做到「緣督以為經」，始能保全己身；但生命的範疇不限於身體，因此「保身」之後尚需「全生」；而在一己生命之外，人的一生還有至親的親人，以及更遼闊的時空環境中的一切際遇。因此在此身、此生之外，還要「養親」、「盡年」——莊子於〈養生主〉首段勾勒出層層向外推擴的生命格局，而「緣督以為經」則是這一切得以層層推擴的起點。如此一來，「緣督以為經」這整個段落的文脈，便能因此得到疏通與理解。

## 結論、從「守靜督」與「緣督以為經」看《老》、《莊》義界下身體的「自然」

### （一）「無為」有「為」、「不刻意」卻「刻意」

《老》、《莊》之「自然」、「無為」，並非「無所作為」。正如明．陳治安注「緣督以為經」云：

> 人若於世上一無所為，則此身何寄？親於誰養？若遂捐身於為之之中，則因而傷生之主者有矣，不盡其天年者有矣。能為而無為，神凝內守，斯無之而不可者也。[138]

《莊子》所不為的是「彼其於世數數然」（〈逍遙遊〉）——若因追求身外之物、爭逐世俗價值，而捐身於「為之」之中，反恐招致「傷生之主」、「不盡天年」之害，「保身」、「全生」、「養親」、「盡年」終成想望。然道家的「無為」之「為」如何達成？陳治安以「神凝內收」詮解《莊

136 鄭曼青：「內固精神外示安逸，此得體用兼賅之妙，泰山崩於前，麋鹿興於左，可使色不變。目不瞬者，以其內固精神，而有不動心之修養，此即孟子所謂養吾浩然之氣之作用耳。」（《自修新法》，頁三〇）

137 《十三篇》引，頁七三。

138 同註一一。

子》此一內返而不外求之生命取向，但這仍只是心靈層面的工夫。倘無身體工夫之配合，則此世所假之「身」是否堪寄？此身所當奉養之「親」又將留與誰人？

筆者參驗太極拳與皮拉提斯之身體技術，以照見「緣督以為經」較詳明而落實的操作原則，讀者不免會有此疑慮：「常因自然」、「因其固然」、「不刻意」、「脩行无有」既為《莊》學之要旨，何以屬「熊經鳥申」的太極拳與皮拉提斯，竟可與《莊子》之「緣督以為經」格義而不相扞格？

《莊子》、太極拳和皮拉提斯各有其孕育發展的文化背景與時代脈絡，三者所追求的目的與究竟境界不同，因此於工夫取徑和型態上也有所不同，無論是武藝的修鍊或是身體的鍛鍊，皆有別於《莊子》欲摒除外於日常生活之「有為」動、靜功法的「不刻意」原則，自然不可混為一談。本文所專論的，是此三者間共通、且無時無刻皆須恪守的身體原則——身體縱軸正確地直立與穩定。太極拳作為一套拳術，在「熊經鳥申」的刻意修鍊之外，仍有其實踐於日常生活的部分，此即前述所言「生活太極化」。例如坐時必「隨時危坐，豎起脊樑」，[139]如此即使不特意撥空從事拳套之演練，亦能於行止坐立、舉手投足間踐履「頂頭懸」、「豎起脊樑」、「尾閭中正」等要求，達到「生活太極化」，而寓「脩行」於「无有」。同樣地，皮拉提斯作為一廣泛使用於醫療復健體系、可強身健體之運動，自有其特有的操練動作。但皮拉提斯的身體原則亦能融會於日常生活，無論行走、站立時時貫通，[140]如此一來，便可「益生」於「不刻意」之中。

當這些身體技術能夠融入日常生活的行住坐立，使督脈、脊樑、也就是那條「與生俱來的直線」漸漸回復應有的筆直時，太極拳和皮拉提斯便不只是須特意撥空從事的「熊經鳥申」、「刻意」工夫，而能隨時隨處內化為身體與生命的一部分。故就太極拳和皮拉提斯之身體技術皆能寓於日常、融入生活這點而言，不但符合《老》、《莊》「無為」、「不刻意」、「不益生」、「脩行无有」等工夫類型，更相契於《莊》學「常因自然」、「因其固然」之思想要旨。

既然這條《莊子》緣以為經的「督」、太極拳欲豎起的「脊樑」、皮拉提斯植基於西方生理學的「身體中心線」，是人人與生俱備的，何以仍需倚助後天的努力、工夫的修鍊，方能體現此一「自然」的身體技術？

Pilates於其著作 *Return to Life Through Contrology* 曾指出：幾乎百分之九十五的人口患有不同程度的脊椎側彎。一旦脊柱彎曲，身體就偏離了與生俱來的那條直線——亦即偏離自然的平衡。新生兒的背部是平坦的，因為他們的脊椎仍成一條直線，但現在每天卻有成千上萬的人駝背並突出小腹。皮拉提斯這項運動，便是運用「捲起」（rolling）與「展開」（unrolling）等動作，逐步穩當地使脊椎恢復初生時的正常狀態，並增進脊椎的彈性。[141]隨著年歲漸長，身體可能已在生活的重擔、不良的姿勢下失去初生之「自然」、平衡，而有賴後天勉力矯正，方能回復此一縱軸原初的筆直。

近代太極拳宗師鄭曼青先生亦嘗謂：

> 脊多節若串珠然，纍疊而起，稍不將意，則傾側，或曲凸而倒矣，則不復有力，得能支撐其

139 《十三篇》引，頁三五。
140 同註一一六，p. 22.
141 同註一一六，pp. 16-17.

軀幹矣。其為病，小則為骨疽骨癆，大則即如天柱之折矣。豈不危哉！（《鄭子太極拳十三篇．心膂並第六》）

脊樑端正與否，攸關著我們的身體健康，無法「豎起脊樑」不但無法練成太極，[142]更甚者將為身體帶來各式大小疾病。無怪乎《莊子．養生主》曰：「為善无近名，為惡无近刑，緣督以為經。可以保身，可以全生，可以養親，可以盡年。」何以皮拉提斯能成為如此風行的運動？又何以在眾多太極拳修習者中，練成上乘工夫者寥寥可數？正因絕大多數的人身體中心線已失去平衡，無法做到「尾閭中正神貫頂，滿身輕利頂頭懸」，需依靠後天之勉力而為，方能回復先天之「無為」與「自然」。即便是藉由太極拳、皮拉提斯等身體技術來回復身體中心線之位置，每週亦需付出數小時、甚至每日數小時的額外時間與努力方能達成，更遑論是將這努力擴展、充塞於日日夜夜、時時刻刻、分分秒秒，化為日常生活行住坐立的一部分。

Merleau-Ponty認為，日常生活中的身體習慣，並不是一種概念性知識；習慣的養成、獲得不是靠心智的理解力，而是身體在「理解」（understand），這就是所謂的「體驗」。換言之，就是「意向」中我們想要獲致的身體感、感官經驗、情緒狀況等，與「實際」呈現出的身體感、感官經驗、以及情緒狀況，兩者取得一致。[143]當生活日漸被一種新的意義滲透，當身體日益同化於一個新意義的核心時，身體就能日益「理解」，習慣就能養成獲得。[144]

「緣督以為經」這樣看似簡單的指令，其實不是一項單純的動作，而是將文化理想內化入身體後，方得逐漸造就有「能力」意涵的身體技能。[145]這好比太極拳套裡有許多程式化的動作，但習拳者的身體必須與拳經裡的文字產生緊密的聯結，以身體記憶、理解這些異於日常生活的舉措，才能順利地透過身體演練出拳經所要表達的內容，進而無動不太極。訓練、模擬與陶冶的究竟，是使所訓練的知識或技藝能夠毫不費力地表現或演練出來，一如日常生活的舉手投足。

一項身體技術之最高境界，即是將該技術的精神與原則寓於平日之行走、尋常之坐臥、生活之慣習。而從身體的習慣，例如走路時手臂如何擺動、坐席中手臂與胴體的相對位置、姿勢等，可看出每個文化群體或社會的特異處。這些身體習慣並非與生俱來，而是有賴後天的學習，它們會隨著個人之行止、經驗及可能的模仿而改變，也會受到社會、教育背景與權威的價值系統種種因素的影響。[146]

因此，「緣督以為經」這個姿勢背後，有其獨特的文化意涵。「站」（或「坐」）不僅是一種姿勢，而是身體技能；甚至不只是一項身體技能，而是能領人通往一直潛伏於中國傳統文化中「常因自然」（《莊子．德充符》）、「道法自然」（《老子．二十五章》）境界的鎖鑰。由「身體技術」到「自然」進境，正如王叔岷注庖丁解牛所謂：「道是自然，技乃人為。盡乎人為，則合乎自然

142 鄭曼青：「頂頭倘有擺動，密傳所謂，雖練三十年不得成功。然尾閭不得中正，神亦不能貫頂。」（《自修新法》，頁二九）
143 見註七，pp. 167-169.
144 見註七，p. 146.
145 同註八，pp. 99-100.
146 同註八，pp. 99-102.

矣。」[147]人為技術不斷升進的極致，方能臻至（或說歸返）道家義界下的「自然」。Edward Gilman Slingerland所指出「如何努力做到不努力」悖論中的緊張矛盾，將在以人為努力歸返「自然」、「無為」的工夫進路中渙然冰釋。

## （二）將「緣督以為經」重新安置回身體座標的意涵

為還原《莊子》「緣督以為經」的本來面貌，筆者重審歷代注釋中「緣督以為經」之詮解，找出詮字釋義紛紛出走的緣由。且藉由《莊子》工夫論中身體位階的釐清，與早於《莊》注之督脈文獻及帛書《老子》「守靜督」的佐證，使「緣督以為經」得以擺脫別字異解，重新安置回身體座標上。並透過時代晚出、地域迥異，但同樣以延展、保持身體縱軸筆直豎立為基本身體原則的太極拳與皮拉提斯，對「緣督以為經」這項身體技術作格義，以提供讀者更詳明確實的操作方法。如此一來，「緣督以為經」一語置於《莊子》文本脈絡下，再毋需訓詁輾轉；「保身」、「全生」、「養親」、「盡年」亦不顯突兀，使整個段落的文脈得到疏通與理解。而這樣的研究，亦能消除一般視「無為」作「無所作為」的誤解。

本研究聚焦於《莊》學之身體主體，而非心靈主體；並援引時代晚出的太極拳、奠基於當代西方生理學的皮拉提斯，將《莊子》「緣督以為經」之身體技術剖析為明確詳實的操作方法。筆者於本文釋出遠多於「緣督以為經」字面意義的詮解，難免予人牽強附會之感，而難以相信這真是《莊子》原意。《莊子》只提到督脈是總領全身、養護心身的關鍵，但僅「緣」以為「經」一語，對頂頭如何懸、尾閭如何中正或身體縱軸如何穩定等操作方法，未必有如此詳細的設想。由於時空的隔閡，即便透過歷代注疏，仍難窺見「緣督以為經」身體技術的風貌。因此筆者借用太極拳和皮拉提斯中與《莊子》極為相似的身體原則，試圖給予「緣督以為經」更明確而豐富的解釋。對此可能牽強附會的解釋，讀者自然有權不予採信、不加徵引，認定《莊子》、太極拳、皮拉提斯三者身體原則之相似，皆是出於偶合。但不採信、不徵引的結果，我們對「緣督以為經」的認識便僅止於一條垂直地表的身體縱軸，如此真實，卻也如此單調空乏、令人不知所措。缺乏詳實的操作指引、缺乏當代語彙的「格義」，莊子的身體技術便只能留在鉛字紙面、博物館中，供後人追緬憑弔，無法重新進入我們的生活，與當代生命相互碰撞出火花。換言之，即使明知這可能是以晚出拳術或異域運動附會而成的解釋，但如此對於具體操作方法的解釋確實賦予了「緣督以為經」更具生命意義的內涵，且使此一起自先秦甚至更早的身體技術在當代仍能被具體的認知、操作，進而改善我們的生命。那麼，又何必以偶然之名、附會之由，將這可能的真相完全掩蓋泯滅，不與人知呢？

筆者無意將時代晚出而有相近身體技術與原理的太極拳，與《老》、《莊》相牽互詮；或許《莊子》與肇始於宋代的太極拳間，真存在未知的迢遞影響與系譜關聯，但揣想終難考證。本文既以「知道怎樣作」（knowing how）為研究進路，於是聚焦於年代相去雖遠、卻甚為類似的「順從縱軸」之身體技術原則。思考它們在未必具有影響關係的情況下，可能蘊涵之重要意義：一種傳統身

147《莊子校詮》，頁一〇五。

體技術的背後，必然隱藏著某種屬於該傳統文化的身體預設。[148]而對於身體感的描繪與身體技術的成效，如果在長期的歷史中重複地被體會驗證，則此頗富文化箇色的身體觀，也就深具超越地域藩籬的潛能，而存在於不同的文化場域中。

「緣督以為經」固然是《莊子》書中的一條身體技術，且是於眾多身體原則中足以貫通動靜、最為重要的一條。但就《莊子》身體技術的探討而言，「緣督以為經」只是個開端。須待更多身體與心靈原則的配合，於日日夜夜的勉力實踐後，方能成為慣習，將所有的身體修鍊與心靈修為工夫皆內化為生命的一部分。達到《老子》「為」「無為」，《莊子》「刻意」卻「不刻意」的「自然」，通往《老》、《莊》所謂「真人」、「至人」、「神人」的理想生命境界。

148 楊儒賓：「人的身體結構固然大體相同，但儒道諸大師處理此問題時的立場，卻還是站在某種共同文化的氛圍底下形成的。他們認為人身不是現成的、圓滿的，而是一種趨向完美，可以昇華的起點。」（同註七三，頁二一二）

# 第四章

# 「槁木」與「輕身」：《莊子》注疏、詩人具身認知、醫家辨證的跨界討論*

* 本文初稿刊登於《思與言》第五四卷第四期，二〇一六年十二月。

## 前言、何謂「形如槁木」：心靈取譬、身體感或身體技術

### （一）莊子的著書動機：才子之書、愛智之學或身心修鍊的傳承

莊子活躍於距今二千餘年前的戰國時代，時至今日，著書動機及《莊子》一書之性質，學界仍乏確論。金聖嘆固然評點《莊子》為「天下第一才子書」，但《莊子》一書當非莊周藉以展現其個人才華之文學作品。[1]既然被譽為天下第一才子書的《莊子》不僅僅是一部文學作品，那麼是否可歸屬於希臘哲學傳統中出於「愛智」（Φιλοσοφία／Philosophia）的興趣而以純粹之理性推演著成的哲學經典？

事實上，先秦諸子不僅代表當時社會菁英在哲學體系、文化理論上的建構，同時更吸收、含納並發展先民對自然、社會、生活的種種理解與認知。從現代職業分工的觀點來看，先秦的知識分子——所謂的「士」，其思想來源不僅多元（例如：強調耕食自足的「農家」、注重自然時序與萬物屬性的「陰陽家」等），且往往奠基於當時人民對整個人文世界與自然世界的認識與關注。我們可大膽地說，先秦諸子在哲學上的建構往往不是出自純粹「愛智」的興趣，而是有濃厚的現世關懷。[2]有鑑於此，則莊子的著書動機，是否可能意在傳述其生命所臻至的境界光景，帶領讀者一窺「人」皆可至的理想境界？又或更欲將其通往此一生命境界的工夫途徑傳承予後人？然唯有在確認《莊子》書中確實含括身心技術的前提下，始能確立此書的工夫傳承性質。亦唯有在此前提成立的

情況下，以專家與生手的研究向度出發，[3]探究《莊子》書中身心技術的命題，方得開展。

## （二）《莊子》書中身、心技術之有無

循溯既有的《莊》學研究成果將發現，民國以降，華人學界的《莊子》研究多聚焦於心性論、

1 莊子既於〈齊物論〉中申明「昭文之鼓琴也，師曠之枝策也，惠子之據梧也」等能力，此類「欲以明之彼」、欲將自身長才炫耀於世人之前的創作動機乃屬「非所明而明之」，是炫人耳目的「滑疑之耀」，自為莊子所不取。

2 民初胡適之先生以為先秦諸子的出現乃是由於「政治那樣黑暗，社會那樣紛亂，貧富那樣不均，民生那樣困苦。有了這種形勢，自然會生出種種思想的反動」。（胡適，《中國古代哲學史》（臺北：臺灣商務印書館，一九六五），頁三九）牟宗三先生曾對這兩種說法加以分判：他以為傳統「諸子出於王官」之論是個縱的觀點，乃指出諸子的歷史根源；而胡適之先生是從橫的觀點，以社會學的角度解釋思想出現的社會背景。但牟先生以為上述兩種講法都嫌疏鬆，他認為諸子興起的真正原因乃是針對周代典章制度的崩解，即「周文疲弊」而發。（牟宗三，〈中國哲學之重點以及先秦諸子之起源問題〉，收入氏著，《中國哲學十九講》（臺北：臺灣學生書局，一九八六），頁五三—六八）姑且不論這些說法中何者纔最貼切歷史的真實，但這些對諸子起源的立說與討論都奠基在諸子思想的一種共相上：先秦諸子所構成的思想傳統都有強烈的時代關懷，他們關懷的是人文化成的這個世界，探討的是人作為社會的存有、政治的存有、歷史的存有等種種課題。（節引自拙作《身體與自然——以《黃帝內經素問》為中心論古代思想傳統中的身體觀》（臺北：國立臺灣大學文學院，一九九七），《臺大文史叢刊》一〇二，頁一—二）

3 有關《莊子》「專家與生手」研究進路的說明，以及從「生手」邁向莊子「專家」的修鍊過程，詳拙作〈《莊子》書中專家的「身體感」：一個道家新研究視域的開展〉，收入本書導論。

心性主體，即使在探討《莊子》書中章句字面明顯與身體相涉的文本時，仍多從「心」的面向詮釋，而僅將莊子對身體的描述視為心靈論述的取譬。[4]相較於華人學界，日本學界對《莊子》書中的身體論述，有較多的學者著眼於當中身體技術的工夫意涵，如坂出祥伸指出，身體的實際修行確實存在於《莊子》書中：

> 由於這〔指《莊子》一書對「坐忘」的說明〕是非常觀念性且抽象性的說明，因此顯得更加難以理解。雖然難以理解，但仍可以確定的是：《莊子》這部作品，或是莊子其人活動的戰國時代，大約在公元前二、三世紀到前一世紀左右，這種為了養心而作的實際修行是存在的。[5]

湯淺泰雄更判分東西身體訓練的差異所在：

> 這種訓練的過程，當然，西洋的戲劇和運動的情況也是一樣，可是在西方，由於具有較強勢的前述「心身二元論」性質的思維傳統，於是「以根植於有意識計算的訓練法來對身體進行訓練」的想法似乎也較強。也就是說，其思考的順序是「從心到身」，或者說「由心到形」來進行的。然而，東洋修行法的思維，卻是相反地，重視「由形到心」。也就是說，透過身體的訓

4 當代華語學界亦有部分學者致力莊子身體觀研究。如楊儒賓指出莊子工夫論與先秦時期氣—經脈的身體觀有密切的關係，莊子一方面體認到人的身體是精神需要克服的障礙，另一方面則認為當學者的人格提升至某一層次以後，身體內部

業已由氣所滲透轉化，身體反能成為精神的具體化。詳參氏著，〈支離與踐形——論先秦思想裡的兩種身體觀〉，收入楊儒賓編，《中國古代思想中的氣論及身體觀》（臺北：巨流圖書公司，一九九三），頁四一五—四四九。賴錫三從精、氣、神的角度重探莊子身體觀，指出莊子的工夫修鍊中，「精氣」可精而又精地上移成最純粹的狀態，身體於此工夫的逆反過程中成為境界化的身體，可說全身是氣、全身是神。而精、氣、神不僅是身體觀的觀念，同時也可和心性論、存有論、工夫論相互溝通，在遊乎神氣的形上境界中，精神化的身體、冥契式的心靈和根源性的存有，都取得根源的同一性，而精氣神就是同時呈現這些向度的共通性語言。詳參氏著，〈《莊子》精、氣、神的工夫和境界——身體的精神化與形上化之實現〉，收入氏著，《莊子靈光的當代詮釋》（新竹：清華大學出版社，二〇〇八），頁一一九—一六六。宋灝（Mathias Obert）則由身體現象學切入省思《莊子》，認為身體既非生理學所關注的對象，亦非賴錫三所謂「由精氣流布所構成」之實有物。「身體」毋寧可被視為某種「場域」，而根本不是某物或狀態，現象學的「身體」不可直接被化約為「形、氣、神」中之單一環，亦不可被視為某種「身心合一」、「形神合一」的狀態，否則將再度陷入歐洲思想的二元論矛盾。詳參氏著，〈逆轉與收回：《莊子》作為一種運動試驗場域〉，《中國文哲研究通訊》22, 3(2012): 169-187。畢來德（Jean Francois Billeter）為避免「氣」是否客觀存在的爭議，重構莊子的主體性範式，定義「身體」（corps）為「我們所擁有的或是決定我們的，所有已知和未知的官能、資源和力量之總合」。詳氏著，宋剛譯，〈莊子九札〉，《中國文哲研究通訊》22, 3(2012): 11-15。何乏筆（Fabian Heubel）則試圖吸收畢來德的長處，希望走出身體主體過於狹窄的視野，說明從身體主體過渡到氣化主體的必要性，認為氣化主體的概念能更準確地表達《莊子》所蘊含的主體新範式。詳參氏著，〈氣化主體與民主政治：關於《莊子》跨文化潛力的思想實驗〉，《中國文哲研究通訊》22, 4(2012): 41-73。楊儒賓、賴錫三皆指出《莊子》中的身體敘述並非僅是象徵心靈的寓言筆法，而有實修之基礎；宋灝亦認為唯有身體自我，才能先於意識活動來實行結構如此複雜的運動模式；畢來德認為莊子的身體即是人所有官能與潛力之總和；何乏筆認為莊子所描繪對氣化主體的修養，可能有助於構思新主體性範式下的自律主體，以及當代民主政治所不能或缺的啟蒙教育。群賢所論，均拓展身體於莊子研究的重要性，然而關於莊子身體實修工夫之具體內容與操作方法，尚待更進一步的探討。

5 譯自（日）坂出祥伸，《「気」と養生　道教の養生術と呪術》（京都市：人文書院，一九九三），頁九一。

練來進行心的訓練。也因此，在此情況下，心並不僅被看做單純的意識，也不是固置不變之物，而是被看做透過身體的訓練而會逐漸地發生變化之物。6

西方心物二元論的思維傳統中（dualism），笛卡兒認為，人是由物質的身體和非物質的靈魂所組成，而每個有意識的個人便是一個獨特的思想實體。[7]心靈是主動的、不具空間擴延性的思想實體，身體則是被動的、無法思想卻具空間擴延性的物質實體。由此心身二元思維傳統衍生而來的西洋身體訓練，以心靈、意識為主導，採「從心到身」或說「由心到形」的模式進行。

相對的，在東洋思維傳統中，心靈不被視為僅是純粹的意識，也非固置不變之物，而能隨身體的訓練逐漸發生變化。由如是思維傳統所衍生的東洋修行法，遂透過身體的訓練來進行心的訓練，為一「由形到心」的身體操作模式。

日本學界雖肯定《莊子》書中蘊含身體訓練的實修技術，然而卻未能闡明其身體技術的具體樣貌與操作方法，此即為筆者亟欲深入考掘之所在。如同採礦前得先勘定該地確有礦藏，吾人欲循專家與生手之研究進路，開墾《莊子》書中所蘊含的工夫途徑之前，當先確認書中確實含括身心技術。然而本研究既不能根據華人學界將《莊子》對身體的描述皆視為心靈論述的取譬；也不能逕從東洋學者之說認定《莊子》一書確有身體技術可言。茲將先透過「以莊解莊」的論證方式，直接進入《莊子》文本的肌理脈絡，探勘《莊子》書中身、心技術存在之有無。

### （三）身、心技術的發生動機

技術作為一種可供操作的工夫、可供依循複製之行為活動，動作的背後必有動機可說。一項技術產生的背後，必有相應於此技術的需要。全書首篇〈逍遙遊〉便闡明了身、心技術發生的動機、需求。莊子說明人在生命旅程中所欲達成的人生目標：正如禽鳥們各有所欲，追求遠近不一的「飛之至」，人往往亦追尋經驗世界中種種世俗、文化的主流價值（詳圖四之一）。

如下圖所示，X代表生命中所欲追求的目標，若以糧食或美好滋味（「正味」（〈齊物論〉））代入X，則或因欲望、能力的不同，而使所欲求、獲致的糧食有著「小不及大」的多寡序列。在《莊子》內七篇的文脈中，此一象徵人生追求的X，不僅可代入食糧、美好的滋味，亦可代入安適的居所（「正處」（〈齊物論〉））、美貌的對象（「正色」（〈齊物論〉））、長久的年壽（「大年」（〈逍遙遊〉））或如鼓琴的昭氏般聞名全國、享譽古今

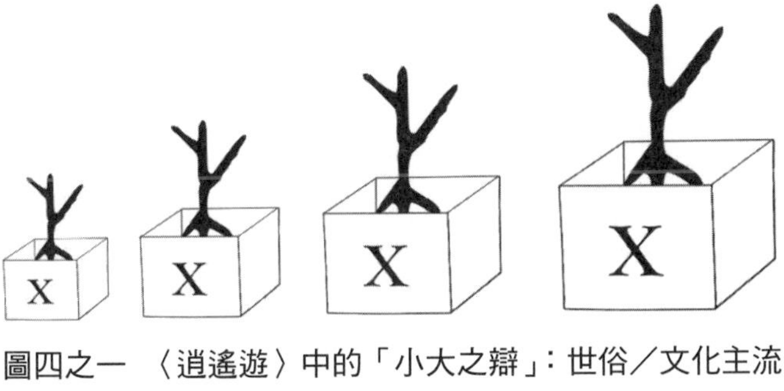


圖四之一　〈逍遙遊〉中的「小大之辯」：世俗／文化主流追求「小不及大」序列圖

6　譯自（日）湯浅泰雄，《気・修行・身体》（東京市：平河出版社，一九八六），頁四九。

7　René Descartes, *Meditations on First Philosophy*, trans. John Cottingham, (New York: Cambridge University Press, 1987).

的專業技能（「皆其盛者也，故載之末年」〈齊物論〉）等世俗價值的追求。

在《莊子》內七篇的文脈中，此一象徵人生追求的X同時亦可代入以儒家思想為代表的文化主流追求，如欲成就更廣博、可供「學而優則仕」（《論語．子張》）的知識（「小知不及大知」、「知效一官」〈逍遙遊〉）；能夠照顧、庇護家國鄉里的德行與能力（「行比一鄉、德合一君、而徵一國」〈逍遙遊〉）。凡欲成就儒家典範功業所需具備的知識、德行、能力，皆可代入表徵人生追求的小大序列之中。

這些世俗價值或主流文化中的追求，實為莊子所置身、面對之時代社會、歷史文化處境的真情實況。莊子卻歸其類於「塵垢」（〈齊物論〉）之中，界定其屬「物」（〈逍遙遊〉）、「天下」（〈逍遙遊〉）等，是一己生命之「外」（〈逍遙遊〉）的追求；更以「芒」（〈齊物論〉）概括如是追求的茫昧執迷。莊子指出，這些外於己身的追求，皆需仰賴外在條件的配合始有達成的可能，都屬「猶有所待」（〈逍遙遊〉）。倘執意以此等無法操之在己者為核心價值、終極追求，勢將不斷與外物相互砍殺、磨耗（「與接為構，日以心鬭」、「與物相刃相靡」〈齊物論〉），終將使身心疲憊（「苶然疲役」〈齊物論〉）、漸趨消損（「日消」〈齊物論〉）、衰老（「老洫」〈齊物論〉）、甚且瀕臨喪亡（「近死」〈齊物論〉）。莊子正是基於如是生命境況之需要，提出解消如是患害的身心技術。

## （四）身心技術的探問

莊子認為，舉凡將人生鵠的設於塵垢之中的種種世俗與主流文化追求，盡皆「猶有未樹」

(〈逍遙遊〉),終將難逃患害。則面對如是生命患害,究竟該如何解消?莊子所「樹」——即其於「塵垢之外」(〈齊物論〉)的生命追求——又是如何?

莊子於〈齊物論〉開篇藉顏成子游「形固可使如槁木,而心固可使如死灰乎」的驚嘆,勾勒「形如槁木」、「心如死灰」的身心境界,展示一種不同於世俗、文化主流價值的生命追求所成就的身心境界,迥異於上述「苶然疲役」、「日消」、「老洫」、「近死」的生命光景:

> 南郭子綦隱几而坐,仰天而噓,嗒焉似喪其耦。顏成子游立侍乎前,曰:「何居乎?形固可使如槁木,而心固可使如死灰乎?今之隱几者,非昔之隱几者也。」子綦曰:「偃,不亦善乎,而問之也!今者吾喪我,汝知之乎?女聞人籟而未聞地籟,女聞地籟而未聞天籟夫!」子游曰:「敢問其方。」

到達「吾喪我」境界的南郭子綦彷彿靈魂與身體解體了一般,原本與靈魂相合的形軀似乎不復存在(「嗒焉似喪其耦」)。然而,莊子在此處所要展現的不僅是其理想的境界型態,更以顏成子游「敢問其方」一問,點出「形如槁木」與「心如死灰」並非僅是一境界型態的描述,其中確實蘊含可供操作、可資傳授的具體「實修」方法。換句話說,此「敢問其方」之問,對於方法的探問,詢問解消生命患害、進而成就此等生命光景的身心技術、方法究竟為何。等同暗示此等生命光景確實有方法可依循,身心技術當是莊子的行文重點之一。

於此,南郭子綦以「咸其自取」(〈齊物論〉)回應顏成子游之問,即透過自主選擇,將人生的核心價值與生活的注意力，從向外追逐「天下」、「物」、「外」而回歸內返於一己心身——是要讓感官執迷於與外在世界的交接來往，還是能夠在外界大風停歇的當下，令所有竅穴盡皆回復原本的虛空寂靜（「眾竅為虛」〈齊物論〉），使內心不受攪擾傷害？「咸其自取」，都憑自主。莊子提醒選擇權掌握在每一個人手中的同時，亦點出一種實踐性，欲恢復本來清靜，需選擇並實際執行——此正是技術、工夫的特性之一。因此或可說「咸其自取」是一道入門工夫，而由此一問一答，可再次說明《莊子》書中確實存在身心技術。

當我們暫時拿掉《莊子》內七篇的篇章藩籬，綜覽《莊子》內篇，可發現全書不斷反覆回應顏成子游「敢問其方」之問，並具體提供可資依循的身心技術：在心靈工夫方面，有諸如「心如死灰」（〈齊物論〉）、「用心若鏡」（〈應帝王〉）、「得其環中」（〈齊物論〉）、「照之於天」（〈齊物論〉）、「安之若命」（〈人間世〉）、「成和之脩」（〈德充符〉）、「心齋」（〈人間世〉）等相輔相成的工夫。身體方面，有「緣督以為經」（〈養生主〉）、「天之生是使獨也」（〈養生主〉）、「形如槁木」（〈齊物論〉）、「嗒焉似喪其耦」（〈齊物論〉）、「聽之以氣」（〈人間世〉）、「真人之息以踵」、「其息深深」（〈大宗師〉）等循級而上的工夫。[8]

須特別說明的是，儘管如湯淺泰雄指出，東洋修行法的思維是「由形到心」，亦即透過身體的訓練來進行心靈的訓練；但南郭子綦達到的境界，卻是心、身兼備，故顏成子游扣緊工夫途徑所提之問，亦是分從心、身兩造而發。就學習《莊子》之道而言，心、身境界既是能雙管齊下的技術，亦可說是必須融會為一的修鍊工夫。

以另一處對身心技術的探問為例，〈人間世〉的顏回面對人間世的艱難處境，同樣提出「敢問其方」之問。莊子借孔子之口以「心齋」之法回應，並由「无聽之以耳，而聽之以心；无聽之以心，而聽之以氣」（〈人間世〉）揭示一套心、身兼備的實修技術——「聽之以氣」既是不執著於耳目感官（「无聽之以耳」），不以心念符應、掃除多餘念慮（「无聽之以心」）後始能抵達，且是與「心齋」、「虛室生白」緊緊扣合的心靈修持；同時亦是循著「緣督以為經」、「天之生是使獨也」、「形如槁木」、「嗒焉似喪其耦」等身體技術一路拾級而上方能體現的身體境界；更是臻於「真人之息以踵」、「其息深深」等至人、神人、聖人身體境界的途徑、方法。[9]可見在《莊》學中，心靈與身體工夫從來一體、綰合難分。而本文所以將莊子的身、心技術分別論述，則是基於專家與生手的研究進路，為求操作傳授之便，所採取的權宜之法。

綜上所論，可知《莊子》一書蘊含身體實修內容並非東洋學者之獨見；筆者藉專家與生手的研究進路與莊子對話，亦非因應當代學界潮流所提出的創舉，[10]一套可資學習、複製的心身工夫，已在《莊子》的文脈肌理中潛藏千年，靜待後人考掘。

---

8　詳拙作〈《莊子》書中專家的「身體感」：一個道家新研究視域的開展〉，收入本書導論；〈當莊子遇見Tal Ben-Shahar：莊子的快樂學程：兼論情境、情緒與身體感的關係〉，收入本書第五章。

9　詳參拙作〈「守靜督」與「緣督以為經」：一條體現《老》、《莊》之學的身體技術〉，收入本書第三章；〈《莊子》書中專家的「身體感」：一個道家新研究視域的開展〉，收入本書導論；〈當莊子遇見Tal Ben-Shahar：莊子的快樂學程：兼論情境、情緒與身體感的關係〉，收入本書第五章。

10　詳註三。

## （五）莊子身、心技術的意義

當莊子以身心境界的長養、提升為生命核心追求，則其生命所欲「樹」立的所在，自非外於個人生命的物質世界，亦非家齊、國治、天下平的倫理、功業標竿；莊子的身心技術，除了可避免、解消塵垢之中即經驗世界的種種患害，尚有潛藏於經驗現象背後、更為深邃的意涵。莊子以「无何有之鄉」（〈逍遙遊〉、〈應帝王〉）描述其欲將生命樹立在空無一物、超越經驗現象的所在；並指出先於一切經驗現象的「未始有物」（〈齊物論〉），實為人類智慧所能觀照的至高之境；更欲將一己寄託於那不可見之內在永恆生命的長養與提升（「振於無竟，故寓諸無竟」〈齊物論〉）。

然而，莊子的宇宙觀雖及於「六合之外」，肯定較經驗現象更為遼闊的世界的存在，卻不去討論生前死後世界的樣貌（「六合之外，聖人存而不論」〈齊物論〉）。而僅是主張不「忘其所受」（〈養生主〉）地記住生命最初秉受的形體，不過此世「假於異物，託於同體」（〈大宗師〉）的短暫寓所，因此首要致力養護的是永恆存在、「火傳也，不知其盡也」（〈養生主〉）的「真宰」、「真君」。我們由是發現：《莊》學雖肯定永恆的生命觀，且提供的心、身修鍊技術依稀具備靈修的性格與體質，但其一切工夫卻只聚焦、深植於生後死前——亦即此世——的身、心技術中，致力提升身、心能力以化解此世之患，對生前死後的生命則不多加著墨。正因如是存有論暨工夫論性格，使得莊子之學可以不成為宗教信仰，而具備可與任何文化或宗教的身心論述相參接軌、減少衝突的可能。[11]

## 一、向注疏傳統提問:「形如槁木」與「墮枝體」的身體技術

莊子於〈齊物論〉開篇藉顏成子游「形固可使如槁木,而心固可使如死灰乎」的提問,分別以「形」和「心」並峙摹寫南郭子綦「吾喪我」、「嗒焉似喪其耦」的得道境界,並由此揭示《莊》學所欲致力的實修工夫。而此兼從身、心二向度摹寫體道境況的論述在《莊子》書中並非偶見的特例。

在〈大宗師〉中,莊子亦以屬於身體範疇的「墮枝體」、「離形」與屬於心性範疇的「黜聰明」、「去知」,分就身、心兩方面描述文中顏回所體現「坐忘」、「大通」的得道境界。(詳參本書〈「守靜督」與「緣督以為經」:一條體現《老》、《莊》之學的身體技術〉,頁二四二表三之二)

過去華人學界的《莊》學研究者,多視《莊子》為致力提升心性主體、心靈自由的著作,因此往往將《莊子》書中涉及形體的章句視為心靈論述的譬喻。但誠如前引湯淺泰雄所論,東洋的修行方法經常是透過身體的訓練來進行心的訓練,由此即可理解莊子在傳述其修養工夫時將身、心並列分說的必要。而透過對勘〈齊物論〉「吾喪我」、「嗒焉似喪其耦」與〈大宗師〉「坐忘」、「大通」的境界,發現其均將身體與心靈層面並列分說,亦可知在以往《莊》學研究者所關注的心靈境界、心性工夫之外,《莊子》書中確實存在一套與身體密切相關的修鍊技術。

11 詳參拙作〈《莊子》的感情:以親情論述為例〉,收入本書第二章。

然須進一步追問的是：若「形如槁木」與「墮枝體」、「離形」確實是與身體息息相關的境界與工夫，其所體現的身體情狀是何等模樣？又需透過什麼樣的修鍊工夫、身體技術才能臻於此身體狀態？

莊子藉以揭示其身體技術的「形如槁木」（〈齊物論〉）、「形若槁骸」（〈知北遊〉）、「身若槁木之枝」（〈庚桑楚〉）以及「墮枝體」、「離形」（〈大宗師〉）等詞語，可對譯為當代語彙中的「想像指令」（imagery cuing）。舉凡印度瑜伽、中國養生導引、武術技法，乃至於二十世紀初興起於西方世界的皮拉提斯（Pilates）等古今中外的身體訓練，在傳授時往往會借助想像指令，使學習操作者透過想像某一特定事物或情境，增進對操作該技術的體會。

然而僅透過「形如槁木」、「墮枝體」、「離形」等寥寥數語，仍難以使學習者具體想像，進而實際操作、複製《莊子》書中的身體技術。以下藉由《莊子》注家的詮釋，試圖釐清「形如槁木」、「墮枝體」與「離形」的具體面貌。茲將歷代注家的詮解表列如次：

表四之一　「形如槁木」歷代注疏表解

| 形如槁木 |
|---|
| **外無威儀**，猶槁木之無枝葉也。[12]（程以寧） |
| 槁木者，**無生意**也。（林希逸、郭良翰、朱得之）<br>昔活而今**若死**也。（羅勉道）<br>**身心俱滅**。（羅勉道）<br>形如槁木，**無生氣也**。[13]（陸長庚） |
| （死灰）槁木，取其**寂寞無情**也。（郭象、沈一貫）<br>木槁（灰死），**無情**之物也。[14]（林紓） |
| 形固可使如槁木：**體不動**。（藏雲山房主人）<br>形固可使如槁木：塊然不動。（劉鳳苞）<br>**四體不動**。（陸樹芝）<br>因形不動，而知其**心不動**也。[15]（張栩） |
| **形忘**則身同槁木。（釋性通）<br>子綦既已**忘形**，則身同槁木。[16]（釋德清） |
| 子綦冥心御氣，噓吸上通於天和，此時形骸、心意、目前羣品，**皆為元氣中剩物**。[17]（陳治安） |

表四之二「墮枝體」、「離形」歷代注疏表解

| 墮枝體、離形 | | | | |
|---|---|---|---|---|
| 一、視形體為「虛假」、「不自有」<br>外則離析於形體，**一一虛假**，此解隳肢體也。（成玄英）<br>既**悟一身非有**，萬境皆空，故能毀廢四肢百體，屏黜聰明心智者也。（成玄英）<br>墮肢體：**不自有**其肢體也。[18]（林紓） | 二、「不自知」、不再知覺到形體<br>四肢耳目皆**不自知**，故曰墮枝體、黜聰明。（林希逸）<br>四肢耳目皆**不自知**。[19]（韓敬） | 三、「外」、「忘」其形<br>**外形骸也**（釋性通）<br>**言忘形也**（釋德清）<br>**外忘其形骸**[20]（劉鳳苞） | 四、肢體的「墮焉若廢」、「無為」<br>**四肢百體，墮焉若廢**。（陳懿典）<br>墮肢體：**百骸備而無為**。[21]（吳世尚） | 五、「艮其背」，背止於所當止，不隨身而動<br>即易之艮其背，**不獲其身也**。[22]（程以寧） |

12 明．程以寧，《南華真經注疏》，收入《續編》，冊二八，頁三一。

13 參見宋．林希逸，《南華真經口義》，收入《初編》，冊七，頁四〇；及明．郭良翰，《南華經薈解》，收入《初編》，冊一三，頁七九；明．朱得之，《莊子通義》，收入《續編》，冊三，頁七七；宋．羅勉道，《南華真經循本》，收入《續編》，冊二，頁四六—四七；明．陸長庚，《南華真經副墨》，收入《續編》，冊七，頁六二。

14 參見晉．郭象，《南華真經注》，收入《初編》，冊一，頁三一；明．沈一貫，《莊子通》，收入《續編》，冊九，頁三五；及清．林紓，《莊子淺說》，收入《初編》，冊二七，頁三三。

15 參見明．藏雲山房主人，《南華大義解懸參注》，收入《初編》，冊一五，頁一〇一；清．劉鳳苞，《南華雪心編》，收入《初編》，冊二四，頁三七；清．陸樹芝，《莊子雪》，收入《續編》，冊三四，頁五三；及民國．張栩，《莊子釋義》，收入《初編》，冊三〇，頁四七。

16 明．釋性涵，《南華發覆》，收入《續編》，冊五，頁三七—三八；明．釋德清，《莊子內篇注》，收入《續編》，冊二五，頁四〇。

17 明．陳治安，《南華真經本義》，收入《續編》，冊二六，頁六三。

18 參見唐．成玄英，《南華真經注疏》，收入《初編》，冊三，頁三四二；清．林紓，《莊子淺說》，頁二二八。

19 參見宋．林希逸，《南華真經口義》，頁三〇二；明．韓敬，《莊子狐白》，收入《續編》，冊二二，頁一一三。

20 參見明．釋性涵，《南華發覆》，頁一六四；明．釋德清，《莊子內篇注》，頁二七六；清．劉鳳苞，《南華雪心編》，頁二九二—二九三。

21 參見明．陳懿典，《南華經精解》，收入《續編》，冊一三，頁二一八；清．吳世尚《莊子解》，收入《初編》，冊二二，頁一二九。

22 明．程以寧，《南華真經注疏》，頁一五一—一五二。

歷代注家以「外無威儀」、「無生意」、「無情」、「體不動」、「忘形」等詮釋「形如槁木」，認為整付身體僅是「元氣中剩物」；而其詮釋「墮枝體」與「離形」時則認為，要將身體當作是「虛假」、「不自有」的非自身所有之物，不再知覺到身體的存在（「不自知」），即當「外」、「忘」其身。

倘將上述詮釋置於過去華人學界視《莊子》為探究心靈境界、心性工夫之論著的脈絡下，那麼「形如槁木」與「墮枝體」、「離形」果真純屬心靈的工夫？或僅透過「無生意」、「無情」、「不動」、「忘」、「不自知」等心靈上的悟境，便能帶動、完遂形體境界的提升，達到《莊子》理想的身體境界？假使「形如槁木」、「墮枝體」、「離形」不僅是心靈的工夫與悟境，將使人不禁揣想：身體本身是否即有所謂「無生意」、「無情」、「不動」、「忘」、「不自知」、「不自覺」、「墮焉若廢」、「無為」、「背止於所當止」的具體工夫可說？

但我們確實難以僅透過對「外無威儀」的想像，便具體掌握此身體技術的面貌；也難以藉由「無生意」、「無生氣」、「若死」、「俱滅」等看似負面的描述，揣摩「形如槁木」作為一得道者所體現的正面身體情狀（詳表四之一、四之二）。

若將「形如槁木」的身體視為「無情之物」，那麼歷代注家所謂的「無情」指的是否就是「體不動」、「四體不動」等身體的「無為」？而所謂身體四肢的「不動」、「無為」，是否即意味著身體全然放縱、不出力的靜止不動狀態？抑或此處所謂的「不動」是一種可存在於身體日常運「動」中的「不動」？若係後者，則此於「動」中「不動」的身體情境又是如何？要透過什麼樣的身體技術方能臻於這樣的身體狀態？

歷代注家或以「形忘」、「忘形」闡釋「形如槁木」、「墮枝體」、「離形」（見表四之一、四之二）。然而究竟要如何在身體可能因疾病、傷患所導致的種種痠楚疼痛疲累中「忘」卻我們的身體？同樣的，又該如何想像、感受自己的身體只是一「元氣中剩物」（見表四之一）、怎麼樣才能知覺到一己之身體實為「虛假」而「不自有」？或者該如何才能「不自知」地不再覺識到身體的存在（見表四之二之一、二）？又以上所列舉的「忘」、「元氣中剩物」、「非有」、「不自有」、「不自知」、「不自覺」，究竟僅是頭腦中的理解與想像，抑或可以是身體的實際感受？這樣的描繪所感受的是否等同於病態的麻木不仁、抑或是一種超越常態的身體情境？而如是身體感受與情境，又需藉由什麼樣的身體技術方能體現？

明代陳懿典以「四肢百體」的毀「廢」詮釋「墮枝體」、「離形」（見表四之二之四），是否即意味著：需要想像四肢和身體的消失？倘使「廢」不僅是一種想像，而是身體的實際感受，那麼其所描述的是什麼樣的身體感？若其所揭示者實為一種身體全面放鬆、舒適的正面感受，那麼我們需透過什麼樣的身體技術方能做到身體全面而徹底的放鬆？

程以寧則以《周易．艮卦》卦辭「艮其背，不獲其身」闡釋「墮枝體」與「離形」（見表四之二之五），隱約蘊含了「形如槁木」、「墮枝體」、「離形」作為一身體技術的操作方法。朱熹於《周易本義》指出：

> 蓋身，動物也，唯背為止。艮其背，則止於所當止也。止於所當止，則不隨身而動矣，是不有其身也。[23]

23 宋．朱熹，《周易本義》（臺北：大安出版社，一九九九），頁一九四。

似認為背脊若能在該靜止的時候保持靜止，不隨身軀其他部位的活動而動搖，便是做到了「不有其身」。然而此處所謂的「艮其背，止於所當止」指的究竟是整個背部靜止不動，抑或是要以背脊作為身體穩定垂直的樞軸、帶動四肢百骸的運動？

當我們透過歷代注疏的爬梳，試圖將「形如槁木」與「墮枝體」、「離形」體現為具體的身體技術時，僅能得到模糊的輪廓，無法獲取可供依循操作的切實解答。倘若仰賴聆聽注疏傳統中「無生意」、「無情」、「不動」、「忘」、「不自知」等指令，欲使肢體據以隨之而動，恐將不知所措、無所適從。而「墮焉若廢」、「艮其背」之說雖隱隱點出了「形如槁木」、「墮枝體」、「離形」作為身體技術的可能，卻未提供具體的操作方法，使學習者難以依循踐履。

這或許是因為時間的隔閡，現存的《莊子》注疏始於魏晉，與莊子成書年代相去已遠；加以歷代注家與《莊子》書中的「真人」可能存在著修鍊經驗的隔閡。〈大宗師〉指出「有真人而後有真知」，倘若缺乏實際修鍊經驗，或雖聊具修鍊經驗而火候未到，皆難以確實掌握莊子以文字傳述的修養工夫。為進一步釐清莊子「形如槁木」、「墮枝體」、「離形」身體技術可能的具體面貌與操作方法，勢需借助注疏傳統以外的其他途徑。

若將中國傳統文化譬喻為一棵枝葉繁茂的大樹，在探究莊子的「形如槁木」時，似不宜僅將此詞彙、工夫與其歷代詮釋，視為樹身中一條與其他部位無涉的單一維管束。否則一旦無法由歷代注疏確實掌握「形如槁木」的具體意涵以及操作方法，則循此孤立維管束的單線追尋也將戛然而止、面臨難以復刻的處境。

但若將「形如槁木」這條維管束置回固有文化的「輕身」傳統中加以檢視——如聞一多與張亨

先生所論，早在先秦道家之前已有一原始的「古道教」存在，[24]而所謂古道教中的修鍊傳統，倘如莊子於〈大宗師〉所言，是透過前修後學的體現授受而傳遞不絕，[25]則於莊子活動的時代應有不少身體力行如是修鍊之人；且此一修鍊傳統其影響更可能廣被於莊子以降的各文化域與時代，即便其與《莊子》間不見明確可證的系譜關聯，亦無礙此修鍊傳統薪火迢遞、擴散開展的可能。

研究目的倘在於了解一時、一地之文化、學派或思想的特色，自然只須從綿長的歷史縱軸擷取其中一段，作為論述開展的範域，於其中擇取文獻材料、探究所欲研究的課題，聚焦於該時代、該地域的共相及發展。但倘研究目的在於具體了解一名生手如何成為「形如槁木」專家、身未輕者如何獲致體現「身輕」之境，畢竟莊子明言：「有真人而後有真知」（〈大宗師〉），而「真人」幾稀，則跨越歷史縱軸中不同的時代與文化領域，揀選曾從生手成為專家的「真人」經驗與相關論述，恐屬不得不然。而浸潛在此文化中作為一個平凡的個人，就「輕身」傳統中的工夫實踐而言，透過如是身心技術通往「真人」之境的過程，亦即致力邁向「形如槁木」此一理想境界的過程。

24　詳參本書第一章註一一二。

25　《莊子．大宗師》：「南伯子葵曰：『子獨惡乎聞之？』曰：『聞之副墨之子，副墨之子聞諸洛誦之孫，洛誦之孫聞之瞻明，瞻明聞之聶許，聶許聞之需役，需役聞之於謳，於謳聞之玄冥，玄冥聞之參寥，參寥聞之疑始。』」南伯子葵請教女偊何由得知「『參日而後能外天下』→『七日而後能外物』→『九日而後能外生』→『朝徹』→『見獨』→『无古今』→『入於不死不生』」的求道過程，在女偊回應的傳承系譜（副墨之子—洛誦之孫—瞻明—聶許—需役—於謳等），無論是姑隱其名、抑或是虛構人物的稱謂，無非意在強調唯有親自致知，前修後學方得體現授受而傳遞不絕，足見《莊》學係屬具身認知、默會之知。

因此本研究試圖突破在《莊》學藩籬內探究莊子身心技術的慣習，而將「形如槁木」象徵置於更廣闊的文化域中，[26]檢視此並見於傳統詩歌、醫學中的「輕身」傳統，以期能循之掌握「形如槁木」的厚實樣貌。我們固然無法確知與《莊子》異時異代的歷代詩人體驗、醫書描述是否即為「形如槁木」身體實修工夫的原貌，但檢視「形如槁木」注疏傳統、詩歌中「身如槁木」的身體感書寫以及醫家經典中的身重與身輕論述，或可得見《莊子》「形如槁木」此一象徵，是如何為後世所理解、實踐操作，如何開展出為歷代詩人所體會、書寫並深植於傳統醫學論述中的「輕身」身體感與修鍊工夫傳統。透過如是廣度的研究，反覆檢視在各文化領域中的「輕身」論述，許將能對莊子「形如槁木」的身體技術有一更具深度的理解。

## 二、詩歌中「身如槁木」的身體感書寫

過去的《莊》學研究者，往往借重歷代注家的詮釋探究《莊子》意旨。但事實上，莊子所謂的「形如槁木」並非僅一純以語言文字格義的知識，而是經由心領神會始能掌握的「默會之知」（tacit knowing），[27]更是需要透過含括身體的具體實踐方能體現的「具身認知」（embodied cognition）知識類型。[28]面對這樣的知識類型，研究者乃可採取有別於注疏傳統的格義進路，轉而求諸雖未曾撰作《莊子》注疏、對《莊子》的體會卻可能不亞於歷代注《莊》者的歷代詩人，藉其對「形如槁木」的親身領會與體現，進行格義。以下將檢視歷代言及「身如槁木」暨「輕身」、「忘身」與

「遺身」等相關論述的詩歌作品，透過詩人對「身如槁木」身體感的書寫，試圖勾勒詩人所理解、詮釋、體現的莊子「形如槁木」的身體感。

26 高達美（Hans-Georg Gadamer）論譬喻（Allegorie）與象徵（Symbol）之共通處：「這兩個詞的意指（Wortbedeutungen）確實具有某種共同物：在這兩個詞中表現了這樣的某物，該物的意義（Sinn）並不存在於它的顯現性、它的外觀或它的措詞中，而是存在於某個處於它之外的意指（Bedeutung）中。某物如此地為另一個他物而在，便構成了它們的共同性。」（Hans-Georg Gadamer, *Truth and Method*, trans. Joel Weinsheimer and Donald G. Marshall [New York: Continuum, 2004], p. 63. 中譯參考林維杰，〈象徵與譬喻：儒學詮釋的兩條進路〉，《中央大學人文學報》34[2008]: 24）可知譬喻與象徵均具有「通過另一物再現某物」的結構（林維杰，〈象徵與譬喻：儒學詮釋的兩條進路〉，頁二四）。然而Gadamer亦分判「譬喻」與「象徵」之異：「〔譬喻的功能是〕以某個他物來替代原來所意謂之物，或更清楚地說，這個他物使原來那個所意謂之物得到理解……象徵則不是通過其意指（Bedeutung）而與某個其他意指有關聯，而是它自身之清晰明瞭的存有便具有『意指』。象徵作為被展示物（Vorgezeigtes），就是人們於其中認識了某個他物。」（*Truth and Method*, pp. 62-63. 中譯參考林維杰，〈象徵與譬喻：儒學詮釋的兩條進路〉，頁二五），林維杰闡釋Gadamer之說：「至於在譬喻與象徵的關係中，譬喻是使所意味的東西得到理解，而象徵則是人們於其中認識了某個他物的東西，即**象徵自身的存在便具有意義的指涉作用**。譬喻的連結功能具有一種過渡的中介性質，但只是次要的存在，而**象徵則在自身之中呈現了某種意義**，所以**它自身即是目的**，這是優先的存在。」（〈象徵與譬喻：儒學詮釋的兩條進路〉，頁六）。鑑於莊子「形如槁木」語彙自身所呈現的豐富意涵，非僅只一認識過程中的過渡中介，本文乃將其歸於「象徵」一類。

27 詳參本書導論註四一。

28 詳參本書導論，頁二六。

### （一）「身如槁木／枯株」的身體感描述：借物狀寫輕盈之身體感

在長於論理的宋詩中，可見許多以「槁木」、「枯株」等輕盈物象描述身體感的詩句。茲將宋詩中「身如槁木／枯株」的身體感描述，簡表節錄如次：

表四之三　宋詩中「身如槁木／枯株」的身體感描述

何如隨我飲此水，辨玉別石俱忘機。真忘乃是大奇事，**身可如木**心可灰。（宋．聞九成〈楊先高題漱玉軒〉）[29]

居士**身**心**如槁木**。（宋．蘇軾〈次韻王鞏獨眠〉）[30]

臨目接手精思牀，**身如槁木**心如牆。八十一章獨置傍，徐起開讀聲琅琅。（宋．陸游〈讀老子〉）[31]

屏迹亂山中，**觀身槁木同**。（宋．陸游〈屏迹〉）[32]

**身今槁木寒灰樣**，慚愧巫咸子細看。（宋．劉克莊〈贈豫知子〉）[33]

**身如槁木**是何人。（宋．郭印〈次韻曾端伯早春即事五首其三〉）[34]

師心如死灰，**形亦如槁木**。（宋．吳芾〈和陶讀山海經十三首韻送機簡堂自景星巖再住隱靜其六〉）[35]

鹿泉居士**身若槁**。（宋．王之道〈鹿泉居士王覺民頗有杜子美不徹之惱和東坡憶梅韻箴其膏

> 盲〉）[36]
> 彼人**視身若枯木**。（宋・蘇轍〈和子瞻鳳翔八觀八首其四楊惠子塑維摩像〉）[37]
> 淵明避俗未聞道，此是東坡居士云。**身似枯株**心似水，此非聞道更誰聞。（宋・辛棄疾〈書淵明詩後〉）[38]
> **身如蜩甲化枯枝**。（宋・黃庭堅〈奕棊二首呈任公漸其二〉）[39]

宋代詩歌中屢見以「木」、「槁木」、「身若槁」等槁木意象描寫詩人所體會的身體感；蘇轍與

29 北京大學古文獻研究所編，《全宋詩》第七二冊（北京：北京大學出版社，一九九九），卷三七五七，頁四五三〇九。
30 宋・蘇軾，《東坡全集》（臺北：臺灣商務印書館影印文淵閣四庫全書本〔後簡稱淵本〕，一九八六），卷一〇，頁四。
31 宋・陸游，《劍南詩藁》（淵本），卷四四，頁一九。
32 同前註，卷五八，頁一二。
33 宋・劉克莊，《後村集》（淵本），卷九，頁一五。
34 宋・郭印，《雲溪集》（淵本），卷一二，頁一〇。
35 宋・吳芾，《湖山集》（淵本），卷一，頁一一。
36 宋・王之道，《相山集》（淵本），卷四，頁一一。
37 宋・蘇轍，《欒城集》（淵本），卷二，頁七。
38 同註二九，冊四八，卷二五八一，頁三〇〇〇六。
39 宋・黃庭堅，《山谷集》（淵本），外集卷七，頁一一。

辛棄疾亦各以意同於「槁木」的「枯木」（〈和子瞻鳳翔八觀八首其四楊惠子塑維摩像〉）、「枯株」（〈書淵明詩後〉）描述其身體感。

值得注意的是，黃庭堅〈奕棊二首呈任公漸其二〉中以「蜩甲」和「枯枝」並舉，透過同樣乾透輕盈的蟬蛻，隱約點出了「枯枝」、「槁木」等物象的蘊意。

而由聞九成「真忘乃是大奇事，身可如木心可灰」（〈楊先高題漱玉軒〉）、辛棄疾「身似枯株心似水，此非聞道更誰聞」（〈書淵明詩後〉）可發現，在詩人的理解中，身如槁木、枯株的輕靈之感竟是「真忘」的體證與「聞道」的表徵。

倘若宋代詩人欲藉「槁木」、「枯株」形容的是一種輕盈的身體感受，自亦可借用其他物象作為喻依。范成大「身輕一槁葉」（〈七寶巖〉）、[40]陸游「身如槁葉墮幽穽」（〈我有美酒歌〉）、[41]晁補之「身如秋葉輕」（〈再次韻文潛病起〉）、[42]宋伯仁「頗將**身**與世，渾似柳梢輕」（〈雪後〉）[43]便藉由輕盈的「槁葉」描寫如此輕盈的身體感受；或者以更為飄渺輕靈的「飛煙」（陸游〈夜泊龍廟回望建康有感〉：「我醉行水上，**身輕如飛煙**」）、[44]「浮雲」（唐・白居易〈答元八郎中楊十二博士〉：「**身覺浮雲**無所著，心同止水有何情」、[45]李復〈酬邢先生疊前韻〉：「丹回七返已成珠，寶養三田如抱卵。**一身天畔若雲浮**，萬事世間皆刃斷。」）、[46]「水雲」（劉克莊〈徐洪二公再和二詩余亦隨喜其一〉：「**腰臂拘攣倦笏紳，箋天乞得水雲身**。古書一點心源合，時事千莖鬢雪新。」）[47]等描寫身輕之感；蘇軾則以「鳧」（蘇軾〈謝人惠雲巾方舄二首其二〉：「**輕身**只欲化為鳧」）[48]可輕盈飛翔的禽鳥形容身體的放鬆輕靈。

## （二）具身認知的「身如槁木／枯株」：主觀感受與正向的身體感論述

當我們透過詩人對莊子「形如槁木」身體感的理解、詮釋與體會，了解到「形如槁木」此一象徵被眾多詩人視為一種輕靈的身體感受，則可循此線索進一步探究詩人讀《莊》後書寫「身如槁木／枯株」身體感所具體實踐、心領神會的「輕身」內涵：

40 宋・范成大，《石湖詩集》（淵本），卷一八，頁一五。
41 同註三一，卷五，頁三一。
42 宋・晁補之，《雞肋集》（淵本），卷五，頁八。
43 宋・宋伯仁，《西塍集》（淵本），頁四。
44 同註三一，卷一〇，頁一九。
45 清・愛新覺羅玄燁御定，彭定求、沈三曾、楊中訥、汪士鋐、汪繹、俞梅、徐樹本、車鼎晉、潘從律、查嗣瑮等編校，《御定全唐詩》（淵本），卷四四〇，頁一六。
46 宋・李復，《潏水集》（淵本），卷一二，頁八。
47 同註二九，冊五八，卷三〇六七，頁三六五九一。
48 同註三〇，卷二八，頁一八。

表四之四　曾作「身如槁木／枯株」身體感描述之詩人所具身認知的「身輕」書寫

興發**身輕**逐鳥翩。（宋．蘇軾〈與李彭年同送崔岐歸二曲馬上口占〉）[49]

**身輕**步穩去忘歸，四柱亭前野彴微。忽悟過溪還一笑，水禽驚落翠毛衣。（宋．蘇軾〈和文與可洋川園池三十首其十九過溪亭〉）[50]

事業隨人品，今古幾麾旌。向來謀國萬事，盡出汝書生。安識鵾鵬變化，九萬里風在下，如許上南溟。斥鷃旁邊笑，河漢一頭傾。嘆世間，多少恨，幾時平。霸圖消歇，大家創見又成驚。邂逅漢家龍種，正爾烏紗白紵，馳騖**覺身輕**。樽酒從渠說，雙眼為誰明。（宋．陳亮〈水調歌頭〉）[51]

有一日留憂職曠，無三宿戀**覺身輕**。（宋．劉克莊〈次韻李倉春遊一首〉）[52]

却因虛澹極，亦自**覺身輕**。（宋．劉克莊〈閒居即事〉）[53]

漸**覺身輕**鶴可騎。（宋．劉克莊〈即事二首其一〉）[54]

罵坐不聞因耳重，懸車已決**覺身輕**。小詩何必諸公誦，自向閒時詠太平。（宋．劉克莊〈雜興十首其九〉）[55]

風生兩腋**覺身輕**。（宋．吳芾〈又登碧雲亭感懷三十首其十六〉）[56]

**恍覺此身輕**。（宋．吳芾〈湖山遣興〉）[57]

今日方行第一程，**看來已覺此身輕**。若還歸到湖山裡，何啻乘雲上玉清。（宋．吳芾〈久欲乞歸未得一日蒙恩放歸不勝欣喜塗中得十五首其一〉）[58]

上表詩作中屢提及「『覺』身輕」、「『覺』此身輕」，由「覺」字可見：「身輕」並非度量衡上實際體重的減少，而是身體的主觀感受。

需進一步追問的是，詩人眾口一致、親身體驗的「輕身」、「身輕」，究竟是一種什麼樣的身體感受？

由劉克莊暢言其體會到「身輕」之感的「喜」悅（〈避客〉：「簪筆西清慙德薄，角巾東路**喜身輕**」），[59]足見「身輕」乃一眾人所羨、所喜的身體感受。對詩人而言，這樣的「身輕」之感的意義與價值，就算是大如明月的貴重珍珠也比不上（劉克莊〈詰旦思之世豈有不押之韻輒和北山十首其

49 清．查慎行，《蘇詩補註》（淵本），卷四七，頁一六。
50 同註三〇，卷七，頁一五。
51 宋．陳亮，《龍川集》（淵本），卷一七，頁一一。
52 同註三三，卷一二，頁一三。
53 同註三三，卷四，頁二〇。
54 同註二九，冊五八，卷三〇六二，頁三六五二八。
55 同註二九，冊五八，卷三〇五七，頁三六四七五。
56 同註三五，卷九，頁二八。
57 同註三五，卷三，頁一三。
58 同註三五，卷一〇，頁二六。
59 同註二九，冊五八，卷三〇七〇，頁三六六三五。

八〉：「**蚌珠大如月，不及爾身輕**」）。[60]

### （三）「身如槁木／枯株」可學：「身輕」之法的工夫次第

如是正面、能為生命帶來諸多益處的「輕身」之感，是否可透過後天學習與努力獲致？由元結「茹芝鍊玉學輕身」（〈宿無為觀〉）、[61]澹交「未得忘身法」（〈病後作〉）[62]可知，在詩人的認知中，「輕身」確有可致之法，能夠經由學習而臻於輕靈。

詩歌中不乏提及可使人輕靈放鬆的輕身之「法」，如：「公欲**輕身**上紫霞，瓊糜玉饌厭豪奢」（宋・黃庭堅〈何造誠作浩然堂陳義甚高然頗喜度世飛昇之術築屋飯方士願乘六氣遊天地間故作浩然詞二章贈之〉）、[63]「凡骨已蛻**身自輕**，勃落葉上行無聲。華陰市樓醉舞罷，却上蓬峯看月明」（宋・陸游〈贈道友〉）、[64]「那聞高士飄然句，**陡覺身輕**似得仙」（宋・吳芾〈和蔣無退懷湖山〉）[65]均提到可藉由仙道之術獲致「輕身」的身體感。

除了仙道之術外，歷代詩歌中亦多言可由服食藥餌達到輕身之效。白居易即謂「藥效喜身輕」（〈早春獨遊曲江時為校書郎〉），[66]可知在唐、宋人的認知中，藥物確實有輕身的效驗。曾作「身如槁木／枯株」等身體感描述的詩人們並記述了服用「胡麻」、[67]「芝草」[68]等食物、藥物所帶來的輕身效果。

除了服藥外，投身於世，我們的身體感受亦會受到外在情境影響，處在自然山水間容易感到輕靈放鬆，從而獲致「不藥身輕」（張孝祥〈踏莎行〉）的輕身之感。宋・蘇軾〈和文與可洋川園池三十首其十九過溪亭〉：「**身輕**步穩去忘歸」；[69]蘇轍〈和毛國鎮白雲莊五詠其四濯纓庵〉：「往還漸少人誰識，寢食無為**身轉輕**」；[70]劉克莊〈丁酉重九日宿順昌步雲閣絕句七首其三呈味道明府〉：「小休綠樹濯清泉，垢盡**身輕**意欲仙」[71]詩人皆抒發了在徜徉山水、優遊天地之時，身體所感受到的輕鬆暢快之感。

60 同註二九，冊五八，卷三〇五四，頁三六四三〇。

61 唐・元結〈宿無為觀〉：「如今道士三四人，茹芝鍊玉**學輕身**。」（《御定全唐詩》，卷二四一，頁一九）

62 唐・澹交〈病後作〉：「**未得忘身法，此身終未安**。病腸猶可洗，瘦骨不禁寒。藥少心情餌，經無力氣看。悠悠片雲質，獨對夕陽殘。」（《御定全唐詩》，卷八二三，頁一三）

63 同註三九，外集卷六，頁二。

64 同註三一，卷三一，頁四。

65 同註三五，卷七，頁四二。

66 亦有宋・王洋〈寄永新元老元書云已辭廣孝復歸禾山白雲矣〉：「輕身如有藥，猶恐費躋攀」（《東牟集》，淵本，卷三，頁五）之說，似疑藥物對輕身所能發揮的效果有限。

67 宋・蘇軾〈次韻致政張朝奉仍招晚飲〉：「掃白非黃精，輕身豈**胡麻**？怪君仁而壽，未覺生有涯。曾經丹化米，親授棗如瓜。雲蒸作霧楷，火滅噀雨巴。自此養鉛鼎，無窮走河車。」（《東坡全集》，卷二〇，頁三。）

68 宋・陸游〈玉隆得丹芝〉：「何用金丹九轉成，手持**芝草**已身輕。」（《劍南詩藁》，卷一三，頁一。）

69 同註三〇。

70 同註三七，卷一二，頁一二。

71 同註三三，卷一一，頁三。

由上可知，在詩人墨客的認知中，「輕身」之感的獲致，除了可透過仙道的內丹之術，或服食藥餌等途徑外，亦可如前所述求助於外在環境氛圍，走向使身體容易獲致輕盈的山水情境。但在中國思想傳統中較求助於外更重要的，則是要如何自期於內。

詩人多認為牽念記掛的滌除與解消，為獲致「輕身」之感的重要關鍵，如白居易於〈對酒示行簡〉詩中具體敘述因遠別兄弟平安歸來、雙妹嫁與可依良人，心靈終得不復牽念記掛，為其獲致「**身輕心無繫**，忽欲凌空飛」[72]中「身輕」之感的重要前提。

然而，與其說詩人認為欲獲致「輕身」必須先行滌除、解消諸般牽掛，不如將注意力自向外投射的俗情、俗慮，轉而內返自身，以一己心身能力升進為追尋的目的。而「輕身」，可能正是此一理想心身境界的具體表徵。

### 1.「忘身」與「忘世」、「忘名」

詩人既普遍認定「輕身」可學、可得，則「身輕」之法的工夫次第為何？從唐・白居易：「不獨**忘世兼忘身**」（〈詔下〉）、[73]宋・蘇軾：「**身世**何緣得兩**忘**」（〈和章七出守湖州二首其一〉）、[74]「**忘世忘身**恐地僊」（〈題沈氏天隱樓〉）、[75]李復：「為能懸解如莊叟，會識真風在漢陰。閒笑重輕爭俯仰，靜**忘身世**任浮沉。」（〈抱甕軒〉）、[76]吳芾：「悠然**身世**兩相**忘**」（〈湖上遣興〉）、[77]「**身世**兩相**忘**」（〈和任宰元紹見寄十首以歸來問信湖山撫摩松菊為韻〉）[78]等詩句中可發現，「身輕」之法的工夫初階，是將注意力自人間世的俗情、利名抽離，並連同「身」也需與「世」一併忘卻，意即忘卻、解消對此身存在的執著。

由蘇轍：「**忘身**先要解**忘名**」（〈次韻毛君山房即事十首其五〉）、[79]宋．陸游：「看盡人間利與名，歸来**始覺此身輕**」（〈題齋壁〉）、[80]劉克莊：「**掃空諸有覺身輕**」（〈試筆二首其二〉）[81]了解到從人間世的俗情利名抽身而出後，才可能「忘身」。

由上可知，忘身並非無關乎「忘世」、「忘名」與否，亦即人不可能在「忘身」的同時，仍外逐利名、執著於世事的成敗圓滿。可知在注意力由外逐世事利名轉而內返自身的過程中，忘卻世事、利名成敗與「忘身」，實乃一共構不離的工夫整體。

更重要的是，這樣的「忘身」、「忘世」工夫對詩人而言，並非僅是一時感悟，而是生活中的實際操演與體驗。唐．韋應物：「存道**忘身**一試過」（〈學仙二首其一〉）[82]即點出「忘身」確為生

72 同註四五，卷四三〇，頁一七。
73 同註四五，卷四五三，頁一一。
74 同註五〇，卷七，頁九。
75 同註四九，卷四七，頁二六。
76 同註四六，卷一四，頁一三。
77 同註三五，卷八，頁一六。
78 同註三五，卷九，頁四。
79 同註三七，卷一〇，頁二二。
80 同註三一，卷三三，頁八。
81 同註二九，冊五八，卷三〇七一，頁三六六四三。
82 同註四五，卷一九四，頁六。

活中真實切近的操練；宋．蘇軾：「誰信我**忘身**」（〈和陶雜詩十一首其一〉）[83]則透露曾經歷旁人難以置信的「忘身」體驗。

然而箇中亦有較為消極的「忘身」之法，如唐．白居易：「日計莫如醉，**醉則兼忘身**」（〈書紳〉）、[84]宋．蘇轍：「醉中**身已忘**」（〈次韻子瞻和淵明飲酒二十首其六〉）、[85]陸游：「白袍如雪寶刀橫，**醉**上銀鞍身更輕」（〈獵罷夜飲示獨孤生其三〉）[86]以飲酒而「醉」來達到「忘身」之效。身入醉鄉固然是通往「忘身」最為易達的捷徑，但人終究不得不自醉夢中醒來，面對現實的人生。對古代文人而言，投身仕途為人生重要的出路與志業，許能如白居易所云：「常時簪組累，此日和**身忘**」（〈朝回遊城南〉），[87]彷彿可從官場宦海中抽身而出以得「身忘」之效，卻終究不是恆久、真正的「忘身」之道。

## 2.「不知／不覺」、「遺／棄」

猶須致力於「忘」，正意味著對此身的存在仍有一定程度的執著。曾作「身如槁木／枯株」等身體感描述的詩人之所以提出「忘」的工夫，適可見工夫修鍊者於此身仍多有執著，才試圖解消因執著而產生的心身疲累。然而在此之上，當有更高的追求，白居易〈隱几〉詩中隱約描摹了「身輕」的進境：

> 身適忘四支，心適忘是非。既適又忘適，不知吾是誰。百體如槁木，兀然無所知。方寸如死灰，寂然無所思。今日復明日，身心忽兩遺。行年三十九，歲暮日斜時。四十心不動，吾今其

庶幾？[88]

唯有透過「忘是非」與「方寸如死灰」的工夫途徑，才能讓心靈安適（「心適」），進而達到無思無慮（「無所思」）的狀態；而另一方面唯有體現「忘四支」與「百體如槁木」、體現獨立於天地之間，身體卻彷彿乾枯的木頭一般輕盈、教人不覺其存在的身體感，始能讓身體安適（「身適」），進而達到無知覺（「無所知」）的狀態。[89]如此日積月累的修鍊，[90]方能成就身心兩「遺」的境界

83　同註三〇，卷三二，頁四。
84　同註四五，卷四四五，頁二二。
85　同註三七，後集卷一，頁七。
86　同註三一，卷八，頁三五。
87　同註四五，卷四二九，頁二〇。
88　同註四五，卷四二九，頁二。
89　白居易且於終篇透過孟子的「不動心」（《孟子・公孫丑上》）對莊子的「形如槁木」、「心如死灰」進行格義，指出孟子的「不動心」暨莊子的「形如槁木」、「心如死灰」，都不單只是純粹心靈的工夫，而係身心兩造修養工夫的同步升進與體現。
90　莊子分由心靈與身體兩面向揭示由「生手」到「專家」的工夫階梯：心靈藉由「心如死灰」的工夫讓心像不再起火焚燒的灰燼、不產生種種負面情緒；並「用心若鏡」如鏡面般映照、接應外在人、事、物，而不縈思過往、積慮未來；且以「得其環中」、「道樞」、「照之於天」等工夫，轉換一己看待世界的立場與眼光，以消弭成見；藉由「安之若命」安然接受豈能盡如人意的外在世界。同時以「其神凝」的工夫致力專一靜定；以「心齋」的工夫清掃、滌除念慮，臻至「虛

（「今日復明日，身心忽兩遺」）。

值得注意的是，白居易引《莊子・齊物論》中「南郭子綦隱几而坐」章句為詩題所詮釋的「隱几」境界，於詩中先言「忘四支」、「無所知」，最終到達「遺身」（「**身**心忽兩**遺**」）之境，正透露出「身輕」之法的工夫次第。在學習「忘世」、「忘名」等解消對此身的執著之後，仍有可能會注意、意識到身體的存在。於是詩人乃更進一層，刻意不去向外「知」、「覺」，把古典中所謂的神、也就是注意力，收回內斂於一己的心靈，朝彷彿「不知」、「不覺」此身存在的境界邁進，期能體現「不知」的身體感。

但即便不再注意、意識、「知／覺」到此身存在，卻仍自認此身為我所有、將此身視同自我，才會隨著此身的際遇遭逢喜怒憂悲。因此全然超越、拋丟此身的「遺」、「棄」的身體感，是更深一層的工夫體現。

除上舉〈隱几〉詩中所謂「身心忽兩遺」外，白居易：「悠悠**身**與世，從此兩相**棄**」（〈適意二首其二〉）、[91]宋・蘇軾：「與可畫竹時，見竹不見人。豈獨不見人，**嗒然遺其身**。」（〈書晁補之所藏與可畫竹三首其一〉）、[92]陸游：「遺世亦**遺身**」（〈書意〉）[93]等詩作指出詩人致力將對身體的執著拋丟遺棄、不再以此身為一己所有，連同外在人間世事，一同解消並拋卻。倘能致力遺喪此身的工夫、不復自覺形軀為「吾」所有，更徹底地讓心神、注意力內斂專一，終將獲致彷彿不再自覺擁有此身的如遺、如喪、形神「嗒然」解體的身體感。[94]

循著「身輕」的工夫階梯拾級而上將會發現，透過「忘」的工夫，在日積月累的修鍊過程中，意識對形軀的在意、執著日趨遞減，身體的實存感亦將日漸淡薄，升進到彷彿「不知／不覺」一己形軀的境地。若將此工夫推進至極，甚至會達到主體將覺悟、身體會感到此身已不復屬於自己般「遺／棄」己身的境地。從「忘」、「不知／不覺」到「遺／棄」此身，「輕身」委實是一正向且可不斷升進的身體感受，是一無止境的境界，因此亦是無止盡的實踐工夫。其工夫次第依稀得見以「忘世」、「忘名」而能「忘身」為初階；以「不知／不覺」為第二階、「遺／棄」為第三階。由此可知，「身輕」的工夫進程所指向的不僅止於身體感無累的消極意涵，當「輕」的感受漸臻極致，

室」、「葆光」之「虛室生白」、陰極陽生、充實而有光輝的終極境界。身體則可依循改變使用感官慣習，終止外逐與收視返聽的「徇耳目內通」；坐、立、行走均保持脊樑垂直地表的「緣督以為經」；站立、行走將全身重心付於一足的「天之生是使獨也」；放鬆全身的「形如槁木」等工夫，日益解消形體執著、超越形軀限制，達到「嗒焉似喪其耦」的境界，進而獲致「聽之以氣」、以氣感、氣聽之超越五感之能力，以及「息以踵」、「其息深深」等《莊子》書中專家（至／神／聖／真人）所擁有的身體感。詳拙作〈「守靜督」與「緣督以為經」：一條體現《老》、《莊》之學的身體技術〉，收入本書第三章；〈當莊子遇見Tal Ben-Shahar：莊子的快樂學程：兼論情境、情緒與身體感的關係〉，收入本書第五章。本篇旨在探討「形如槁木」此一身體技術之具體面貌與內涵，關於具體修鍊工夫之描述，限於篇幅難以細加著墨，未來將以〈《莊子》「渾沌」意象的語意實踐〉一文作進一步的探討。

91 同註四五，卷四二九，頁三。

92 同註三〇，卷一六，頁二三。

93 同註三一，卷八三，頁九。

94 詩人雖言「遺」、「喪」此身，但由唐．李白：「彼**我**俱**若喪**」（〈與元丹丘方城寺談玄作〉，《御定全唐詩》，卷一八二，頁一）、宋．劉宰：「得**喪己**齊身外物，安閒自樂性中天」（〈挽姚政遠〉，《漫塘集》〔淵本〕，卷三六，頁二七）可知，詩人所謂之「遺」與「喪」，並不意味著身體實質的遺棄與喪亡，實為一主觀感受上不再意識到此身存有的身體感。

踏上「不知／不覺」以及「遺／棄」的工夫之階，最終將感受到「虛空」的身體感。

### 3.「虛空」的身體感

宋．蘇軾：「**是身如虛空，萬物皆我儲**」（〈贈袁陟〉）、[95]「**是身如虛空**，誰受譽與毀」（〈和飲酒二十首其六〉）、[96]陸游：「**此身本自等虛空**」（〈述懷〉）[97]等詩作均言及恍若「虛空」的身體感受。尤需注意的是，由蘇軾：「**是身如虛空，萬物皆我儲**」（〈贈袁陟〉）可知，所謂「虛空」的身體感，並不意味著生命本身的虛無，而是形容身體感受、摹寫身體境界；亦即所謂「虛空」的身體感，迥異於一無所有、滅絕的空無，而是「虛中有實」，[98]在撤除身體的藩籬障蔽後，彷彿浩然真吾渾然與萬物同體、萬物盡在真吾懷抱之內的豐盈狀態。宋．陸游：「**不悸不眩身如空**」（〈崑崙行〉）[99]附帶指出，作為「輕身」極致的「虛空」之感，仍需在身體沒有悸、眩等任何疾患的健康狀態下，始能擁有。

回顧傳統詩歌中的「身輕」論述，此「身輕」工夫的背後，所潛藏的究竟是什麼樣的自我認知？

由唐．李羣玉：「漸覺身**非我**，都迷蝶與周」（〈半醉〉）、[100]蘇軾：「**覺知此身了非吾**」（〈送喬仝寄賀君六首其一〉）[101]可發現，在詩人的認知中，「此身」實「非我」、「非吾」，這具形軀是不屬於我的，既非吾物，也就可謂「外物」，不能代表真正的自我，此即是要忘卻此身的根本原由。然而，倘若此身不是真正的「吾」、「我」，那麼究竟何為真正的我？[102]

於此「忘身」進程的極處，唐．白居易以「不知吾是誰」（〈隱几〉）的反思與〈齊物論〉中南郭子綦所體現的「吾喪我」之境相銜，點出「心適」與「身適」的究竟，是對超越形軀生命之「我」、更為永恆之真「吾」的認同。由宋．辛棄疾：「**此身無我自無窮**」（〈重午日戲書〉）[103]可發現，詩人在解消對此身的執著、不以其為真我的同時，轉而將真我指向一無窮、永恆的存在。在有限、短暫的此生、此身之外，尚有一永恆的我前之我、身外之身存在。[104]而此無窮、永恆的真正之「我」，也是除了能使經驗世界中的身體輕靈無累、心靈安足閒適外，「身輕」工夫所要指向的最終鵠的。

透過歷代詩歌裡「身如槁木／枯株」的相關書寫，可以發現曾作「身如槁木／枯株」等身體感描述的詩人們將《莊子》所言「形如槁木」視為身體工夫與境界的理想典範，而在解開這層譬喻的

95　同註三〇，卷一五，頁七。
96　同註三〇，卷三一，頁一九。
97　同註三一，卷一九，頁二四。
98　此借清．黃元吉，《樂育堂語錄》（臺北：自由出版社，二〇一三），頁一九。
99　同註三一，卷一六，頁三二。
100　同註四五，卷五六九，頁四。
101　同註三〇，卷一七，頁八。
102　有關「真宰」與「假借」：莊學中的生命實相，詳參拙作〈《莊子》的感情：以親情論述為例〉，收入本書第二章；〈「守靜督」與「緣督以為經」：一條體現《老》、《莊》之學的身體技術〉，收入本書第三章。
103　同註二九，冊四八，卷二五八一，頁三〇〇〇三。
104　詳參拙作〈身外之身，《黃庭內景經》注中的兩種真身圖像〉，《思與言》四四卷一期，二〇〇六年，頁一三一—一九六。

喻依之後，湧現的具身認知竟是追求「輕身」身體感的工夫、境界，欲達到「身輕」效果的生命實相。可知《莊子》「形如槁木」在歷代詩人的理解詮釋與具身認知中，實與「輕身」身體感相互映現、繫連。

## 三、醫家經典中的「身重」與身輕

每一時代、地域的身體鍛鍊或修鍊傳統，必然植基於當時、當地的主流醫學。《傷寒論》所代表的傳統醫學的辨證論治，即條理辨析經驗現象中錯綜複雜的「身體感」網絡，如頭痛、項強，惡寒；大便難，惡熱；胸脅苦滿，往來寒熱；食不下，腹滿痛；背惡寒，欲寐；手足厥冷，寒熱錯雜等交織而成，形構繁複縝密的六經辨證體系。以下將檢視其與「輕身」傳統間聲氣相通的繫連；尋繹「形如槁木」注疏傳統與詩人具身認知所共同構成的「輕身」樹幹，是否正以傳統醫學的身體認識為其深植土壤的牢固根系？

### （一）《傷寒論》中的身「重」之病

以下首將檢視傳統醫學中醫法與醫方兼備的鉅著《傷寒論》中與「輕身」論述密切相關的條目。

## 1.當汗而誤用下法之「身重」

脈浮數者，法當汗出而愈，若下之，**身重**心悸者，不可發汗，當自汗出乃解。所以然者，尺中脈微，此裡虛，須表裡實，津液自和，便自汗出愈。（〈辨太陽病脈證並治中篇〉）[105]

第一類是在應當發汗時卻誤用瀉下之法所造成的「身重」。當病患處於「脈浮數，法當汗出而愈」的狀態時，其脈上浮於皮表，呈現出浮脈的脈象，顯示外來的風或寒邪尚只客留在身體表層的皮毛與肌肉，此時應以發汗的方法將尚未深入體內的風寒之邪，自身體表層的肌肉與皮毛驅逐排出。然而倘若醫者在此時誤用瀉下之法，反會將病邪帶入身體更深處的經絡、臟腑，而原本瘀滯在肌肉層的風寒之邪也仍未排出，因此病患將感受到全身肌肉沉重的「身重」身體感。

「身重」相對於「身輕」。所謂「形如槁木」之「槁木」，顧名思義即是乾燥的樹木。木材乾燥前、後最顯著的差異，在於重量的減輕。以傳統中藥為例，重三錢的生薑經過曝曬乾燥成為乾薑後，便僅餘一錢的重量。但由上述病證解析可發現，所謂的輕、重，在傳統醫學中，固然可以是度量衡上客觀重量的增加或減少，亦可能是描繪身體主觀的感受。

105　清．吳謙等編，《訂正仲景全書傷寒論注》（臺北：新文豐出版公司，一九九七），頁六四。

**2.寒邪滯留肌肉層、汗發不出，故全身覺重之身「重」**

傷寒脈浮緩，**身**不疼，但**重**，**乍有輕時**，無少陰證者，大青龍湯發之……一服汗者，停後服。若復服，汗多亡陽，遂虛惡風，煩躁不得眠也。（〈辨太陽病脈證並治下篇〉）106

第二類型的「身重」，為寒邪滯留在肌肉層、汗發不出，因而全身感到沉重。患者「傷寒脈浮緩，身不疼，但重，乍有輕時」，從浮緩之脈可知大青龍證為寒邪客留於身體表層的疾病，身體雖然並不疼痛，卻會感到沉重。然則風寒之邪會隨天候的溫度、衣著的保暖度、胃腸的空虛飽足程度而變化，故病況有時會隨之略得緩解，身重之感也就會隨之減輕。

**3.熱聚腹中，以致熱困於體之身「重」**

陽明病，脈遲，雖汗出，不惡寒者，其**身必重**，短氣腹滿而喘，有潮熱者，此外欲解，可攻裡也，手足濈然汗出者，此大便已硬也，大承氣湯主之。（〈辨陽明病脈證並治全篇〉）107

除了寒邪，熱邪也可能造成「身重」的身體感。當熱邪匯聚在患者腹中，並循著經脈由深居在內的臟腑，向外影響輸布足陽明胃經的循行場域，患者將因此感到熱困體內的「身重」。

### 4.水寒之氣外攻於表的「四肢沉重」

少陰病，二、三日不已，至四、五日，腹痛，小便不利，**四肢沉重**疼痛，自下利者，此為有水氣。其人或咳，或小便不利，或下利，或嘔者，真武湯主之。（〈辨少陰病脈證並治全篇〉）108

第四類型的「身重」，則為少陰病患者體內的水寒之氣向外侵攻至肌表，造成「四肢沉重」的身體感。

### 5.太陽主背、陽明主腹、少陽主側，一身盡為三陽熱邪所困的「身重」

三陽合病，腹滿**身重**，難以轉側，口不仁，面垢，讝語，遺尿，發汗則讝語，下之則額上生汗，手足逆冷，若自汗出者，白虎湯主之。（〈辨合病併病脈證並治篇〉）109

106 清．吳謙等編，《訂正仲景全書傷寒論注》，頁一〇二、一〇三。

107 清．吳謙等編，《訂正仲景全書傷寒論注》，頁一四二。

108 清．吳謙等編，《訂正仲景全書傷寒論注》，頁二四二。

109 除文中所徵引之《傷寒論》經文外（參清．吳謙等編，《訂正仲景全書傷寒論注》（臺北：新文豐出版公司，一九九七），最後一類則為「三陽合病，腹滿身重」，足太陽膀胱經循行於人體背面，足陽明胃經循行於腹面，足少陽膽經則循行於身側，一旦三陽脈皆為熱邪所困，將致周身沉重不靈便。

生理學與病理學在當代西方醫學中為分立的學科，前者聚焦於人身固有的生理結構與運作原理，後者則致力探討疾病的成因與變化。對中國傳統醫學而言，生理與病理，則僅是同具身體的常與變，所謂的疾病是相對於正常生理狀態的異常。當綜覽《傷寒論》中各種類型的「身重」之病後，將可發現舉凡「身重」、「四肢沉重」等疾病證狀，均是身體的異常感受。由此可知，相對於病中異常的「身重」之感，未病的平人所感受的理當是「不重」的身體感。

現存最早的中國傳統醫學專書《黃帝內經素問》於〈上古天真論〉篇中，揭示一座級級升進的生命境界階梯，凡人不僅可擺脫疾病、成為無病的「平人」，更可由無病的「平人」邁向「法則天地」

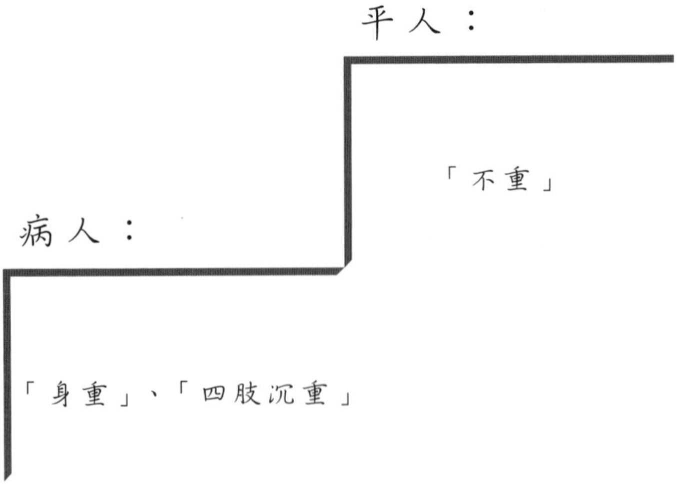


圖四之二　《傷寒論》中身「重」之病的身體感圖解

的賢人、「處天地之和」的聖人、「淳德全道」的至人、終至「提挈天

---

頁六四、一〇二—一〇四、一四二、二四二、三〇四)，《傷寒論》以「重」的身體感作為辨證論治依據的條文，尚有〈辨陽明病脈證並治全篇〉第四十條的「身重」(頁一五四)；〈辨差後勞復食復陰陽易病脈證並治篇〉第七條的「身體重」、「頭重」(頁三一五)；〈辨壞病脈證並治篇〉第九條的「一身盡重」(頁三二六)、第二十一條的腰以下「重」(頁三三三)；〈辨溫病脈證並治篇〉第二條的「身重」(頁三四〇)；〈辨痓濕暍病脈證並治篇〉第十八條的「身重」(頁三五五)、第十九條的身「重」(頁三五六)；〈平脈法篇〉第十四條的病身體苦「重」(頁四〇二)、第二十二條的「身體重」(頁四〇六)等。《傷寒論》以「重」描述身體感者，合計十四條之多。

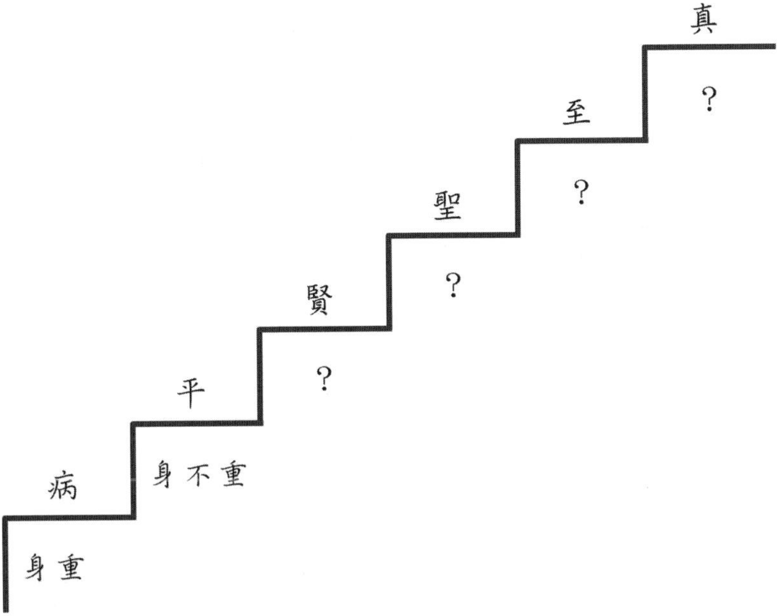


**圖四之三　《黃帝內經素問・上古天真論》中「賢／聖／至／真人」的境界階梯**

地」的真人。[110]足證傳統醫學不僅以正常無病的平人為生命的終極目標，更以超乎其上的「賢人」、「聖人」、「至人」乃至於「真人」，作為所欲致力提升並臻至的身心典範。然則這些超乎平人之上的「賢人」、「聖人」、「至人」、「真人」所體現的究竟是怎樣的身體感？

## （二）本草學中的身「輕」之效

在綜覽《傷寒論》中「身重」、「四肢沉重」等身體感的描述後，可知對傳統醫學而言，「身重」實為一種異於常態的疾病證狀。相對於病人感受到的「身重」，無病的常人、平人應不會感到「身重」，那麼進一步所謂「身輕」究竟是什麼樣的身體感受？而這樣的「身輕」之感是否就是身心境界超乎平人之上的「賢人」、「聖人」、「至人」、「真人」所體現的身體感？

在中醫本草學著作中，對藥物具「輕身」之效的論述俯拾即是，舉凡菖蒲、菊花、人參、朮、薏苡仁、石斛、蘭草、菌桂、枸杞、阿膠等藥味，或能夠扶正補益滋養、使人遠離「身重」之疾，或能利水祛溼、排除體內多餘的水氣，或者辛溫能走，或能排除體內穢氣，各以不同的藥性達到久服輕身的功效。事實上，《神農本草經》所載錄的三百六十五味藥中，具有輕身之效的便多達一百二十四味，[111]凡此逾三分之一的藥味論述提及「久服」、服食可致的身「輕」之境，由如此可觀的比例（124/365）可推知，「輕身」的身體感當為中藥療效中一個甚為重要而普遍的訴求，以及所欲達到的身體目標。

然而須考量的是，本草療效中的「輕身」究竟是度量衡上客觀測得的重量消減，抑或是無關乎實際重量、無法以數字量化，卻能由身體感受、知覺的輕靈之感？宋．唐慎微於《證類本草》一書中論及松脂功效時，以「清爽」一詞增益補充形容「身輕」的身體感受，[112]隱然點出「身輕」之效並非呈顯於度量衡上體重數字的減少，而是體現於身體的感受。然而，僅憑偶出用以形容「輕身」

110 唐．王冰注，《重廣補註黃帝內經素問》（臺北：中國醫藥研究所，一九八九），卷一，頁八—九。

111 成書時代一說成於戰國而後續有增補，一說成於東漢之《神農本草經》，其所收錄三百六十五味藥中，藥效敘述具輕身之效的藥味共計約一百二十四味。含括上品：雲母、涅石、朴消、滑石、空青、曾青、禹餘糧、太一餘糧、白石英、紫石英、青石赤石黃石白石黑石脂、白青、扁青、昌蒲、鞠華、人參、天門冬、甘草、乾地黃、朮、菟絲子、牛膝、充蔚子、女萎、防葵、柴胡、麥門冬、獨活、車前子、署豫、薏苡仁、澤瀉、遠志、龍膽、細辛、石斛、白英、赤箭、奄閭子、析蓂子、蓍實、赤黑青白黃紫芝、卷柏、藍實、絡石、疾藜子、肉松容、防風、蒲黃、香蒲、漏蘆、天名精、決明子、飛廉、旋華、蘭草、蛇床子、地膚子、景天、因陳、杜若、石龍芻、雲實、王不留行、姑活、屈艸、牡桂、菌桂、松脂、枸杞、柏實、榆皮、酸棗、乾漆、蔓荊實、辛夷、桑上寄生、杜仲、女貞實、蕤核、龍骨、熊脂、白膠、阿膠、雁肪、石蜜、蜂子、龜甲、藕實莖、大棗、蒲萄、蓬蘽、雞頭實、胡麻、麻蕡、冬葵子、莧實、瓜子、苦菜，計九十九味。中品：雄黃、雌黃、枲耳實、蠡實、石龍芮、水萍、翹根、桑根白皮、竹葉、枳實、秦皮、秦椒、山茱萸、豬苓、龍眼、合歡、羖羊角、犀角、樗雞、蓼實、蔥實，計二十一味。下品：天雄、莨蕩子、夏枯草、蜀椒，計四味。詳清．孫星衍、孫馮翼同輯，《神農本草經》（後簡稱《神農》）（北京：科學技術文獻出版社，一九九九）。

112 宋．唐慎微《證類本草．松脂》：「《野人閑話》伏虎尊師篇煉松脂法：十斤松脂，五度以水煮過，令苦味盡，取得後，每一斤煉了松脂，入四兩茯苓末。每晨水下一刀圭，即終年不食，而復延齡，**身輕清爽**。」（宋．唐慎微等編，金．張存惠重刊，《重修政和經史證類備用本草》（臺北：南天書局，一九七六），卷一二，頁二九二）即以「清爽」進一步詮釋「身輕」的身體感。

感受的「清爽」一詞，仍未可確認中國傳統醫學中的「輕身」確與實際重量的減輕無涉。究其實，在《神農本草經》中被歷代醫家指出具有「輕身」之效的約計一百二十四味藥物中，許多藥味除了「輕身」之外，更且具備了「長肌肉」、「肥健」、「倍力」的功效。

在具備「輕身」之效的藥味中，諸如甘草能「長肌肉」、「倍力」，乾地黃「長肌肉」，菟絲子、澤瀉「益氣力，肥健」，署豫「益氣力，長肌肉」，遠志「倍力」，女貞實「久服肥健」，藕實莖「益氣力」，胡麻「益氣力，長肌肉」等。[113]這些藥味或者透過補益胃腸，或者藉由滋養津液，或者透過安神助眠等藥性而達到「長肌肉」、「肥健」、「益力」、「倍力」的功效。由此可知身「輕」之效不僅不是使身體的重量減輕、力量消弱，更甚者能有助於肌肉、體力的增長。

這些具「輕身」功效的藥味，除了兼有「長肌肉」、「肥健」、「倍力」之效外，也常具備使人有美好氣色、皮膚光澤的功效。女萎能「好顏色，潤澤」，菌桂能「和顏色」、使「面生光華媚好」，柏實「久服令人悅澤美色」，蜂子「久服令人光澤，好顏色」，瓜子主「令人悅澤，好顏色」，翹根「令人面說好」，秦椒能令人「好顏色」。[114]

具「輕身」之效的藥味兼併「長肌肉」與「好顏色」的功效，不禁使人探問：看似同樣能增長肌肉的西方重量訓練，是否在肌肉增長的同時也能有「輕身」之感？並且能使緊鄰肌肉的皮表肌膚隨著肌肉的增長而改變，獲致美好氣色、皮膚光澤的效果？以下將透過當代西方生理學對肌肉增長機序的理解，與東方的「輕身」傳統作一對勘，以見傳統身體論述個色之所在。

重量訓練主要是透過肌纖維的增大，而非肌纖維數量增多，達到肌肉增大的目的。[115]藉由在重量訓練中造成肌纖維受損，產生發炎反應，然後透過荷爾蒙的交互作用，增加肌原纖維內的肌凝蛋

113 以上藥味主治詳見《神農》，頁一一一—五〇。除文中所徵引的九味藥外，在《神農》論述藥性具輕身之效的一百二十四味藥中，歷代並述其「長肌肉」、「肥健」、「倍力」等功效之藥共計約四十二味，尚有，《神農》中的青石赤石黃石白石黑石脂、赤箭、疾藜子、蒲黃、蒲萄、蓬虆、麻蕡、冬葵子、莧實、枳實、莨蕩子（頁八—九四）；梁．陶弘景《本草經集注》之蠡實（陶弘景編，尚志鈞、尚元勝輯校，《本草經集注》〔北京：人民衛生出版社，一九九四〕，頁三〇二）；梁．陶弘景輯《名醫別錄》之天門冬、麥門冬、石斛、酸棗（《名醫別錄》，收入《本草經集注》，頁一九四、一九五、二〇八、二二六）；宋．唐慎微《證類本草》之朮（卷六，頁一五一）、松脂（卷一二，頁二九一）、枸杞（卷一二，頁二九三）；明．陳嘉謨《本草蒙筌》之龍眼（《本草蒙筌》〔上海：上海中醫藥大學出版社，一九九四〕，卷七，頁八）；明．李中立《本草原始》之白膠（《本草原始》〔上海：上海古籍，一九九五〕，卷九，頁一四）等。

114 以上藥味主治詳見《神農》，頁一四—七五。除文中所徵引的七味藥外，在《神農》論述藥性具輕身之效的一百二十四味藥中，歷代並述其「美顏色」、「好顏色」、「潤澤」、「面生光」等功效之藥共計二十三味，尚有，《神農》中的澤瀉、卷柏、絡石、樗雞（頁一八—八二）；魏．吳普《吳普本草》之大棗（《吳普本草》，收入《華佗遺書》〔北京：華夏出版社，一九九四〕，頁六九六）；《名醫別錄》之赤石脂、麥門冬、遠志、蛇床子、蔓荊實、石龍芮、秦皮（收入梁．陶弘景編，尚志鈞、尚元勝輯校，《本草經集注》，頁一四三、一九五、二〇一、二三四、二五二、二〇九、二九三）；唐．甄權《藥性論》之菟絲子（甄權撰，尚志鈞輯釋，《藥性論》〔安徽：安徽科學技術出版社，二〇〇六〕，頁二六）；宋．唐慎微《證類本草》之松脂（卷一二，頁二九一）；明．陳嘉謨《本草蒙筌》之龍眼（卷七，頁八）；明．李中立《本草原始》之白膠（卷九，頁一四）等。

115 重量訓練造成的肌肉增大，其增大的程度受訓練時間長短的影響。在最初接受訓練的一至二個月，受訓練者的肌力增加，但肌纖維通常沒有增大的跡象，這是由於某種神經因素的適應，使每一肌肉單位可以負荷較原先更大的重量，而造成肌力增加。六到八週後，肌纖維開始增大且愈發明顯，而有助於肌力的增加。但肌肉的增大最終會因到達最大限度而停止——多數的重量訓練研究指出，肌肉纖維橫斷面積所能增加的極限範圍大約在百分之二十到百分之四十之間。詳參Thomas R. Baechle and Roger W. Earle，蔡崇濱等譯，《肌力與體能訓練》（臺北：藝軒圖書，二〇〇四），頁二〇、一四六。

白和肌動蛋白的合成速率，或減少其分解速率，又或二者同時進行，以增加新蛋白質的合成。這些新蛋白質將會結合成新肌節、或與現存的肌節結合，增加蛋白絲的數量，並堆積在肌原纖維的外層，[116]於是增加了肌原纖維的半徑，[117]造成肌肉纖維增大，最後達到肌肉增大的目的，[118]此即肌肉重塑的過程。

西方重訓運動需透過對肌肉施予超過其原本所能承受的高強度負荷，導致肌纖維撕裂受損，始能達到增長肌肉與力量的目的。但在這樣的訓練過程中，肌纖維撕裂破損所帶來的實為一痠痛不堪的身體感，須透過種種熱敷、按摩與伸展方法始得緩和消除，肌肉並因充血而有相當明顯的實存感。

相參西方重訓與東方輕身，西方重訓所造成的痠痛與實存感，顯然與中國傳統文化中所追求身不重、不知、不覺此身的「輕身」之感大相逕庭。由此可知，西方重量訓練所追求的肌肉增大、力量增長，與中國本草典籍中兼有「輕身」之感的「長肌肉」、「肥健」、「倍力」功效雖乍看相似，但在技術原理、追求目標與身體感受上，實大不相同。

且在視覺效果與西方重訓相似的「長肌肉」、「美顏色」等外，「輕身」之藥尚有更多的效用。例如《神農本草經》中所載錄的「輕身」之藥，不少亦具備了「療瘡」的功效。

中國傳統醫學所謂的「癰」、「疽」、「瘡」，三者實大同小異。「瘡」指的是皮膚或黏膜上的潰瘍；「癰」指的則是皮下組織的化膿性與壞死性炎症所造成的局部腫脹；「疽」則與「癰」性質相似，但通常較「癰」小且較深。在《神農本草經》的「輕身」之藥中，有許多藥味能夠加快瘡口的癒合速度。如甘草、獨活、王不留行、蔥實、夏枯草，皆有治療「癰」、「疽」、「瘡」等病證之效。[119]

若將關注的焦點自體表深入體內，則能更全面地了解「輕身」之藥的全幅功效。《神農本草經》中的「輕身」之藥往往亦具備補益五臟、筋骨、骨髓、血液、精與氣的功效。

116 詳參《肌力與體能訓練》，頁一四九。

117 詳參《肌力與體能訓練》，頁六四。

118 詳參《肌力與體能訓練》，頁九四—九五。然而重量訓練使肌肉增大的進步機序，並不完全排除增生性肥大（hyperplasia）、亦即肌肉細胞增多的因素，只是增殖似乎不是肌肉組織對於重量訓練適應作用的主要模式；若發生增殖，理想狀況下增生性肥大亦只發生於少數的受刺激組織（可能少於百分之十）。此外，尚有理論認為，肌纖維數量的增加也會導致肌肉增大，這是由於肌肉在接受高強度重量訓練後所產生縱向的纖維分裂，使肌纖維增生（hyperplasia）。目前已確知動物身上會發生肌纖維增生，但對於人體肌纖維是否亦會增生，學界則仍未有定論。詳參《肌力與體能訓練》，頁六四、一四六—一四七。

119 以上藥味主治詳見《神農》，頁一一—一〇五。除文中所徵引的五味藥外，在《神農》論述藥性具輕身之效的一百二十四味藥中，歷代並述其療瘡功效之藥共計二十五味，尚有，《神農》中的涅石、青石赤石黃石白石黑石脂、扁青、漏蘆、松脂、雌黃、天雄（頁四—九二）；《名醫別錄》之菖蒲、防風、苦菜、飛廉、地膚子、石蜜（收入梁・陶弘景編，尚志鈞、尚元勝輯校，《本草經集注》，頁二〇〇、二六一、四八一、四五七、二三六、三九七）；唐・甄權撰，尚志鈞輯釋《藥性論》之天名精、熊脂、山茱萸、犀角（頁三〇、八八、七六、八九）；宋・唐慎微《證類本草》之松脂（卷一二，頁二九一）；明・滕弘《神農本經會通》之蛇牀子（《神農本經會通》，收入《中醫古籍孤本大全》〔北京：中醫古籍出版社，一九九三〕，卷一，頁五八）；清・劉漢基《藥性通考》之遠志（《藥性通考》〔北京：中醫古籍出版社，一九九四〕，卷五，頁九）等。

菖蒲「補五藏」，肉蓯蓉「養五臟」，柏實、女貞實、酸棗、合歡能「安五臟」，胡麻能「補五內」；天門冬「強骨髓」，乾地黃「填骨髓」，胡麻「填髓」，甘草、枸杞、杜仲能「堅筋骨」；菊花能「利血氣」，乾地黃能「逐血痹」；柴胡、杜若「益精」，肉蓯蓉、杜仲能「益精氣」，女貞實能「養精神」；天門冬、蓍實、牡桂、柏實、蕤核、胡麻能「益氣」。[120]從以上諸例可見，這些藥味在助人逐漸邁向「輕身」身體典範的同時，其作用竟不僅止於肌表，更同時展現為從內到外全幅的補養與提升。

此外，在逐步通往「輕身」的過程中，主司視聽言息的七竅感官，其能力竟也能同步得到升進而使人耳聰目明。

人參、菟絲子、柴胡、蒺藜子、景天、蔓荊實、辛夷等藥味皆兼具「明目」之效，決明子「久服益精光」，昌蒲、署豫、遠志、香蒲、地膚子、柏實則兼能「明耳目」、「耳目聰明」、「明目聰耳」。[121]在現代西方醫學的認識中，耳目感官的衰退往往是不可逆的過程，但中醫卻能透過藥物的補益滋養，使七竅感官的感知能力具備可逆——回復如常——的可能。甚至在追求「輕身」之感的過程中，如可使人「夜臥常見有光」的松脂，更能將感官能力提升至超乎平人的境地。

在檢視諸多「輕身」之藥對皮膚、肌肉、臟腑氣血乃至於七竅感官能力的影響後，令人不禁要問的是，這些「輕身」之藥的影響是否僅止於身體層面的提升，抑或能兼及精神層面的強化升進？事實上，在《神農本草經》所載錄的「輕身」之藥中，歷代醫家亦多所論及其能堅強精神意志、強化神魂，甚至能稟此超越平人、常人的生命，而通往賢人、聖人、至人、真人的體道境界。

遠志、石蜜能「強志」，龍眼則「久服強魂」、「通神明」，蘭草、牡桂、龍骨、竹葉能「通神

120《神農》論述藥性具輕身之效的一百二十四味藥中，歷代並述其「安五藏」、「養五藏」、「利五藏」、「補五內」功效之藥共計十七味，除文中所徵引的七味藥（頁一〇—七七）外，尚有，《神農》中的雲母、澤瀉、龍膽、析蓂子、乾漆、蓬虆、麻蕡、枳實（頁三—七四），《名醫別錄》之龍骨、山茱萸（收入梁．陶弘景編，尚志鈞、尚元勝輯校，《本草經集注》，頁三八七、二八三）；述其「堅筋骨」、「堅骨」、「續筋骨」功效之藥共計九味，除文中所徵引的三味藥（頁一一—四〇）外，尚有，《神農》中的赤黑青白黃紫芝、乾漆、冬葵子、蠡實（頁二二—六〇），《名醫別錄》之菟絲子、絡石（頁二三五、二一〇）；述其「填髓」、「填骨髓」、「強骨髓」、「堅骨髓」功效之藥共計六味，除文中所徵引的三味藥（頁一一—五〇）外，尚有，《神農》中的防葵、乾漆（頁一四、三九），《名醫別錄》之牛膝（頁二一三）；述其「利血」、「逐血痹」、「通血脈」、主「血結」、主「血閉」功效之藥共計五味，除文中所徵引的二味藥（頁一〇—一一）外，尚有，《神農》中的空青、白膠（頁六、四三），《名醫別錄》之牛膝（頁二一三）；述其益「精」、「養精」功效之藥共計二十味，除文中所徵引的五味藥（頁一五—四一）外，尚有，《神農》中的雲母、滑石、空青、扁青、充蔚子、赤黑青白黃紫芝、地膚子、蓬虆、翹根、樗雞（頁二—八二），《名醫別錄》之牛膝、車前子、卷柏、龍骨、山茱萸（頁二一三、二三三、二一四、三八七、二八三）；述其益「氣」、「補少氣」功效之藥共計四十五味，除文中所徵引的九味藥（頁一一—五〇）外，尚有，《神農》中的滑石、白石英、青石赤石黃石白石黑石脂、充蔚子、防葵、署豫、薏苡仁、澤瀉、白英、赤箭、赤黑青白黃紫芝、蒲黃、漏蘆、蘭草、地膚子、因陳、白膠、阿膠、雁肪、石蜜、蜂子、藕實莖、大棗、蒲萄、蓬虆、雞頭實、麻蕡、莧實、瓜子、苦菜、枲耳實、桑根白皮、竹葉、枳實、羖羊角（頁五—七八），《名醫別錄》之牛膝（頁二一三）。

121 以上藥味主治詳見《神農》，頁一〇—四〇。除文中所徵引的十四味藥外，在《神農》論述藥性具輕身之效的一百二十四味藥中，歷代並述其「明目」、「益精光」、「聰耳」、「耳目聰明」、「夜臥常見有光」等功效之藥共計四十一味，尚有，《神農》中的雞頭實、莧實、雲母、空青、白青、扁青、充蔚子、澤瀉、析蓂子、蓍實、赤黑青白黃紫芝、絡石、防風、漏蘆、杜若、石龍芻、桑上寄生、蕤核、石龍芮、翹根、秦椒、合歡、羖羊角、蓼實、蔥實（頁二—八七）；宋．唐慎微《證類本草》之松脂（卷一二，頁二九一）；明．薛己《本草約言》之菊花（《本草約言》〔北京：中醫古籍出版社，一九九四〕，頁四〇）等。

明」、「通神」，麻蕡則「久服通神明」、「神僊」，蒲黃可使人「神僊」。[122]由這些「輕身」藥味對志意、神魂的提升效果可以發現，「輕身」之藥能達到的效果是一桴鼓影響、表裡相應、由內到外的全幅體現。不僅限於體表皮毛肌肉層的「美顏色」、「長肌肉」、「肥健」、「倍力」、「療瘡」，更將呈現於五臟、筋骨、骨髓、血液、精液與氣之中。

前述種種皆為「輕身」之藥對身體與精神共時性的效驗提升，但生命實為一歷時性的存有，於綿延流逝的時間中，「輕身」之藥更能持續增益、提升服食者的身體狀態。

菖蒲、菊花、人參、天門冬、甘草、朮、菟絲子、署豫、石斛、蒲黃、柏實、酸棗、龍骨、藕實莖、大棗等均能「延年」、「長年」；牛膝、獨活、香蒲、地膚子、王不留行、蔓荊實、杜仲、藕實莖、瓜子、蔥實等能使人「耐老」、「耐老增壽」；乾地黃、女萎、麥門冬、遠志、蓍實、蘭草、牡桂、枸杞、柏實、女貞實、石蜜、胡麻、麻蕡、龍眼等能使人「不老」；菌桂能使人「不老」、「常如同童子」，松脂、蒲萄能使人「不老延年」，藍實、秦皮等久服「頭不白」，桑上寄生能「堅髮齒」，蜂子能使人「顏色不老」。[123]

這些「輕身」之藥甚至還能大幅提升人的體能。在歷代本草典籍中，常以「日行五百里」、「飛行千里」描述體能的進升。

太一餘糧能使人腳下飛快、「飛行千里」，澤瀉使人能「行水上」、「步行水上」，莨蕩子則能「使人健行」甚至「走及奔馬」，松脂能使人「日行五百里」、「登危涉險，終日不困」，車前子則使人能「跳越岸谷」，竹葉則「服之體輕，趙飛燕舞於掌上」。[124]《黃帝內經靈樞．天年》指出一般人十歲時「血氣已通，其氣在下，故好走」，二十歲「血氣始盛」、「故好趨」，三十歲「血脈盛滿」、

「故好步」，四十歲「平盛不搖，故好坐」，六十歲「血氣懈墮，故好臥」，可見在一般狀況下，身體氣血隨著實際年齡的增長日漸充盛，四十歲後漸趨衰減，而表現於外在的「好走」、「好趨」、「好步」、「好坐」、「好臥」等行為中。但生理年齡也可能不等同於實際年齡，《史記・扁鵲倉公列傳》記載漢初名醫淳于意引《脈法》論齊文王之病：

---

122 以上藥味主治詳見《神農》，頁一八—七六。除文中所徵引的九味藥外，在《神農》論述藥性具輕身之效的一百二十四味藥中，歷代並述其「強志」、「強魂」、「通神」、「通神明」等功效之藥共計二十三味，尚有，《神農》中的赤黑青白黃紫芝、熊脂、蒲萄、樗雞、朴消、太一餘糧、白青、雲實、蓬虆、雞頭實、雄黃、枲耳實、秦椒、莨蕩子（頁五—九四）等。

123 以上藥味主治詳見《神農》，頁一〇—八七。除文中所徵引的四十四味藥外，在《神農》論述藥性具輕身之效的一百二十四味藥中，歷代並述其「耐老」、「不老」、「延年」、「長年」、「增年」、「增壽」、「年百歲」、「頭不白」、「齒不墮」、「堅齒髮」等功效之藥共計八十六味，尚有，《神農》中的雲母、涅石、滑石、空青、曾青、禹餘糧、白石英、紫石英、青石赤石黃石白石黑石脂、白青、扁青、車前子、澤瀉、龍膽、細辛、白英、赤箭、奄閭子、析蓂子、赤黑青白黃紫芝、絡石、漏蘆、天名精、因陳、石龍芻、姑活、屈艸、乾漆、辛夷、白膠、雁肪、蓬虆、雞頭實、冬葵子、苦菜、雌黃、石龍芮、翹根、秦椒、豬苓、蜀椒（頁二一—一〇七）；宋・唐慎微《證類本草》之松脂（卷一二，頁二九一）。

124 在《神農》論述藥性具輕身之效的一百二十四味藥中，歷代並述其「日行五百里」、「登危涉險終日不困」、「飛行千里」、「走及奔馬」、「能跳越岸谷」、「能行水上」等功效之藥共計六味，有《神農》中的太一餘糧、澤瀉、莨蕩子（頁七、一八、九四）；梁・陶弘景編，尚志鈞、尚元勝輯校《本草經集注》之車前子（頁一六）；宋・唐慎微《證類本草》之松脂（卷一二，頁二九一）；明・盧之頤《本草乘雅半偈》之竹葉（《本草乘雅半偈》〔淵本〕，卷四，頁一〇）。

年二十脈氣當趨，年三十當疾步，年四十當安坐，年五十當安臥，年六十上氣當大董（菫）。文王年未滿二十，方脈氣之趨也而徐之，不應天道四時。125

齊文王實際年齡未滿二十，正屬「好趨」、「當趨」之年，卻臥床不起，可知其生理年齡實遠老於其實際年齡。

從以上論述可推知，從「好坐」到「好步」、「好走」、「好趨」乃至於能夠「日行五百里」、「飛行千里」，顯示了體能的大幅提升，使人不僅止於「不病」、更能獲致遠在「平人」之上的體能、體力。

除了對個人生命有種種助益之外，「輕身」之藥甚至還可「令人有子」，改善不孕、增進生殖能力而有助於繁衍子孫。卷柏能治療「絕子」，肉蓯蓉能使人「多子」，麥門冬、蛇床子、秦皮能令人「有子」。126

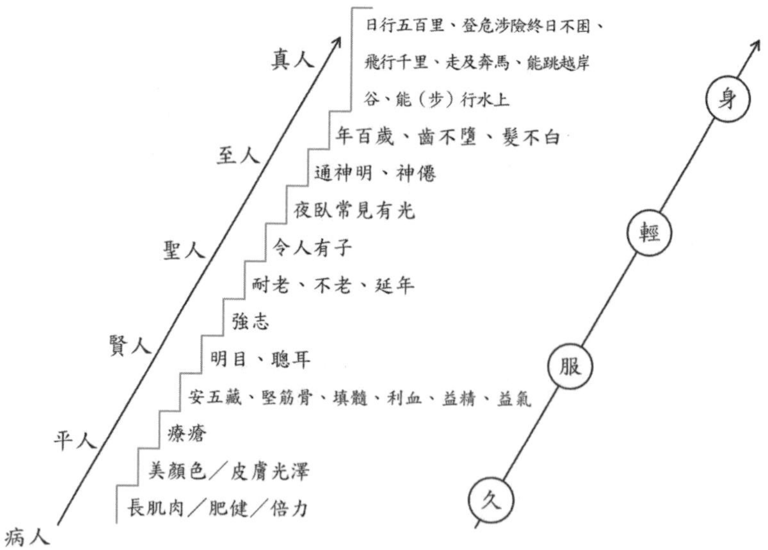


圖四之四　本草典籍中「久服輕身」藥效圖示

由此可見，對「輕身」生命典範的追求，其實是一兼及生命各層面、甚至含括繼起生命的全幅提升。

或許可如是推測：這些「輕身」之藥所具備使人年壽增長、減緩衰老的功效，也將在以「輕身」為典範目標從事身心修鍊的過程中綱舉目張、一體呈現。

經由上述研究可發現，「形如槁木」的注疏傳統並非單一孤立的維管束，而是置身於「輕身」傳統的大樹中，與其他維管束平行並列。這些維管束看似彼此獨立分陳，其實均屬於同一株枝繁葉茂的大樹，頂著同一輪太陽、指向同一片天空，通往同一個理想的身心典範。

## 結論

本研究旨在探究何謂《莊子》書中的「形如槁木」，由顏成子游「形固可使如槁木，而心固可使如死灰乎」之問可見莊子之工夫確是「形」、「心」兼具，而當代部分學者研究亦指出《莊子》

125 （日）瀧川龜太郎，《史記會注考證》（臺北：唐山出版社，一九八二），頁一一二五。

126 在《神農》論述藥性具輕身之效的一百二十四味藥中，歷代並述其令人「有子」、「生子」、「多子」、主「絕子」、主「無子」等功效之藥共計十味，有《神農》中的紫石英、卷柏、肉蓯蓉、白膠、蓬虆、樗雞（頁八—八二）；《名醫別錄》之麥門冬、蛇床子、石龍芮、秦皮（頁一九五、二三四、二〇九、二九三）。

書中確實存在身體實修的工夫。歷代注家提供諸如「四體不動」、「無為」、「忘形」、「墮廢」、「艮其背」等吉光片羽，雖隱然顯示「形如槁木」作為身體技術的可能，卻難據以建構一本末、次第明晰的具體工夫操作。

因此，本研究試圖借助《莊子》注疏傳統外的途徑，檢視詩歌中相關「身如槁木」的身體感書寫，從而發現詩人藉用「槁木」所狀寫的實為一輕盈的正向身體感受，詩人並指出除了仙道、藥餌外，更能透過解消牽念記掛、拋卻對俗情利名的執著，進而登上「忘」、「不知／不覺」乃至「遺／棄」的「身輕」工夫階梯，最終獲致「虛空」的身體感。

本研究亦探究《傷寒論》中的「身重」之病與本草典籍中具「輕身」之效的藥味，發現「身重」實為一異於常態的疾病徵候；而超乎無病「平人」之上的「賢人」、「聖人」、「至人」乃至於「真人」所體現者，則為「輕身」的身體感及與其密不可分的「長肌肉」、「倍力」、「好顏色」、「補五臟」、「明目聰耳」、「強志」、「不老」、「令人有子」、「日行五百里」等正向的身體效驗。

如前所述，我們雖然無法確知歷代詩人所體驗、醫書所描述即為「形如槁木」身體實修工夫的原貌，但檢視「形如槁木」相關注疏、詩歌及醫家經典後，確實發現此一象徵是如何為後世理解與實踐，並隱隱開展出一脈「輕身」身體感的修鍊傳統。127

當《黃帝內經》為我們架構起一座病人、平人、賢人、聖人、至人、真人可以級級升進的階梯時，由此境界階梯得以窺見，《傷寒論》中所表述的病人，其「身重」的身體感經驗正與「身輕」相對反，分峙於身體感的正負兩極。「身重」的病人倘憑藉服食藥物抑工夫修鍊，實具備將身體感提升至平人、賢人、聖人、至人、真人之「身輕」甚至「虛空」身體感的可能。李白〈月下獨酌其三〉：「不知有吾身，此樂最為甚」，當詩人脫口而出這樣的詩句時，正透露出其所處文化蘊含著欲臻至「不知有吾身」身體感的思想。

這些可使人「輕身」之藥、或醫家解消病人「身重」之感的論治舉措、抑或「不知有吾身」的至樂之境等，乘載著相似的身體論述而廣見於傳統文化中。但當現代人面對身重、身輕、忘身、遺身、不知有吾身的身體論述文本時，卻有著即時理解與體會的困難。倘若我們欲明白這潛伏於傳統文化中的「輕／忘／遺身」思想究竟是什麼（knowing that），則此等身體論述所從出的思想根源，誠大有重新詮釋、格義的必要，而《莊子》書中的「形如槁木」象徵，正可與此「輕／忘／遺身」傳統呼應參看。

《莊子》書中典範人物所體現的生命境界不僅限於心性層面，而於身體層面亦不僅止於「身輕」之感。不論是姑射神人抑或是聞道者女偊，《莊子》書中的體道者臻於「身輕」之境外，更兼具了「肌膚若冰雪」、「年長矣，而色若孺子」等正向的身體徵候，恰與詩歌、醫家典籍所述、伴隨「輕身」共同出現的「好顏色」、「不老」等效驗若合符節。

本研究檢視歷代《莊子》注疏、後代詩人體會、中醫典籍描述中的「輕身」傳統，發現不同時

127　在本研究中，可發現歷代注疏與詩歌傳統中對形軀的「忘」、「遺」論述，正與《莊子》中的「形有所忘」（〈德充符〉）、「隳枝體，黜聰明，離形去知，同於大通，此謂坐忘」、「忘其肝膽，遺其耳目」（〈大宗師〉）、「吾喪我」（〈齊物論〉）等敘述若合符節。而除了「忘」的工夫途徑外，究竟尚有哪些技藝共同輔成如是「輕身」之境，筆者將另闢專文討論。

代的古人通過工夫修鍊竟體現相當近似的身體境界，或許不免予人「本質論」（essentialism）的印象，似認定「輕身」乃是一實際存在的狀況。至於此一廣見於中國思想、詩歌、醫學傳統中的「輕身」身體感，究竟確為一貫穿異時異代、可反覆體現檢證的實際身體狀態，抑或僅只是不同時代的古人基於其所認知的宇宙論和當下身體感所作出的文化性建構，實為兩可的詮釋、難以遽作論斷。或須留待日後更廣泛、深入的體證與研究。但無論如何，此一由身體層面切入的詮釋角度，確實能提供《莊子》研究更為開闊的視野。對於《莊子》書中理想典範的閱讀與詮釋，雖未知是否能與《莊子》中的神人、真人與至人所體現的全幅生命境界相應合拍，卻使經典章句中描繪形體的象徵，從此具備為後世所實踐、操作的可能。

第五章

# 當莊子遇見Tal Ben-Shahar：莊子的快樂學程：兼論情境、情緒與身體感的關係*

* 本文初稿收入余舜德編：《身體感的轉向》（臺北：臺大出版中心，二〇一五年），頁二一三—二五九。初稿之撰作，承蒙行政院國家科學委員會專題研究計畫：「《莊子》之『知』三論：譬喻、感情與身體」（NSC101-2410-H-002-115-MY3）之經費贊助，並曾於中國醫藥大學主辦「醫家與史家的對話：中醫學術知識的歷史傳承與變革」國際學術研討會（二〇一三年三月九—十一日）宣讀，謹此申謝。

# 前言、當代西方正向心理學（Positive Psychology）中的快樂理論

傳統心理學是從醫療的角度關注人類的適應問題，因此研究視野僅聚焦於變態或異常行為的防止與治療。然而，「沒有不快樂」並不等於「快樂」。儘管費力消除各種不快樂因子，卻並不必然使人得以提升其快樂程度。於是賽利格曼（Martin Seligman）在一九九八年正式高舉正向心理學旗幟，呼籲研究「如何提升快樂」的重要性。[1]

一個學說的興起，往往與時代所需息息相關，是為了回應時代課題、因應時代匱乏而誕生。統計資料顯示「今日美國人憂鬱症罹患率已較一九六〇年代增加了十倍，患者初次發作的平均年齡由二十一・五歲下降到十四・五歲」、「美國有近三分之一青少年罹患憂鬱症」、「將近百分之四十五大學生因出現嚴重憂鬱症而造成學習障礙」、「有百分之九十四大學生表示他們『承受不了各種課業壓力』」、「有百分之六十學生覺得自己活在『存在的真空』（existential vacuum）」。[2]現今社會「徹底絕望的感受」[3]正是大眾對正向心理學的需求日漸升高的原因。[4]

西方正向心理學家追索這些現象的源頭，認為由於唯物觀（material perception）的興起，使得社會大眾迷戀於財富的積累，卻將非關物質、無法計量的「快樂」與「靈性」拋諸腦後，[5]人們才會陷入「心靈空虛、失去自我」的「存在的真空」（existential vacuum）。面對這樣的時代課題，塔爾・班夏哈（Tal Ben-Shahar）結合佛洛伊德（Sigmund Freud, 1856-1939）的享樂理論，以及法蘭可（Viktor E. Frankl, 1905-1997）以追求意義為人類行為之主要驅動力的理論，發展出一套快樂理

1 詳參Martin E. P. Seligman, *Authentic Happiness: Using the New Positive Psychology to Realize Your Potential for Lasting Fulfillment*,（New York: Simon and Schuster, 2002）, xi.

2 Tal Ben-Shahar, *Happier: learn the secrets to daily joy and lasting fulfillment*（New York: McGraw-Hill, 2007）, ix, 59, 153.

3 Ben-Shahar, *Happier*, 59-60.

4 正向心理學在一九九八年正式成為一門學科，創始人為美國心理學會會長賽利格曼（Martin Seligman）。塔爾・班夏哈（Tal Ben-Shahar）自二〇〇二年起於哈佛大學開授正向心理學課程，於課堂上討論：如何幫助自己和別人——包括個人、群體和社會——活得更快樂？當他第三度開課時，登記選修人數已高達八百五十五名，是哈佛大學選修人數最多的科目。這門課程廣受歡迎的現象曾吸引《波士頓環球報》、《紐約時報》、CNN、CBS、美國國家公共廣播電台等主流媒體爭相報導，正向心理學在當代掀起的熱潮與社會大眾對快樂理論的需求可見一斑。以下本文將以其於二〇〇七年出版的*Happier: learn the secrets to daily joy and lasting fulfillment*一書（後簡稱*Happier*）為例，檢視西方正向心理學對如何得到快樂的理論研究與實踐方法。詳見*Happier*, vii-viii, x.

5 根據一項針對美國大學新生個人目標的調查，一九六八年有百分之四十一的美國大學新生渴望致富，百分之八十三的人則想培養有意義的人生觀。到了一九九七年，以致富為目標者占百分之七十五，希望培養有意義人生觀的人則占百分之四十一。詳參*Happier*, 60. Ben-Shahar指出「靈性」（spirituality）是人類有別於其他動物的一項特徵，《牛津英語辭典》中將「靈性」定義為：「對某個現象的意義具有強烈感受力。」人們透過自行創造最重視的目標，讓自己產生使命感，進而使生活變得有意義。但目標僅是手段，而非目的。Ben-Shahar引用心理學家華特森（David Watson）在〈正面情緒〉一文中所言：「當代研究者都強調，努力追求目標的過程——不是完成目標的結果——才是擁有快樂和正面情緒的關鍵。」設定未來目標的主要用意，是為了增進眼前的快樂，因為只要腦海裡有個目的地，大概知道自己的行進方向，就能自由自在，聚精會神地享受當下。詳參*Happier*, 38, 70.

論。[6]認為倘若金錢是衡量一家公司價值的終極貨幣，那麼快樂便是衡量人類價值的「終極貨幣」（ultimate currency），主張「想要擁有幸福快樂的生活，便需要同時滿足追求生活樂趣和生活意義的欲望」。[7]

Ben-Shahar 根據「當下的好、壞」與「未來的好、壞」，將快樂分成四種模式，他教導人們避免陷入忽視現狀，以前途為重的「拚命三郎型」生活模式；或是不顧後果、只求眼前享受的「享樂主義型」生活模式；或是既無法享受當下、也沒有未來目標的「虛無主義型」生活模式。[8]享樂主義者只注重滿足當前欲望所帶來的快樂，拚命三郎型的人則著眼於未來達成目標時的快樂，這兩種不同類型的人皆以為自己得到了快樂，但事實上，他們所得到的僅是一瞬即逝、無法長存的短暫快樂。

Ben-Shahar 試圖透過調整目標的設定與追求，來修正此一謬誤。他認為人們應該要選擇兼顧當下好處與未來好處的「快樂開朗型」生活模式，倘能設定兼顧樂趣與意義的目標，便能保障從現在到未來的每時每刻，均容易獲得持久而恆定的快樂，而不僅限於當下或未來的短暫瞬間。[9]

選擇適當的生活模式之外，Ben-Shahar 還提出其他帶領我們得到快樂的方法，例如：在維持與配偶的感情上改變心態——從渴望得到認可，變成渴望獲得了解。此外，培養終生學習的習慣、主動參與既有樂趣又有意義的休閒活動、對身邊的人與事保持感謝、靜坐冥想、把握當下、將寶貴的時間用在對的地方等等，都可以幫助人們更快樂。[10]

Ben-Shahar 定義快樂為「大體上能從生活中體會到樂趣和意義的一種感受」，且有高度和深度兩類，[11]他呼籲人們莫要追求如樹葉般快樂的高度，而應著眼於快樂的深度——那有如樹根一般，可使人恆定快樂的穩固基礎。

然而Ben-Shahar所提倡的快樂方法究竟扎根於何處？是否足夠深入、牢固？Ben-Shahar的快樂之道，立基於教導讀者在生命的十字路口「選擇」能使自己獲取快樂的方向。當他認定快樂是扎根

---

6 *Happier*, 43.

7 *Happier*, 33, 43, 53.

8 Ben-Shahar指出，虛無主義即是「只活在過去」的人生態度。虛無主義者無法擺脫過去某些不愉快的遭遇，自認現在活得不快樂，將來情況也好不到哪裡去。Ben-Shahar並引用心理學家賽利格曼「學習而來的無助」（learned helplessness）一詞描述這種甩不掉昔日失敗陰影的慘況。詳見*Happier*, 13-26.

9 *Happier*, 25-26, 42.

10 *Happier*, 10, 28, 65, 95, 120, 132-133, 138, 167-168.

11 在如何提升正向情緒以及正向體驗的命題下，需求滿足確實為引發正向情緒與體驗的直接途徑，許多理論均著眼於正向體驗帶來的效果，如費德瑞克森（Barbara Fredrickson）所提出的broaden-and-build theory即為典型的代表。然而，快樂情緒往往具有某種不穩定性。例如，飽餐一頓的快樂，很可能在進食之初得以大幅提升，但隨著飽足感增加，持續進食的快樂程度就急遽下降；而在飽足之後倘若還繼續進食，反而會造成痛苦。以此看來，若僅關注快樂情緒的增加，很可能會因快樂情緒的不穩定性，而使快樂程度發生巨大的起伏，反而成為困擾的來源。詳參B. Fredrickson, "The Role of Positive Emotions in Positive Psychology: The Broaden-and-Build Theory of Positive Emotions," *American Psychologist* 56 (2001): 218-226. Ben-Shahar引述其妻意見，認為快樂有「高度」和「深度」之分：「高度是指快樂的起伏程度，也就是情緒的高潮與低潮；深度是指快樂的穩定程度，也就是快樂的基準。」指出恆定為快樂的要素之一，因此「享樂」（pleasure）、「幸福」（bliss）、「狂喜」（ecstasy）、「滿足」（contentment）等稍縱即逝的感受，均無法貼切描述快樂的涵義。詳見*Happier*, 6, 33, 135.

於人生目標的設定和異性伴侶、生活型態的選擇時，許將面臨如是困境：倘若選定從事既富樂趣又具意義的職業，卻無法如願獲得這份差事時，該何去何從？假使選擇了兼顧意義與樂趣、能使自己快樂開朗的感情對象，對方卻無意攜手共度，又應如何自處？倘若欲達成的目標過多而時間太少，或目標間彼此矛盾、相互衝突時，該如何權衡輕重、取捨本末？何況人生並不總是處於面對選擇的十字路口，而是一條漫漫長路，即便在十字路口能選擇以為具備樂趣和意義的工作、伴侶，踏上旅程之後，面對途中種種遭逢際遇卻仍然無法快樂者該如何排解？Ben-Shahar 既乏預設，亦未提供明確的解答。

此外，在情緒方面，Ben-Shahar 認為應體驗正面情緒、保持內心平靜，並指出養成快樂習慣的重要，但卻未提供實際的操作方法、未說明如何能養成快樂的習慣。在身體方面，他認為可進行冥想，但對於冥想的具體方式，卻未提供實際身體操作方法。

更重要的是，他認為過度的憤怒、不滿、忌妒、怨恨等負面情緒都是自然、甚至是健康的情緒現象，任何人、甚至任何特權皆無法免於遭受痛苦或感到空虛。[12] Ben-Shahar 且明白地指出：居住在戰爭地區、受到政治迫害、處於赤貧狀態或剛失去至親的人，並不適用其快樂理論，甚至遭逢核能外洩、輻射污染等災變或金融風暴、景氣蕭條下面臨資遣、裁員的各國民眾，亦須排除在外——最佳的因應之道唯有接受那些負面情緒而順其自然。[13] 意即 Ben-Shahar 自承其快樂理論的適用對象有其局限，並不具普遍性，無法引導所有的讀者通往快樂的人生。

Ben-Shahar 更錯估「中國、印度或希臘的先聖先賢不曾向他們透露快樂人生的祕訣」。[14] 但事實上，只《莊子》一書中「研究人類最佳心理運作狀態」、探討「擁有快樂滿足的生活需要用到那些通則」，姑稱之為「莊子的快樂學程」，其理論之縝密，方法之具體，不但足以回應Ben-Shahar所面對的時代課題，甚且能提供更為徹底、普遍的解決之道。當代西方正向心理學者指出享樂（pleasure）、幸福（bliss）、狂喜（ecstasy）、滿足（contentment）等詞彙均不足以貼切地描述快樂，[15]本文將以當代西方正向心理學所致力研究的「人類最佳心理運作狀態」為快樂之定義，深入探討《莊子》書中的「快樂」（常樂）學程，試圖尋訪一條更為穩固、普遍、甚至更加易達的快樂之道。

值得注意的是，「快樂」本為一心理狀態、係屬一心理學語彙，但正向心理學家所預期「恆定快樂」目標的達成，恐非「選擇正確人生目標」一途所能完遂。《莊》學修鍊所獲致的快樂是一種心理狀態，卻絕不只是一種心理狀態，而是貫通心、神、精、氣、形整體，方能完遂如是生命境界的證成與昇華。《莊子》專家（至／神／聖／真人）的理想境界雖可謂含括隨時隨處「快樂」的心理狀態，但其所依循、通往的工夫內涵與生命境界，實遠較心理學語彙下「恆定快樂」的意涵更為豐富、厚實、穩定且超越。

12 *Happier*, 91.

13 *Happier*, 7.

14 *Happier*, 148.

15 詳見*Happier*, 6.

# 一、工夫與技能：從生手邁向專家之路的情境、情緒與身體感

## （一）「凶器」、「飛禽」與「樹」隱喻：尋找莊子思想的緣起

如果說當代西方正向心理學的興起，是為了因應憂鬱症罹患率節節升高、情緒破產、存在真空等時代與社會問題；那麼莊子的快樂學程，又是遭逢何等時代課題而興起？莊子並未直接闡述，而以廣布的凶器譬喻群組揭示其快樂學程蘊生由來。

莊子身處戰禍頻仍的戰國中期，時值秦、楚、齊、燕、趙、魏、韓七國爭雄，當時可謂「爭地以戰，殺人盈野；爭城以戰，殺人盈城」（《孟子．離婁上》），連年戰禍使整個社會瀰漫著動盪不安的氛圍。在這樣的時代背景下，莊子以「中於『機辟』，死於『罔罟』」（〈逍遙遊〉）、「遊於『羿之彀』中」（〈德充符〉）、「其發若『機栝』」（〈齊物論〉）等凶器情境，切合地隱喻在人間世可能遭逢的苦患害傷。

而置身於如是時代下的莊子，僅擔任管理漆樹園的小吏，[16]家境貧困、「衣弊履穿」、形容憔悴（《莊子．列禦寇》）且「處窮閭陋巷」（《莊子．外物》），可說是既非順遂、遑論優裕的生活寫照。[17]恰如民初胡適之所言，先秦諸子思想的興發乃是由於「政治那樣黑暗，社會那樣紛亂，貧富那樣不均，民生那樣困苦。有了這種形勢，自然會生出種種思想的反動。」[18]

當Ben-Shahar面對情緒破產、心靈空虛、存在真空、憂鬱症罹患率不斷攀升等時代課題，提出

調整生活、學業、工作、感情等目標設定的解決之道。無獨有偶的，莊子於〈逍遙遊〉開篇似乎亦透過禽鳥與樹的譬喻影射人生目標之設定。倘以當代語彙「快樂」對譯莊子所謂「逍遙」，[19]似乎可見不論古今、中西，Ben-Shahar與莊子不約而同地認為我們能否擁有快樂的人生，與我們設定的人生目標有著密不可分的關連。

蜩、鷽鳩與斥鴳等小蟲鳥，以能夠跳躍、飛翔於蓬蒿榆枋間而滿足；「適莽蒼者」、「適百里者」、「適千里者」則有愈見高遠的飛行目標；而大鵬，等待六月一息的大風與浪潮，將飛往九萬里外遙遠的南冥。眾鳥欲飛抵的目的地正如人間世中眾人汲汲營營欲追求的人生目標。[20]若此目標符合眾人之期待、為人人所嚮往，則可稱為「正」（〈逍遙遊〉、〈齊物論〉）；為人人最想得到的東西即稱之為「至」（〈逍遙遊〉）。世俗價值中存在許多主觀認定的「正」，心中的美食即「正味」、

16「莊子者，蒙人也，名周。周嘗為蒙漆園吏，與梁惠王、齊宣王同時。」（《史記．老莊申韓列傳》）

17 詳參劉笑敢：《兩種自由的追求：莊子與沙特》（臺北：正中書局，一九九四年），頁五—六。

18 胡適：《中國古代哲學史》（臺北：臺灣商務，一九六五年），頁三九。

19 無論莊子內篇之「逍遙」、抑或外篇之「至樂」，均非稍縱即逝的情緒之樂，係指「平者，水停之盛」（〈德充符〉）靜定、恆定之心靈正面樣態。而Ben-Shahar則定義快樂為「大體上能從生活中體會到樂趣和意義的一種感受」，言其具有高度和深度兩類，且呼籲人莫要追求如樹葉般快樂的高度，而應著眼於快樂的深度——那有如樹根般可使人恆定快樂的穩固基礎。由於實踐莊子之道所成就的「逍遙」、「至樂」，其所造境界已然涵括Ben-Shahar理想的如樹根般恆定快樂之內涵，是以筆者以「快樂」此一當代通行語彙對譯莊子「逍遙」一詞，以方便讀者理解。

20 詳參拙作〈大鵬誰屬：解碼〈逍遙遊〉中大鵬隱喻的境界位階〉，收入本書第一章。

心儀的對象為「正色」、嚮往的居所乃「正處」，在世俗價值外更有主流文化稱頌的「禮樂」、[21]「仁義」、[22]「是非」[23]等諸般為人行事之「正」。這些目標認定，讓人聯想起Ben-Shahar鼓勵人們扎根之「正」與「至」：欲獲得快樂，必需精準設定兼具樂趣與意義的目標。

乍看之下，莊子所處時代世俗、主流文化價值所模塑的理想人生目標與Ben-Shahar所論令人擁有幸福快樂的方法、設定的目標無大不同，但中國傳統思想尤有超乎Ben-Shahar更廣遠的意義追求。

倘前述空間里程中的小大之辯標示的是一生所能飛行的距離，則〈逍遙遊〉更論及「小知不及大知，小年不及大年」，點出傳統主流文化價值所追求的不僅是此世的成就，更且冀盼經歷漫長時間後，一己之成就仍能澤被、造福後人。[24]意即不止此世之正，還有千秋萬世之「正」。那麼莊子是否就此認定身處時代世俗價值、主流文化所設定的理想人生目標，較Ben-Shahar所論更能使人獲致快樂？恰恰相反。Ben-Shahar認為只要調整生活、學業、工作、情感的目標設定，追求兼具樂趣與意義——此即Ben-Shahar義界下之「正」——的目標，將能滿足自我欲望，產生能控制外在世界的成就感，[25]進而獲得快樂。莊子則剖析眾人以「正味」、「正處」、「正色」乃至禮樂、仁義、是非為生命中最好的追求，而這些人生目標的設定非但無法帶來快樂，反而是導致生命中「苦」、「患」、「害」、「傷」、「中」、「夭」的主要原因。正因執著於追求目標的達成，執意要獲得、享有心中所認定的「正色」、「正味」、「正處」、「無涯」、「盛者」乃至於禮樂、仁義、是非，是故產生得失、利害、禍福、成毀等分判與成見，[26]以致精神外馳、勞倦不安，諸多的攖擾與患害亦由是而生。此恰與Ben-Shahar提出之快樂方法所衍生的問題相呼應：倘若設定兼顧意義與樂趣的正確目標

21〈大宗師〉：「回忘禮樂矣。」

22〈齊物論〉：「自我觀之，仁義之端，是非之徒，樊然殽亂，吾惡能知其辯！」，〈人間世〉：「而彊以仁義繩墨之言術暴人之前者，是以人惡有【育】其美也。」，〈大宗師〉：「汝必躬服仁義，而明言是非……夫堯既已黥汝以仁義，而劓汝以是非矣。」、「回忘仁義矣。」

23〈齊物論〉：「其發若機栝，其司是非之謂也。」、「未成乎心而有是非，是今日適越而昔至也。」、「言惡乎隱而有是非？」、「故有儒、墨之是非，以是其所非，而非其所是。」、「彼亦一是非，此亦一是非。」、「是以聖人和之以是非，而休乎天鈞，是之謂兩行。」、「其次以為有封焉，而未始有是非也。是非之彰也，道之所以虧也。」、「自我觀之，仁義之端，是非之徒，樊然殽亂，吾惡能知其辯！」，〈德充符〉：「无人之情，故是非不得於身。」，〈大宗師〉：「汝必躬服仁義，而明言是非……夫堯既已黥汝以仁義，而劓汝以是非矣。」

24 詳參拙作〈大鵬誰屬：解碼〈逍遙遊〉中大鵬隱喻的境界位階〉，收入本書第一章。

25 Ben-Shahar的主張反映了西方文化典型的「控制觀」，在二元對立的基本世界觀中，人與外在世界是相互對立的，而人之價值（或快樂）的確立必須透過個人內在的力量對外在世界的控制來展現。以早期正向心理學最典型所提倡的流暢感（flow）為例，流暢感的狀態是一種「忘我投入」，意即一種沉浸於工作的狀態，其特點是高度集中的注意力，因為個體充分感受到其能力的展現，而產生一種「時間消失」的感覺。流暢感本身就是一種正向情緒的體驗，而且更重要的是還可以幫助人實現目標（例如贏得比賽）或提高技能（例如成為一名更好的西洋棋選手）。但這樣的基本假設是值得檢討的。例如，達賴喇嘛就認為，那樣的心理狀態並非能隨心所欲達成，在可遇不可求的刺激下，甚至有可能因此造成求之而不得的執著。近年來，西方心理學家也意識到完全立基於這種西方文化假設來建構快樂的可能盲點。詳參M. R. Leary, C. E. Adams, E. B. Tate, "Hypo-Egoic Self-Regulation: Exercising Self-Control by Diminishing the Influence of the Self," *Journal of Personality*, 74（2006）: 1803-1832. M. R. Leary, C. E. Adams, E. B. Tate, *Hypo-Egoic Self-Regulation Handbook of Personality and Self-Regulation*（Chichester, U. K; Malden, MA: Wiley-Blackwell, 2010）, 474-497. J. R. Raibley, "Happiness is Not Wellbeing," *Journal of Happiness Studies*（2012）, Published online. DOI 10.1007/s10902-011-9309-z.

26 莊子於〈齊物論〉中指出：在口腹之欲方面，「民食芻豢，麋鹿食薦，蝍且甘帶，鴟鴉耆（甘）鼠」，人們以牛、羊、卻無法達成，該如何自處？當原以為能引導人走向幸福快樂的理想目標：世俗價值與主流文化義界下的「正」，反倒成為招致苦、患、害、傷、夭的源頭，則我們該將生命的終極目標置於何處？

在〈逍遙遊〉篇末，莊子透過與惠子的對話，將眾人目光帶離群鳥「數數然」外逐的行列，轉向「樹之於无何有之鄉，廣莫之野」的大樗樹，點出與群鳥競逐之「正」截然不同的目標：樹無意移動到遠方，而是扎根於生命原初的樣態，其目標不是外逐，而是歸零、內返。大樗樹看似「无所可用」（〈逍遙遊〉），卻能免於凶器、外物之傷，並在日益茁壯的過程中，自然地庇蔭於樹下休憩、嬉戲的人們（「彷徨乎无為其側，逍遙乎寢臥其下，不夭斤斧，物无害者」〔〈逍遙遊〉〕）。

延續且強化群鳥外逐目標之「正」與大樗樹「无所可用」的目標對比，莊子於〈人間世〉中對比「文木」和「散木」的差異，再次辨析莊學所設定的理想人生目標有別於眾人。與群鳥的目標之「正」相互呼應，「文木」譬喻世俗價值、主流文化中人所追求的「有用之用」，主動迎合世俗所需的能力，卻招致「自寇」、「自割」之毀傷；至於既不能供人食用、也不能用以製作器物的「散木」，不以器用為核心追求，其生命目標是逆反於世俗價值的「无所可用」，所欲珍惜、保全者異於世俗眾人（「彼其所保與眾異」），是扎根於生命原初樣態的「為予大用」，故得免於禍患、享盡天年（「故能若是之壽」），終能造「大蔽數千牛」、「結駟千乘」之「大」境。在個人擁有的有限時間與空間中，是選擇優先滿足世俗所需的「有用之用」？或致力於追求「為予大用」的「无用之用」？一切的目標設定皆「咸其自取」。

此種「求无所可用」之論述，核心價值雖異於成就「有用之用」的社會觀點，卻能達到「為予大用」的境界。如同《莊子》書中描繪的眾多成藝達道之職人身影，將生命核心價值內返於己身，工作或日常職業雖僅為其生活之寄託（「為是不用而寓諸庸」（〈齊物論〉）），卻皆能在各自的職場或專業領域中達到常人難以企及的成就。[27]

職人們所「保」的生命核心價值、彷彿同出一轍的身心能力為何？我們該如何於生活中實踐此一目標，以獲得由「生手」晉升「專家」所需具備的身、心能力？

## （二）人間世的情境、情緒與身體感

情緒與身體感，[28]就生命實相言，本非能截然劃分的獨立兩者；但就陶冶「生手」成為「專家」

---

豬、狗之肉為佳餚，麋鹿則視青草為珍饈，蜈蚣喜食小蛇，貓頭鷹和烏鴉則嗜食老鼠，不同的物種皆食其所好，然則究竟何者才是真正的美味（「四者孰知正味」）？在男女情感的追求上，不同的個體自有其擇偶標準：長得像猿猴的猵狙喜與雌獼猴親近，麋喜與鹿交往，泥鰍則喜與魚一同悠游（「猨猵狙以為雌，麋與鹿交，鰌與魚游」）。但當這些動物見到毛嬙、麗姬這般人們公認的美女，卻因審美標準不同而覺其醜，魚嚇得潛入水中，鳥振翅飛離，麋鹿也飛奔跑開，如此一來，究竟何者才是真正的絕色？（「毛嬙、麗姬，人之所美也。魚見之深入，鳥見之高飛，麋鹿見之決驟，四者孰知天下之正色哉？」）在選擇安適的居所時，對舒適居所的定義，亦各有不同：若居住在潮濕的地方，人容易因腰疾而不適甚或半身不遂，泥鰍卻適得其所；待在高高的樹上，人會害怕不安，猴子卻覺得安穩舒適，那麼何者才是最安適的居所？（「民溼寢則腰疾偏死，鰌然乎哉？木處則惴、慄、恂、懼，猨猴然乎哉？三者孰知正處？」）

27　詳拙作〈《莊子》書中專家的「身體感」：一個道家新研究視域的開展〉，收入本書導論。

28　有關「身體感」研究與「身體觀」研究的差異，詳參本書導論註四三。

的研究進路而言，為授受方便，則權將情緒與身體感分開探討。

在情緒方面，當人懷抱「成心」（〈齊物論〉）、個我的成見，「將執而不化」（〈人間世〉）地執著於追求個人之學業、專業成就，或飲食、伴侶、居所乃至社群認同等世俗價值所追求的目標，因而有了對得失、利害、禍福、成毀等的分判與定見，故當外在環境不符其成見所預期時，便會立即斷定其是非對錯，甚或如同觸動了機關的弓弩一般，迅速向外在世界反擊（「其發若機栝，其司是非之謂也」〈齊物論〉）。如是任心終日與外在世界交爭戰鬥（「日以心鬪」〈齊物論〉），而呈顯種種過度的情緒反應，忽而狂喜、忽而暴怒、忽而深悲、忽而大樂，種種多變而極端的情緒不斷攪擾著內心，最終只使個我生命像秋冬凋零的草木般日漸消損，卻仍深深陷溺在其中難以自拔，生命因此自我封閉執守、衰老枯盡（「其殺若秋冬，以言其日消也；其溺之所為，之不可使復之也；其厭也如緘，以言其老洫也」〈齊物論〉），就這麼一步步走向「近死之心，莫使復陽」（〈齊物論〉）的幽暗盡頭，再難恢復如初生嬰兒般平和空靜。

而在身體方面，「一受其存形，不亡以待盡」（〈齊物論〉）一旦形體接受了靈魂而有了生命，便不斷地走向死亡。跟外在情境中的人、事、物相互砍殺（「與物相刃相靡」〈齊物論〉），「其行盡如馳，而莫之能止」（〈齊物論〉）怎麼樣都無法停止向前追逐奔馳的步伐。莊子以「苶然疲役」（〈齊物論〉）來形容身處這天羅地網的情境當中人們的身體感，就好像被情境所役使、如奴僕般疲累困苦而未能控制自我、駕御情境一般，且這樣疲憊不堪的身體感甚至是「終身役役而不見其成功」（〈齊物論〉），因終其一生都不能自主、只感到被役使的勞苦，而總難覺得成功、滿足，故無法逃脫這樣的身體處境，致使疲憊困倦永無休止。莊子以「悲」、「哀」、「大哀」感嘆放任心靈隨著身體一同變化、衰老的境況（「其形化，其心與之然，可不謂大哀乎？」（〈齊物論〉））。

莊子〈人間世〉中亦以「朝受命而夕飲冰」——葉公子高上午才接到出使齊國之令，卻因唯恐無法順利完成任務感到焦急，至傍晚已須以冰飲緩解其「內熱」——這樣具體的敘述，說明內心焦慮的同時身體如受火焚般「內熱」的身體感。這些因情境役使、與情緒攪擾並生的身體感，莊子稱之為「遁天之刑」（〈養生主〉）：這樣疲憊痛苦的身體感並非天生注定要遭遇的，而是因背離了自然，亡失了原可擁有的主體性與安適的身體感，反招致的「疲役」、「內熱」之刑罰。

我們在人間世中的種種追求，如同繩子般將自我束縛於情境之中（「帝之『縣』解」（〈養生主〉）、「心若『縣』於天地之閒」（〈外物〉））。莊子藉由飛禽所欲飛往方向，譬喻眾人「彼其於世數數然」、「彼於致福者數數然」（〈逍遙遊〉）的個人目標，指出這樣的目標設定將可能招致種種禍患損傷，一如其凶器譬喻所揭示。莊子更以群樹譬喻進一步指出，一心想努力使自己成有用之「材」（〈人間世〉）者，將如「山木，自寇也；膏火，自煎也」（〈人間世〉）因符合世俗的需要，自己招來身心疲患的下場。正因為在追求這些世俗價值中的目標時，任一己身心不斷與外在世界「相刃相靡」（〈齊物論〉），致使情緒攪擾無休、身體疲累不堪，而使生命不斷遭逢各種「患」、「傷」、「夭」與「困苦」。因此莊子才將這些為世俗主流文化所汲汲追求的個人目標一一解消，以期使生命臻於「無患」（〈人間世〉），重拾本可擁有的安適逍遙。

在解消這些目標、不再將其視為人生最重要的追求後，莊子僅是隨順世俗常軌地將生命寄託於眾人亦皆投身的日常職業與生活之中（「彼亦直寄焉」、「為是不用而寓諸庸」）。然與Ben-Shahar「目標是手段，不是目的」主張暗合的是，即使莊子異於世俗主流價值，以追求一己生命之升進作為其生命之首要鵠的，這些其所欲解消的世俗主流目標，卻在通往終極目的的過程中，被視為可茲評估一己生命狀態的輔助手段。相較於時時刻刻變動不居的人生際遇，恆常固定的專業場域更適合作為檢核手段。將這些凡是投身於世者皆須寄身其中的職業、技藝或專業，當作是內在、不可見、難以測度之生命境界於現實情境中的投影，以此評估一己生命之進退消長、達標與否，進而輔成對一己生命境界提升之終極追求。

Ben-Shahar的快樂理論建立在以較為正確的欲望幫助人們通往快樂，可見其快樂理論，依然奠基於欲望的滿足之上。相異於Ben-Shahar透過外逐的欲望實現快樂，莊子的快樂理論則著眼於個人能力的培養，但這並非要將人視為如「文木」一般滿足世俗器用的工具，也非要發展能「效一官」、「比一鄉」、「合一君」、「徵一國」（〈逍遙遊〉）的才智、行止、品德等種種能力，其所欲致力陶養的，實為一種使生命無論遭逢何種境遇皆能遊刃有餘而逍遙自適的心、身之能。

## 二、「心如死灰」、「用心若鏡」、「得其環中」與「心齋」、「虛室」：習鍊「用心」的隱喻與解碼

若跟隨世俗價值與主流價值來設定人生目標，無論目標設定得多麼正確，仍不免招致種種禍患損傷，一如其凶器譬喻所揭示。但在滾滾紅塵中，我們真的有辦法免於這些傷害嗎？莊子以「使其自己」、「咸其自取」（〈齊物論〉），強調選擇權實掌握在自己手中。

## （二）「使其自己」、「咸其自取」的「彼其所保」

我們在人間世中的種種追求，不知不覺間已彷彿繩子般將自我束縛於情境之中（「縣」〔〈養生主〉、〈大宗師〉、〈外物〉〕），[29]究竟我們是要被動、消極地繼續遭受刑罰（「刑」〔〈養生主〉、〈人間世〉、〈德充符〉〕），還是主動、積極地選擇將綑綁解開呢（「解」〔〈養生主〉、〈德充符〉、〈大宗師〉〕）？一個人究竟要終其一生都不能自主、像在受驅使服勞役般地度過一生（「終身役役」〔〈齊物論〉〕、「役人之役」〔〈大宗師〉〕），還是選擇讓自己的「真宰」、「真君」（〈齊物論〉），真正君宰、治理一己的人生？誰能使我們從「攖」轉變成「寧」（〈大宗師〉），從紛亂攪擾、到安寧平靜？是「自己」。我們可以選擇「所保與眾異」，選擇不再重蹈先前頻見凶器、時遇苦患害傷的生活。那麼，我們不禁要問：如何可能？怎麼能夠？莊子筆下的櫟社樹因「彼其所保與眾異」，故能免於禍患、「為予大用」（〈人間世〉），則「彼其所保」究竟為何？

莊子於〈齊物論〉開篇以大地與樹穴孔竅譬喻情境對人的影響與人的反應：大地呼出的氣息，就叫作風（「大塊噫氣，其名為風」），當微風輕輕吹來，孔竅就小聲地應和，疾風呼嘯襲來，孔竅便激烈地回響（「泠風則小和，飄風則大和」），發動這些怒號聲的，到底是誰呢（「怒者其誰邪」）？我們與外在世界接應時，呈顯出喜、怒、哀、樂，慮、嘆、變、慹，姚、佚、啟、態等反應。這些多變而極端的情緒起伏日以繼夜永不休止，卻不知道這些情緒從何而生（「日夜相代乎

29「帝之『縣』解」（〈養生主〉）、「古之所謂『縣』解」（〈大宗師〉）、「心若『縣』於天地之間」（〈外物〉）。

前，而莫知其所萌」）？

原來是「心」。[30]莊子綜述人生於世的普遍遭逢：我們的心終日與外在世界交爭、戰鬥（「與接為構，日以心鬬」（〈齊物論〉）），跟外在情境中的人、事或物相互砍殺（「與物相刃相靡」（〈齊物論〉））；心靈隨同形軀一起變化、一同衰老（「其形化，其心與之然」（〈齊物論〉））。既然莊子「所保」的是「心」，那如何能夠讓我們的「心」——也就是「真宰」、「真君」——真正掌控、治理一己的人生？

## （二）由「生火甚多」、「內熱」到「心如死灰」

人「心」面對外在世界的種種變化，呈顯出喜、怒、哀、樂、輕浮躁動、放縱奢華、情欲張狂、驕傲自誇（「姚、佚、啟、態」（〈齊物論〉））等情緒反應。心靈猶如著火一般（「生火甚多」（〈外物〉）），甚至因內心焦急導致身體上火（「朝受命而夕飲冰」（〈人間世〉））。

面對如此困境，莊子認為「莫若以明」（〈齊物論〉）。我們的「心」該如何做到「明」？我們應致力由「日以心鬬」轉變為「心如死灰」（〈齊物論〉）的狀態。灰燼是火焰燃盡後的最終產物，莊子以此譬喻不受攖擾的心緒。灰燼之前定曾起火，今之死灰來自昨日之火，一如「寧」從「攖」來。因此，「心如死灰」在工夫意義上，[31]乃是要使心靈有如火焰燃盡、已然冷卻的「死灰」，時時刻刻維持在不會起火寂靜寧定的狀態。[32]如此一來即便外在凶器殺伐而至，既不會因失去主體自覺招致「內熱」、「自煎」（〈人間世〉）、被動地受火焰煎熬；也不會「相刃相靡」（〈齊物論〉）地彼此攻防摩擦而起火燃燒；更不會「發若機栝」（〈齊物論〉）地主動開火廝殺、燃起火苗。不待火勢蔓延才疲於奔命地救火。「心如死灰」是需時時提醒自身修持的戒律、工夫，當我們循級而上，便能逐步接近這個目標、最終臻至這個境界。

## （三）從「慮」、「嘆」、「將」、「迎」到「用心若鏡」

我們的心靈與外在世界接應時除了產生種種情緒，有時還對尚未發生的事過度揣想，或者不斷慨嘆過往（「慮、嘆」〔〈齊物論〉〕），有時刻意離棄厭惡的事物（「將」〔〈大宗師〉、〈應帝王〉〕），有時汲汲迎向喜愛的事物（「迎」〔〈大宗師〉、〈應帝王〉〕），甚至極力渴望保有、私藏某些東西（「藏」〔〈大宗師〉、〈應帝王〉〕）。

30　清・林雲銘：「心鬬之害如彼，非明知之而故蹈也。緣此心司是非，自有無窮之變態，無端忽生，循環相代，由吹萬不同之籟也。」（《莊子因》，收入《初編》，冊一八，頁四七）

31　雖然莊子於〈齊物論〉開篇以「心如死灰」描述南郭子綦得道的境界，但在中國哲學傳統中，本就有即境界即工夫、即工夫即境界，境界即是工夫，工夫亦是境界，境界與工夫一體兩面的特質。本文採專家與生手研究進路，為了讓生手能確實掌握修煉技術，於此乃將「心如死灰」歸屬為工夫論述。

32　晉・郭象：「死灰槁木，取其寂寞无情耳。」（《南華真經注》，收入《初編》，冊一，頁三一）明・程以寧：「內無火性，猶死灰之無烟焰也。」（《南華真經注疏》，收入《續編》，冊二八，頁三一）

面對這些轉變無窮的眾生心識，[33]莊子提出另一個「莫若以明」，我們的「心」該如何做到「明」的解方：「用心若鏡」（〈應帝王〉），將自己的心陶冶如一面鏡子，無論面對怎樣的人事物，都不因有所好惡而刻意迎向或離棄所映照的事物，心平如鏡地與人事物應對交接，卻不將已然過往的影像情緒留藏鏡裡，陷溺其中（「至人之用心若鏡，不將不迎，應而不藏」〈應帝王〉），[34]倘能主動將患害付於心湖之外、不迎迓入心，自不受其害，而能「勝物而不傷」（〈應帝王〉）地不為外界所擾，維持心平如鏡。

## （四）自「成心」、「師心」、「將執而不化」到「道樞」、「環中」與「照之於天」

無論以「心如死灰」的工夫讓內心保持寂靜寧定，或以「用心若鏡」讓心與外物交接時能「不將」、「不迎」、「不藏」，都是莊子面對生命中的苦難，提出如何能「无損心」（〈大宗師〉）的解方。消解了生命在人間世遭逢的苦傷患害之後，莊子更進一步探尋人之所以與他人產生紛爭、相刃相靡的原因。指出往往是因為人人皆師法自己的成心（「師心」〈人間世〉、「成心」〈齊物論〉），執著地固守己見、各執一端（「將執而不化」〈人間世〉），才無法停止與人爭辯（「我與若辯」〈齊物論〉），才會產生「是」與「非」的對立，衍生出「成」與「毀」的分判定見。為了消解無窮盡的對立與衝突，莊子提出「道樞」（詳圖五之一）、[35]「環中」（詳圖五之二）[36]與「照之於天」（〈齊物論〉）的用心工夫。[37]

若立於輪緣、門扉上的一點，看待其他位置的「彼」方，便有「彼」「此」、遠近之分。但倘能從原本對立的兩端抽離而出，轉移立場居於車輪或門戶的軸心（「環中」、「道樞」〈齊物論〉）（詳圖五之三），如此便與輪框、門戶上無數過往的「彼」、「此」皆成等距——遠離了「此」的堅持而不再固執自己原先的立場為「是」；靠近了「彼」的處境，於是能體諒對方的行為與想法，改以「兩行」（〈齊物論〉）的態度諒解、包容不同的異議。

33 唐．成玄英注「喜、怒、哀、樂、慮、嘆、變、慹、姚、佚、啟、態」：「眾生心識，轉變無窮，略而言之，有此十二。」（《南華真經注疏》，收入《初編》，冊三，頁六六）

34 晉．郭象：「鑑物而无情。」、「物來即鑑，鑑不以心，故雖天下之廣，而無勞神之累。」（《南華真經注》，收入《初編》，冊一，頁一七四）清．劉鳳苞：「惟虛故明，用心仍無心也，無心而自明……明鏡無物在中，故能屢照不疲。」（《南華雪心篇》，收入《初編》，冊二四，頁三二一—三二二）

35 宋．羅勉道：「樞者，門牡也。樞處於環中，圓轉不碍，而開闔無窮，聖人執道之樞，而一聽是非之無窮猶是也。」（《南華真經循本》，收入《續編》，冊二，頁七三—七四）

36 民國．曹受坤：「今人所用機翦畫圓，蓋即古規之演進者，試用機翦向平面之任何一點豎一軸心，旋轉其機，不論左行右行，周而復始，即成圓綫，此圓綫之任何一點，距離軸心均相等，故圓綫之任何一點，皆可謂圓綫之中，而軸心與圓綫之任何一點，亦同等距離，故亦可謂之中……莊子立說與一般學者各執直綫之一端以爭是非者為全然不同路徑耳。」（《莊子哲學》，收入《初編》，冊三〇，頁一八—一九）

37 宋．呂惠卿：「因是因非，因非因是，更相為用而已。聖人不由而照之於天，則以明之謂也。」（《莊子義》，收入《初編》，冊五，頁二七）明．沈一貫：「是以聖人不自由而照之以天，以天眼視萬物則不偏，亦因其所是而是之也。」（《莊子通》，收入《續編》，冊九，頁五八—五九）

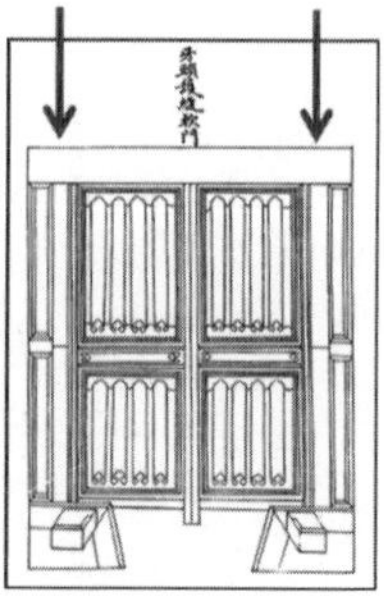

圖五之一 《莊子．齊物論》「道樞」注疏示意圖[38]

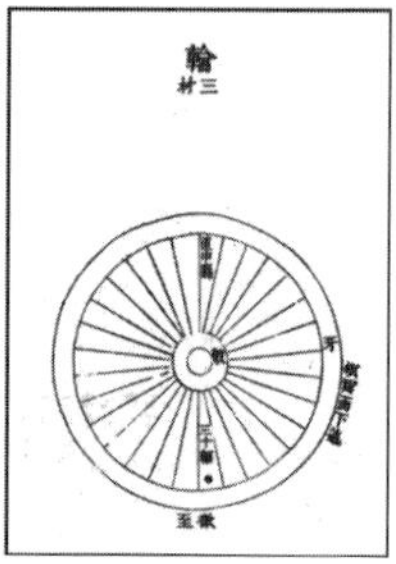


圖五之二 《莊子．齊物論》「得其環中」注疏示意圖[39]

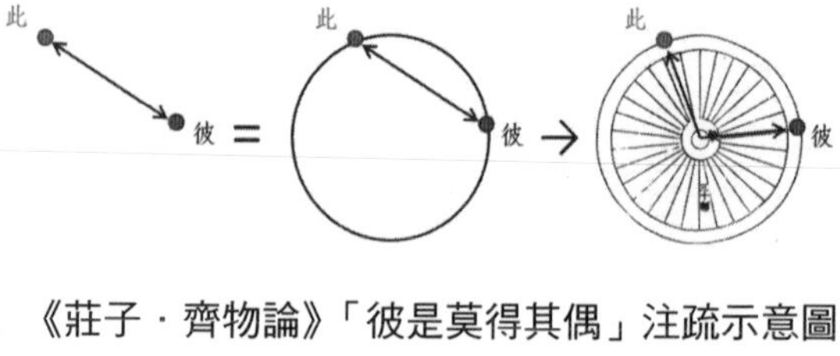


圖五之三 《莊子．齊物論》「彼是莫得其偶」注疏示意圖

有時我們面對的不只是兩人之間的對立爭執，而是時空規模更為龐大繁複的紛爭，對此，莊子更將觀看人事物的立場以「照之於天」的日、月為喻——抽離一己「將執而不化」所固守的成見、跳脫一己的立場來看待、體諒人我暨所有人間世的異議與紛爭。莊子主張對於萬事萬物，皆能設身處地進入不同的處境中，正如三維空間中太陽、月亮與世間萬物的距離，能無所偏蔽地照見一切而予以同情，更由同情共感而得以相通理解。

### （五）從「安」、「和」到「神凝」、「心齋」與「虛室」

除了透過「道樞」、「環中」與「照之於天」（〈齊物論〉）的用心工夫——轉換一己原本的立場與看待世界的眼光——來解消「成心」，若我們能以「知其不可奈何而安之若命」（〈人間世〉）的態度，將那些無法操之在己的人、事、物視之如命定般安然地接受——就像我們不會為天氣的晴雨炎涼而悲慟攪擾，因為知道這是自然現象的一部分，並非人力所能掌控轉變——便不會因為無法順心遂意而攪擾情緒，即能在逆境中無所怨尤而處之泰然，常保內心的安寧。

38 〈門樞圖〉，摘錄自宋．李誡：《營造法式》，收入清．允祿等撰、福隆安等校補：《皇朝禮器圖式》（收入《四庫全書圖鑑》（北京：東方，二〇〇四年），頁四四八）。圖中箭頭為筆者所增，所指處即為門樞。

39 〈輪轂圖〉，摘錄自清．戴震：《考工記圖（一）》，收入嚴一萍選輯：《原刻景印叢書集成》三編（臺北：藝文印書館，一九七一年），頁一二。

面對世間萬物不同除了「安之若命」，莊子更輔以「成和之脩」（〈德充符〉）中「和」的工夫來說明人與世界的相處之道：不堅持萬物盡同於己地與之調和共處（「和」〈齊物論〉），讓心靈維持平靜安和的修養。了解不同的價值觀就像四季的變化一樣自然，能與之和諧相處（「和之以天倪」〈齊物論〉），會去體貼了解，不讓是非尖銳地對立衝突（「和之以是非」〈齊物論〉）。明瞭讓外在變化擾亂影響內心的平和是不值得的，故不會任其進入攪擾心靈（「不足以滑和，不可入於靈府」〈德充符〉），致力於讓心靈在全德的和諧中自在優遊（「遊心乎德之和」〈德充符〉）。並在保持平和安樂的同時，開放地與外界交流溝通，卻不失去充實和悅的狀態（「使之和豫，通而不失於兌（充）」〈德充符〉）。不要求每個人都相同，且能尊重人人的不同，務求與相異眾生和諧共處，此乃中國傳統文化中的重要德性。[40]

我們面對世界不免產生「怒」（〈齊物論〉）、「熱」、「煎」（〈人間世〉）、「火」（〈外物〉）等負面情緒與身體感，莊子所對應的律與工夫、所追求的鵠的與境界為「心如死灰」，讓心像永不再起火焚燒的灰燼般安定平靜，就此怒熱不起、煎火自平。當我們臆度未來、咨嗟過往、改易舊事、屈服不伸（「慮、嘆、變、慹」〈齊物論〉）時，莊子說「用心若鏡」，事發當下只像鏡子一樣地映現，事情結束就不再陷溺其中。種種情緒、執著的根源既在人人心中都有成心、成見，是致使內心攪擾、遭受刑罰的禍源，於是莊子提出「道樞」、「得其環中」，以及「照之於天」的工夫。但當已然「道樞」、「得其環中」、「照之於天」卻依然面對世界的不同不等不平時，「安之若命」讓我們得以安然接受這些不同如命定一般，「成和之脩」使心靈寬和，能夠包容是非善惡與之和諧共處，如此一來，心靈世界便可淨空負面情緒而能綻放光明。這些方法似已足以解決我們在人間世、在心靈遭遇的患害。但莊子的心靈工夫尚未止步，因為莊子並非以解消人間世的痛苦為究竟，而有更高的境界追求。

如果說「心如死灰」是解消負面情緒，「用心若鏡」是除盡對過去的依戀、咨嗟嘆息，以及對未來不必要的揣想，讓心靈歸返原點。那麼「其神凝」（〈逍遙遊〉）讓精神寧定安靜的工夫便是從原點出發，向正向前進的初階。再經由「心齋」的工夫清掃房舍一般地清掃自己的內心，滌除所有念慮，使心中不存一字一念，如同太空一樣的廣闊空泛，到達「虛室」（〈人間世〉）的境界，〈人間世〉曰：

> 氣也者，虛而待物者也。唯道集虛。

只有當內心虛淨空明的時候，氣才能夠感知、應對世間萬事萬物。也只有心靈達到空虛無執的境界時，道才會顯露並且匯聚於此。此即整個莊學屬於心靈的律及工夫，亦是鵠的與至境。

就工夫意涵而言，莊子藉由「心如死灰」的工夫，不使自己「日以心鬭」地產生種種情緒而生火復燃，泯除一切煩躁攪擾、傷害摩擦產生的可能，達到無有負面情緒的心靈境界。但如是負面情緒不生的境界，也可能僅是在不與外界交接的狀態下達成；而「用心若鏡」的工夫，則是要更進一步，務求時時刻刻皆能持心的理想工夫，在與外在人、事、物不斷交接往來中，依然隨時關注、持

40「和」的工夫、境界向來為儒道兩家所共同尊崇，如《論語．子路》：「君子和而不同，小人同而不和。」

守一己之心靈。「虛室」之「虛」則為此用心工夫之最終階段，將一切成見、執著、念慮俱掃除盡淨。由此可知，由「心如死灰」而「用心若鏡」到最後的「虛室」，為層層遞進的工夫之階。

而就境界意涵而言，「心如死灰」雖已達到沒有負面情緒的境界，但僅止於此；「用心若鏡」則為時刻持心的理想過程，無時無刻不注意一己之用心，不隨外物的牽動而起伏攪擾；而當做到「虛室」之「虛」時，更已然臻至全然滌除一切成見、執著與念慮的心靈境界。從「心如死灰」到「用心若鏡」乃至於「虛室」，工夫一層深似一層，境界一階高過一階，然每一層工夫必然涵括前一層工夫之用心，每一階境界勢須憑藉前一階境界為基礎，若已做到「用心若鏡」，自已「心如死灰」地不產生任何負面情緒；已臻「虛室」之全無念慮，亦必已做到「用心若鏡」之時刻持心。[41]而莊子更以純粹狀寫境界之「生白」與「葆光」二語，揭示當透過「心如死灰」、「用心若鏡」以及「虛室」的工夫之階拾級而上，真積力久後終將展現之盈滿光輝的心靈境界。

由莊子致力於安和情緒、護養心靈的種種工夫，適得見其亟欲珍惜、保全的與世俗主流價值截然不同（「彼其所保與眾異」（〈人間世〉））。世俗之人窮平生心力所求、所「保」的往往是財富、名聲、權位、尊嚴等外在目標；較為務實者，許轉以自身的健康為其「所保」，但莊子又迥異於為求延年益壽而養護身體之徒；[42]莊子乃更深入生命之主宰（「真宰」（〈齊物論〉））、君王（「真君」（〈齊物論〉））、能動之根源，主動積極欲養護、持守那原本能夠領導耳目之官、主宰一己心情體況，任憑遭逢際遇炎涼水火，悉能免於患害的「心靈」。

## 三、「緣督以為經」、「形如槁木」、「嗒焉似喪其耦」：身體技術暨身體感中的焦點意識與支援意識

在與外在世界交接的過程中，除了我們的心產生各種情緒，我們的身體亦能感受到各種身體感，且二者往往互相影響。[43]正如Mark Johnson所言：“There is no radical mind/body separation”[44]，心與身是無法截然二分的。莊子藉女偊之例，點出此一特質：

41 雖然莊子行文之間乃是對具體脈絡下的特定對象提出「心如死灰」（〈齊物論〉）、「用心若鏡」（〈應帝王〉）、「虛室」（〈人間世〉）等工夫、境界。但於中國哲學傳統中，這些工夫應不只是在該特定情境下有效，而是彼此能互相補充、互相涵攝、相互輔成，且能普遍運用的價值與工夫。

42 《莊子．刻意》：「吹呴呼吸，吐故納新，熊經鳥申，為壽而已矣。此道引之士，養形之人，彭祖壽考之所好也。若夫不刻意而高……不道引而壽，無不忘也，無不有也。澹然無極，而眾美從之。此天地之道，聖人之德也。」明言莊子之徒不刻意追求長壽。

43 余舜德指出：「身體感可謂是感知行動及培養感知技能的標的。身體感的項目於人們和體內、體外的世界長期互動中形成，並經由實踐的方式學習／傳遞，內化入感知的行動與技能裡……」（詳《身體感的轉向》，頁一九）

44 Mark Johnson, *The Meaning of the Body: Aesthetics of Human Understanding* (Chicago: University of Chicago Press, 2007), 11.

南伯子葵（南郭子綦）問乎女偊曰：「子之年長矣，而色若孺子，何也？」曰：「吾聞道矣。」（〈大宗師〉）

「聞道」後的境界長養，不只體現於心性，亦顯露於形貌。因此年紀已長的女偊，其面容氣色仍若孺子，可見心與身之間確實存在著密不可分的關聯。

於是在解析莊子如何「用心」之後，我們進一步追問莊子「所保」與眾異的除了「心」是否還有「身」？莊子的身體技術為何？該如何操作？[45]

## （一）從莊子談身體感

當我們試圖探究《莊子》書中的身體感時，卻遭逢如是困境：回顧二十世紀以來思想家如章太炎（「原儒」，一九〇九；「原道」，一九一〇）、馮友蘭（「原道」，一九四四）、熊十力（「原儒」，一九五六）、唐君毅（「原道」，一九七六）等對於中國傳統哲學的當代詮釋，莫不以「原儒」、「原道」等復刻先秦思想的本來樣貌自期。然而，民國以降，受西風東漸的詮釋潮流影響，學者往往憑藉西方哲學家的理論和語彙，來描繪中國思想的樣貌。例如深刻影響了新儒家的康德（Immanuel Kant, 1724-1804），或海德格（Martin Heidegger, 1889-1976）、史泰司（Walter T. Stace, 1886 -1967）之應用於《老》學、《莊》學研究。透過西方哲學家的理論架構所勾勒出的傳統中國思想，是否能如實呈現其本來樣貌，誠有可議之處。

《莊子》內七篇中可見許多論及身體感的章節，在無前人相關身體感研究可依傍的情況下，該如何跳脫民國以降學者受西方思潮影響以心性自由、心性主體為主的研究進路，還原《莊子》書中論述的身體感？本研究擬採現象學之進路，探究《莊子》所論之身體感於經驗現象中如何產生。試圖透過《莊子》書中身體感的生成、陶冶與轉化過程，了解何謂身體感。

## （二）「不以目視」、「无聽之以耳」、「徇耳目內通」

改變「用心」的同時，面對現實情境中原本「苶然疲役」（〈齊物論〉）的身體感，莊子指出應收攝自身感官，「不以目視」（〈養生主〉）、「无聽之以耳」（〈人間世〉）使我們的眼睛和耳朵停止對外在聲色的追逐，歸返自身，不再為所見所聞縈牽思緒、起伏情緒、攪擾心靈。[46]一旦感官不再外馳，便能將原本忙碌追逐感官嗜欲、自我成就或他人耳目而耗散的注意力轉移、收攝，回歸於觀

45 余舜德於〈身體感：一個理論取向的探索〉一文中指出「身體感」項目是於日常的慣習養成教育中形成，以「身體作為學習文化」的方式內化，成為感知行動的標的，而非純以概念或智性的方式習得。（詳《身體感的轉向》，頁一一）正因身體感需透過後天的學習養成，如何切實操作——「技能」遂成為一重要課題。

46 唐．成玄英注「不以目視」：「率精神以會理，豈假目以看之？亦猶學道之人妙契至極，推心靈以虛照，豈用眼以取塵也。」（《南華真經注疏》，收入《初編》，冊三，頁一四八）注「无聽之以耳」：「不著聲塵，止於聽。」（頁一七八）清．阮毓崧：「耳根多感，最宜寂靜，反聽無聲，照以心靈。」（《莊子集註》，收入《續編》，冊四一，頁八一）

照自己內在的身心狀態（「徇耳目內通」（〈人間世〉），[47]致力於一己身心之升進與鍛鍊。

### （三）焦點意識「緣督以為經」與其支援意識

在收攝感官之後，筆者試就博蘭尼（Michael Polanyi, A.D. 1891-1976）「焦點意識／支援意識」[48]系統檢視，當我們以身體為工具實際操作《莊子》書中各項身體技術（body techniques），最初作為學習操作目標的身體技術，在日漸嫻熟後，將由「焦點意識」（focal awareness）轉化為「支援意識」（subsidiary awareness），輔成更高階身體技術的操作習練。茲以下圖

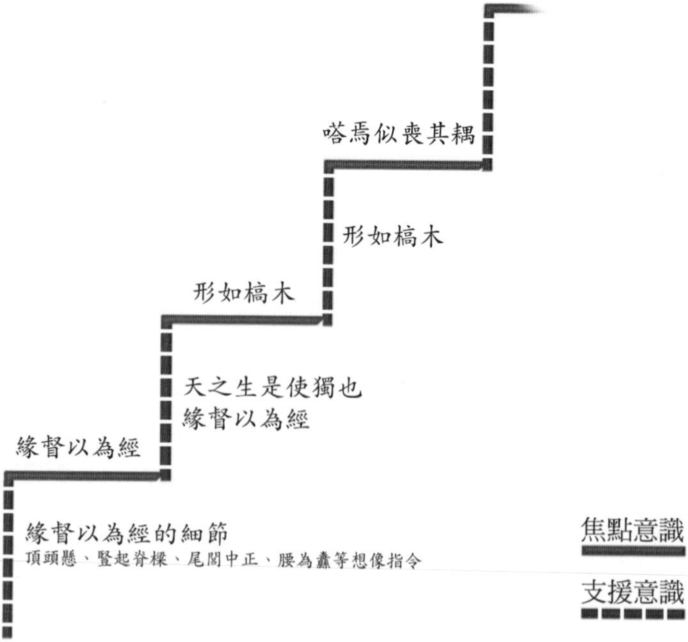


圖五之四　《莊子》書中「身體技術」的階梯

簡示「焦點意識」與「支援意識」如何搭起《莊子》身體技術階梯，並循級轉換。

「緣督以為經」（〈養生主〉）作為莊子身體技術之初階，是最初要達成的目標，亦即「焦點意識」之所在，如圖所示，當我們試圖「緣督以為經」時，為使細部操作更精確且易理解，需搭配「頂頭懸」、「豎起脊樑」、「尾閭中正」、「腰為纛」等想像指令，及「下巴內收」、「肋骨內收」、「恥骨聯合與尾椎扣緊」等技術原則，方能「依乎天理」、「因其固然」（〈養生主〉）依循著身體天生的自然，成就人本可發展、臻至的身體境界，達致「緣督以為經」。[49]此時「緣督以為經」作為操練的目的，即「焦點意識」；而種種操作細節暨想像指令則為輔助達成的工具，即「支援意識」。

---

47 唐．成玄英：「夫能令根竅內通，不緣於物境，精神安靜，志（忘）外於心知者，斯則外遣於形，內忘於智。」（《南華真經注疏》，收入《初編》，冊三，頁一八三）

48 本節聚焦於身體技術，探究《莊子》生手如何成為《莊子》專家的過程。由於頂尖專家已嫻熟各項身體技術（body techniques），因此身體技術的操作能在無意識、不刻意的狀態下進行。但正處於練習階段的初學生手，仍需將注意力聚焦於「緣督以為經」、「天之生是使獨也」、「形如槁木」等操作方法，經由「焦點意識」的學習與「支援意識」的輔助，有意識地進行鍛鍊。直至有朝已嫻熟各項操作，能如同日常生活舉手投足般自然而然時，方可能臻於無意識狀態。因此，本節雖援用博蘭尼提出之「焦點意識」與「支援意識」的現有詞彙，但並未偏離身體技術的討論範疇。

49 詳拙作〈「守靜督」與「緣督以為經」：一條體現《老》、《莊》之學的身體技術〉，收入本書第三章。

### （四）焦點意識「形如槁木」與其支援意識

當我們能體現「緣督以為經」後便已踏上第一階，將轉以臻於「形如槁木」（〈齊物論〉）[50]之身體技術為進階目標；此時，已然熟習的「緣督以為經」成為實現「形如槁木」的晉升之階，成為此致知階段的支援意識，而「形如槁木」則成為新的焦點意識。[51]學習者倘若熟稔不僅直而輕鬆地豎起脊樑的「緣督以為經」[52]與將全身重心只付於一足的「天之生是使獨也」（〈養生主〉）[53]身體技術，便能藉此更進一步地體現「形如槁木」的身體境界，此身體境界則又能反過來增益、提升原本賴以精進的「緣督以為經」與「天之生是使獨也」等身體技術。

### （五）焦點意識「嗒焉似喪其耦」與其支援意識

倘在習得「緣督以為經」、「天之生是使獨也」，乃至「形如槁木」等身體技術後，欲進一步通往「嗒焉似喪其耦」（〈齊物論〉）[54]之身體境界，已然熟習的「緣督以為經」等身體技術即轉為一可（或應）忘記的支援意識，而「嗒焉似喪其耦」則為其焦點意識。

同一身體技術可從最初的學習目標轉為輔成下一目標的工具，而下一目標技術的成就，亦會回過頭來提升原先作為工具的身體技術。如此一來，透過「焦點意識」與「支援意識」的不斷轉移、相互輔成，生手當能拾級而上，成為《莊子》身體技術的專家。最後將能透過氣來感知外在事物，擁有「聽之以氣」（〈人間世〉）的超感能力，並使氣逐漸下沉至位於足心的湧泉穴，則呼吸亦將變

50 明．釋性通：「形忘則身同槁木。」（《南華發覆》，收入《續編》，冊五，頁三七—三八）明．釋德清：「子綦既已忘形，則身同槁木。」（《莊子內篇注》，收入《續編》，冊二五，頁四〇）明．陳治安：「子綦冥心御氣，噓吸上通於天和，此時形骸、心意、目前羣品，皆為元氣中剩物。」（《南華真經本義》，收入《續編》，冊二六，頁六三）

51 關於「形如槁木」之內容與操作，暨與「緣督以為經」的交互干聯，詳拙作〈「槁木」與「輕身」：《莊子》注疏、詩人具身認知、醫家辨證的跨界討論〉，收入本書第四章。

52 明．陳治安：「緣督為經，所以為馭氣之方也。人身背有督脈，自閭尾而通氣於頂上之尼九（當作『丸』），前有任脈，自尼丸而通氣於心竅之絳宮。然氣必自臍下丹田，轉於閭尾而升於頂上，故曰：『緣督以為經』，此養生鍊氣之要訣也。」（《南華真經本義》，收入《續編》，冊二六，頁一一八—一一九）明．程以寧：「督，督脈也。人身有任、督二脈，督脈從尾閭後上過三關至泥丸，前下與任脈會至黃庭，是『緣督以為經』。」（《南華真經注疏》，收入《續編》，冊二八，頁六五）明．王夫之：「身前之中脈曰任，身後之中脈曰督。督者，居靜而不倚於左右。有脈之位而無形質者也。緣督者，以清微纖妙之氣，循虛而行，止於所不可行，而行自順以適得其中，不居善之名，即可以遠惡之刑，盡年而遊，不損其逍遙。」（《莊子解》，收入《初編》，冊一九，頁八四—八五）

53 晉．郭象：「獨，司馬云一足曰獨。」（《南華真經注》，收入《初編》，冊一，頁七六）宋．林希逸：「天之生是使獨者，言天生他時，只要他獨有一足也，何以知之？凡人之形貌者，有兩足相並而行於眾人之中，獨異如此，便是天使之，非人使之也。」（《南華真經口義》，收入《初編》，冊七，頁一三六）明．藏雲山房主人：「天之生人，貌皆有同，惟善。則右師所獨，是天之生是使獨也，極贊其獨善之意……贊右師之介，而曰天之生是使獨也，不同於人之貌有與也。善介者，善也，陽之義也，陽不離陰，即太極也。近名，則與人同，而陽離於陰，非太極也。」（《南華大義解懸參註》，收入《初編》，冊一五，頁一五九）

54 唐．陸德明：「司馬云：耦，身也。身與神為耦。」（《莊子音義》，收入《初編》，冊二，頁三三）唐．成玄英：「嗒焉，解釋貌。偶，匹也。為身與神為匹，物與我耦也。子綦憑几坐忘，凝神遐想，仰天而歎，妙悟自然，離形去智，嗒焉隳體，身心俱遣，物我無忘，故若喪其匹耦也。」（《南華真經注疏》，收入《初編》，冊三，頁五六）明．陳榮選：「嗒焉，解體之貌。喪耦，即喪我，謂忘形也。」（《南華全經分章句解》，收入《續編》，冊二五，頁二五）

得深靜綿長，達到「真人之息以踵」（〈大宗師〉）、[55]「其息深深」（〈大宗師〉）[56]等《莊子》書中至人、神人、聖人所擁有的身體感。[57]

臻於此境界者，這些身體感並不只出現於修鍊時刻，而是能體現在日常生活的每一處細節，甚至連睡眠都格外舒適香甜，能夠「其寢不夢」（〈大宗師〉）、[58]「其臥徐徐」（〈應帝王〉）[59]地擁有不受夢魘干擾的安適睡眠。同時，這樣的身體境界將如〈大宗師〉所言之「滀乎進我色也」，展露於體貌之上，使人形色充實，蓄累著光輝。[60]

55 唐・魏徵：「王穆夜云：起息於踵，遍體而深。」（《莊子治要》，收入《初編》，冊二，頁三八）宋・呂惠卿：「踵者，氣之元。息之所以自起，身以足為踵，息以所自起為踵，皆以其至下言之，深之又深，則至於無息矣。」（《莊子解義》，收入《初編》，冊五，頁六四）明・郭良翰：「踵，即根也。根者，人之大中極氣所歸復之氣，玄家所謂命蒂是也。真人心息相依，神氣相守，故息以踵。」（《南華經薈解》，收入《初編》，冊一三，頁三一九）明・藏雲山房主人：「踵者，足踵也。真人之息通於天地，則天地之息即真人之息。真人即天地，天地即真人。天地之一呼一吸非一呼一吸也，陽升陰降之道也，自然之運也。真人與道合真，亦自然之運也，無所謂呼吸也，故曰：真人之息以踵，以踵者，無呼吸之謂也，此所謂真人也，先天一氣而已矣。」（《南華大義解懸參註》，收入《初編》，冊一五，頁二五四）明・董懋策：「息未有出於踵者，此明呼吸，非息也，呼吸正是息以喉。」（《莊子異評點》，收入《續編》，冊二一，頁四四）明・程以寧：「一呼一吸為一息。踵，腳底心湧泉穴是也……真人之呼吸自湧泉穴起，蘆芽穿膝後，過尾閭，通三關，至泥丸，下重樓，至黃庭為一息，故曰真人之息以踵，與口鼻之呼吸較，覺其息深深。」（《南華真經注疏》，收入《續編》，冊二八，頁一二四）明．陳繼儒：「其息有淺深，性定則息常歸根。踵，即根，氣之出入之，而神氣相守，載營魄抱一，無離者也，所謂心息相依。」（《莊子雋》，收入《續編》，冊三〇，頁八四）清．林雲銘：「踵，命蒂也……胎息經伏氣之說本此。」（《莊子因》，收入《初編》，冊一八，頁一三四—一三五）清．王夫之：「心隨氣以升降。氣歸於踵，則心不浮動。」（《莊子解》，收入《初編》，冊一九，頁一五一）清．吳世尚：「神至定，氣歸根，真人之息以踵，所謂深深也。」（《莊子解》，收入《初編》，冊二二，頁一一四）清．高嵣：「呼吸通乎湧泉，胎息服氣之書本此。」（《莊子集評》，收入《初編》，冊二三，頁五八）清．陳壽昌：「呼吸通於湧泉。踵，足根也。」（《莊子正義》，收入《續編》，冊三七，頁一〇〇）

56 晉．郭象：「深深，李云：內息之貌。」（《南華真經注》，收入《初編》，冊一，頁一三二）宋．林希逸：「道書修養之論其原在此，神定則其出入之息深深。」（《南華真經口義》，收入《初編》，冊七，頁二四九—二五〇）清．浦起龍：「此以息深應上養字，既知而緜緜然養之也。」（《莊子鈔》，收入《初編》，冊二〇，頁三五）

57 余舜德指出：「感知乃是饒富技術層面之身心的行動。而也就是因為感知具有顯著之技能的面向，也出現專家與生手之分；專家於探索、感受、項目化訊息等面向較精通，而至能夠創造新的項目，並經由創新項目，創造新的價值。」（詳《身體感的轉向》，頁一七—一八）

58 唐．成玄英：「夢者，情意妄想也，而真人無情慮、絕思想，故雖寢寐，寂泊而不夢。」（《南華真經注疏》，收入《初編》，冊三，頁二七五）宋．林希逸：「其寢不夢，神定也，所謂至人無夢是也。」（《南華真經口義》，收入《初編》，冊七，頁二四九）

59 晉．郭象：「徐徐，安穩貌。簡文云：徐徐于于，寐之狀也。」（南華真經注》，收入《初編》，冊一，頁一六五）唐．成玄英：「徐徐，寬緩之貌；于于，自得之貌。伏犧之時，淳風尚在，故臥則安閑而徐緩。」（《南華真經注疏》，收入《初編》，冊三，頁三四七）

60 有關《莊子》書中身體感之專論，筆者已發表〈「槁木」與「輕身」：《莊子》注疏、詩人具身認知、醫家辨證的跨界討論〉（收入本書第四章）、〈《莊子》書中專家的「身體感」：一個道家新研究視域的開展〉（收入本書導論）、〈「守靜督」與「緣督以為經」：一條體現《老》、《莊》之學的身體技術〉（收入本書第三章）等文。

# 四、被「乘」與「乘」

## （一）生手與專家的譬喻與解喻

本研究進路倘試圖探究一位生手（novice）如何成為《莊子》書中的「至人」、「神人」、「聖人」、「真人」等，且對譯以當代通行語彙「專家（expert）」，自當了解該書所談一切含括看待世界的眼光、心靈工夫與身體技術之訓練與模仿方式（all the modes of training and imitation），始能掌握專家所以成為專家的重要關鍵。

莊子以刀刃斤斧等凶器群組譬喻揭示人生於世普遍遭逢的種種苦患害傷。究其原由，乃是如同群鳥「數數然」飛往遠方目標一般，人因為執著於追求世俗價值、主流文化中所標舉的「正」，讓「心」終日與外在世界交爭戰鬥（「與接為構，日以心鬭」〈齊物論〉）；而「身體」也終其一生不能自主、像在受驅使服勞役般地度過一生（「終身役役」〈齊物論〉、「役人之役」〈大宗師〉），心靈隨同形軀一起變化、一同衰老（「其形化，其心與之然」〈齊物論〉）。

但若將個人專注力（concentration）的探照燈（searchlight）由「彼其於世數數然」、「彼於致福者數數然」，外逐於外在物質世界中的感官嗜欲、自我成就或他人耳目，轉而收攝內返，聚焦於一己心、身的升進長養（「彼其所保與眾異」〈人間世〉），透過循級而上的工夫，致力使情緒逐漸不為外物動盪攪擾（「心如死灰」〈齊物論〉），使身體逐漸由疲憊轉而輕盈放鬆（「形如槁木」

〔〈齊物論〉〕），如此一來，便能由原本被情境所「乘」、所駕馭的狀態，轉為能「培」、「御」（〈逍遙遊〉）、「乘」（〈逍遙遊〉、〈齊物論〉、〈人間世〉）、「騎」（〈齊物論〉）所投身的現實情境，泰然面對生命中原本可能使情緒攪擾、身體疲憊的現實逆境。

在這樣的修鍊過程中，難免遭逢無法乘御的事例，然而透過反省一己之心身狀態——用心的方法、身體的鍛鍊——是否還有升進的空間，在不斷地努力之後，終能達到「物莫之傷」，再不為任何事物所傷、不會被任何挫折擊倒的生命境界。莊子以「大澤焚而不能熱，河漢沍而不能寒，疾雷破山、（飄）風震海而不能驚」（〈齊物論〉）——即便身處使大澤焚燒乾涸的酷熱、使大河凍結的嚴寒，都能不受傷害；即便遭逢足以劈開山峰的雷霆、足以撼動海洋的巨風，都不會感到驚怖——來狀寫無論身處何時何地、遭逢何種困境，甚至是死亡就在眼前，也能保持心、身的平和安寧而逍遙自得，更遑論是世俗之利害（「死生无變於己，而況利害之端乎」〔〈齊物論〉〕），自不能動搖其分毫。如此一來，自然能遊刃有餘地面對生命中遭逢的一切，臻於無事可亂、無境堪擾之「以遊无窮」（〈逍遙遊〉）的理想生命境界。

## （二）人的主體性：心靈主體性與身體主體性

當我們透過改變「用心」及身體的慣習，將原本為人所「乘」的情境轉變為自我得以駕馭，將可發現，人是要遭受外在情境的種種壓迫與影響，或是能夠主動地乘御於情境之上，皆是「咸其自取」（〈齊物論〉）、操之在己的。一旦了解到自身擁有選擇的權力，許多原本以為是身不由己的困難，便可藉由一己之決心、意志而克服。這也正是莊子所揭示的真正自由——必須為自己的每一個選擇負責，不得一味歸咎於外在的境遇而加以推拖。[61]這是一個既嚴厲又溫柔的觀念，人投身於天地之間的主體性，亦由此體現。

關於心靈之主體性，前賢研究已是汗牛充棟，於此不再贅論。本研究關注的是：透過「徇耳目內通」、「緣督以為經」、「天之生是使獨也」等身體修鍊，身體感能由「茶然疲役」的疲累不堪進升為「形如槁木」的輕盈放鬆；同時也將影響一己控制自我情緒的能力，甚至改變我們看待世界的眼光。

可見在《莊》學的修鍊傳統中，身體主體性與心靈主體性，難分軒輊地影響、決定著我們的生命。正如莊子所云：「其形化，其心與之然。」（〈齊物論〉）形體一旦衰敗，心神也將隨之日漸消損，步上「近死」之途；同理可鑑，身體一旦升進，心靈的操控與自主能力也將隨之一併提升。《莊子》書中這類形體牽動心靈境界的論述，當代西方生物醫學研究亦可茲佐證：

> 要帕金森症患者畫一棵樹，他們會畫一個小小的、看起來營養不良、弱不禁風的東西，一棵冬日裡光禿禿的樹，連一片葉子也找不到。一旦他得到左多巴的刺激，整個人活絡起來，所畫的樹就會是粗壯高大，儀態萬千，而且長滿葉子。如果藥讓他變得太興奮了，畫出來的樹可能就充滿華麗的裝飾和線條。[62]

在一些案例中，藥物作用後所改變的生理狀態，影響、甚至決定了患者的心理狀態與對世界的認知。當代醫學所發現此一生理、心理與對世界的認知彼此間休戚相關的共構體系，正與《莊子》所論述之身體感、情緒與看待世界眼光的關係若合符節。

## （三）情境、情緒與身體感的關係

當我們立足於專家與生手的研究進路，探究《莊子》書中身體感與情緒的關聯，將發現兩者互

61 西方哲學之「自由意志」乃源自神學概念：上帝造人，但是讓人擁有自由意志決定自身作為，因此人需為自身的所作所為負責。詳Saint Augustine, "On Free Will," in J. H. S. Burleigh, ed., *Augustine: Earlier Writings*（Westminster: John Knox Press, 1953), 113-217. 時至近代，人們認為按照牛頓力學，只要掌握某時某刻宇宙所有粒子的位置和動量，便可預測未來，意即未來已被外力因素（宇宙所有粒子的位置和動量）所決定，人身處其中雖看似自由，實際上未來早已命定。詳Pierre Simon Laplace, *A Philosophical Essay on Probabilities*, translated into English from the original French 6th ed. by F. W. Truscott and F. L. Emory（New York: Dover Publications, 1951), 4. 未來一旦純由命運決定，人就沒有善惡、是非、道德可言，就不必亦無法為自己負責。康德（Immanuel Kant, 1724-1804）則認為物理定律只是人所了解的現象世界，是純粹理性（pure reason）認知的物質世界，並不等同於宇宙本體的世界。究竟而言，人雖然受到外在因素影響，卻並非全然為外在因素所決定，在宇宙本體中，人的實踐理性（practical reason）不受外在因素左右而擁有自由意志。因此人一旦受情感或道德感驅使，便會做出根本違反自身利益的事。康德認為，擁有自由意志，乃人之所以為人的根本價值。詳Immanuel Kant, *Critique of Practical Reason*, trans. Lewis White Beck（Chicago: University of Chicago Press, 1949), 130-166, 180-211.

62 奧立佛・薩克斯（Oliver Sacks）著，孫秀惠譯：《錯把太太當帽子的人》（臺北：天下文化，二〇一一年），頁一六七。

為形影、彼此鏡現：身體感一旦精進，情緒控制能力也隨之提升。反之亦然：當情緒控制能力漸次提升，身體感也將桴鼓相應般地升進。當我們改變「用心」，讓原本在情境中「日以心鬭」的情緒歸於平靜祥和，保持心緒在「心如死灰」的狀態，此時身體也較不會因情境的壓迫而感到疲憊不堪；而若能經由身體的鍛鍊，將身體維持在「形如槁木」的放鬆輕盈，亦有助於心緒的寧定，也更易以開闊、包容的眼光與態度，面對生命中的一切處境。

這樣的形影、鏡現關係，使我們能透過具象的身體狀態，局部體察原本抽象、難以衡量的心靈境界之消長——當身體感到「茶然疲役」時，心緒亦必然不是愉悅輕鬆的狀態；倘欲放鬆肢體，必得在心靈放鬆的前提下，方有可能達到全然的放鬆輕靈。如此一來，即可藉由此一身心交互鏡現影響之關係，由外在具體可見的身體狀態，窺見原本難以衡量之內在心靈境界的消長。[63]

## 結論

Ben-Shahar 指出快樂有高度與深度兩種類型，主張人們應追求具有深度、穩定恆常的快樂，而非稍縱即逝的情緒高峰。他批判只求滿足眼前欲望或僅為滿足未來欲望所得到的快樂，認為倘能將所設定追求的目標調整為兼具意義與樂趣的欲望，審慎地設定課業、工作、情感乃至於休閒等目標，即能在追求目標的過程中獲致穩定而持續的快樂。簡而言之，Ben-Shahar 的快樂理論認為目標設定得愈正確、欲求愈正確就愈容易快樂。

若將人生譬喻為射箭，靶心所在便是此生最渴盼命中的鵠的、首要達到的目標。Ben-Shahar 將課業、工作、情感等外逐的欲望、世俗文化中的主流追求置於箭垛之核心，但莊子則透過凶器譬喻揭示：倘以課業為人生最重要的追求，以有限的人生追逐那無窮的知識，終將落得疲憊不堪的下場，（「吾生也有涯，而知也无涯，以有涯隨无涯，殆已。已而為知者，殆而已矣。」〈養生主〉）莊子並非要全盤否定對知識的追求，只是不將知識放在最重要的靶心。莊子不汲汲營營於世俗之人所追求的事物（「彼其於世未數數然」）、不讓身心勞頓於治理天下等外在之事（「孰弊弊焉以天下為事」）、不把追求外在事物當作生命中重要的事（「孰肯以物為事」〈逍遙遊〉），故莊子不將學業、工作、情感、飲食、居所、社會價值等世俗文化中的主流追求置於生命的靶心，而將之挪至生命箭靶的週邊，轉而將個人心身能力的提升與長養安放於此一最為重要的靶心位置。

在「用心」上，對人間世中「日以心鬬」、「與物相刃相靡」的心靈，莊子提出「心如死灰」的工夫，讓心像不再起火焚燒的灰燼一樣安定平靜。而當我們與外物交接，對過去的依戀不捨、對未來過多揣想時，莊子說「用心若鏡」，事發當下就像鏡子一樣的映照，事情結束就不再陷溺其中。而情緒、執著的根源在於人人心中都有的成心、成見，這才是令我們內心攪擾、遭受刑罰的根本，於是莊子又提出「道樞」、「得其環中」，以及「照之於天」等工夫，轉換一己原本的立場與看待世界的眼光。並且透過「安之若命」讓我們得以安然接受無法操之在己的外在世界，透過「成和

63　需注意的是，《莊子》書中透過身體形貌以表露其心靈境界的例子固然俯拾即是，但亦不乏如支離疏、兀者王駘、叔山无趾、闉跂支離無脤、甕盎大癭等形殘而德全之人，非可逕以外在體貌作為判斷其內在心靈境界高低之全副憑據。

之脩」使心靈維持寬和，與萬事萬物和諧共處。在此之上，莊子更繼承古道教的傳統，以「其神凝」（〈逍遙遊〉）精神寧定安靜的工夫為向正向前進的初階，透過「心齋」的工夫清掃房舍一般地清掃自己的內心，滌除所有念慮，到達「虛室」（〈人間世〉）內心虛淨空明的境界，此時，氣能感知、應對世間萬事萬物、道也會顯露並且匯聚於此。

在身體方面，欲改善在滾滾紅塵中疲憊不堪的身軀，莊子指出若能做到隨時隨地都保持豎直脊樑、「緣督以為經」（〈養生主〉）的身體技術，並輔以全身重心只付於一足的「天之生是使獨也」（〈養生主〉），將能升進至全身放鬆的「形如槁木」（〈齊物論〉）狀態、乃至於「嗒焉似喪其耦」（〈齊物論〉）解消形體執著、超越形軀限制之境，終能獲致「聽之以氣」（〈人間世〉）的超感能力，臻於「真人之息以踵」、「其息深深」（〈大宗師〉）等至人、神人、聖人所擁有的身體境界。

莊子於心、身兩造均揭示了所欲達到的目標與可供依循操作之工夫，然而儘管莊子欲以此作為其生命的核心追求，並不意味著要犧牲人生中的課業、專業成就，或是情感、飲食、居所、社會價值等目標。只要致力於心身能力的不斷提升，則居於靶面從屬位置的課業、工作乃至生命中的各個面向也均能同時受益並隨之升進。莊子之所以不將這些世俗價值中的主流追求置於人生的靶心，乃因其有著「奈何哉其相物也」（〈人間世〉）、不視個體生命為有用之物的主體自覺，不將滿足眾人眼中之器用作為生命中最重要的目標，不願如那「有用」的文木般「自寇」、「自割」、「自掊擊於世俗」（〈人間世〉）招來種種禍患。

對勘 Ben-Shahar 的快樂理論與莊子的「快樂」（常樂）學程，Ben-Shahar 希望透過設定兼具樂趣與意義的目標、滿足正確的欲望，獲取扎根深牢、穩定恆常的快樂。但是，課業、感情、工作等自身以外的人、事、物，皆非一己所能掌控，Ben-Shahar 以為可以「選擇」的目標，實有待於外在人事、環境與條件的配合，無法由自己全幅主宰。反之，莊子將這些外於己身的目標移離人生的靶心，轉以一己身心能力的長養與提升作為其最重要的核心追求。當兩者「所保」不同，其所樂自有異。倘若亟欲力保的是那些外於己身的種種目標，自會隨著得到與失去忽喜忽樂、動盪攪擾；但倘若「所保」的乃是一己心身之養護提升，則始有可能獲致操之在己、不假外求的恆常之樂。

Ben-Shahar 認為中國、印度乃至於古希臘的往聖先賢並未提供快樂人生的祕訣，但當我們稍事檢視《莊子》一書並軒輊兩者的快樂理論，卻發現莊子不僅提出了因應其身處時代所面臨之種種患害攖擾的快樂理論，更且切合實際，適可應付當代唯物觀（material perception）興起後，過度追求物質累積之世俗主流價值所造成的種種困境。

人的身心都不只有失常和正常、罹病和無病兩種狀態。當代醫學只關心生理如何從負回到原點，卻忽略了人的身體有能從零點往正向前進的能力。二十世紀末正向心理學興起前，傳統心理學也只關心心理的失常與疾病，而忽略如何擁有正向情緒。

在東方文化傳統中，身體機能與心靈強度都是一條數線，有負有正。倘能對東方傳統醫學經典、哲學經典加以考掘，箇中理當蘊藏足供正向心理學、正向醫學得以浡然發展的無窮契機。

本研究試圖透過譬喻解碼進行莊子快樂理論的爬梳，切實明白莊子譬喻所欲揭示之工夫實質與人生鵠的，當我們透過解碼得到答案後，重新將莊子與 Ben-Shahar 之快樂理論作一比較，將可發現：Ben-Shahar 雖期許其快樂理論能有如一棵扎根深牢穩固的大樹，然而當其快樂依然植基於外在目標的設定、注意力的探照燈仍投照追逐著外在目標，則能否如其所願地獲致扎根深牢的恆定快樂，或許仍有未逮。Ben-Shahar 亦預見了這樣的質疑，並自承其快樂理論不適用於居住在戰爭地區、受到政治迫害、處於赤貧狀態或剛失去至親的人，而有其局限。倘由此重新檢視 Ben-Shahar 的快樂理論，將會發現即便在調整目標設定後，其快樂理論尚無法成為一棵根深牢固的大樹，而依然有如一束失根的瓶花，仰賴外在人為的換水、施肥，在獲得額外水分與營養的狀況下固然能延長花期、存活上好一段時間，然而一旦停止給養，終仍難逃萎凋死亡。

相較之下，莊子的快樂理論致力於一己身心能力之長養提升，正如一棵扎根於個人生命中的樹，在每一天心、身的陶養鍛鍊、日復一日的努力當中，根愈扎愈深、愈來愈牢，最終茁壯為根深葉茂的穩固大樹。不論外在環境與遭遇是如何的風雨飄搖、水火交侵，都不能動搖其根本，方為不假外求、穩定恆常的真正快樂。如此一來，莊子的快樂理論似乎始真正實現了 Ben-Shahar 在建構其快樂理論時所期望達成的目標，雖然它早在二千餘年前的古代中國便已存在。

附錄

# 莊子「乘天地之正而御六氣之辯」新詮*

* 本文初稿曾發表為〈莊子「乘天地之正而御六氣之辯」新詮（上）〉，《大陸雜志》一〇二卷四期（二〇〇一年四月），頁一五四—一五九。〈莊子「乘天地之正而御六氣之辯」新詮（下）〉，《大陸雜志》一〇二卷五期（二〇〇一年五月），頁一九三—二二一。

## 一、引論：莊子「逍遙」論述中的「荃」與「魚」

> 荃者所以在魚，得魚而忘荃；蹄者所以在兔，得兔而忘蹄；言者所以在意，得意而忘言。吾安得夫忘言之人而與之言哉？（《莊子．外物》）

莊子善用語言，諷譬譏辯無不遊刃有餘。其論證汪洋恣肆，而義理層層翻轉，對後世文學、哲學傳統的形塑影響深遠，早已是學界不刊之論。同時，對於語言的本質、語言作為展現思想的載體與思想本身之間的辯證關係，莊子更有高度的自覺與深刻的反省。[1]前引魚荃之語，或可概括莊子的語言哲學：設荃本為捕魚，置蹄意於獵兔，而語言的運用則旨在表達思想，荃、蹄與言乃是工具，而非所欲捕獲的對象或所欲表達的意旨本身。若一味拘執於言語，如同著陷於鏡霧中探花望月，終將與原意本旨愈「格」愈「隔」。然而反過來說，儘管「言」對「意」來說不免有晦蒙與曲折之虞，但「言」終究是掌握「意」最關鍵性的憑藉。因此，即使是處理像《莊子》這樣對「言」與「意」間的辯證關係有高度自覺的文本，我們恐仍無法在未究明其「言」之前即高論其「意」。

學者每謂莊子思想乃以「逍遙」為造極。[2]在〈逍遙遊〉篇中，莊子曾借用一系列的動物、植物、器物等的論列排比，來闡發「逍遙」、「無待」之旨。若借用修辭學的術語，我們可將〈逍遙遊〉篇中所擬喻之境由近而遠，或者說其展現格局由小而大者（蜩／學鳩／斥鴳—適莽蒼者—適百里者—適千里者—鯤／鵬—以遊無窮者[3]），暨時間年壽由短而長者（朝秀—蟪蛄—彭祖—冥靈—

大椿），以及功能作用由小而大者（盛水漿之大瓠—以為大樽之大瓠；用於洴澼絖之不龜手之藥—促人裂地而封之不龜手之藥），視作譬喻法中的「喻依」；相應於此，將論中以「人」的型態出現者（知效一官者—行比一鄉者—德合一君者—而徵一國者—宋榮子—列子—至人／神人／聖人）視為「喻體」。依此分類方式，適可見〈逍遙遊〉篇的喻體與喻依之間，存在著某種相應的關係。茲以其展現格局由小而大者為例，簡列如下表：

1　關於此點，學者已多所發揮，可參見張亨，〈先秦思想中兩種對語言的省察〉（一九七一），收入氏著，《思文之際論集：儒道思想的現代詮釋》（臺北：允晨文化，一九九七），頁七—三四；楊儒賓，〈卮言論：莊子論如何使用語言表達思想〉，《漢學研究》第一〇卷二期（一九九二年十二月），頁一二三—一五七；林美清，〈論「莊子」內篇之「言」〉，《哲學雜誌》第三期（一九九三年一月），頁一五八—一七七；張耿光，〈《莊子》中的連動結構——《莊子》語言分析之一〉，《貴州大學學報（社會科學版）》一九九六年第二期，頁五六—六一；John-Allen Tucker, "Goblet Words: The Chuang-tzu's Hermeneutics on Words and the Tao," *Chinese Culture Quarterly* 25: 4 (Dec. 1984), pp. 19-33; Wayne-E Alt, "Logic and Language in the Chuang Tzu," *Asian-Philosophy* (1991), pp. 61-76。

2　例如徐復觀有言：「莊子對精神自由的祈嚮，首表現於〈逍遙遊〉，〈逍遙遊〉可以說是莊書的總論。」見氏著，《中國人性論史——先秦篇》（臺北：商務印書館，一九八七年），頁三九三。

3　「無窮」可兼含時間意義與空間意義之無窮。如晉．郭象《注》：「如斯以往，則何往而有窮哉？」或唐．成玄英《疏》：「苟無物而不順，亦何往而不通哉？」其中「何往而有窮」、「何往而不通」可視為空間意義之無窮；而清．林雲銘《莊子因》釋為「不生不死之門」、清．劉鳳苞《南華雪心篇》亦云「游於無始無終之境，不生不死之門，所以為無窮也」，不生不死，則可謂為時間意義之無窮。本文為不見重，僅置「以遊無窮者」於相關空間格局的小大系列中。

**附表一 〈逍遙遊〉喻依、喻體格局小大對照**

| | | | | | | |
|---|---|---|---|---|---|---|
| 喻依 | 蜩與學鳩／斥鴳 | 適莽蒼者 | 適百里者 | 適千里者 | 鯤／鵬 | 乘天地之正而御六氣之辯以遊無窮者[4] |
| 喻體 | 知效一官者 | 行比一鄉者 | 德合一君者 | 而徵一國者 | 宋榮子／列子 | 至人／神人／聖人 |

「境界」是相對的概念，言境界即有高下層級之別。當莊子試圖用語言摹擬「逍遙」的理想，即是藉著境界層層超越的方式，指向極境。就開展格局的小大而言，莊子說「小知不及大知」；以時間年壽的短長而論，則「小年不及大年」。在前列舉的喻依序列中，空間格局愈小、所造之境愈近、時間年壽愈短者（例如：蜩與學鳩「決起而飛，搶榆枋，時則不至，而控於地而已矣」，斥鴳「騰躍而上，不過數仞而下，翱翔蓬蒿之間，此亦飛之至也」；朝秀「不知晦朔」，蟪蛄「不知春秋」），其所待的條件愈少、甚至幾近於零。但是此一低層次的「無待」並非莊子的理想，反僅在小大序列中居最小值。相對的，當空間格局愈大、所造之境愈遠，其所待的條件也就愈多，如：適莽蒼者僅「三餐而返」，適百里者需「宿舂糧」，適千里者則需「三月聚糧」，至於鯤鵬自北冥以迄南冥之境，更需賴「海運」、「水之積」（「水擊三千里」）與「風之積」（「摶扶搖而上者九萬里」、「九萬里則風斯在下矣」）。而類此「所造」與「所待」成正比的關係，並見於前述喻體序列中，如：「知效一官」者，有待於「官」爵；「行比一鄉」者，有待於受庇之「鄉」人；「德合一君」者，有待於「君」位；「而徵一國者」，則有待於「國」人；即令不羈於外物，「於世未數數然」的

宋榮子，仍有所待於我見，如「內外之分」與「榮辱之境」；而即使是輕靈無執於形跡，「於致福者未數數然也」的列子，依舊需倚待「風」來，乃可順風而行。

上舉由小而大的序列裡的最大值，在喻依無疑是鯤鵬，在喻體則為列子，因為其空間格局最大、所造之境最遠。然而此最大值仍非莊子「逍遙」理想的極境。從北冥往赴南冥，其行程固然遠於「適莽蒼」、「適百里」、「適千里」，但終究可以道里計量。莊子所崇尚的逍遙極境毋寧是：

> 若夫乘天地之正，而御六氣之辯，以遊無窮者，彼且惡乎待哉！[5]

「無窮」乃無可計量、無可超越。若能悠遊於無窮，則無所依傍、無所憑藉；「無待」即是「逍遙」。治《莊》學者皆將莊子此言視為逍遙極境的綱領，殆無疑議。不過，莊子既指出臻至「逍遙」

4 筆者所以不將「乘天地之正，而御六氣之辯，以遊無窮者」歸類於「喻體」而歸類於「喻依」，理由有二：其一，在篇中明顯地以「人」的型態出現者，如「知效一官」者、「行比一鄉」者、「德合一君」者、「而徵一國」者、宋榮子、列子、至人、神人、聖人，始將之歸類為「喻體」；而「知效一官」、「行比一鄉」、「德合一君」、「而徵一國」、「舉世而譽之而不加勸，舉世而非之而不加沮，定乎內外之分，辯乎榮辱之竟」、「彼其於世未數數然也」，以及「御風而行，泠然善也，旬又五日而後反。彼於致福者，未數數然也」，均屬描摹「人」的才能與德行之語，反觀「以遊無窮者」則不然。其二，〈逍遙遊〉篇中的小大之辯，分就空間格局的小大（「小知不及大知」）、時間年壽的短長（「小年不及大年」）、用途的小大有無三方面來加以甄別，而將「以遊無窮」者置於空間格局的究極，最能符合小大系列同質之連續性。

5 見《莊子．逍遙遊》。

之境的法門，乃是「乘天地之正，而御六氣之辯」，但究竟何者是「天地之正」？何者是「六氣之辯」？又如何「乘」正？如何「御」辯？歷代注解家與研究者對此一關鍵句的理解則莫衷一是，亟待釐清。

## 二、「乘」／「御」的境界與工夫：當代研究史的回顧

當代莊學研究涉及「逍遙」義理的論著頗多，並對「乘天地之正，而御六氣之辯」提出多樣的詮釋。所詮釋的理境固多高妙深奧，卻也因而教人難以具體掌握，例如：

(一)「我們知道天地是不可乘，六氣不可御……莊子的意思是不必乘，不必御都可以逍遙；不要說要去掌握天地的正道，駕御六氣的變化才是自在，才是逍遙。」[6]

(二)「應視為『神遊』而非肉體之遊，是主體精神的翱翔而非現實世界的真實存在。」[7]

(三)「前一句寫得道者對道體之冥合，後一句則寫得道者對型器界之超越、駕御、操控。」[8]

例(一)並強調「天地六氣我都跟它在一起」，[9]以此作為其主張「不必乘」、「不必御」的前提。然而，何謂「天地六氣我都跟它在一起」？又如何「跟它一起」？並且，假使「不必乘、不必御都可以逍遙」，則就字面觀之，莊子明言「若夫『乘』天地之正，而『御』六氣之辯，以遊無窮」恐失

所指。凡此皆屬讀《莊》者企圖在生活中踐履莊子之道時不能不更深入追究者。至於例㈡，倘謂莊子之逍遙「是主體精神的翱翔」而非「現實世界的真實存在」，那麼「乘天地之正，而御六氣之辯」，是否即意味著離塵絕俗？在例㈢中，設若「天地之正」寓指「道體」，而「六氣之辯」寓指「型器界」，即意謂著「天地之正」與「六氣之辯」之間存在相當於「道」、「器」間的關聯。依據此詮釋，再就生命實踐的立場而言：倘吾人試圖在「現實世界的真實存在」[10]中「乘」、「御」所謂「天地的正道」與「六氣的變化」，[11]抑或冥合「道體」、操控「型器界」，[12]則吾人究竟安所措手足，方可謂之無待？方可獲致逍遙？

茲將當代研究所詮釋之「乘天地之正，而御六氣之辯」簡括分類如下，以呈示既有的研究成果

---

6 王邦雄，〈莊子系列（一）逍遙遊〉，《鵝湖》第一八卷第六期（一九九二年六月），頁一一—二一。

7 左東嶙、楊雷，〈內在超越與莊子的人生價值取向——莊子養生理論探要〉，《中國哲學與哲學史》一九九六年第九期（一九九六年九月），頁三七—四三。

8 關永中，〈上與造物者遊——與莊子對談神祕主義〉，《國立臺灣大學哲學論評》第二二期（一九九九年一月），頁一三七—一七二。

9 見前註六。其說為：「『乘天地之正，而御六氣之辯』，事實上是天地六氣我都跟它在一起，而不在它的外面……只要我跟天地六氣在一起，我就不必乘、不必御，我仍然是無限的，這叫無待。」

10 見前註七。

11 見前註六。

12 見前註八。

與向度：

## （一）境界說

### 1. 與道同體／同流的境界

將此二句釋為「與道同體」、「與道同流」境界之學者，有關鋒（一九六一）[13]、蕭萐父、李錦全（一九九一）[14]、孫以楷、陸建華（一九九三）[15]等。關鋒解「天地之正」作「天地之道」，解「六氣之變」作「六氣的變化」，釋全句為：要與天地之道「並列、齊一」，即與道「同體」，並駕御六氣的變化，與「使得『六氣』變化的東西（道）」一體。關鋒更強調，此無待的絕對自由，只有如此「設想」，方能在「主觀幻想」中達到。[16]

### 2. 與宇宙／自然合一的境界

將此二句釋為「與宇宙合一」、「與自然合一」、「跟宇宙和諧交感而一體化」等境界。例如陳鼓應（一九七一）[17]、馮友蘭（一九八九）[18]、鍾竹連（一九八九）[19]、潘靜（一九九七）[20]、陳德

13 例如關鋒於《莊子內篇譯解和批判》言：「他要乘『天地之道（正）』以達『絕對』，以達『無所待』的境地，他要與『天地之道』並列、齊一，與『道』同體。」又言：「所謂『御六氣之辯』就是駕御『六氣』的變化，超乎『變化』之

外，與使得『六氣』變化的東西（道）一體。也只有如此設想，才能在主觀幻想中達到『無待』的絕對自由。」（北京：中華書局，一九六一年），頁八六。

14 蕭萐父、李錦全於《中國哲學史》言：「莊周認為，真正的『自由』是『無待』的，即不依賴任何條件。〈逍遙遊〉寫道：『若夫乘天地之正，而御六氣之辯（變），以遊無窮者，彼且惡乎待哉』！無所待而遊於無窮，在陰、陽、風、雨、晦、明等各種條件下不受限制地翱遊，這就是莊周所幻想的生活境界，亦即『道』的自由世界。」（北京：人民出版社，一九九一年），頁一七七。

15 孫以楷、陸建華於〈《逍遙遊》之逍遙〉曾言：「執道而行，以道御物，才能『無待』。無待，不待于物，不為物用，超然物我之上，與道同流：『若夫乘天地之正，而御六氣之辯，以游無窮者，彼且惡乎待哉！』」見《安徽大學學報（哲學社會科學）》一九九三年第一期（一九九三年三月），頁二五—二九。

16 見前註一三。

17 例如陳鼓應於〈莊子「道」的意義之解析〉曾言：「精神上可以參與自然的變化（乘天地之正，而御六氣之辯），可以超越一切時空的限制（「以遊無窮」），可以跟宇宙和諧交感而一體化。」見《大陸雜誌》第四三卷第三期（一九七一年九月），頁一七—二八；又於〈道家在先秦哲學史上的主幹地位（上篇）〉言：「《逍遙遊》：『乘天地之正，而御六氣之辯，以遊無窮』」，是描述個體突破小我的拘束，生命超越時空局限，使主體精神提升到天地的境界。」見《中國哲學史》一九九五年第七期（一九九五年七月），頁四九—六四。

18 馮友蘭：「『乘天地之正，御六氣之辨，以遊無窮者』，即與宇宙合一者也。」見氏著，《中國哲學史》（臺北：藍燈文化事業公司，一九八九年），頁三〇三。

19 鍾竹連，〈莊子與郭象逍遙思想之比較（上）〉：「其能以天地自然之道為己任，置身於六氣變化之流，與自然世界合而為一，宇宙即我，我即宇宙，融合無間，毫無分別對待，故曰無待。唯此無待，方為逍遙。」見《中國國學》第一七期（一九八九年十一月），頁二九九—三一九。

20 潘靜，〈論莊子之道的原型意象〉：「從而『乘天地之正，而御六氣之辯』、『以遊無窮』，跟宇宙和諧交感而融為一體。」見《晉陽學刊》一九九七年第四期（一九九七年五月），頁五三—五八。

禮（一九九七）[21]等。陳鼓應先生認為此二句指「在精神上可以參與自然的變化」，使主體精神「提升到天地的境界」，釋此為「天人合一」、「跟宇宙和諧交感而一體化」的境界描述。[22]

### 3. 非現實存在／遺世獨立、飄然遠引的境界

將此二句釋為「非現實存在」、「遺世獨立，飄然遠引」境界，例如方東美（一九八四）[23]、左東崍、楊雷（一九九六）[24]等。主此說的學者，將「乘天地之正，而御六氣之變」視同「絕雲氣、負青天」、「乘雲氣，御飛龍」，以及「藐姑射之山」之神人等，並非「現實世界的真實存在」，而是「對獲道境界的比喻性描述」。[25]

此外，如林鎮國（一九七六）釋此為「形容道心的絕對義」，[26]王邦雄（一九八三）釋此為「主客一如」的無窮境界，[27]亦可歸類為境界說。

## （二）工夫說

### 1. 順應自然規律

將此二句釋為「順著自然的規律，而把握六氣的變化」；或者「順乎大自然的律例」，以使「外在的一切變化，對我們都不能傷」。例如魏元珪（一九八六）[28]、王國勝（一九九五）[29]等。

---

21 陳德禮，〈法天貴真：莊子的人生境界論及其美學精神〉：「莊子接著說：『若夫乘天地之正而御六氣之辯，以遊無窮

者，彼且惡乎待哉！故曰：至人無己，神人無功，聖人無名』。『遊無窮』便是一種『獨與天地精神往來』的與自然合一的『無所待』境界，莊子這裡所描寫的就是已經達到這種境界得到絕對自由的人。」見《江漢論壇》一九九七年第一一期（一九九七年十一月），頁四八—五一。

22 見前註一七。

23 例如方東美：「其精神、遺世獨立，飄然遠引，絕雲氣、負蒼天，翱翔太虛，『獨與天地精神往來』，御氣培風而行，與造物者遊。」見氏著，《中國哲學之精神及其發展（上）》（臺北：成均出版社，一九八四年），頁一八六。

24 左東嶙、楊雷，〈內在超越與莊子的人生價值取向——莊子養生理論探要〉：「莊子曾對此內在超越的『游』之境界作過反複渲染。〈逍遙遊〉曰：『乘天地之正，而御六氣之辯，以遊無窮』；『乘雲氣，御飛龍，而遊乎四海之外』……此所有之遊均應視為『神遊』而非肉體之遊，是主體精神的翱翔而非現實世界的真實存在……這實在是一個完全解脫、無限瀟灑的境界。然而此境界卻決非現實的存在，即令是對藐姑射之山神人的描寫……亦應視為對獲道境界的比喻性描述。」見《中國哲學與哲學史》一九九六年第九期（一九九六年九月），頁三七—四三。

25 見前註二四。

26 林鎮國，〈從逍遙遊探討莊子哲學的主題〉：「至人『乘天地之正，而御六氣之辯』……實則，此不過是形容道心的絕對義而已。道心的主觀性與客觀性開逍遙的人格世界，其絕對性則開逍遙的存在界。」見《鵝湖》第二卷第五期（一九七六年十一月），頁二一—二四。

27 王邦雄：「此體現天地自然之性，以遊萬物變化之塗，而開出的無窮境界乃是主客一如的無待。」見氏著，《中國哲學論集》（臺北：臺灣學生書局，一九八三年），頁六九。

28 魏元珪，〈莊子逍遙遊篇的生命境界觀〉：「所謂真正的逍遙，乃是跟隨著大自然的步伐，合乎宇宙的律例，順著大道的安排，使我們的生活在在合乎自然的節拍，無論在身心靈各方面，都能順乎大自然的律例，由是則雨、暘、燠、寒、風以及陰、陽、晦、冥等，外在的一切變化，對我們都不能傷。而喜、怒、哀、樂、邪、惡，內在的情變，也對我們都不能傷。而喜、怒、哀、樂、邪、惡，內在的情變，也對我們不能害。而最後乃達到『至人无己，神人无功，聖人无名』的地步。」見《中國文化月刊》第一〇八期（一九八六年九月），頁二三—四七。

**2.順應社會統治秩序所規定的萬物之性**

李澤厚（一九八六）認為向秀、郭象釋「乘天地之正」作「順萬物之性」，即「順社會統治秩序所規定的萬物之性」，乃片面發展了莊學的庸俗面。[30]

## （三）即境界即工夫說

將此二句釋為同時是工夫之踐履與境界的達成，例如牟宗三（一九八五）[31]、郁建興、王新華（一九九四）[32]、關永中（一九九九）[33]等。如「乘天地之正」一句，牟宗三釋為「無依無待」，[34]郁建興、王新華解作「與道同體」、「人從道而行」，[35]關永中則強調「得道者對道體的冥合」。[36]至於「御六氣之辯」，牟宗三理解為「無執無著」；[37]關永中則指出「御」字具消極與積極兩義，消極義是「不被六氣變化所控制」，積極義乃「控制六氣而超乎變化之外」。[38]「無依無待」、「無執無著」，既是工夫，亦為境界；「與道同體」屬境界，「從道而行」為工夫；「得道者對道體之冥合」固可謂之境界，而對型器界之超越、駕御、操控則可謂之工夫。

頗堪玩味的是：不少將「乘天地之正，而御六氣之辯」定位為境界的學者，在另一方面以「无

29 王國勝，〈試論莊子追求的理想人格〉：「順著自然的規律，而把握六氣的變化，以遊於無窮的境域。」見《河南師範大學學報（哲學社會科學版）》第二二卷第三期（一九九五年五月），頁五—八。

30 李澤厚：「總之，（向秀、郭象的《莊子注》）『無為』即等於『順有』；『乘天地之正』者，即是『順萬物之性』。而所

謂『順有』『順萬物之性』，說穿了，也就是『順』社會統治秩序所規定的『萬物之性』，所以這是極為片面地發展了莊學中最庸俗虛偽的一面，完全失去了莊學中抨擊現實揭露黑暗的批判精神……」見氏著，《中國古代思想史論》（臺北：谷風出版社，一九八六年），頁二二〇。

31 牟宗三：「『乘天地之正，即是順萬物之性』。無依無待……『御六氣之辯，即是遊變化之途』。無執無著。即自主體以言逍遙，即『至德之人，玄同彼我者之逍遙也。』」見氏著，《才性與玄理》（臺北：臺灣學生書局，一九八五年），頁一六八—二三〇。

32 郁建興、王新華，〈論莊子的人生哲學〉：「在〈逍遙遊〉中，莊子講到『若夫乘天地之正，而御六氣之辯，以遊無窮者，彼且惡乎待哉！』在這樣與天地萬物為一、與道為一的境地中，莊子認為不僅是生命之本然得到了存全，而且生命的自由本質得到了實現。蔣錫昌在《莊子哲學》中認為『乘天地之正』之『正』字，與〈在宥〉『天地之精』，〈天道〉『天地之平』，『天地之德』，〈刻意〉『天地之道』，〈天下〉『天地之純』諸文，字異義同，皆指自然之道而言。『道』是什麼？從『精』、『平』、『德』、『純』等字義來看，多指本質、必然而言。這也符最初造字的本義，『正』是象形會意字，表示太陽在天上運行，太陽運行是有一定秩序的，所以『正』字有必然、規律的含義。人從道而行，與道同體，即是遵從了必然，無待而逍遙。」見《浙江大學學報》第八卷第四期（一九九四年十二月），頁二二一—三三一。

33 關永中，〈上與造物者遊——與莊子對談神祕主義〉：「前一句寫得道者對道體之冥合，後一句則寫得道者對型器界之超越、駕御、操控；總之，『御六氣之變』的『御』字有其消極義與積極義，其消極義是不被六氣變化所控制，以成為『無待』；其積極義乃控制六氣而超乎變化之外，以與道同體，即與那作為宇宙變化之根基的道合一。」見《國立臺灣大學哲學論評》第二六期（一九九九年一月），頁一三七—一七二。

34 見前註三一。

35 見前註三二。

36 見前註三三。

37 見前註三一。

38 見前註三三。

己」、「无功」、「无名」為工夫[39]；反之，視「乘天地之正，而御六氣之辯」為工夫的學者，則將「无己」、「无功」、「无名」視為境界。[40]

檢視以上主張境界說者三種詮釋方向，仍有其尚待釐清之處。其一，所謂與天地之道「同流」、「同體」或「並列、齊一」究竟是怎樣的一種境界？再則，如果與道同體、或者在各種條件下皆能無所待而遊於無窮的境界如關鋒、蕭萐父等所言只是出於一種主觀的幻想，則此所謂「自由」豈有真正的實踐意義？其二，人的「精神」如何方能「參與」自然的變化？而提升到「天地境界」之精神境界究竟何屬？其三，素來不認同「刻意尚行，離世異俗」、「江海之士，避世之人」，並強調「不刻意而高」、「無江海而閒」的莊子，[41]是否真會以「遺世獨立，飄然遠引」之境，摹寫其逍遙理想的終極追尋？尤其值得注意的是：對「乘」「御」二句主張「境界說」之詮釋，在闡述其「意」之前，並未就「乘」「御」「天地之正」與「六氣之辯」的字面意義稍作著墨。也就是說，所得之「意」並非植基於其「言」。

至於主張工夫說者，則或謂「乘」、「御」二句同指「順乎大自然的律例」，或以為「乘」句指「順著自然的規律」、「御」句指「把握六氣的變化」，然而說者始終未究明：在莊子的思想體系中，應如何舉措行止、陶養心靈方可謂之順乎自然規律？而是否因順了自然的規律，即能水到渠成做到所謂「把握六氣的變化」，抑或「御六氣之辯」與「乘天地之正」乃是工夫途徑的雙軌？

此外，主「即境界即工夫」的相關研究，無論解此為「無依無待」、「無執無著」，抑或是「從道而行」、「與道同體」，似乎均將「乘」「御」二句間可能存在的對等重要性與相異之義涵，等閒視之。至於「冥合道體」、「控制六氣」的詮釋，雖將「乘」「御」二句的蘊義，作了「道」與

「器」的區隔，但「天地之正」何以屬「道」？而「六氣之辯」又如何自所謂消極義的「不被控制」，晉升至積極義的「控制六氣」？似乎教人難以體會，亦無從履及。尤其值得注意的是，歸類為「即境界即工夫說」的研究，在申論其「意」之先，亦略而不訓詁其「言」。

當代研究對於「乘」「御」二句的詮釋，無論是「境界說」、「工夫說」抑或「即境界即工夫說」，之所以各自所領略莊子之「意」不同，率由對其「言」之理解殊異所致。如採用解「天地之正」為「天地之道」的注疏，[42]則可能產生「與道同體」的境界說，或者即境界即工夫說中所謂

39 如馮友蘭在《中國哲學史》即言：「『乘天地之正，御六氣之辨，以遊無窮者』，即與宇宙合一者也。其所以能達此境界者，則因其無己，無功，無名，而尤因其無己。」（見馮友蘭，《中國哲學史》，頁三〇三）又如徐復觀於《中國人性論史——先秦篇》言：「莊子所祈嚮的乃是『乘天地之正，而御六氣之辯（變），以遊無窮者，彼且惡乎待哉』的絕對自由。這兩句話，即前面所說的『獨』的境界進一步的描述。而其工夫，乃在『至人無己，神人無功，聖人無名』……『至人無己』三句話，乃莊子的全目的、全工夫之所在。《莊子》全書，可以說都是這幾句話多方面的發揮。」（見徐復觀，《中國人性論史——先秦篇》，頁三九四）

40 見前註二八。

41 見《莊子．刻意》。

42 釋「天地之正」為「天地之道」，說與釋此為「太極」、「一氣之上」、「居陰陽風雨晦明未分之先」、「先天一氣」之注家相仿。說詳宋．劉辰翁：「乘天地之正者，立于萬物之初，一氣之上。」見氏著，《莊子南華真經點校》，收入《續編》，冊一，頁五；宋．羅勉道：「天地之正氣，即太極動而生陽、靜而生陰，人所得以生者，道家謂之先天一氣。」見氏著，《南華真經循本》，收入《續編》，冊二，頁三〇；清．陸樹芝：「立乎萬物未形之初，得太虛沖和之氣，至正而無偏，即全體一太極是也。」見氏著，《莊子雪》，收入《續編》，冊三四，頁二一。

「得道者對道體之冥合」的詮釋；如採取「乘雲氣，御飛龍」的注解，[43]則可能推衍出境界說中所謂「遺世獨立」、「非現實世界的真實存在」，以此類比臻至逍遙境界的得道者。面對紛紜眾說，若要確切掌握莊子逍遙無待的真「意」，並甄別諸家詮釋，顯然吾人必須根本澄清莊子所寓「意」之「言」。

## 三、「正」／「辯」的意涵：歷代注解的考察

《莊子》注疏始自晉人郭象（253-312A.D.），其距莊子（365-290B.C.）時代，[44]已有近六百年之遙。而自晉以迄清末民初的千餘年間，注疏家對「乘天地之正，而御六氣之辯」的詮解更是分歧多樣。茲以時代為經、異說為緯，檢視歷史座標上各種具有代表性的詮釋。

### （一）「乘天地之正」異解

#### 1. 順萬物不為而自能之性

晉代郭象將「天地之正」理解為萬物「不為而自能」之性。所謂「乘天地之正」，即是「順萬物之性」，換言之，乃是順萬物「不為而自能」之性。[45]至於「天地之正」何以解作「萬物不為而自能之性」，似無法由字面訓詁推衍而得，顯然郭象此處乃揣想莊子之「意」，而非直解其

「言」。

**2.順天地之正理**

在郭象「萬物必以自然為正」的詮釋基礎上，唐．成玄英疏解為「聖人虛懷體道，故能乘兩儀之正理，順萬物之自然，御六氣以逍遙，混群靈以變化。」以「兩儀」轉借「天地」，冀附「順萬物之自然」。[46]宋．林希逸則直解作「乘天地之正理。」[47]明．潘基慶沿襲此說而解之為：「乘天地

43 說近聞一多，其曰：「六氣言御，當指神人乘風雨、蹈雲霧之事，御即上文『列子御風而行』之御。《管子》、《韓傳》之六氣謂人之六情，則彼書御字當訓調節。語是而義變，當各依本書。〈遠遊〉曰『因氣變而遂曾舉兮，忽神奔而鬼怪遙』，氣變即此六氣之變。王注曰：『乘風蹈霧，升皇庭也，往來奄忽，出杳冥也。』王以乘風蹈霧釋〈遠遊〉之『因氣變』亦即本書氣變之義。〈遠遊〉之語可與本書相發。莊子之學，本與方士神仙之說相通，此其一例也。」見氏著，《莊子內篇校釋附「莊子論」》，收入《續編》，冊四二，頁七。

44 見錢穆，《先秦諸子繫年》（臺北：東大圖書公司，一九八六年），頁六一八。

45 晉．郭象：「天地者，萬物之總名也。天地以萬物為體，而萬物必以自然為正。自然者，不為而自然者也。故大鵬之能高，斥鴳之能下，椿木之能長，朝菌之能短，凡此皆自然之所能，非為之所能也。不為而自能，所以為正也。故乘天地之正者，即是順萬物之性也。」見氏著，《南華真經注》，收入《初編》，冊一，頁五。清代王夫之、王敔對此句的詮釋，亦不出此範圍，其增註曰：「若夫乘天地之正者，無非正也。天高地下，高者不憂其亢，下者不憂其汙，含〔宏〕萬有而不相悖害，皆可遊也。」見氏著，《莊子解》，收入《初編》，冊一九，頁六。

46 唐．成玄英，《南華真經注疏》，收入《初編》，冊三，頁一〇。

47 宋．林希逸，《南華真經口義》，收入《初編》，冊七，頁二二。

無名無始之正理。」[48]民國・陳鼓應亦順此以現代用語解作：「天地的法則」、「自然的規律」。[49]

**3.立於一氣之上／太極**

宋・劉辰翁以為所謂「乘天地之正」，乃是「立于萬物之初，一氣之上。」另宋・羅勉道亦言：「天地之正氣，即太極動而生陽、靜而生陰，人所得以生者，道家謂之先天一氣。」以萬物未形之初的「一氣之上」、「先天一氣」、「太極」等形上觀念來解「天地之正」。[50]

**4.立人極**

明・藏雲山房主人於「若夫乘天地之正」一句下註「立人極」，似將之置於人倫社群的脈絡中來理解。[51]

**5.存天地之真**

明・朱得之釋此為「乘天地之真機」，[52]民國・王叔岷則解作「存天地之真淳」，[53]日人渡邊操則認為所謂「正」即「真」，即「不假飾」之謂。[54]

**6.乘正陰正陽二氣**

明代黃洪憲引李衷一的說法，釋「天地之正」為「陰陽二氣之正」，[55]乃將「天地之正」與「氣」的概念聯繫起來。至於所謂「陰陽二氣之正」其「正」字所指，後世並見「不雜沴戾」、[56]

「陽升於天，陰降於地」、陰陽至於「極盛之位」[57]等更分歧的疏解。

---

48 明・潘基慶，《南華經集註》，收入《初編》，冊一二，頁八。

49 陳鼓應，《莊子今註今譯》（臺北：商務印書館，一九九九年），頁二〇。

50 宋・劉辰翁，《莊子南華真經點校》，收入《續編》，冊一，頁五；宋・羅勉道：《南華真經循本》，收入《續編》，冊二，頁三〇；清・陸樹芝：「立乎萬物未形之初，得太虛沖和之氣，至正而無偏，即全體一太極是也。」見氏著，《莊子雪》，收入《續編》，冊三四，頁二一。

51 明・藏雲山房主人，《南華大義解懸參註》，收入《初編》，冊一五，頁八四。

52 明・朱得之：「若夫乘天地之真機，御陰陽風雨晦明之六氣，以遊於無物之前，而無所窮止，若此則無所待矣。」見氏著，《莊子通義》，收入《續編》，冊三，頁四。

53 王叔岷：「二語謂『存天地之真淳，應節候之變化。』亦即『內存真我，外應變化』之意。此數語，乃莊周自道其無待之逍遙也。」見氏著，《莊子校詮》上冊，頁二一。

54 （日）渡邊操：「此所謂正者，何謂也？曰：猶言真也。真者，不假飾之謂。」見氏著，《莊子口義愚讀》，收入嚴靈峰編，《無求備齋老列莊三子集成補編》（後簡稱《補編》），臺北：成文出版社，一九八二年），冊四四，頁七。

55 明・黃洪憲，《莊子南華文髓》，收入《續編》，冊一八，頁五。

56 清・張之純：「天地之正，陰陽二氣不雜沴戾之謂也。」見氏著，《莊子菁華錄》，收入《續編》，冊四一，頁八。

57 民國・劉武：「所謂乘天地之正者，天地之正陰正陽，即乘太陰太陽也……然不直曰乘陰陽之正，而必曰乘天地之正者何也？答曰：以陰陽有多少也。如陽明厥陰之類，陰陽少而未盛，不得謂之正也。必陽升於天，陰降於地，然後至於極盛之位，方可謂之正陰正陽，方可以天地之字表之。」見氏著，《莊子集解內篇補正》，收入《續編》，冊四二，頁一二。

**7.乘性命之本**

明・釋德清解「正」作「天地之本」，如「各正性命」之「正」，[58]而清・高秋月亦釋此為「性命之本」。[59]

**8.用功於子、午、卯、酉四正之時**

明・程以寧認為所謂「乘天地之正」，即如丹家之用功於子、午、卯、酉四正之時。[60]

**9.乘當其時之六氣**

明・錢澄之釋此句作乘「當其時」的「六氣」。至於何謂「當其時」，錢氏僅謂：「乘正以御，猶乾之時乘六龍以御天也」，而未作更具體的闡釋。[61]

**10.體天地之德**

明・釋性涵解此作「無己私、無己愛」[62]，清・周拱辰則釋此為「與天地合德」。[63]至於「天地之德」除「無己私、無己愛」外尚具何解？清・劉鳳苞言指「健順之德」，[64]民國・蔣錫昌則謂「虛靜恬淡，寂漠無為」。[65]

**11.卦位得其正**

清・吳峻與民國・鍾泰等均解此為「卦位」之剛柔適得正位。[66]

58 明．釋德清於〈逍遙遊〉「若夫乘天地之正」一句下註「正，天地之本也。如『各正性命』之正。」見氏著，《莊子內篇注》，收入《續編》，冊二五，頁一〇。

59 清．高秋月於〈逍遙遊〉「若夫乘天地之正」一句下註「性命之本」。見氏著，《莊子釋意》，收入《續編》，冊三一，頁四。

60 明．程以寧：「丹家以子、午、卯、酉為四正之時而用功，非乘天地之正乎？」見氏著，《南華真經注疏》，收入《續編》，冊二八，頁四。

61 明．錢澄之：「天地之道盡於六氣，六氣之辨甚微，當其時則謂之正，乘正以御，猶乾之時六龍以御天也。」見氏著，《莊子詁》，收入《續編》，冊三二，頁七。

62 明．釋性通：「天地之正，祇是無己私、無己愛。」見氏著，《南華發覆》，收入《續編》，冊五，頁四。

63 清．周拱辰：「乘天地之正，與天地合德也……天地以無極為馬，以渺茫為轡，以造化在手為錣策，因而乘之，豈更駕哉！」見氏著，《南華真經影史》，收入《初編》，冊二二，頁五。而清．屈復、李元春的看法亦不出於此，其於〈逍遙遊〉評曰：「乘天地之正，有似天地合德之體。」（屈復撰、李元春評，《南華通》，收入《初編》，冊二一，頁八。

64 清．劉鳳苞於〈逍遙遊〉「若夫乘天地之正」一句下註「體天地健順之德」。見氏著，《南華雪心編》，收入《初編》，冊二四，頁七。

65 民國．蔣錫昌：「〈天道〉『夫虛靜恬淡，寂漠無為者，天地之平，而道德之至』，此乃『天地之正』最佳最詳之解釋。簡言之，『天地之正』即自然之道也。」見氏著，《莊子哲學》，收入《初編》，冊二七，頁八五。

66 清．吳峻：「正，卦得其正；辨，六爻之辨。」見氏著，《莊子解》，收入《初編》，冊二二，頁五。民國．鍾泰之詮釋，亦不出此，其曰：「『正』者，《易．既濟卦彖傳》所謂『剛柔正而位當』也。」見氏著，《莊子發微》（上海：上海古籍，一九八八年）卷一，頁一四。

**12. 人倫貴賤之分**

日人昭井全都則釋「天地之正」作「人倫貴賤之分」，且謂「古人皆以然也」。[67]

## （二）「御六氣之辯」異解

### 1. 「六氣」暨「六氣之變」異解

**(1) 陰陽風雨晦明**

唐・成玄英引晉・杜預注《左傳・昭公・元年》之「六氣」，解作：「陰陽風雨晦明」。[68]

**(2) 平旦、日中、日入、夜半並天玄、地黃之氣**

唐・陸德明、成玄英兼引前人說法，主「六氣」乃一天當中的「平旦」（日欲出時黃氣）、「日中」、「日入」（日沒以後赤黃氣）、「夜半」四氣，並與天玄、地黃二氣，合稱之為「六氣」。[69]

**(3) 風寒暑濕燥火**

宋・陳景元釋「六氣」作「風寒暑濕燥火」；[70]羅勉道則謂「六氣」既是「陰陽風雨晦明」，也是「風寒暑濕燥火」——即厥陰風木、少陰君火、少陽相火、太陰濕土、陽明燥金、太陽寒水

67（日）昭井全都，《莊子解》：「乘與御對用者，若坐輿而御馬然也，但在輿者不得越其所也。天地之正者，謂我所處貴

賤之分。按〈天道篇〉曰：『夫尊卑先後，天地之行也，聖人取象焉。』又曰：『夫天地至神，而有尊卑先後之序，而況人道乎。』《荀子．王制》曰：『有天有地，而上下有差，明王始立，處國有制。夫兩貴之不能相事，兩賤之不能相使，是天數也。』《易．繫辭傳》曰：『天尊地卑，乾坤定矣。卑高以陳，貴賤位矣。』《左傳》曰：『天有日月星辰，地有山澤卑高，人有貴賤尊卑。』其他不可勝數，可博考。夫以人倫貴賤之分，為天地自然之正者，古人皆以然也，豈獨《莊子》哉？如下文曰：『庖人雖不治庖，尸祝不越樽俎而代之。』則乘天地之正之解也。可合考矣。」（收入《補編》，冊四九，頁一六一—一七。

68 唐．成玄英《疏》：「杜預云：六氣者，陰陽風雨晦明也。」見氏著，《南華真經注疏》，收入《初編》，冊三，頁一○；年代稍早之陸德明《莊子音義》亦主此說，曰：「司馬云：陰陽風雨晦明也。」（收入《初編》，冊二），頁三；明．釋性通：「六氣者，陰陽風雨晦冥。陰陽之氣偏則風，和則雨，陽氣勝則散為雨露，陰氣勝則凝為霜雪。」見氏著，《南華發覆》，收入《續編》，冊五，頁四；民國．聞一多，《莊子內篇校釋附「莊子論」》：「……『六氣之變』謂變氣……《周語》下曰『所以宣六氣九德也』，《左傳》昭元年曰『天有六氣』，《管子．戒篇》曰『御正六氣之變』，本書〈在宥篇〉曰『天氣不和，地氣鬱結，六氣不調，四時不節』，《楚辭．遠遊》曰『餐六氣而飲沆瀣兮』，《韓詩外傳》五曰『聖人養一性而御六氣』。六氣之說不一，惟章、杜二注『陰陽風雨晦明』之義為得其朔，《史記．天官書．正義》曰：『軒轅……主雷雨之神。陰陽交感，激為雷電，和為雨，怒為風，亂為霧，凝為霜，散為露，聚為雲氣，立為虹蜺，離為背璚，分為抱珥，二十四變，皆軒轅主之。』二十四變蓋即古六氣之遺說，《韓非子．解老篇》『四時得之，以御其變氣』，是也。」頁七。以降諸說，對於「六氣」的解釋均仿此。

69 唐．陸德明：「李云：『平旦為朝霞，日中為正陽，日入為飛泉，夜半為沆瀣，天玄，地黃，為六。』王逸註《楚辭》云：『陵陽子明經言：春食朝霞，朝霞者，日欲出時，黃氣也；秋食淪陰，淪陰者，日沒已後，赤黃氣也；冬食沆瀣，沆瀣者，北方夜半氣也；夏食正陽，正陽者，南方日中氣也；并天玄、地黃之氣，是為六氣。』……文云：『天地四時之氣。』」見氏著，《莊子音義》，收入《初編》，冊二，頁三上。唐．成玄英《疏》：「李頤云：『平旦朝霞、日午正陽、日入飛泉、夜半沆瀣、并天地二氣為六氣也。』」見氏著，《南華真經注疏》，收入《初編》，冊三，頁一○。

70 宋．陳景元：「風寒暑濕燥火，謂之六氣。」見氏著，《南華章句音義》，收入《初編》，冊五，頁五。

等，謂二者「名殊而實同」。[71]

**(4) 四／六時消息之變**

明．黃洪憲引李衷一的說法，釋「六氣之變」為「四時消息之變」。[72] 明．陸長庚、[73] 藏雲山房主人則解作「六時消息」。[74]

**(5) 日月星辰晦明**

清．周拱辰則以星體暨陰晴晝夜釋「六氣」，謂「日月星辰晦明」。[75]

**(6) 四方上下**

清．方潛、王闓運則以方位區別「六氣」，謂「上下四方」之氣。[76]

**(7) 「雨暘燠寒風」五行之氣得「時」合為「六氣」／「好怒惡喜樂哀」六方之情合為「六情」**

清．郭慶藩則兼採「六氣」與「六情」之說：以〈洪範〉之「雨暘燠寒風」相應「木金火水土」五行之氣，五氣倘能得「時」，則為「五行之和氣」與「時」相合而為「六氣」。更強調「氣有和有乖，乖則變也，變則宜有以御之，故曰『御六氣之變』」。[77]

郭註最值得注意之處，在於他所認為的「變」，不是五行之氣本身的變化與流轉，即非「變化」之「變」；而是「乖變」之「變」，即指「和」的對立面。郭氏同時主「好怒惡喜樂哀」屬「北東南西上下」六方之情，認為所謂「變」所指乃情感失「和」（平和、調和）之狀態，而非「好怒惡喜樂哀」本身的變化與流轉。換言之，郭氏之說與前釋「六氣」為「陰陽風雨晦明」（或「風寒暑濕燥火」或「四／六時之氣」）等殊異。其前所謂「變」者，均就「陰陽風雨晦明」（或「風寒暑濕燥火」或「四／六時之氣」）本身的「變化」更迭而言；而郭氏釋「變」作「乖變」之「變」。

**(8) 泛指氣候**

民國．蔣錫昌則主「六氣」乃指陰晴風雨等「氣候」而言，不必拘於某六種特定之天候。78

71 宋．羅勉道：「六氣者，陰陽風雨晦明，厥陰風木、少陰君火、少陽相火、太陰濕土、陽明燥金、太陽寒水，皆謂之六氣，名殊而實同，散在天地間，而具於人身者也。」見氏著，《南華真經循本》，收入《續編》，冊二，頁三〇—三一。

72 明．黃洪憲，《莊子南華文髓》引李衷一：「御四時消息之變。」見氏著，《莊子南華文髓》，收入《續編》，冊一八，頁五。

73 明．陸長庚：「御六時消息之變。」見氏著，《南華真經副墨》，收入《續編》，冊七，頁七。

74 明．藏雲山房主人於〈逍遙遊〉「而御六氣」一句下註「六時消息」。見氏著，《南華大義解懸參註》，收入《初編》，冊一五，頁八四。

75 清．周拱辰：「《甘石星經》云：日月星辰晦明也。」見氏著，《南華真經影史》，收入《初編》，冊二二，頁五下。

76 清．方濳：「六，上下四旁；氣，浩然。」見氏著，《南華經解》，收入《續編》，冊三六，頁二一—二三。清．王闓運：「六氣，四方上下也。」見氏著，《莊子內篇注》，收入《續編》，冊三六，頁五。

77 清．郭慶藩：「六氣之說，聚訟棼如，莫衷一是。愚謂，有二說焉：一、〈洪範〉雨暘燠寒風時為六氣也。雨，木也；暘，金也；燠，火也；寒，水也；風，土也，是為五氣。五氣得時，是為五行之和氣，合之則為六氣。氣有和有乖，乖則變也，變則宜有以御之，故曰御六氣之變。一、六氣即六情也。《漢書．翼奉傳》奉又引師說六情云：『北方之情，好也，好行貪狼，申子主之；東方之情，怒也，怒行陰賊，亥卯主之；南方之情，惡也，惡行廉貞，寅午主之；西方之情，喜也，喜行寬大，巳酉主之；上方之情，樂也，樂行姦邪，辰未主之；下方之情，哀也，哀行公正，戌丑主之。』此二說似亦可備參證。」見氏著，《莊子集釋》，收入《續編》，冊三八，頁一三。

78 民國．蔣錫昌：「『六氣』者，指陰晴風雨等氣候而言，不必拘某六種。《莊子》於他處，或謂之『陰陽』。〈則陽〉『陰陽者，氣之大者也』，〈外物〉『陰陽錯行』，皆其證。」見氏著，《莊子哲學》，收入《初編》，冊二七，頁八五。

## 2.「御六氣之辯」異解

### (1) 遊於變化之塗

晉．郭象注「御六氣之變」為「遊變化之塗」。[79] 郭氏僅強調「六氣」所具「變化」之「意」，而未析言「六氣」所指涉的義涵；且其詮釋乃著意於外在世界的變化。

### (2) 無論陰陽風雨晦明、寒暑火浸皆無不可御而遊

宋．劉辰翁與清．王夫之、王敔等，則強調達逍遙之境者內心世界的不變、不易，能不受外在世界陰陽、風雨、晦明、大火、大浸之影響。[80]

### (3) 即老子三十輻共一轂／得其環中之義

宋．羅勉道合釋「乘」「御」二句云：「即老子三十輻共一轂之義」。[81] 清．周拱辰則解「御六氣之辯」之義作如御車者之「轉其環中」，併解作「食其氣母」等房中御女之術。[82]

### (4) 知時／應時

明．陳治安以為，由於陰陽寒暑晦明，乃隨星體運行而呈現週期性的循環規律，故以「知時」釋之。[83] 民國．王叔岷先生釋此為「應節候之變化」，[84] 由「知時」而「應變」，更強調人生存於天地之間的積極性與自主性。

### (5) 即易傳之「時乘六龍以御天」

明．朱得之認為「乘」、「御」二句即《易傳》之「時乘六龍以御天」。[85]

### (6) 御六氣之不調與乖變

承前所言，清．郭慶藩釋「變」作「乖變」之「變」。乖變者，如天氣不和、地氣鬱結、六氣

不調、四時不節，皆當有以御之。[86]

79 晉．郭象《注》：「御六氣之辯者，即是遊變化之塗也。」見氏著，《南華真經注》，收入《初編》，冊一，頁一八。唐代成玄英《疏》作：「御六氣以逍遙，混群靈以變化。」見氏著，《南華真經注疏》，收入《初編》，冊三，頁一〇。亦獨取其「變化」之意，而未析言「六氣」所指涉之原始意義。

80 宋．劉辰翁：「無陰、無陽、無風雨、無晦明，雖天地與我並生，而萬物惟我獨立矣，而非以有形托於彼也。」見氏著，《莊子南華真經點校》，收入《續編》，冊一，頁五；又如清．王夫之、王敔增註《莊子解》：「寒而遊于寒，暑而遊于暑，大火大浸無不可御而遊焉。」見氏著，《莊子解》，收入《初編》，冊一九，頁六。

81 宋．羅勉道：「以正氣為主，六氣為御，即老子三十輻共一轂之義。」見氏著，《南華真經循本》，收入《續編》，冊二，頁三一。

82 清．周拱辰：「御六氣之辨，與陰陽合氣也……御如御車之御，亦如御女之御。御車者，轉其環中；御女者，食其氣母也。」見氏著，《南華真經影史》卷一，頁五。

83 明．陳治安：「陰陽寒暑晦明有周天之候焉，御風者不顓顓守氣，而貴知時也。」見氏著，《南華真經本義》，收入《續編》，冊二六，頁六。而清．劉鳳苞解作「用六時消息之權」，說亦仿此。見氏著，《南華雪心篇》卷一，頁七。

84 民國．王叔岷：「二語謂『存天地之真淳，應節候之變化。』亦即『內存真我，外應變化』之意。」見氏著，《莊子校詮》上冊，頁二一。

85 明．朱得之：「其曰乘天地、御六氣，即《易傳》時乘六龍以御天也。」見氏著，《莊子通義》卷一，頁四。清代李元春、王闓運說亦仿此。李元春於〈逍遙遊〉評曰：「御六氣之辨，有似時乘六龍之用。」（屈復撰、李元春評《南華通》，頁八）王闓運：「時乘六龍，首出庶物，君子自彊也。」見氏著，《莊子內篇注》，〈逍遙遊〉，頁五。

86 如清．郭慶藩：「氣有和有乖，乖則變也，變則宜有以御之，故曰御六氣之變。」見氏著，《莊子集釋》卷一上，頁一三下。民國．蔣錫昌：「故六氣之變，即〈在宥〉所謂『天氣不和，地氣鬱結，六氣不調，四時不節』；〈外物〉所謂

**(7) 御六氣於既分之後**

歷來注疏家多解「辯」作「變」(「變化」或「乖變」)，清．王夫之、王敔則釋「辯」為「分辨」。以為「六氣自辨，御者不辨也」。[87]其後清．陸樹芝更進而解「乘」句作「居陰陽風雨晦明未分之先」，釋此句為「故能御六氣於既分之後」。另日人中井積德、昭井全都亦均釋「辯」為「辨」。[88]

**(8) 禦止陰陽風雨晦明六氣過當所導致之災疾**

民國．奚侗不將「御」解作「駕御」之「御」，而釋為「禦止」之「禦」。強調陰陽風雨晦明分作四時五節，過度則為災病。如：過陰則生寒疾，過陽則生熱疾，風甚則四肢罷病，雨甚則罷腹疾，夜寢女色過度則生蠱惑之症，近女無分晦明則致心疾。故人須禦止陰陽風雨晦明之失調、過當所可能導致的諸般疾病。[89]如此，則「『禦』六氣之辯」非偏重於內在精神主體的超越，而近於醫家的養生之道。

**(9) 修寒暑燥濕風火六氣以合和凝神之道**

民國．劉武認為陰陽及其所化之六氣，即莊子所修之道。易言之，莊子以修陰陽及其所化之六氣，合和凝神之道，為工夫之所在。[90]此語雖點出「御六氣之變」一語於莊子工夫論中的重要性，卻未具體詮解如何修陰陽及其所化之六氣，亦未言明如何合和凝神之道。

**(10) 指神人之「乘風雨以蹈雲霧」**

民國．聞一多釋此為神人乘風雨、蹈雲霧之事，並言莊子之學，本與方士神仙之說相通。[91]此解釋「天地之正」為「風雨」，解「御六氣之辯」作「蹈雲霧」，並未分就迥異之文字，提出

『陰陽錯行，則天地大絯，於是乎有雷有霆』也。六氣有和有變，變則有以正之，故曰『御六氣之辯』也。惟此六氣之辯，乃指變化之塗而言。」見氏著，《莊子哲學》，頁八五。又如民國．張栩《莊子釋義》：「御時行之變氣。」（收入《初編》，冊三〇）〈逍遙遊〉，頁一〇，說亦不出此。

87 清．王夫之、王敔增註，《莊子解》卷一，頁六上。

88 清．陸樹芝：陸氏釋「天地之正」作「陰陽風雨晦明未分之先」，說與前述宋代劉辰翁等解「天地之正」作「一氣之上」、「先天一氣」、「太極」相仿。見氏著，《莊子雪》卷上〈逍遙遊〉，頁二一上。又如（日）中井積德，《莊子雕題》：「辨，猶分也。」（收入《續編》，冊四七）內篇〈逍遙遊〉第一，頁六；（日）昭井全都，《莊子解》：「辨者，謂各有異別而不可慁，如《中庸》所謂時中，亦謂時有異別。」頁一七。

89 民國．奚侗：「《釋文》引司馬云：六氣，陰陽風雨晦明也。當從之。《左．昭元年傳》六氣曰：『陰陽風雨晦明也，分為四時，序為五節，過則為菑。陰淫寒疾，陽淫熱疾，風淫末疾，雨淫腹疾，晦淫惑疾，明淫心疾，氣過則為菑。』所謂六氣之辯也，辯與變同，《廣雅》：『辯，變也』，《楚辭．九辯序》：『辯者，變也』。御，止也，與禦同。」見氏著，《莊子補註》，收入《續編》，冊四〇，頁八—九。

90 民國．劉武，《莊子集解內篇補正》：「此二句言乘天地陰陽之正，御陰陽六種之變氣也。正者，未變者也，順之而遊，故曰乘；及變而為六氣，則因勢而動，隨感而應，如御馬之有控罄縱送然，故曰御……陰陽之在天地與在人身，一也，惟天地之陰陽交通，出於自然，人身之陰陽，欲其交通，則必有道以御之，然後能合以成和，凝以成神，是故變由於交通，交通在於御，故曰：御六氣之辯也。夫《莊子》此書，所以明道也，其所謂道，非仁義之謂，乃陰陽之謂也。上已舉《素問》『陰陽者天地之道』之語矣。《易．繫辭》曰『一陰一陽之謂道』，《管子．正篇》曰『陰陽同度曰道』，本書〈則陽篇〉曰『陰陽者，氣之大者也，道者為之公』，言道為陰陽之公名也。由此知莊子所修之道，即修陰陽及其化所之六氣，以合和凝神之道也。曰乘、曰御，即喻修之之工夫也……」，頁一二—一四。

91 見前註四三。

理應相異的詮解。

綜觀上述整理的歷代注解，由於對「正」字理解的不同，乃衍生「不為而自能之性」、「兩儀之正理」、「一氣之上之太極」、「人極」、「天地之真」、「正陰正陽二氣」、「性命之本」、「子、午、卯、酉四正之時」、「當其時之六氣」、「天地之德」、「卦位得其正」、「人倫貴賤之分」等各種莫衷一是，甚而南轅北轍的詮解；或指「六氣之辯」的「六氣」為：「陰陽風雨晦明」、「風寒暑濕燥火」、「六（四）時消息之變」，或泛指「氣候」，或謂為「平旦、日中、日入、夜半並天玄、地黃之氣」抑或「四方上下」之氣；至如「辯」字所指，或釋為「變化」之「變」，或解作「乖變」之變，或釋為「分辨」之辨。而植基於此訓詁之殊異，更衍生對「御六氣之辯」的各種歧見異解，其間不少注解甚至幾乎不依傍文字訓詁，而是用「魚」量「荃」，以「意」敷「言」。

## 四、「天地之正」與「氣變」／「失常」：莊子「乘天地之正，而御六氣之辯」的思維基礎

自晉代郭象以降迄今的注家以及當代莊子研究者，大都同意「乘天地之正，御六氣之辯」乃是理解莊子逍遙思想的關鍵語，但對於此二句卻多以各自所領會的逍遙之「意」，逕自反推詮解其「言」。雖然這並不表示其所得之「意」定然有乖《莊》學本旨；但是，棄「言」而論「意」，一如

廢「荃」而「魚」，終究有違莊子藉「乘」、「御」之言以揭示「逍遙」、「無待」之旨的初心。

且《莊子》所謂無待之人「乘天地之正」一語，在學術傳統上已幾成套語，甚至常為注解家襲用以形容儒家經典中的聖人氣象，如唐．孔穎達注疏《周易．繫辭下》「天地設位，聖人成能」時，即以之訓解《易傳》中之「聖人」：「天地設位者，言聖人乘天地之正，設貴賤之位也。聖人成能者，聖人因天地所生之性各成其能，令皆得所也。[92]」可見以「乘天地之正」一語狀寫聖人，已深入傳統儒學學者之心，而不僅存在於《莊》學領域中。儘管如此，由於歷代《莊》學注家對「乘」、「御」二句人言人殊，則儒學學者在襲用「乘天地之正」之語以狀寫聖人、或透過此語以揣摩聖人氣象時，其各自體會想必亦不止於毫釐之別。

承上所言，如欲甄別晉以降《莊》注正謬，辨明當代《莊》學研究之得失，均唯有重新檢視莊子當時思想脈絡與論述語境，方得以尋獲權衡，究明莊子真義。莊子所使用的語彙，其含義或等同該語彙在當時的通用義，或係借用當時通行語彙而在自家思想體系中賦予獨特的義涵。然則可以確定的是，當時通行之「言」與《莊》文所寓之「意」間，定仍存在著可供尋繹、推演的義理關聯。因此，檢視先秦兩漢文獻中有關「乘」／「正」、「御」／「變」等語的文句脈絡，進而探究其在該語境中所具意義，當有助於掌握《莊子》「乘天地之正，而御六氣之變」於實然層面的指涉。

---

92　參見魏．王弼、晉．韓康伯注、唐．孔穎達等正義，《周易正義》，《十三經注疏》，十一版（影印清嘉慶重刻宋本，臺北：藝文印書館，一九八九年），頁一七六。

## （一）候知四時與天地之正

由於四時更迭、節候變化，與民生民瘼息息相關，是以無論是當政者治國抑或懸壺者醫人，皆首重「知時」。此類理念屢見於諸子百家論述中，例如《管子．四時》：

> 唯聖人知四時。不知四時，乃失國之基，不知五穀之故，國家乃路。故天曰信明，地曰信聖，四時曰正。其王信明聖，其臣乃正。[93]

能知四時者，唯「聖人」而已；而不知四時，又將導致「失國之基」、「不知五穀之故」等嚴重影響，則「知時」對於傳統農業社會的重要性不言可喻。此處雖未詳言「四時曰正」所指為何，然由與之並列的「天曰信明」、「地曰信聖」、「其王明聖」、「其臣乃正」看來，五者當悉具正面的意義與價值。

另外，傳統醫家特別留意天時與疾病間的互動關連，而候知天時正是試圖順應天時之先決條件。《傷寒論．傷寒例》有言：

> 夫欲候知四時正氣為病，及時行疫氣之法，皆當按斗曆占之。[94]

傳統醫家以為醫者須候知天時，包括「四時正氣」與「時行疫氣」：四時各有主氣，感受正常之氣而發病者，屬「四時正氣」為病；若因反常之氣候而導致疾病流行，則屬「時行疫氣」為病。無論如何，醫者首先皆須掌握節氣遞嬗，方能依據天時與人體之氣間的互動規律而為人診察療病。

檢閱先民候知四時所得，可發現不僅各家對所掌握之現象規律的描述大同小異，其說明造成規律現象的原因亦是眾口一詞，甚至對於天地間恆常規律的稱謂，例如「天地之正」、「天之正」與「正」等，除稍見繁簡之別外，實無二致。例如：

> 萬物春生夏長，秋收冬藏，天地之正，四時之極，不易之道。（《逸周書．周月解》）[95]
>
> 持樞謂春生、夏長、秋收、冬藏，天之正也。（《鬼谷子．本經陰符七篇》）[96]
>
> 天地不變，日月不易，星辰不沒，正也。人受正氣，故體不變。（《論衡．無形》）[97]

---

93 唐．尹知章注、清．戴望校正，《管子校正》（收錄於楊家駱編，《新編諸子集成》（臺北：世界書局，一九八三年），冊五），頁二三八。

94 漢．張仲景、晉．王叔和撰次、宋．成無己註、明．汪繼川校正，《註解傷寒論》（據上海涵芬樓景印明嘉靖汪濟明刊本，王雲五編，《四部叢刊正編》（臺北：商務印書館，一九六五年）子部，冊八四）卷二，頁二下。

95 晉．孔晁注，《逸周書》（據抱經堂本校刊，臺北：中華書局，一九六六年，臺一版）卷六，頁一下。

96 舊題周．鬼谷子，《鬼谷子》（上海涵芬樓借京師白雲觀藏正統道藏本景印，王雲五編，《四部叢刊正編》（臺北：商務印書館，一九七九年）子部，第二二冊卷下），頁一八。

97 漢．王充，《論衡》（收錄於楊家駱編，《新編諸子集成》，冊七），頁一三。

先民對於所掌握天地、四季、日月、星辰間「不變」、「不易」、「不沒」的運行法則，或稱「天地之正」，或言「天之正」，或僅簡稱曰「正」。而由這些古代語境可見，「正」字所狀寫、形容的對象，實為「氣」、「天氣」、「天地之氣」。而「天地之正」或「天之正」指的即是天地間的運行規律，或依循此規律而發生的自然現象。從以上所引諸典籍中可以發現，「春生、夏長、秋收、冬藏」乃是古人所掌握到的「天地之正」，亦即自然運行的規律。

對於天候的遞變，傳統醫家更析言每年「厥陰、少陰、太陰、少陽、陽明、太陽」更迭司天，從初之氣至終之氣，六氣分治，漸次變化，分別為「風、熱、濕、火、燥、寒」，導致「生、榮、化、長、收、藏」等氣化之常，各應其時，各見其氣。而醫家之所以持此理論，究其背景，亦可扣連到上述對候知天時的重視。至於天地之所以能維持正常的運行，古人亦有說，茲再以醫家為例。傳統醫家既重視人體與自然界之息息相通，對於天地之正氣亦多所著墨，例如漢．張仲景《傷寒論．傷寒例》云：

> 春氣溫和，夏氣暑熱，秋氣清涼，冬氣冷冽，此則四時正氣之序也。[98]
>
> 天地動靜，陰陽鼓擊者，各正一氣耳。是以彼春之暖，為夏之暑；彼秋之忿，為冬之怒。[99]

古人以為倘天地造化之氣正常，宜見「春暖、夏暑、秋忿、冬怒」或謂「春氣溫和、夏氣暑熱、秋氣清涼、冬氣冷冽」等更迭的節氣與徵候。換言之，在先民看來，四時節候所以能維持正常的運作，其根本原因乃是天地之「氣」不失常態，故謂之「四時正氣之序」、「各正一氣」。

既明知時的重要性，古人更主張順應天時。四時之「氣」雖時有溫和、清涼，更不乏炎炎暑熱、刺骨冷冽，然而先民卻認為：

正氣所加，非唯於人，百穀草木，禽獸魚鼈，皆口養其氣。（《潛夫論・本訓》）[100]

人受正氣，故體不變。（《論衡・無形》）[101]

意謂儘管是暑炙、冬雪，只要不違常態，悉具哺養萬物之功能；人們稟受天地正常之氣，身體纔能保其常態。而不違常態之氣之所以盡可謂為萬物生長發育之資，乃因古人認為應時而至之氣，即是「和」氣。如董仲舒《春秋繁露・循天之道》所云：

和者，天之正也，陰陽之平也，其氣最良，物之所生也。[102]

98 漢・張仲景、晉・王叔和撰次、宋・成無已註、明・汪繼川校正，《註解傷寒論》卷二，頁一上。
99 同前註，頁五上。
100 漢・王符撰、清・汪繼培箋，《潛夫論箋》（收錄於楊家駱編，《新編諸子集成》第二冊），頁一五五。
101 見前註九七。
102 漢・董仲舒撰，《春秋繁露》（據抱經堂本校刊，臺北：中華書局，一九八四年，臺二版）卷十六，頁九下。又如《爾雅・釋天》：「春為青陽，夏為朱明，秋為白藏，冬為玄英，四氣和謂之玉燭。春為發生，夏為長贏，秋為收成，冬為唯有造化之氣陰陽調和，纔能春暖、夏暑、秋涼、冬冽，皆得其時；而四時之氣應至而至，方具哺育天下萬物之功，堪稱「其氣最良」。是以天地正常之氣，不僅是芸芸眾生所必需，對修道之士而言，更是保神養氣的重要憑藉。例如在屈原充滿道家修煉色彩的吟詠中，就有：「餐六氣而飲沆瀣兮，漱正陽而含朝霞。保神明之清澄兮，精氣入而麤穢除。」（《楚辭．遠遊》）[103]視餐服天地正氣，一如吸吮霞露精華般，為保養神明清澄，長養精氣、滌除粗穢的必要工夫。

## （二）氣變與失常

四時節候之循序遞變，如春榮、秋凋、夏雷、冬雪，本是常態；一旦發生了失序的氣候景象，先民以為此乃氣的反常違時所致，例如《管子．四時》以為「春凋、秋榮、冬雷、夏有霜雪，此皆氣之賊也。」[104]《淮南子．本經訓》亦稱「春肅秋榮，冬雷夏霜，皆賊氣之所生。」[105]甚至從醫家的觀點而言，外在自然的氣候與人體的機制本有相應互動的密切連繫，因此大自然中氣之賊變，必然將擾動人體的均衡狀態，例如《素問．六節藏象論》：

> 岐伯曰：蒼天之氣，不得無常也。氣之不襲，是謂非常，非常則變矣。帝曰：非常而變奈何？岐伯曰：變至則病，所勝則微，所不勝則甚，因而重感於邪，則死矣。故非其時則微，當其時則甚也。[106]

自然界的氣運，原本依循一定的規律。氣運失其承襲、不能積漸，就是反常，反常就將變而為害，使人產生疾病、加重病情。傳統醫家言天氣之失去常態為「變」，亦稱為氣之「邪」。107

由此可見邪氣傷人、變氣賊人，乃先秦兩漢諸子百家的共識。不僅醫家強調氣「變」致病，史官亦深信「變氣」成災。史傳曾頗富神祕主義色彩地狀寫「變氣」生發的時間、方位、色澤、大小、長短、形狀與位置，例如：

---

安寧，四時和為通正，謂之景風。」（晉・郭璞注、宋・刑昺疏，《爾雅注疏》，《十三經注疏》，十一版〔影印清嘉慶重刻宋本，臺北：藝文印書館，一九九三年〕，卷六，頁五上）亦主「四時和為通正」之說。

103 漢・王逸注、宋・洪興祖補注，《楚辭補注》（據汲古閣本影印，臺北：藝文印書館，一九六〇年）卷五，頁二七四—二七五。

104 唐・尹知章注、清・戴望校正，《管子校正》，頁二四〇—二四一。

105 見漢・劉安撰、高誘注，《淮南子》，（收錄於楊家駱編，《新編諸子集成》，冊七），頁一一五。此外，如《論衡・自然》：「天者，普施氣萬物之中，穀愈飢而絲麻救寒，故人食穀、衣絲麻也。夫天之不故生五穀絲麻以衣食人，由其有災變不欲以譴告人也。物自生，而人衣食之；氣自變，而人畏懼之。」（漢・王充，《論衡》，楊家駱編，《新編諸子集成》，冊七，頁一七七）亦以節候之異常，為戕害生民、教人深切畏懼者。

106 郭靄春編，《黃帝內經素問校注》（北京：人民衛生，一九九二年）上冊，卷三，頁一四五。

107 關於天地四時之氣的「正」與「變」，在先秦兩漢的醫家傳統中，尚具「正氣」與「邪氣」等異名同實的稱謂。如《黃帝內經素問・五運行大論》：「五氣更立，各有所先，非其位則邪，當其位則正。」（郭靄春編，《黃帝內經素問校注》下冊，卷十九，頁八四六）即別天地之氣以「正」、「邪」之名。

永始二年二月癸未夜，東方有赤色，大三四圍，長二三丈，索索如樹，南方有大四五圍，下行十餘丈，皆不至地滅。占曰：「東方客之變氣，狀如樹木，以此知四方欲動者。」（《漢書．天文志》）[108]

可見秦漢之際，先民不僅對天之變氣投注高度的關注，甚至認為「變氣」是能為少數具有特殊感知能力之人所能「望」見的具象化存在，並可憑之推斷人事吉凶、兵變禍福。王充《論衡．自紀》亦稱：「氣無漸而卒至曰變，物無類而妄生曰異，不常有而忽見曰妖，詭於眾而突出曰怪。」[109]更將天之「變氣」與「異」、「妖」、「怪」等不祥之物並舉，則「變氣」於先民心目中危害之大，可見一斑。

然排除「變氣」於讖緯之言中的神祕傾向，對於「正」、「變」之氣的區分與描述，仍為古代一般醫家與思想家普遍且重要的知識背景。在醫家觀點中，氣之「變」或是突如其來、倉猝而至（未循積漸而至的常理）[110]或是由於不當期（例如應至而不至、未應至而至、或至而太過等現象）。[111]無論是何種情形，變氣不僅會使得人體氣血紛擾失調，甚至萬物亦將隨之而害病。[112]《素問．六微旨大論》稱：「邪則變甚，正則微」，[113]意謂邪氣（即變氣）因為猝不及防，故罹患之病異變較多，對人體的傷害也較深重；相較而言，正氣則因為是正常漸進之氣，故其致病之病情較為輕微。

值得留意的是，雖言天之變氣較正氣危害更嚴重，然因正氣易乘，而變氣難御，是以素來提倡「不治已病治未病」[114]、力主預防重於治療的傳統醫家，多只針對天地四時正常之氣提出相應的養生

108 《漢書．天文志》：「明年十二月己卯，尉氏男子樊並等謀反，賊殺陳留太守嚴普及吏民，出囚徒，取庫兵，劫略令丞，自稱將軍，皆誅死。庚子，山陽鐵官亡徒蘇令等殺傷吏民，篡出囚徒，取庫兵，聚黨數百人為大賊，踰年經歷郡國四十餘。一日有兩氣同時起，並見，而並、令等同月俱發也。」（漢．班固撰、唐．顏師古注，《漢書》〔北京：中華書局，一九六二年〕，冊五，頁一三一一）

109 漢．王充撰，《論衡》，楊家駱編，《新編諸子集成》，冊七，頁二八七。由「氣無漸而卒至」與「物無類而妄生」、「不常有而忽見」、「詭於眾而突出」之並列，則變氣與異物、妖怪悉具負面之價值可知。

110 例如《黃帝內經素問．氣交變大論》：「岐伯曰：承天而行之，故無妄動，無不應也。卒然而動者，氣之交變也，其不應焉。故曰應常不應卒，此之謂也。」意即其變化不遵從積漸而至、循序漸進之理，而是突如其來、倉猝而至。見郭靄春編，《黃帝內經素問校注》下冊，卷二十，頁八九七。

111 唐．王冰注《黃帝內經素問．六微旨大論》即以「當期」與否，析言造化之氣的「常」與「變」：「當期為應，愆時為否，天地之氣生化不息，無止礙也。不應有而有，應有而不有，是造化之氣失常，失常則氣變，變常則氣血紛撓而為病也。天地變而失常，則萬物皆病。」見郭靄春編，《黃帝內經素問校注》下冊，卷十九，頁八五二。

112 《黃帝內經素問．六微旨大論》：「帝曰：其有至而至，有至而不至，有至而太過，何也？岐伯曰：至而至者和；至而不至，來氣不及也；未至而至，來氣有餘也。帝曰：至而不至，未至而至如何？岐伯曰：應則順，否則逆，逆則變生，變則病。」（郭靄春編，《黃帝內經素問校注》下冊，卷十九，頁八五二）。《傷寒論．傷寒例》：「十五日得一氣，於四時之中，一時有六氣，四六名為二十四氣也。然氣候亦有應至而不至，或有未應至而至者，或有至而太過者，皆成病氣也。」（漢．張仲景、晉．王叔和撰次、宋．成無己註、明．汪繼川校正，《註解傷寒論》卷二，頁四上、下）。參合二說，「至而至者和」為「至而不至」（或謂「應至而不至」）、「未至而至」（或謂「未應至而至者」）、「至而太過」等「天地變而失常」的對立面。論治之道，醫家曰：「應則順，否則逆」，似乎隱見莊子開展「乘」「御」之論所奠基。

113 見郭靄春編，《黃帝內經素問校注》下冊，卷十九，頁八五七。

114 例如《黃帝內經素問．四氣調神大論》：「故陰陽四時者，萬物之終始也，死生之本也，逆之則災害生，從之則苛疾不保健原則。《管子・侈靡》則主張：「天之變氣，應之以正。」[115]謂即使遭值天氣乖變，仍只恪守天氣正常時所遵循的常道，亦未針對天之變氣提出另外的應變之道。

## （三）正、變之氣的「乘」與「御」

無論是儒學傳統所崇尚的參贊天地化育，抑或是道家傳統所重視的效法天地自然，天人合一向為中國傳統思想文化的輻輳之處。而且，天人合一的理想從來就不停留在空論的層次，早在開宗立派之際，各家思想即已將因順自然、參贊天地的理想落實到各自的工夫踐履途徑上。因而，先民對於正、變之氣及其影響的關注與考察，與其說是出自認識與求知的興味，毋寧說是出自各家思想的終極關懷。

以法治國者，「天地之正」可以為法令提供形上的根據，曰：「法令者，四時之正也。」（《鶡冠子・度萬》）；[116]執政者牧民，「天地之正」可以為施行政令所因循。例如前文所及《管子》「應之以正」的具體措施，即可由〈五行〉篇所述略見端倪：

> 睹壬子，水行御，天子出令，命左右使人〔當作「入」〕內御〔御〕其氣，足則發〔當作「廢」〕而止；其氣不足，則發撊瀆盜賊，數剿竹箭，伐檀柘，令民出獵禽獸，不釋巨少而殺之，所以貴天地之所閉藏也。然則羽卵者不段，毛胎者不牘，弍婦不銷棄，草木根本美，七十二日而閉。（《管子・五行》）[117]

主張天子所頒布的政令措施，宜慮及如何與造化之氣相因相承。例如冬氣寒，使萬物靜穆、民獸皆伏而不敢作亂；倘猶有敢作亂而不受閉藏者，則伐而殺之。為順應冬令，御氣之道即配合天地閉藏之氣，頒令天下嚴防盜賊，復令百姓製作弓箭，狩獵取禽。由此可見，因應「天地之正」，敬天恤民，亦可資作執政者弭盜安民的依據。

導之以政，齊之以刑，「天地之正」既可作為立法施政的準則；齊之以禮樂，則非通曉「天地之正」，所定聲律亦不足以順天應時，例如《呂氏春秋．季夏紀．音律》有云：「天地之風氣正，則十二律定矣。」[118]古人以為天地之正肇端於氣的和諧，而人身小宇宙的和諧，亦須置身在與風、熱、溼、燥、寒氣交通互感的天地間持養。因此無論是個人的精神情志抑或體氣血脈，其調和與

---

起，是謂得道。道者，聖人行之，愚者佩之。從陰陽則生，逆之則死，從之則治，逆之則亂，反順為逆，是謂內格。是故聖人不治已病治未病，不治已亂治未亂，此之謂也。」見郭靄春編，《黃帝內經素問校注》上冊，卷一，頁三二。

115 唐．尹知章注、清．戴望校正，《管子校正》，楊家駱編，《新編諸子集成》，冊五，頁二〇六。

116 例如《鶡冠子．度萬》：「陰陽者，氣之正也；天地者，形神之正也；聖人者，德之正也；法令者，四時之正也。」（見宋．陸佃解，《鶡冠子》，上海涵芬樓借江陰繆氏藝風堂臧明翻宋本景印，王雲五編，《四部叢刊正編》〔臺北：商務印書館，一九七九年〕子部，第二二冊，卷中，頁一—二）可見執政者立法，亦援引天地四時之正，作為形上的根據。

117 唐．尹知章注、清．戴望校正，《管子校正》，楊家駱編，《新編諸子集成》，冊五，頁二四四。

118《呂氏春秋．季夏紀．音律》：「大聖至理之世，天地之氣合而生風，日至則月鐘其風，以生十二律。仲冬日短至，則生黃鐘。季冬生大呂，孟春生太蔟，仲春生夾鐘，季春生姑洗，孟夏生仲呂。仲夏日長至，則生蕤賓。季夏生林鐘，孟秋生夷則，仲秋生南呂，季秋生無射，孟冬生應鐘。天地之風氣正，則十二律定矣。」漢．高誘注、清．畢沅校，《呂氏春秋校正》，楊家駱編，《新編諸子集成》，冊七，頁五六—五七。

否、常抑非常，均與大化流行之氣息息相關。順應天地正常之氣，乃成為制作禮樂、養生保健，乃至所有相關人類情志與血氣活動的規畫擬定都必須兼顧的重要課題。因此，先民不僅於立法、施政、制樂依據「天地之正」，飲食調養、診疾療病，亦每與天地當令之氣相互參核。

例如《春秋繁露》即主張「四時不同氣，氣各有所宜」，每個季節各有應時代起的食物，人應該揀取適合該時令的「飲食臭味」以滋養己生。[119]傳統醫家的理想乃是使百姓尋治於「未亂」、「未病」之先，藉著對天地正常之氣的掌握，將身體安頓在大化流行之中。如《素問．四氣調神大論》即明白指出人之起居作息、行為心志必須順應天地四時的遷化，相應四時正常之氣而有所調整。就從屬的關係而論，身體既是自然的一部分，體內的志、氣便應隨四時遞嬗而有所變化；就對應的關係而言，身體若能配合四時的特性而動，便能與大化流行相融相諧，順時遷化而不為所制。此外，醫家臨床療病，更視「天地之正」為取決針法、湯藥的重要參考。[120]

承上可知，天地之氣的「正」與「變」，可說是先民普遍關注的重要課題。而在先秦兩漢百家爭鳴的時代，儒家、道家、法家、農家、雜家、醫家等思想各擅勝場，[121]然於各自思想體系中，竟不約而同地正視如何相應、甚至參贊天地正常之氣的課題；只是隨著不同的關懷向度與價值選擇，使得所順應「天地之正」的實際內容，諸如施政、立法、制樂、務農、食養、針刺療病等，有了顯著的差異。此外值得注意的是，各家載諸文獻之應時措施，幾近是為「天地之正」而設；《內經》雖偶及「氣變之常」，試圖掌握非常中的常軌、乖亂中之規律性，仍未針對「變氣」的提出專治之道。此亦透露「天地之正」易乘，而「六氣之變」難御的訊息。

掌握了「天地之正」與「六氣之變」於莊子所處語境所具之真切意涵與重要意義後，勢將追索的是：莊子所要「乘」、「御」的是什麼？天氣正常與六氣乖亂，是否於造化流行之氣外，尚別有寓指？

## 五、莊子「乘」／「御」的「用心」：「天地之正」與「六氣之辯」的新義涵

承前一節所論，天氣的正（造化之氣的浸漸更迭、正常遞嬗）、變（失常、太過、不及與猝至）

119《春秋繁露．天地之行》：「凡天地之物，乘以其泰而生，厭於其勝而死，四時之變是也……飲食臭味，每至一時，亦有所勝，有所不勝，之理不可不察也。四時不同氣，氣各有所宜，宜之所在，其物代美，視代美而代養之，同時美者雜食之，是皆其所宜也。」漢．董仲舒，《春秋繁露》（據抱經堂本校刊，臺北：中華書局，一九八四年）卷十七，頁一上、下。

120 例如《黃帝內經素問．八正神明論》：「岐伯曰：凡刺之法，必候日月星辰四時八正之氣，氣定乃刺之。」謂針刺之法，必須謹候日之寒溫，月之空滿，四時八節（立春、春分、立夏、夏至、立秋、秋分、立冬、冬至）正常之氣。須待四時八節之氣正常，方可以刺經脈；四時八節之氣失常，則不可灸刺。見郭靄春編，《黃帝內經素問校注》上冊，卷八，頁三六七。

121 筆者將「醫家」視為與其他諸子並列且交光互影的思想傳統，認為參與這個傳統塑造的知識分子，對其思想體系的正當性（legitimacy），必有一定的自信。換言之，寓身於「醫家」這個傳統的知識分子，並非只是出於職業上的要求，或是純粹知識的興趣，而是包含一種價值的選擇。說詳拙著《身體與自然——以《黃帝內經素問》為中心論古代思想傳統中的身體觀》（臺北：國立臺灣大學文史叢刊，一九九七年），頁三三一—三三七。

不僅與民生民瘼密切相關，並為先秦諸子所共同關注的議題。而立基於這個學術史的背景，本節將尋繹乘御「正」、「變」之氣在莊子思想中的特殊義涵。

莊子運用語言狀擬「逍遙」的理想，名相層層超越，義理隨之層層翻轉，逐步指向造極之境。初以蓬蒿之間斥鴳的一笑為開端，以小笑大，依次遞進，由蓬蒿而莽蒼，進而百里、千里；遠遊者的形體亦隨之倍增，從棲身在榆樹枝上的小小鳥兒，翻成浩浩北海中的一條千里巨魚；巨魚且不自限於海沸波翻，奮起搏飛化為大鵬，鵬身千里，鵬程更可穿越地理的南、北極，可說已臻至有限時空中的極限。而此極限之所以仍屬有限，追根究柢，乃因往赴極限的進程須仰賴外在世界的因緣：小鳥固然有所依待於「宿舂糧」、「三月聚糧」，大鯤大鵬依舊有待於「海運」、「水之積」與「風之積」。所造之境雖遠，所待尤巨，等待著啟程所需三千里水，等待著飛天所期九萬里風，大鵬鳥的心情竟一如等風的列子。

列子已臻輕靈無執之境，其德其行不著形跡，尤勝「舉世而譽之而不加勸，舉世而非之而不加沮」，榮辱毀譽無動於衷的宋榮子。宋榮子以大笑小，笑看人中「斥鴳」，其德行智能不過堪蒞「一官」、庇蔭「一鄉」、德合「一君」、徵信「一國」，便已志得意滿；然此一笑之間，亦呈顯宋榮子猶存是非我見，乃以己之長，度人之短，終不如無執輕靈，唯待自然風來的列子。

但列子境界雖高，猶待「風」來方可御行；鯤鵬所造雖遠，仍待「海運」方可南徙、須「風之積」厚纔能負其大翼。鵬飛南冥，所造已極；列子輕靈無執，境界已大，循此而上，莊子乃以「乘天地之正，而御六氣之變，以游無窮者」躍升一層，以狀擬更勝鯤鵬之「大」、列子之「善」的逍遙極境。鯤鵬與列子既已臻有限中的極限，則「乘」、「御」之言當兼具「超越極限」與「解消有限」雙重意義：其一，就鯤鵬所象徵的「極限」意義而言，「乘」、「御」二句所表述的境界勢將超越鯤鵬之「大」、列子之「善」；其二，就鯤鵬、列子尚待「風」來，而未臻「無待」之境的「有限」意義而言，「乘」、「御」二句則已解消依待外緣條件方可乘御而行的有限性。

## （一）「大」的超越

「鯤／鵬」所完成的里程——南冥去北冥雖遠，終可以道里計；然則「乘天地之正，而御六氣之辯」者，所造之境卻是「無窮」。無窮乃無可計量，無可超越，自然「大」於鯤鵬。由於在〈逍遙遊〉篇中莊子直接以「不知其幾千里也」狀寫鯤鵬之大，其大乃顯而易知；但讀者對於臻至「以遊無窮」境界之「聖人」、「神人」、「至人」的理解，則似乎多側重於「無」字之字面遮撥義涵，而輕忽「无己」、「无功」、「无名」所實際指涉之「無窮」底蘊。[122]

審視〈逍遙遊〉篇具體摹寫的「聖人」、「神人」與「至人」：許由無名，而具「立而天下治」之實（「聖人无名」）；姑射山之神人雖無功名，卻有「其神凝，使物不疵癘而年穀熟」之功（「神

122 此方有晉．郭象：「夫小大雖殊，而放於自得之場，則物任其性，事稱其能，各當其分，逍遙一也，豈容勝負於其間哉！」（見氏著，《南華真經注》，頁一上）與支道林《逍遙論》曰：「……若夫有欲當其所足，足於所足，快然有似天真，猶饑者一飽，渴者一盈，豈忘烝嘗於糗糧，絕觴爵於醪醴哉！苟非至足，豈所以逍遙乎！」（見清．郭慶藩，《莊子集釋》卷一上，頁一上、下）此毫無境界、工夫可言的逍遙論述。

人无功」）；堯忘己之有天下，卻卓然創建「治天下之民，平海內之政」等功業。簡括言之，「聖人」、「神人」、「至人」或者才能徵信天下，或者德澤萬物、功蓋天下，其德業之「大」，實遠在「知效一官」、「行比一鄉」、「德合一君」、「而徵一國」者之上。

對勘《莊子》內七篇，將會發現：莊子所形塑的人格典範，始終延續著〈逍遙遊〉篇所展現之恢宏格局，且兼具「大」的生命境界與「大」的家國意識。儘管莊子用以表述聖人之境界與工夫，時見「不」與「忘」等遮撥手法：例如主張破除對是非的執著，更強調必須破除小大、壽夭、覺夢、以至生死的執著，如所謂「達者知通為一」、「聖人和之以是非」（〈齊物論〉）；「不知說生，不知惡死」（〈大宗師〉）；死生不能係，「哀樂不能入」等（〈養生主〉），均屬凡人所以能超凡入聖的重要關鍵。但吾人必須留意的是《莊》學於遮撥、破除之後，並非空無，而為實有。所謂「其知情信，其德甚真」（〈應帝王〉），就個人修養而言，智信德真，一如〈逍遙遊〉篇中「聖人無名」而有其實；「神人無功」卻能使「物不疵癘而年穀熟」；且謂「天地與我並生，萬物與我為一」（〈齊物論〉），忘我則無往而非我，忘生則無時而非生，所成就者盡是格局恢宏的生命境界。

同時，莊學不僅止於成就個人生命境界之「大」，就家國意識而言，亦云：

> 明王之治，功蓋天下而似不自己，化貸萬物而民弗恃。（〈應帝王〉）

莊子所肯定的君王，必須「功蓋天下」、「化貸萬物」，甚或「利澤施乎萬世」（〈大宗師〉），凡此可見莊子霖雨蒼生、道濟天下的家國意識。唯其治天下的取徑，有別於儒家的「擴充」與「推恩」，其云：「聖人之治也，治外乎？」「汝遊心於淡，合氣於漠，順物自然，而无容私焉，而天下治矣。」（〈應帝王〉）就人倫網絡的開展而言，儒家的成德工夫自然可經由心性的修持，逐步推恩於家國天下；但就道德「感化」的機序而言，卻有另一種可能的開展模式，另一種相對於「治外」的「治內」取徑。藐姑射之山的神人，即使不依傍政教權位，仍然可以憑藉著天地間同聲、同氣、同類相感相應的作用機序，臻至德被「家國」、功化「天下」的理想。而在感應作用的過程：由「心」主，而藉「氣」使，終得擬「象」，其間得以參贊或左右感應結果的唯一動源，正是莊學工夫聚焦之所在：「心」。[123]

承上可見「以遊無窮」所表述的，正是貫穿《莊子》內七篇之「大」的生命境界與「大」的家國意識。不過，儘管莊子藉「以遊無窮」表述「至人」、「神人」、「聖人」等理想人格典範的生命境界之「大」與德被家國、功化天下的終極關懷，然「以遊無窮」只是狀寫超越萬里鵬程之造境；而「乘天地之正，而御六氣之變」二句，方是臻至「遊無窮」境界的關鍵成因。

## （二）「待」的解消

前及鯤鵬的南徙與列子的御行，必須憑藉海運、風至；換言之，海不運、風未至，鯤鵬一旦失

123 詳參拙著《感應與道德——從判比儒、道與《易傳》的成德工夫論「道德」開展的另一種模式》，《國立編譯館館刊》第二六卷第二期（一九九七年十二月），頁一五—二五。

卻足以乘載巨身、背負大翼的海動大風，恐將寸步難移，遑論飛越橫渡南北極。由茲適可映襯、凸顯出「乘」、「御」二句境界之卓越超群。

承前所言，「天地之正」乃是天地之氣正常的遞變與規律現象，則「乘天地之正」就字面上可說，只要天地之氣的運行正常，則無論正值溫、熱、涼、寒，抑或風、熱、濕、火、燥、寒，乃至陰、陽、風、雨、晦、明任何氣運，莊子理想的人格典範無一不可乘御而行。也就是說，至人之成為至人、神人之成為神人、聖人之成為聖人，絕非需要在某種特定的氣候、條件中方可成就，而是在天地之氣運行正常——如當太平治世——的情況下，皆可乘御而行，而成就個人「大」的生命境界，併以或仕或隱不固定執一的方式，實現德澤萬物、功蓋天下的理想。

然而，儘管乘「天地之正」者，無論風、熱、濕、火、燥、寒（或春溫、夏暑、秋涼、冬洌；陰、陽、風、雨、晦、明），皆可乘御而遊，但既以天地之氣正常遞嬗、浸漸更迭作為「以遊無窮」的先決條件，則就較嚴苛的標準而言，依舊存在某種程度之「有待」。殆因天有不測風雲，天地之氣的運行，每有其動猝然、不循常軌之時。對此莊子乃標舉「御六氣之變」而與「乘天地之正」並列，意指置身天地之間，即使遭逢天地之氣失常、乖變，抑或六氣應至而不至、未應至而至、至而太過等，仍然能夠乘御失常、乖變之氣而行。彷彿至人、神人、聖人即使生逢人間世亂、濁世凶年，依舊無礙於成就「大」的生命境界並且德澤天下。

類此「六氣之變」的義涵，在《管子》書中亦曾見進一步的引申：

滋味動靜，生之養也；好惡喜怒哀樂，生之變也；聰明當物，生之德也。是故聖人齊滋味而

> 時動靜，御正六氣之變，禁止聲色之淫，邪行亡乎體，違言不存口，靜無定生，聖也。（《管子．戒》）[124]

「御正六氣之變」一語下，唐人尹知章注云：「所以循其變也。六氣，即好、惡、喜、怒、哀、樂。」足見「六氣之變」所具義涵，已由氣之應至而不至、未應至而至、至而太過等，天地之氣的失常、乖變，引申作「好、惡、喜、怒、哀、樂」等心緒之失卻平和。《管子》之言，得見「六氣之變」已由天地之氣失常、乖變，引申作人心的攪擾紛亂、失卻平和，《管子》並提出禁止違言、邪行、聲色之淫等相應的「御正之道」。

莊子用「乘天地之正，而御六氣之辯」所指涉的逍遙、無待之境，正是藉由破除是非、小大、美醜、壽夭、生死的執著，並透過「心齋」、「坐忘」等工夫的踐履以求臻至聖人、神人、至人之心。其心不僅如前所言：智信德真、忘我忘生、胸懷天下、德澤萬物；[125]對於「好、惡、喜、怒、

124 唐．尹知章注、清．戴望校正，《管子校正》，楊家駱編，《新編諸子集成》，冊五，頁一五五—一五六。

125 承蒙審查先生指出：「莊子『坐忘』的工夫要『離形去知』，其心要達到『智信德真』，『去智』如何達到『智信』？」莊子曾多次點出其所不欲追求的知識類型，如：〈逍遙遊〉中蜩與鷽鳩「之二蟲又何『知』」的「『小知』不及『大知』」；以自視等同斥鴳為喻的僅足以「效一官」之「知」；以及連叔用以暗諷肩吾的「豈唯形骸有聾盲哉，夫『知』亦有之」所謂「聾盲」之「知」。三例均可見在「小大之辯」中相對意義下的「知」的類型，與〈齊物論〉中所謂「大知閑閑，小知閒閒」的小、大之「知」相仿，皆僅是一種滿足世間器用而未見內返生命鵠的的知識類型，即非「至人」、「神人」、「聖人」所具備超越相對小大，指向永恆性生命的絕對真知、至知。莊子在〈齊物論〉中謂：「有有也

哀、樂」等情緒之起伏，莊子亦提出「自事其心」之道，曰：

自事其心者，哀樂不易施乎前，知其不可奈何而安之若命，德之至也。（《莊子．人間世》）

則「乘天地之正，而御六氣之變」，天地之氣的正常與乖變悉能應對無礙，既得以闡明莊周「無待」之旨；而「逍遙」、「無待」所指涉的，原是足乎己無待於外、無往而不逍遙的心靈境界。而好、惡、喜、怒、哀、樂等諸般情緒的擾動，係為「與接為構，日以心鬭」、「與物相刃相靡」[126]所萌生的產物，也是莊子心目中理想的心靈狀態所不當萌生抑或留滯的，故《莊子》書中屢見「安時而處順，哀樂不能入也」（〈養生主〉）暨「喜怒哀樂不入於胸次」（〈田子方〉）等，強調人心不應因境遇、情緒之攪擾而失卻平和靜定。由此可以推知「乘天地之正，而御六氣之變」所寓之意：天地之氣的正常與乖變，正易感應、影響人心的正常與失常，《莊》學理想的人格典範，無論遭遇治亂順逆，均能無攖、無擾於心。殆因造化正常之氣中人也淺，乖變之氣傷人也深，若兼能乘正、御變而不為所傷，當如至人之「用心」，方得以勝任萬化而不傷本體：

至人之用心若鏡，不將不迎，應而不藏，故能勝物而不傷。（〈應帝王〉）

承上可知，氣之「變」（失常）乃是相對於「正」（正常）而言，彼此是一組相依共存的二元概念。無「變」不足以言「正」，無「常」不足以言「非常」。「乘天地之正」，固然已擺脫如大鵬或者，有無也者，有未始有無也者，有未始有夫未始有無也者。俄而有、無矣，而未知有、無之果孰有孰無也。」認為這樣看似不斷向前溯源的知識，事實上只是無窮無盡地上推外求：若「有」之前是「無」，那麼在有「有」、「無」之前必定存在著無「有」、「無」，而在「無『有』、『無』」之前應當還有一個無「無『有』、『無』」，探究至最後，終究還是「未知有、無之果孰有孰無也」，無法求得生命之真相。如同〈齊物論〉有言：「無有為有，雖有神禹且不能知，吾獨且柰何哉！」又說：「一與言為二，二與一為三。自此以往，巧歷不能得，而況其凡乎！」此類遠離生命日用具體境況的抽象玄思，縱使精敏如大禹、智巧如天文曆法家，亦無法全盤領悟，並非莊子所欲追求的知識類型。莊子似以此隱隱然批判了以「無」為最終實體、萬物根源的形上學說。延續著〈逍遙遊〉與〈齊物論〉此等對「知」的鋪陳，莊子於〈養生主〉開篇即言：「吾生也有涯，而知也无涯，以有涯隨无涯，殆已。已而為知者，殆而已矣。」以遮撥手法明白點出這樣的知識類型，其所關涉的對象皆外於一己之心靈或形軀。倘以有限的人生汲汲追求此類知識，終將「以有涯隨无涯」地減損、耗盡一己之生命，並非其人生的理想追求。莊子既揭示了相對之知、形上之知、无涯之知皆非其人生的理想追求，則遮撥手法的底層，莊子所欲追求的「有真人而後有真知」（〈大宗師〉）、「古之人，其知有所至矣」（〈齊物論〉）之知識類型，究竟為何？莊子所欲追求的「真知」、「至知」，當即〈齊物論〉中身、心已達槁木、死灰境界的得道典範南郭子綦，問於顏偃的「今者吾喪我，汝知之乎？」的「知」。倘將〈齊物論〉「吾喪我」與〈大宗師〉「坐忘」的身心情狀相對勘，可發現「吾喪我」的境界同時涵括了關乎形體的「形如槁木」與關乎心靈的「心如死灰」，因此「吾喪我」之知，即是能引導人生身、心通往堪造之境的「無知之知」，此當即〈養生主〉首段以遮撥手法所鏡現之莊子所欲歸往的知識類型。與前述莊子所不欲追求的知識類型對照：相對之知是以滿足人間世之器用為目的，「吾喪我」之知則是以回歸自我、提升生命為鵠的；形上之知以抽象的形上層次為關注焦點，「吾喪我」之知則致力於自我心身於經驗現象世界中的踐履；无涯之知是注意力外馳、勞神傷身的外逐想望，「吾喪我」之知則是精神內收、將關注焦點回歸自身的內返知識。而莊子不欲追求的相對之知、形上之知與無涯之知，實即為莊子「坐忘」工夫中「離形去知」所欲「去」之者，一旦能離去、不執著於此有礙回歸生命、提升自我之知，始能獲取「信」之「智」、「真」之「德」，具備所謂「智信德真」之真「知」。

126 見《莊子·齊物論》。

列子必須藉「風」御行的限制，而能因應各種造化之氣正常的遞變，均得以乘勢而行。「御六氣之辯」，則更進一層地超越必須仰賴造化之氣的正常運行方得乘御而行的限制，即使遭遇自然規律的乖變、失調，依舊可駕御變氣而遊。總括而言，能乘「正」而不能御「變」，則未真正入無待之域；而倘「正」猶不能「乘」，則「變」亦絕無能「御」之理，唯有乘「正」、御「變」兼備，方始一無所待，臻至與時俱化、自在逍遙之境。

## 結論

本文藉著重新回顧過去對「乘天地之正，而御六氣之辯」的注解，提出詮釋莊子思想的兩點檢討：

（一）前文曾以唐．孔穎達對《周易．繫辭下》「天地設位，聖人成能」一句的疏解為例，指出儒學注釋者慣以「乘天地之正」之典狀寫儒家聖人的氣象。然而試觀孔穎達措辭：「天地設位者，言聖人乘天地之正，設貴賤之位也」，隱然有以「乘天地之正」一語賅括「乘」、「御」二句之傾向。而孔氏之所以認為「乘天地之正」一語可賅括「乘」、「御」二句，或恐是將此二句視作文字雖異、涵義實同，類似「道與之貌，天與之形」（《莊子．德充符》）的「互文」句式。[127]至於當代的《莊》學研究中，無論是「境界說」及「即境界即工夫說」，亦皆以互文重義之觀點解說此二句，而未見兩者之間義涵不同的可能（詳見第二節）。

然而以本文第四、五節所提出之論據，此二句並不屬於互文重義。因為，「天地」與「六氣」容或可視為互文，但天地之「正」與六氣之「辯」則顯然分指對立之兩面，而莊子因應此兩種狀態所提出的「乘」與「御」亦分屬不同的工夫進路：能乘者不必能御；然而不能乘天地之正者，必不能越而御六氣之辯。「乘」、「御」二語顯然有境界高下之別，而絕不可互相取代。

（二）承上文，歷來解《莊》者之所以忽略「乘天地之正」與「御六氣之辯」之差別，究其原因，似皆出於在解讀莊子意旨之前，未能適當考究其字面之基本意義。如在歷代「乘天地之正，而御六氣之辯」的注解中（詳見本文第三節之整理），各家對「正」字各有異解，對「六氣」與「辯」之解亦南轅北轍，因而對「御六氣之辯」各執一詞。甚至有些注解在文字訓詁上未必有充分的道理或證據可言，而是逕以注家之己意忖度莊子之言。如此離言而揣意的結果，終究有違莊子揭示逍遙無待的初心。

莊子固然教人得魚忘荃、得意忘言，但是理解文義之前畢竟須謹慎根據文字，不能妄自生解。就掌握《莊子》義理而言，歷代乃至當代的諸家注解與申論的貢獻不可謂不大，然而在得意與忘言之間，仍不免有所疏失。解讀經典之不易，亦由此可見一斑。

尋繹先秦兩漢文獻中有關「正」、「變」的相關論述，可見順應四時與天地之正，並乘此正軌

---

127 見《莊子．德充符》：「道與之貌，天與之形，惡得不謂之人？」王叔岷《莊子校詮》引成《疏》云：「形之將貌，蓋亦不殊，道與自然，互其文耳。」王先生案曰：「貌、形稟之自然，道、天互文，並自然也。成疏釋天為自然，謂與道為互文，是也。」見氏著，《莊子校詮》上冊，頁二〇一。

為生民行事的依據，幾乎可說是古代儒、道、法、農、雜、醫諸家的共識。不僅立法、施政、制樂應遵循天地之正，即使飲食調養、診疾療病，亦當與天地當令之氣相互配應。將《莊子》的「乘天地之正，而御六氣之辯」置於這個思想脈絡來考察比較，我們發現，莊子所謂逍遙無待的至人、神人、聖人，就「乘天地之正」一面而言，無疑與先秦思想家共同的關切有相通之處；至於「御六氣之辯」，則透顯出莊子在工夫論上的積極建構：逍遙的至人，不僅能隨著造化之氣正常遞變乘正而行，而且即使在天地失調、六氣異變之時，也能夠身心無擾，甚至能夠應變化正，為己所用。

# 形如莊子、心如莊子、大情學莊子：從生手到專家之路

2018年7月初版
2020年9月初版第六刷


定價：新臺幣680元

著　　者　蔡　璧　名
叢書主編　沙　淑　芬
校　　對　謝　麗　玲
封面設計　楊啟巽工作室

| | |
|---|---|
| 出版者 | 聯經出版事業股份有限公司 |
| 地址 | 新北市汐止區大同路一段369號1樓 |
| 叢書主編電話 | (02)86925588轉5310 |
| 台北聯經書房 | 台北市新生南路三段94號 |
| 電話 | (02)23620308 |
| 台中分公司 | 台中市北區崇德路一段198號 |
| 暨門市電話 | (04)22312023 |
| 郵政劃撥帳戶 | 第0100559-3號 |
| 郵撥電話 | (02)23620308 |
| 印刷者 | 世和印製企業有限公司 |
| 總經銷 | 聯合發行股份有限公司 |
| 發行所 | 新北市新店區寶橋路235巷6弄6號2F |
| 電話 | (02)29178022 |

副總編輯　陳　逸　華
總編輯　涂　豐　恩
總經理　陳　芝　宇
社　　長　羅　國　俊
發行人　林　載　爵

行政院新聞局出版事業登記證局版臺業字第0130號

本書如有缺頁，破損，倒裝請寄回台北聯經書房更換。
聯經網址 http://www.linkingbooks.com.tw
電子信箱 e-mail:linking@udngroup.com

ISBN　978-957-08-5143-4 (精裝)

國家圖書館出版品預行編目資料

形如莊子、心如莊子、大情學莊子：從生手到專家之路/蔡璧名著．初版．新北市．聯經．2018年7月（民107年）．436面．14.8×21公分
ISBN 978-957-08-5143-4（精裝）
[2020年9月初版第六刷]

1. 莊子 2.研究考訂

121.337 107009905